histoire
des dogmes

ADOLF VON HARNACK

histoire des dogmes

traduit de l'allemand par
Eugène Choisy

Postface par Kurt Nowak
Professeur d'histoire de l'Église
à l'université de Leipzig

PATRIMOINES
christianisme

LES ÉDITIONS DU CERF
29, bd Latour-Maubourg, Paris
1993

ISBN : 2-204-04956-5 (Cerf)
ISBN : 2-8309-0737-X (Labor et fides)
ISSN : 0761-4330

PRÉFACE DE L'AUTEUR

———

Mes amis français m'ont souvent exprimé le désir que mon « Précis de l'histoire des dogmes » fût traduit dans leur langue. Je ne pouvais juger par moi-même si ce désir répondait à un besoin réel, ou s'il était simplement l'expression de sentiments d'amitié. Mais lorsqu'on m'apprit que la librairie Fischbacher — qui a rendu de si grands services à la science protestante en France — était prête à publier une traduction du Précis, je n'hésitai plus à donner mon consentement. Je l'ai fait d'autant plus volontiers que j'ai pu confier la traduction à un homme qui était à tous égards à la hauteur de cette tâche difficile. Monsieur Eugène Choisy s'est fait connaître par un excellent travail d'histoire des dogmes sur Paschase Radbert ; il a entendu ici à Berlin mes leçons sur l'histoire des dogmes, et j'ai eu le plaisir d'apprendre à le connaître et à l'estimer personnellement. Aussi je ne doute pas que sa traduction ne soit réussie quant au fond et quant à la forme, et c'est pour moi un devoir dont je *suis heureux de m'acquitter que de lui exprimer ici encore une fois mes remerciements.*

Le Précis de l'histoire des dogmes a l'avantage de faire ressortir les grands traits du développement historique et l'enchaînement des parties plus clairement qu'un manuel très détaillé. C'est ce qui m'a engagé à faire suivre la publication de mon Manuel de celle d'un Précis.

L'histoire des dogmes n'est pas du tout une science bonne seulement pour les « amateurs d'antiquités » (ANTIQUARE). Les résultats auxquels elle aboutit déterminent encore aujourd'hui les mouvements écclésiastiques, il faut donc non seulement CONNAITRE les faits de l'histoire des dogmes, mais COMPRENDRE le cours de son développement. L'histoire des dogmes bien comprise nous rend les mêmes services que nous devons d'une manière générale à l'histoire : elle nous familiarise avec le passé et nous affranchit de ses fardeaux.

ADOLPHE HARNACK.

Wilmersdorf, près Berlin, le 17 janvier 1892.

INTRODUCTION

PROLÉGOMÈNES

LA DISCIPLINE DE L'HISTOIRE DES DOGMES

§ I. — DÉFINITION ET OBJET DE L'HISTOIRE DES DOGMES

1. La religion a pour l'homme un intérêt *pratique*, car elle traite du bonheur et des *vertus* qui mènent à une vie sainte. Toutes les religions se rattachent soit à une *foi*, soit à un *culte* particuliers que l'on attribue à une *révélation* divine.

Le christianisme est la religion dans laquelle la puissance qui procure une vie bienheureuse et sainte vient de la foi en Dieu le Père de Jésus-Christ. La religion chrétienne croit que ce Dieu est le maître tout-puissant du ciel et de la terre, elle contient donc une *connaissance* déterminée de Dieu, du monde et du but des choses, mais comme elle enseigne que Dieu ne peut être parfaitement connu qu'en Jésus-Christ, cette connaissance est inséparable de l'histoire.

2. Le besoin de formuler le contenu de la religion dans des *articles de foi* est aussi essentiel au christianisme que les efforts tentés pour prouver que ces articles sont *vrais* dans leurs rapports avec la connaissance du monde et avec l'histoire. Cependant, d'autre part, le caractère universel et supra-terrestre de la religion chrétienne impose aux fidèles le devoir

d'arriver à une exposition de la foi telle qu'elle ne puisse souffrir aucun dommage des variations de la science de la nature
et de l'histoire. Il faut même que cette foi puisse s'affirmer
quel que soit l'état des connaissances. En fait, ce problème ne
peut pas recevoir de solution parfaite, car toutes les connaissances sont relatives, et la religion veut exprimer son caractère absolu même dans la sphère de la connaissance. Cependant le problème ne peut pas être passé sous silence, l'histoire
nous le montre bien, et tout chrétien qui pense nous le déclare ;
les tentatives de résoudre le problème sont donc des *échelons*
pour atteindre à la solution, mais elles ont en elles-mêmes une
valeur.

3. La solution la plus efficace donnée jusqu'ici est celle du
catholicisme ; les églises de la Réformation l'ont acceptée tout
en faisant de très grandes réserves. Voici cette solution : on
considéra comme d'origine divine une série d'écrits chrétiens
ou antérieurs au christianisme, ainsi que des traditions orales,
on en tira des articles de foi qui s'enchaînaient entre eux ; puis
on formula ces articles d'une façon abstraite et avec précision,
dans le but de les traiter au point de vue scientifique et apologétique. Le contenu de ces articles était relatif à la connaissance de Dieu, du monde et des dispensations salutaires de
Dieu.

Cet ensemble de *dogmes* fut alors proclamé le *résumé*
du christianisme, tout membre majeur de l'Eglise fut astreint
à l'accepter fidèlement comme la condition préliminaire exigée
pour l'obtention du salut offert par la religion. Cette manière
de comprendre le christianisme accentue principalement le
caractère « d'Eglise catholique » de la communion chrétienne.
On pensa que ces dogmes, étant le résumé du christianisme,
donnaient à celui-ci une position déterminée et inébran-
lable vis-à-vis de la science du monde et de l'histoire. L'Eglise
lia tous ses membres à ces articles de foi où elle avait exprimé
sa croyance en Dieu et en Christ, tout en offrant également aux
fidèles qui réfléchissent une matière susceptible de développements ultérieurs illimités. *Telle fut la formation du christianisme dogmatique.*

4. La tâche de l'*histoire des dogmes* est :

1° De montrer la *formation* de ce christianisme dogmatique, puis 2° d'en décrire le *développement*.

5. L'*histoire de la formation* du christianisme dogmatique est envisagée comme terminée aussitôt qu'un article de foi, formulé d'une façon abstraite et exposé avec les moyens dont la science dispose, est élevé à la hauteur d'un article constitutif de l Eglise, et est partout admis par elle, en cette qualité. Ceci arriva aux confins du deuxième et du quatrième siècles lorsque la christologie du Logos triompha. En théorie le *développement* du dogme est illimité, en pratique il est fermé.

En effet *a*) l'*Eglise grecque* déclare son système dogmatique achevé depuis la fin de la querelle des images.

b) L'*Église catholique romaine* laisse bien la porte ouverte à la possibilité de formuler des dogmes nouveaux, mais si au concile de Trente et surtout au concile du Vatican elle a développé son dogme, c'est essentiellement pour des raisons politiques et afin d'en faire une ordonnance juridique, laquelle exige d'abord l'obéissance et ensuite une foi consciente. Elle a ainsi abandonné ce qui fut le motif originel du christianisme dogmatique et l'a remplacé par d'autres motifs entièrement nouveaux, en se bornant à conserver les anciens en apparence seulement.

c) Les *Églises évangéliques* (ou protestantes) ont adopté une grande partie des formules du christianisme dogmatique en cherchant comme les églises catholiques à les fonder sur les saintes Écritures, mais d'un autre côté elles se sont fait une notion différente de l'autorité des saintes Écritures, elles ont abandonné la tradition comme source de la doctrine, elles ont contesté la compétence de l'Église visible relativement au dogme, et surtout elles ont essayé d'arriver à une conception de la religion chrétienne qui provint directement *d'une saine intelligence de la parole de Dieu*. Ce fut l'abolition de l'ancienne conception dogmatique du christianisme. Cependant on rencontre encore chez ces églises sur certains points un ferme attachement à cette conception, et dès l'origine il se produisit des mouvements de réaction qui durent encore maintenant. Telle est la raison pour laquelle il est tout indiqué d'exclure de l'histoire des dogmes l'histoire de la dogmatique protestante et de se borner à constater la position prise par les réformateurs et les églises de la Réforme, position qui a engendré les complications du développement subséquent. On peut donc traiter l'histoire des dogmes comme une discipline relativement fermée.

6. — La prétention élevée par les églises que les dogmes ne sont eux-mêmes que l'exposé de la révélation chrétienne, parce qu'ils sont déduits des saintes Écritures, n'est pas confirmée par l'examen de l'histoire. Cet examen prouve au contraire que le christianisme dogmatique, que les dogmes dans leur conception et leur structure, sont l'*œuvre de l'esprit grec sur le terrain de l'Évangile*. Les moyens abstraits à l'aide desquels l'antiquité a tenté d'expliquer et de garantir l'Évangile ont été confondus avec le contenu même de l'Évangile. Ainsi s'est formé le dogme. D'autres facteurs y ont aussi contribué, ainsi les paroles de l'Écriture sainte, les nécessités du culte et de l'organisation, les circonstances politiques et sociales, le penchant aux inductions forcées, la force aveugle de l'habitude, etc. Mais cela ne s'est pourtant pas fait sans que l'effort tenté pour saisir la pensée fondamentale du salut chrétien, pour l'expliquer et pour en faire l'application, n'ait conservé la première place, au moins dans la période ancienne.

7. — Si l'examen de l'histoire nous montre que c'est une illusion de concevoir le dogme comme le *pur* exposé de l'Évangile, cet examen détruit aussi une seconde illusion des églises, l'illusion que le dogme a toujours été le même dans leur sein, qu'on s'est par conséquent borné à l'expliquer, la théologie ecclésiastique n'ayant jamais eu d'autre tâche que de développer un dogme toujours le même, et de réfuter les hérésies qui pénétraient du dehors. L'histoire montre au contraire que la théologie a formé le dogme, mais que l'Eglise a toujours été obligée de voiler après coup l'œuvre des théologiens, ce qui a placé ceux-ci dans une mauvaise position.

Dans les cas les plus favorables, leurs productions furent taxées d'utiles reproductions et on leur enleva la meilleure

partie de leur mérite ; mais en règle générale la marche de
l'histoire les a fait tomber sous le coup de décisions dogmatiques dont ils avaient eux-mêmes posé les bases. Des générations entières de théologiens, comme aussi leurs chefs les plus
distingués, ont été victimes du dogme lorsque celui-ci fut ultérieurement développé, et ils ont été déclarés hérétiques ou
tout au moins suspects. A mesure que l'histoire a marché, le
dogme a toujours dévoré ses propres ancêtres.

8. — Dans le cours de son développement, le christianisme
dogmatique n'a jamais perdu son caractère ni la marque originelle que lui ont donné les *apologètes grecs et Origène :*
il est l'œuvre qu'a produite sur le fondement de l'Évangile
l'esprit de l'antiquité mourante. Cependant Augustin d'abord,
et Luther ensuite ont apporté au christianisme dogmatique
une modification d'une grande portée. Tous deux, et Luther
dans une mesure plus considérable encore qu'Augustin, ont
fait valoir une conception nouvelle des principes du christianisme, conception qui se rapproche davantage de l'Évangile
et qui est principalement déterminée par l'enseignement de
Paul. Augustin a à peine tenté une revision du dogme reçu, il
a plutôt placé les unes à côté des autres des choses anciennes
et des choses nouvelles. Luther a bien tenté cette revision,
mais il ne l'a pas poussée jusqu'au bout. Tous deux sont
arrivés à donner au dogme un caractère chrétien, mais par ce
fait même le système traditionnel des dogmes a perdu sa
cohésion. — C'est là ce qui s'est produit dans le protestantisme, en sorte qu'on fait bien de considérer les doctrines des
églises protestantes comme une simple digression de l'ancien
dogme, ainsi que nous l'avons remarqué plus haut.

9. — On ne peut pas arriver à comprendre la marche de
l'histoire des dogmes si l'on isole chaque doctrine et si on
l'étudie à part dans ce qu'on appelle l'histoire spéciale des
dogmes, après avoir préalablement caractérisé les époques
dans l'histoire générale des dogmes. Il vaut beaucoup mieux
réunir ensemble « le général » et « le spécial » de chaque
période, traiter les périodes en elles-mêmes, et autant que possible indiquer les points particuliers en les déduisant des idées

et des causes fondamentales. Cela ne donne pas plus de quatre divisions principales.

1) — Formation du dogme.

2 *a*) Développement du dogme conformément à sa conception originelle, soit développement du dogme en Orient depuis la controverse arienne jusqu'à la querelle des images.

2 *b*) Développement du dogme en Occident sous l'influence du christianisme d'Augustin et de la politique de la curie romaine.

2 *c*) Triple issue du développement dogmatique :

1) dans les églises issues de la Réformation ;

2) dans le catholicisme tel qu'il est sorti du concile de Trente ;

3) dans la critique des lumières ou le socinianisme.

10. — L'histoire des dogmes exposant la formation et le développement du dogme, fournit le moyen le plus propre à délivrer l'Eglise du christianisme dogmatique et à accélérer le mouvement irrésistible d'émancipation commencé avec Augustin. Cependant l'histoire des dogmes témoigne aussi de l'*unité* de la foi chrétienne dans tout le cours de son histoire, car elle montre que certains principes fondamentaux de l'Evangile ne se sont jamais perdus et ont défié toutes les attaques.

§ II. — HISTOIRE DE L'HISTOIRE DES DOGMES

L'histoire de l'histoire des dogmes ne commence qu'au xviiiᵉ siècle avec Mosheim, Walch, Ernesti, Lessing et Semler. Bien qu'en somme le catholicisme ne puisse pas offrir un exposé critique de cette discipline, un certain nombre de théologiens catholiques ont cependant écrit des livres savants. Quant aux églises protestantes, elles sont restées prisonnières dans leurs confessions jusqu'au xviiiᵉ siècle, mais on peut pourtant remarquer qu'à l'époque même de la réformation on tend vers une exposition critique de l'histoire des dogmes. Cette tendance provient en partie des travaux de critiques humanistes tels que L. Walla, Erasme, etc., et nous la trouvons chez Lu-

ther, OEcolampade, Melanchthon, Flacius, Hyperius, Chemm-
nnitz. Mais ensuite si nous n'avions pas les matériaux savants
qu'ont amassés les bénédictins et d'autres congrégations catholiques, ainsi que les protestants Casaubon, Voss, Pearson,
Dalläus, Spanheim, Grabe, Basnage, etc., et sans la puissante
impulsion qui est due au piétisme (Gottfried Arnold), le travail
du xviiie siècle serait nul. Le rationalisme a soustrait l'histoire
des dogmes aux préoccupations de l'Eglise pour la livrer au
travail de la critique. Dans ce travail les *ténèbres* où elle était
plongée furent éclairées, soit par la lampe d'une saine raison,
soit par le flambeau de l'étude de l'histoire générale. La première histoire des dogmes est celle de Lange 1776. Elle avait
été précédée par les travaux de Semler, Rössler, Löffler, etc.
Puis vinrent les histoires des dogmes de Münscher, excellent
manuel en 4 vol. 1797, 1ʳᵉ édition 1811, 3ᵉ édition 1832, de Mün-
ter 2 vol. 1802, de Staüdlin 1800 à 1822, d'Augusti 1806-1835, de
Gieseler publiée par Redepenning 2 vol. 1855.

Les manuels appréciés de Baumgarten-Crusius 1832, 1840,
1846, et de Meier 1840 et 1854 marquent la transition au groupe
des ouvrages qui arrivent à une pleine intelligence du procès
de l'histoire des dogmes. Cette compréhension Lessing y avait
déjà tendu, puis Herder, Schleiermacher et l'*école romantique*,
ainsi que Hegel et Schelling l'avaient préparée. Les écrits de
F. Christian Baur font époque : Manuel 1847-1807; Leçons en
3 parties, 1865. Il a à peu près saisi le procès de l'histoire des
dogmes, seulement il l'a conçue à un point de vue exclusif.
(Comparer aussi Strauss *Glaubenslehre* 2 vol. 1840, Marhei-
necke 1849). Néander (2 parties 1857) et Hagenbach 1840 et
1867 sont des représentants du point de vue de Scheiermacher.
Dorner s'est efforcé d'unir Hegel et Schleiermacher dans son
ouvrage sur la doctrine de la personne de Christ 1839, puis
1845-1853. Kliefoth (*Einleitung in die D. G.* 1839) Thomasius
(2 vol. 1874 et 1887 édité par Bonwetsch vol. I), Schmid (1859
et 1887 édité par Hauck) — se placent au point de vue luthérien confessionnel ainsi que Kahnis (*der Kirchenglaube* 1864)
bien qu'il fasse certaines réserves.

L'histoire des dogmes de Nitzsch a marqué un progrès important. Les ouvrages de Rothe, Ritschl, Renan, Overbeck, von Engelhardt, Hatch, Weizsäcker et J. Réville ont une valeur particulière pour aider à se faire une juste idée de la formation du dogme.

LES PRÉSUPPOSITIONS DE L'HISTOIRE DES DOGMES

§ III. — INTRODUCTION

1. L'Evangile a paru « lorsque les temps furent accomplis » ; l'Evangile c'est Jésus-Christ. Ces thèses montrent que l'Evangile est le terme d'un développement universel, mais qu'il tire sa puissance de la vie d'une personne.

Jésus-Christ n'a pas « aboli », mais « accompli ». Il a engendré une vie nouvelle devant Dieu et en Dieu, et cela dans le sein du judaïsme en se fondant sur l'Ancien Testament dont il a mis au jour les trésors cachés. On peut prouver que dans l'Evangile sont affirmées toutes les pensées élevées et spirituelles que l'on trouve dans les prophètes et dans les psaumes, et celles auxquelles le développement de l'éthique était parvenu dans ce temps-là. Mais l'Evangile a reçu sa puissance du fait qu'il est devenu « Vie et Action » dans une *personne*. La grandeur de cette personne vient aussi de ce qu'elle n'a pas bouleversé les relations terrestres, de ce qu'elle n'a rien statué de nouveau pour l'avenir, et de ce qu'en somme elle ne s'est pas assimilée avec son époque.

2. Deux générations plus tard, nous voyons se présenter à nous non pas une *Eglise* centralisée, mais des communautés de gens qui croient en Christ, des églises fédérées entre elles et dispersées dans le vaste empire romain. Elles sont composées principalement de gens nés dans le paganisme. Ces hommes déclarent que la nation et la religion juives ont apostasié, ils confisquent l'Ancien-Testament à leur profit, ils ont le sentiment d'être à la fois un « peuple nouveau » et la plus ancienne création de Dieu, et enfin ils se disposent à marquer

sur tous les domaines de la vie et de la pensée l'empreinte de formes sacrées déterminées. L'existence de ces communautés pagano chrétiennes confédérées est la condition préliminaire de la formation du christianisme dogmatique.

La constitution de ces églises a commencé déjà au siècle apostolique et leur caractère propre est indiqué négativement par le fait que l'Evangile s'est émancipé de l'Eglise juive. Tandis que dans l'Islam le peuple arabe est demeuré pendant des siècles la souche de la nouvelle religion, le fait le plus étonnant dans l'histoire de l'Evangile, c'est qu'il a passé très rapidement du sol maternel dans le vaste monde, non par le moyen d'une transformation de la religion juive, mais parce que *sur le sol gréco-romain* il est devenu religion universelle. *L'Evangile devient en effet religion universelle parce qu'en étant prêché aux Grecs et aux barbares et en étant rattaché par conséquent à la culture spirituelle et politique de l'empire romain universel, il est reconnu comme un message adressé à l'humanité entière.*

3. La patrie de l'Evangile étant à l'origine dans les formes du judaïsme, et l'Evangile ayant commencé par n'être annoncé qu'à des Juifs, cette transition dont nous venons de parler qui s'accomplit soit petit à petit et sans secousses, soit aussi partiellement dans une crise violente, est un fait extrêmement gros de conséquences. Au point de vue de l'histoire de l'Eglise et de l'histoire des dogmes, la courte histoire de l'Evangile pendant le temps où il était encore enfermé dans le cadre du judaïsme palestinien est une époque paléontologique. Cette époque demeure cependant l'époque *classique*, non seulement à cause de la présence du Fondateur et des témoins originels, mais également parce qu'un *chrétien juif*, Paul, a reconnu dans l'Evangile une puissance de Dieu, laquelle en sauvant les Juifs et les Grecs a sciemment aboli la religion nationale juive et a proclamé que Christ est la *fin de la loi*. Paul fut suivi par d'autres chrétiens juifs et même par des disciples personnels de Jésus. (Voyez aussi le quatrième Evangile et l'Epître aux Hébreux.)

Il n'y a pourtant pas un abîme entre cette ancienne époque

si courte et les temps qui suivent, car l'Evangile lui-même est
universel et ce caractère d'universalité s'est très rapidement
manifesté.

Néanmoins on comprit fort peu le moyen par lequel Paul et
d'autres, qui partageaient ses opinions, mirent en lumière
l'universalisme de l'Evangile : on ne comprit pas la démonstration par laquelle il prouvait que la religion de l'Ancien
Testament est dépassée. Par contre on ne peut à l'aide de la
prédication de Paul que partiellement légitimer la façon et la
manière dont les pagano-chrétiens « se mirent à l'aise » dans
l'Evangile. Le Nouveau-Testament se détache puissamment
sur le fond de toute la littérature subséquente, *d'abord et
surtout* parce que nous y trouvons *essentiellement* des livres
où l'Evangile est saisi avec une telle profondeur de pensée
qu'on l'envisage comme *dépassant* la religion de l'Ancien Testament ; puis en même temps parce que le fond même de ces
livres n'a pas subi l'atteinte de l'esprit grec.

4. — Malgré la place importante qu'elle attribuait à Paul,
l'église pagano-chrétienne naissante n'a pas compris la crise
dont est sortie la conception paulinienne de l'Evangile et elle-
même ne l'a pas traversée.

Elle est entrée dans le champ de la propagande juive où depuis longtemps l'Ancien Testament avait étéélargi et spiritualisé ; peu à peu elle s'est assimilé les prosélytes et elle n'a que
rarement eu conscience du problème que pose l'union de
l'Ancien Testament et de l'Evangile. Au moyen de l'interprétation allégorique on s'affranchit de la lettre de la loi, mais on
ne triompha pas complètement de l'esprit légaliste, on se contenta plutôt de rejeter l'élément national. Les chrétiens furent
amenés à former un peuple à part à cause de l'hostilité violente
des juifs à laquelle s'ajouta bientôt celle des païens, et à cause
aussi du sentiment qu'ils avaient de leur force ; ils empruntèrent alors tout naturellement les formes de la pensée et de
la vie du monde dans lequel ils vivaient en laissant de côté
tous les éléments polythéistes, immoraux et vils. Ainsi se formèrent de nouveaux développements de l'Eglise, mais malgré
tout on voit encore le lien de parenté qui les unit aux an-

ciennes communautés palestiniennes. Les points suivants furent admis d'un commun accord :

(1) L'Ancien Testament est reconnu comme la source primitive de la révélation.

(2) On admet un strict monothéisme spirituel.

(3) Les traits principaux de la prédication de Jésus-Christ sont identiques.

(4) On a conscience que grâce aux dons de l'Esprit, on se trouve dans une relation vivante et immédiate avec Dieu.

(5) On a l'espérance que la fin du monde est prochaine, la sérieuse conviction que chaque âme humaine est responsable et qu'il y aura une rétribution.

Enfin il faut ajouter que la plus ancienne prédication judéochrétienne et l'Evangile lui-même portent l'empreinte de l'esprit de l'époque, l'empreinte de leurs origines, de l'époque hellénique où les nations échangeaient leurs biens, où les religions se transformaient et où les notions de la valeur et de la responsabilité de chaque âme humaine se répandaient. Aussi l'élément hellénique qui entra bientôt avec tant de rapidité et de force dans l'Eglise ne s'y trouva-t-il aucunement comme un élément étranger.

5. L'histoire des dogmes n'a affaire qu'avec l'Eglise paganochrétienne, bien que l'histoire de la théologie commence avec Paul. Cependant pour se faire une idée historique des principes du développement doctrinal de l'Eglise pagano-chrétienne, l'histoire des dogmes doit, d'après les explications données plus haut, considérer les points suivants comme présuppositions : 1) L'Evangile de Jésus-Christ; 2) la prédication de Jésus-Christ dans la première génération des fidèles ; 3) l'interprétation de l'Ancien Testament, les espérances d'avenir chez les Juifs et leurs spéculations; 4) les idées religieuses et la philosophie de la religion chez les Juifs hellénistes ; 5) les dispositions religieuses des Grecs et des Romains dans les deux premiers siècles et la philosophie religieuse gréco-romaine de l'époque.

§ IV. — L'ÉVANGILE DE JÉSUS-CHRIST D'APRÈS SON PROPRE TÉMOIGNAGE

L'Evangile est la bonne nouvelle de la *royauté* que le Dieu tout-puissant et saint, Père et Juge, exerce sur le monde et sur chaque âme individuelle. Cette royauté fait des hommes les bourgeois d'un royaume céleste, et se réalise dans l'économie future qui ne tardera pas à paraître ; elle assure la vie à tous les hommes, pourvu qu'ils se donnent à Dieu, qu'ils renoncent de suite au monde et à la vie terrestre ; ceux qui veulent au contraire gagner le monde et garder leur âme tombent entre les mains du juge qui les condamne à l'enfer. Cette royauté de Dieu est au-dessus de toutes les cérémonies et de tous les dogmes, elle impose à l'homme *une loi* qui est ancienne et cependant nouvelle, la loi de l'*amour* exclusif pour Dieu et le prochain. Quand cet amour domine jusqu'au plus profond de l'âme, on a la *justice meilleure*, laquelle correspond à la *perfection* de Dieu. Le moyen d'obtenir cette justice, c'est un *changement de dispositions*, c'est le renoncement à soi-même, l'humilité vis-à-vis de Dieu et une sincère confiance en lui. Avoir l'humilité et la confiance, c'est faire l'aveu de sa propre indignité. Or ce sont précisément les pécheurs animés de ces sentiments que l'Evangile invite à entrer dans le royaume de Dieu, en leur promettant de les rassasier de justice, soit en leur promettant le *pardon de leurs péchés*, qui jusqu'alors les avaient séparés de Dieu.

Dans les trois faces sous lesquelles il se présente et qui sont : la royauté de Dieu, la justice meilleure (commandement de l'amour) et le pardon des péchés, — l'Evangile est indissolublement lié à Jésus-Christ. En effet partout où il annonce cet Evangile, Jésus invite les hommes à venir à lui. L'Evangile est en lui *parole* et *acte*, l'Evangile est devenu sa nourriture, donc aussi la vie de son être, et il entraîne tous les autres hommes à entrer dans *cette vie qui est la sienne*. Il est *le Fils* que le Père connaît. Auprès de lui on doit apprendre combien le Seigneur est bienveillant, en lui on doit éprouver la puissance et la royauté de Dieu sur le monde et acquérir ainsi la certitude d'un fait plein de consolations ; c'est lui, l'humble et doux de cœur que l'on doit suivre et si lui, le saint et le pur, appelle les pécheurs à venir à lui, c'est parce qu'ils doivent recevoir l'assurance que par lui Dieu pardonne les péchés.

Ce n'est pas dans des *paroles* que Jésus a accentué cette union intime de son Évangile avec sa personne, mais il en a fait prendre conscience à ses disciples ; il s'est appelé « le Fils de l'homme » et les a amenés à confesser qu'il est le Seigneur et le Messie. Il a ainsi clairement indiqué l'importance permanente que sa personne avait pour eux et pour son peuple, puis à la fin de sa vie, dans une heure solennelle, il leur a dit que sa mort, aussi bien que sa vie, était un service impérissable qu'il accomplissait pour « plusieurs » en vue du pardon de leurs péchés. Ainsi il s'est placé en dehors des rangs où sont tous les autres hommes, bien que tous doivent devenir ses frères, il a prétendu à une place absolument unique en tant que *rédempteur* et *juge*. En effet il a interprété sa mort ainsi que toutes ses souffrances comme une victoire, comme une transition qui le conduisait à *sa* gloire, et il a fait preuve de sa puissance en éveillant la conviction qu'il est réellement vivant et qu'il est le Seigneur qui règne sur les vivants et les morts.

La religion de l'Évangile repose sur cette foi en Jésus-Christ, c'est-à-dire que le croyant qui le contemple lui, personne historique, a la certitude que Dieu règne sur les cieux et la terre, et que Dieu le Juge est aussi Dieu le Père et le Rédempteur. La religion de l'Évangile est la religion qui affranchit les hommes de tout légalisme, mais offre en même temps les exigences morales les plus élevées — chose à la fois la plus simple et la plus difficile — et dévoile quelle opposition contre elle il y a chez tous les hommes. Mais cette religion *sauve* l'homme de cet état de misère en l'amenant au Dieu miséricordieux, en le remettant entre ses mains et en entraînant notre vie dans la vie inépuisable et bienheureuse de Jésus-Christ, celui qui a vaincu le monde et a invité les pécheurs à venir à lui.

1. Le caractère particulier de la religion chrétienne réside dans le fait que toute relation avec Dieu est en même temps une relation avec Jésus-Christ et vice-versa. Dans ce sens la personne du Christ est le centre de la religion, elle est inséparablement unie à ce qui fait la matière même de la piété, savoir la sûre confiance en Dieu. Cette union n'introduit pas, comme on l'a cru, un élément étranger dans l'essence pure de la religion. Au contraire, cette dernière le réclame, car « la vénération de personnes » l'hommage intime rendu à la manifestation de la force et de la bonté morales, est la racine de toute véritable religion. » (W. Herrmann.) Seulement la religion chrétienne ne connaît et n'a qu'*un seul* nom devant lequel elle s'incline. C'est en ceci que consiste son caractère *positif ;* dans tout le reste le christianisme — en tant que piété — est loin d'être une religion positive particulière, à côté d'autres, mais grâce à sa spiritualité et à son intimité rigoureuses, il est la religion elle-même.

2. Les éléments *quiétistes (ruhende)* de la prédication de Jésus-Christ sont renfermés dans la prédication du *Royaume de Dieu.* Ils sont parfaitement exprimés dans l'Oraison dominicale et le Sermon sur la montagne, et résumés dans la connaissance de Dieu comme *le Père.* (L'Evangile est entré dans le monde comme un message et un mouvement apocalyptique et eschatologique.)

La prédication du Christ renfermait aussi un élément *impulsif*, *brûlant*, le *renoncement* au monde. Elle établit donc un état de tension entre le quiétisme et l'extase, la contemplation et l'énergie active, la soumission à la Providence de Dieu et une lutte orageuse contre le monde ; c'est ce qu'on peut voir dans toute l'histoire de l'Eglise, c'est un fait dont l'influence se fait sentir encore de nos jours.

L'histoire des dogmes est fondée sur l'élément quiétiste. Les éléments impulsifs (eschatologie, fuite du monde) ont varié dans le cours de l'histoire de l'Eglise et sont constamment changeants. En face des paroles les plus authentiques de Jésus il n'est pas permis de douter que le but unique de la religion ne consiste pour l'homme à trouver, reconnaître son

Dieu et se donner à lui. Quant à savoir si cela sera par le moyen de la religion juive ou non, de l'ascétisme ou de la liberté qui use du vin, de la fuite ou de la domination du monde, cela est en dernière analyse indifférent. Mais d'autre part Jésus a enseigné qu'un riche entrera difficilement dans le royaume des cieux, et dans la règle il a exigé le renoncement au monde.

§ V. — LA PRÉDICATION DE JÉSUS-CHRIST PAR LA PREMIÈRE GÉNÉRATION DES CROYANTS.

On avait été le témoin de la vie de Jésus et on avait trouvé en lui le Messie. Dans l'espace des deux générations suivantes on a dit déjà de lui tout ce qu'il était humainement possible de dire. Sachant qu'il était le Ressuscité, on l'honorait comme le Seigneur du monde et de l'histoire assis à la droite de Dieu, comme le chemin, la vérité et la vie, comme le prince de la vie et la puissance vivante d'une existence nouvelle, comme le triomphateur de la mort et le roi d'un nouveau royaume qui serait bientôt inauguré. On peut cependant fixer certains traits communs à la prédication de ce temps, bien que dès le commencement les sentiments individuels, les expériences particulières, la science des Ecritures et le penchant à l'imagination, aient imprimé une grande variété aux professions de foi en Jésus-Christ.

1. — Une foi et une prédication communes fondées sur la certitude de la résurrection unissaient les disciples de Jésus. Cette foi et cette prédication peuvent se résumer dans les propositions suivantes : Jésus est le Messie annoncé par les prophètes, — il reviendra bientôt et établira son règne visible — celui qui a foi en lui et qui se met tout entier et complètement au service de cette foi, peut être certain de posséder la grâce de Dieu et de participer à la gloire à venir. — Ainsi se forma au sein du peuple d'Israël une communauté nouvelle composée de ceux qui croyaient en Christ. Cette communauté avait la conscience d'être l'*Israël véritable* des temps messianiques

et par conséquent vivait dans l'avenir par toutes ses pensées
et par tous ses sentiments. On pouvait conserver ainsi
toutes les espérances apocalyptiques juives en les rattachant
au temps du retour du Christ. La nouvelle communauté avait
des garanties que ce retour s'accomplirait : c'étaient le sacrifice que Christ avait fait de sa vie, les diverses manifestations
de l'Esprit qui se montraient chez les fidèles à leur entrée dans
la communauté et les contributions qu'ils s'imposaient. (L'acte
du baptême semble avoir été dès le début le signe marquant
l'entrée des nouveaux membres dans la communauté.) La
possession de l'Esprit donnait à tous individuellement la
garantie qu'ils n'étaient pas seulement « disciples », mais
étaient appelés « saints » et qu'en cette qualité ils étaient
prêtres et rois devant Dieu. La foi au Dieu d'Israël devint la foi
en Dieu le Père, on y ajouta la foi en Jésus le Christ et le Fils
de Dieu, ainsi que le témoignage du don du Saint Esprit,
c'est-à-dire de l'esprit de Dieu et de Christ. Avec cette foi on
craignait le Juge, mais on avait confiance dans le Dieu qui a
déjà commencé la rédemption des siens.

2. — La prédication de Jésus le Christ fut fondée d'abord
entièrement sur l'Ancien Testament, mais elle partait de l'élévation de Jésus par sa résurrection d'entre les morts. Aussi
longtemps que les croyants ne s'abandonnèrent pas complètement à leurs espérances d'avenir, leur préoccupation principale
fut de prouver que l'Ancien Testament tout entier aboutit au
Christ et que la personne de Jésus, ses actes et son sort sont
l'accomplissement réel et littéral des prophéties. Cette preuve
servait surtout non pas à expliquer plus clairement le sens et la
valeur de l'œuvre messianique — car celle-ci semblait ne pas en
avoir besoin, — mais à démontrer la messianité de Jésus. En
définissant la personne et la dignité du Christ au moyen de l'Ancien Testament tel qu'on le comprenait alors, on en vint à élargir
le cadre des idées sur la théocratie réalisée en Israël. Puis la foi
à l'élévation du Christ à la droite de Dieu eut un effet rétroactif :
on se fit une idée correspondante des origines de son existence. Ensuite le succès obtenu dans la conversion des païens
jeta une lumière nouvelle sur l'étendue de l'œuvre, on comprit

qu'elle était destinée à l'humanité entière. Enfin les propres
témoignages de Jésus sur sa relation unique avec Dieu le Père
invitaient à examiner quelle est cette relation. Déjà au siècle
apostolique la spéculation s'occupa de ces quatre points et
aboutit à des affirmations nouvelles sur la personne et la
dignité du Christ. Mais la prédication de l'Evangile s'absorba
dans la proclamation que Jésus est le Christ, on admit que
« l'observation des commandements de Jésus » — τηρεῖν πάντα
ὅσα ἐντείλατο ὁ Ἰησοῦς — est une chose qui va de soi, et l'on ne
fut pas conduit à réfléchir plus particulièrement sur ce sujet. Il
est clair que cela devait avoir plus tard de sérieux inconvénients, car si tout revient à s'approprier la vie de la personne
de Jésus, on ne peut s'approprier la vie d'une personne au
moyen des jugements portés sur elle, on ne le peut que si son
image concrète vous a été transmise.

3. — Des paroles positives de Jésus et le sentiment qu'on avait
de posséder l'Esprit, donnèrent la certitude du pardon des
péchés, de la justice devant Dieu, de la pleine connaissance de
la volonté divine et de la vocation au royaume à venir. Cette
certitude était celle d'une possession *actuelle*. Certainement
beaucoup admettaient que la première venue du Messie, que
son œuvre a eu pour résultat de nous procurer ces bienfaits,
et ils rapportaient en particulier le pardon des péchés à la
mort du Christ et la vie éternelle à sa résurrection. Seulement
on ne donnait point de théorie sur le lien qui rattache les bienfaits de l'Evangile à la vie du Christ. Paul a été le premier à
formuler une explication théologique de la religion de l'Ancien
Testament en se fondant sur la mort et *la résurrection* de
Jésus.

4. — L'opposé de cette théologie c'est la justice légale du
pharisaïsme, autrement dit la religion officielle de l'Ancien Testament. Ce fait a déterminé en partie la forme de cette théologie
des premiers chrétiens, mais la puissance qu'elle possédait
venait de la certitude qu'une vie nouvelle en esprit nous est
offerte par le ressuscité, par celui dont la mort a brisé le monde
de la chair et du péché. Paul a arraché violemment l'Evangile de
son sol maternel, car il pense que la justice par la foi provient

du Dieu qui a ressuscité Jésus et a mis légalement fin à la loi par la mort du Christ sur la croix. En même temps Paul en spéculant sur Christ et en développant l'opposition de la chair et de l'esprit, a donné à l'Evangile une empreinte intelligible aux Grecs, bien que ceux-ci fussent peu capables de s'approprier la forme particulière de ses discussions au sujet de la loi. Grâce au premier théologien, grâce à Paul, la question de la loi (en théorie et en pratique) et la question des principes de l'activité missionnaire devint une question brûlante au sein de la communauté chrétienne. Tandis que Paul proclamait la liberté vis-à-vis de la loi et baptisait les païens, les empêchant de devenir des juifs, d'autres n'hésitaient pas à faire provenir aussi de l'observation ponctuelle de la loi la justice que possèdent les disciples du Christ; ils refusaient de reconnaître Paul pour un apôtre et un chrétien. Mais les plus éminents des disciples de Jésus se laissèrent convaincre, sans peut-être que la cause de leur détermination fût uniquement les succès remportés par Paul: ils reconnurent aux païens le droit d'être chrétiens sans devenir Juifs. Ce fait, qui est attesté avec certitude, est la plus forte preuve que Christ a éveillé chez ses disciples une foi qui leur était plus chère que toutes les traditions de leurs pères. Il y eut cependant chez ceux qui reconnurent le bon droit de la mission de Paul des nuances diverses suivant l'attitude qu'ils crurent devoir prendre vis-à-vis des pagano-chrétiens dans leur manière de vivre et dans les rapports qu'ils avaient avec eux. Ces diversités se sont conservées longtemps. Il est hors de doute que la lutte livrée par Paul a été livrée pour la chrétienté *tout entière;* cependant il est certain que la transformation du christianisme originel dans un sens universel s'est accomplie aussi en dehors de l'activité de Paul, preuve en soit la communauté de Rome. Le judaïsme de la diaspora était depuis longtemps entouré d'une cour de demi-frères grecs qui conservaient à peine les formes particularistes et nationales de la religion de l'Ancien Testament (voir § VII). Ensuite dans ce judaïsme et chez les Juifs eux-mêmes, l'ancienne religion avait commencé à se transformer en religion universelle et spirituelle, sans pourtant rejeter des formes que l'on envisageait plutôt comme des symboles, comme des mystères et auxquelles on attribuait une signification importante. L'Evangile fut accueilli avec empressement dans ce milieu et il termina tout simplement et presque instantanément le *procès* (1) de la spiritualisation de l'ancienne religion. Les anciennes formes furent mises de côté comme des enveloppes et aussitôt remplacées partiellement par des formes nouvelles ; par exemple : la circoncision c'est la circoncision du cœur et en même temps aussi le baptême; le sabbat c'est le règne de Christ, etc... On se sépara extérieurement de la synagogue, ce qui est bien réellement une preuve qu'il y avait un élément nouveau et qu'on s'en rendait compte. Cette séparation fut rapidement effectuée à cause de la haine des Juifs orthodoxes contre les chrétiens et à cause aussi de l'influence de Paul; plus tard la destruction de Jérusalem mit fin définitivement aux relations incertaines qui avaient encore subsisté.

Dans l'épître aux Hébreux et les écrits johanniques l'Evangile est également conçu dans un sens strictement universel et spirituel ; il est placé non seulement au-dessus de la lettre, mais aussi au-dessus de la *religion* de l'Ancien Testament. Le portrait du Christ dans le quatrième évangile paraît comme une synthèse de celui des synoptiques et de saint Paul, et cependant son unité est manifeste. On y trouve une certaine part d'hellénisme, mais celui-ci est dans la manière de penser et dans l'arrangement des idées, et non pas comme système métaphysique. Cependant ici non plus il n'est pas facile de distinguer ce qui est grec. L'auteur semble n'avoir pris la notion du Logos que pour dévoiler le Logos comme le Fils de Dieu, Jésus-Christ. (Sur la relation entre le Prologue du 4e Evangile et l'œuvre entière, voir Harnack, dans *Zeitschr. für Theol. u. Kirche* 2e vol. 3e cahier.)

(1) En allemand : Process = marche, développement, procédure. (Trad.)

§ VI. — L'INTERPRÉTATION DE L'ANCIEN TESTAMENT ET LES
ESPÉRANCES D'AVENIR CHEZ LES JUIFS; LEUR PLACE DANS LES
PLUS ANCIENNES FORMES DE LA PRÉDICATION CHRÉTIENNE.

1. Jésus avait détruit dans son principe la méthode de la
critique à courte vue, laquelle consistait à étudier la loi avec
un esprit casuistique et à inventer, à grand renfort de subtilités,
un sens plus profond des prophéties. L'Eglise chrétienne conserva cependant pour l'interprétation de l'Ancien Testament
l'ancienne exégèse de l'école et surtout la méthode non historique qui ne s'occupe que d'un texte isolé; la méthode allégo-
risante et l'agada (exégèse rabbinique édifiante) demeurèrent
encore en vigueur. En effet un texte sacré — et l'Ancien Testament était regardé comme tel — demandera toujours à être interprété en faisant abstraction de l'histoire dont il dépend, pour pouvoir être expliqué suivant les besoins du temps. Les idées traditionnelles exercèrent leur influence là surtout où il s'agissait
de prouver l'accomplissement de la prophétie, où il était question de la messianité de Jésus, et cela autant sur l'interprétation de l'Ancien Testament que sur la manière de concevoir la
personne, la destinée et les actes de Jésus. Sous l'impression
produite par l'histoire de Jésus, on donna à bien des passages
de l'Ancien Testament un sens qui leur était étranger, on
enrichit de nouveaux faits la vie de Jésus et l'on attira l'attention sur des détails dont l'importance était fréquemment nulle,
rarement marquante.

2. Les premiers adhérents de l'Evangile n'ont pas banni
de leur sein la littérature apocalyptique juive qui florissait
alors, particulièrement depuis l'époque d'Antiochus Epiphane.
Au contraire ils la gardèrent et la lurent avec ardeur parce
qu'ils pensaient qu'elle éclaircissait les promesses de Jésus.
Ils ont même fait plus : ils l'ont continuée Chez les chrétiens
les espérances matérielles et terrestres ne sont pas du tout
rejetées, mais elles sont modifiées et il n'y a plus d'incertitude
sur la personne du Messie qui doit paraître pour le jugement.
Des tableaux colorés remplirent l'imagination, menaçant

d'obscurcir les déclarations si simples et sérieuses qui disent
que toute âme individuelle doit s'attendre au jugement. Un
grand nombre de ceux qui croyaient à l'Evangile tombèrent
dans une agitation inquiète et conçurent pour l'Etat romain des
sentiments de répulsion. Dans ces circonstances les discours
eschatologiques de Jésus durent nécessairement être reproduits
avec incertitude ; on fit même plus : on y mêla un élément complètement étranger, et les véritables objets de l'espérance et de
l'activité chrétiennes furent perdus de vue.

3. Grâce à la littérature apocalyptique, à l'exégèse méthodique et à l'interprétation rabbinique, toute une quantité de
mythologies et d'abstractions poétiques acquirent droit de cité
dans les communautés chrétiennes et furent envisagées comme
légitimes. Les spéculations sur le Messie eurent la plus grande
importance pour la suite. On en emprunta une partie aux données de l'Ancien Testament et aux apocalypses, et l'autre partie
fut formée d'une façon indépendante ; on usa pour cela de
méthodes dont personne ne contesta le bon droit : il semblait
même qu'en les employant on garantissait la foi. La religion
juive avait déjà depuis longtemps prêté existence à tout ce qui
dans le savoir de Dieu est « être » et « devenir », mais on n'a-
vait naturellement appliqué cette notion qu'à des éléments
précieux. La marche de la pensée religieuse avait fait entrer
les individus, en particulier les hommes éminents, dans cette
spéculation qui avait la prétention de simplement glorifier Dieu.
C'est ainsi qu'on attribua aussi au Messie la préexistence, mais
une préexistence en vertu de laquelle il demeure auprès de
Dieu *tel qu'il paraît sur la terre.* Par contre les idées helléniques sur la préexistence avaient leur racine dans la distinction de Dieu et de la matière, d'esprit et de chair Selon elles
l'esprit préexiste et la nature matérielle n'est qu'une enveloppe
qu'il prend. C'était là un terrain tout trouvé pour les idées de
l'incarnation, de l'adoption d'une seconde nature, etc. A l'é-
poque du Christ ces deux idées helléniques exerçaient une
influence sur les idées juives et toutes les deux étaient si répandues que les docteurs chrétiens les plus éminents les acceptèrent aussi. Les convictions d'ordre religieux (voir § V, 2) étaient

les suivantes : 1. La fondation du règne de Dieu sur la terre et
l'envoi de Jésus dès l'éternité comme médiateur parfait sont
dès l'éternité à la base du plan rédempteur de Dieu comme
étant son but suprême.

2. Le Christ étant monté au ciel est dans la position d'un
souverain égal à Dieu ; cette position lui revenait de droit.

3. En Jésus, Dieu lui-même a été révélé, Jésus par conséquent est supérieur à tous les médiateurs de l'Ancienne
Alliance et même à toutes les armées des anges.

Ces convictions ne furent pas formulées sans subir l'influence des idées helléniques de la façon suivante : Jésus a
préexisté, autrement dit : en lui est apparu et s'est incarné un
être céleste égal à Dieu, être plus ancien que le monde et qui
en est même le principe créateur. La racine religieuse de cette
spéculation se trouve dans des passages tels que I Pierre ı, 20.
La forme en variait beaucoup suivant le degré de culture et
la mesure dans laquelle on était versé dans la théologie apocalyptique ou dans la philosophie religieuse hellénique. Dans
cette philosophie les êtres intermédiaires et le Logos en première ligne jouaient un grand rôle. Seul l'auteur du quatrième évangile — on aurait du reste de la peine à affirmer
qu'il appartient au premier siècle — a parfaitement clairement
reconnu que le Christ antémondain devait être placé auprès
de Dieu ($\pi\rho\grave{o}\varsigma$ $\tau\grave{o}\nu$ $\theta\epsilon\acute{o}\nu$), comme Dieu existant au commencement
($\theta\epsilon\grave{o}\varsigma$ $\grave{\omega}\nu$ $\grave{\epsilon}\nu$ $\grave{\alpha}\rho\chi\tilde{\eta}$), afin de ne pas mettre en danger le contenu et
la signification de la révélation de Dieu en Christ.

Du reste on rencontrait dans des cercles nombreux l'opinion
qu'en recevant la communication de l'esprit au baptême,
l'homme Jésus a été armé pour son ministère (voir les gé-
néalogies et le commencement de l'évangile de Marc). Ou bien
aussi on se fondait sur Esaïe VII pour expliquer par une naissance miraculeuse (de la Vierge) l'origine de son existence
unique. (On ne sait pas du tout comment cette dernière conception s'est formée et s'est répandue, Paul semble ne pas la
connaître, mais au commencement du deuxième siècle elle est
presque universellement répandue.)

D'autre part il est hautement significatif de noter que tous

les docteurs qui ont admis comme *religion* l'élément nouveau
apporté par le christianisme, ont tous attribué la préexistence
au Christ.

Appendice. — Avec l'aide de la preuve tirée de la prophétie,
de l'interprétation courante du Nouveau Testament, des
croyances apocalyptiques et des méthodes de la spéculation
alors usitées, on ne put réussir à expliquer tous les facteurs
nouveaux qui furent exprimés dans la prédication chrétienne
déjà fort tôt. Les plus anciennes communautés étaient enthousiastes, elles avaient des prophètes dans leur sein ; or, comme
le montre l'histoire, c'est justement dans des conjonctures pareilles que des faits ont toujours été fabriqués : ce fut le cas
pour l'ascension de Jésus et pour sa descente aux enfers,
qu'on présente comme ayant une importance particulière. Il
n'est pas possible de montrer après coup ce qui a amené de
telles productions ; elles n'atteignirent leur but que par la
création du Nouveau Testament, mais ne l'atteignirent pas
parfaitement et furent enrichies par des mythologies
abstraites. La vérité contenue dans toutes ces affirmations,
c'est que la vie du Christ dévoile le but et la fin de l'histoire,
en Christ le divin sous sa pure forme est entré dans l'histoire.

§ VII. — LES IDÉES ET LA PHILOSOPHIE RELIGIEUSES DES JUIFS
    HELLÉNISTES, COMMENT ELLES ONT CONTRIBUÉ A DONNER A
    L'ÉVANGILE UNE FORME NOUVELLE.

1. Les restes de la littérature judéo-alexandrine (y compris
les sybilles et Josèphe) et la grande propagande faite par le
judaïsme dans le monde gréco-romain nous donnent la conviction que dans la diaspora il y avait un judaïsme qui reléguait
consciemment le culte et la loi cérémoniels derrière un culte
de Dieu monothéiste et sans images, derrière les doctrines
morales et la foi en une rétribution future dans l'au-delà. La
circoncision ne fut plus même partout exigée, on se contentait
aussi du bain de purification. Nous voyons ainsi la *religion*
juive transformée en une *morale* humaine universelle et en

une *cosmologie* monothéiste, tandis que l'idée de la théocratie
et les espérances messianiques pâlissent. Ces dernières sont
encore là, mais les prophéties servent principalement à prouver
l'antiquité du monothéisme juif, tandis que la pensée de
l'avenir s'absorbe dans l'attente de la chute de l'empire romain, de l'embrasement universel et, — chose plus importante — dans l'attente de la *rétribution universelle*. L'élément juif proprement dit peut être trouvé dans la haute considération qu'on continua à avoir pour l'Ancien Testament,
l'envisageant comme la source de toute sagesse, même de la
philosophie grecque et des éléments de vérité contenus dans
les religions autres que la religion juive. Bien des gens
éclairés observaient aussi ponctuellement la loi à cause de sa
signification *symbolique*. Ces Juifs-là et les Grecs qu'ils con-
vertirent constituèrent un judaïsme nouveau dont l'ancien était
la racine. Ce judaïsme a préparé le terrain pour la conversion
des Grecs au christianisme et pour la formation dans l'empire
d'une grande Église païenne affranchie du joug de la loi. Sous
l'influence de la culture grecque, ce judaïsme nouveau s'est développé en une sorte de bourgeoisie universelle avec un fond
monothéiste. En tant que religion, il a aboli les formes nationales et s'est présenté comme l'expression la plus parfaite de
cette religion « naturelle » que le Portique avait découverte.
Mais aussi dans la même mesure il devint un *moralisme* et
perdit une partie de la puissance *religieuse* qu'avaient eue
les prophètes et les psalmistes. L'union intime du judaïsme et
de la philosophie religieuse grecque marque un des plus
grands progrès de l'histoire de la religion et de la civilisation,
mais elle n'aboutit pas à *établir des formations* religieuses
puissantes : ce qu'elle a créé a passé dans le christianisme.

2. La philosophie religieuse judéo-alexandrine a son représentant le plus considérable dans la personne de *Philon*,
un grec accompli et un juif convaincu. Philon a poursuivi le
développement de la philosophie religieuse de l'époque dans
le sens du néoplatonisme et a préparé une théologie chrétienne capable de rivaliser avec la philosophie. Philon est
platonicien et stoïcien, mais en même temps il est philosophe

de la révélation. Il a mis le but final dans ce qui est au-dessus
de la raison, attribuant ainsi la puissance suprême à la communication de Dieu D'un autre côté il a vu dans l'*esprit*
humain une chose divine et il a levé l'opposition entre Dieu et
l'esprit créé, entre la nature et l'histoire, au moyen du *Logos*
personnel et impersonnel qui lui servit à expliquer la religion
et le monde. Mais la matière dont est fait le monde demeura
pour lui ce qui est absolument vain et mauvais. Ses préceptes
éthiques ont par conséquent en principe un caractère strictement ascétique, bien qu'il sût attribuer aux vertus terrestres
une valeur relative. La vertu est l'affranchissement de la matière, elle s'achève dans l'existence qui est en contact avec la
divinité. Ce contact est au dessus de toute science, mais la
science est cependant tenue en haute estime parce qu'elle est
le chemin. La conception du monde est subordonnée chez
Philon au besoin d'un salut et d'une paix qui surpassent toute
intelligence. On peut affirmer que Philon a été le premier
philosophe qui a donné à ce besoin une expression précise, et
cela parce qu'il n'était pas seulement un grec, mais aussi un
juif vivant au milieu des idées de l'Ancien Testament. On ne
trouve pourtant pas dans son esprit la synthèse du Messie et
du Logos.

3. Les principes pratiques de la philosophie religieuse
alexandrine ont dû s'introduire de bonne heure et à un degré
variable dans les cercles judéo-chrétiens de la diaspora et par
eux aussi dans les cercles pagano-chrétiens. Ou, pour
mieux dire, les cercles judéo-chrétiens étaient le terrain
tout préparé où ces idées étaient répandues. Ensuite, depuis
le commencement du deuxième siècle les docteurs chrétiens
ont été influencés par la philosophie de Philon elle-même,
notamment par la *doctrine du Logos* parce qu'elle exprimait
l'unité de la religion, de la nature et de l'histoire. Ils ont surtout subi l'ascendant des principes herméneutiques de Philon.
Les systèmes de Valentin et d'Origène supposent l'existence
préalable du système de Philon. Le dualisme subtil et l'art de
l'allégorie (« l'alchimie biblique ») furent chose familière aux
docteurs de l'Église. Trouver le sens spirituel du texte sacré,

soit à côté du sens littéral, soit à l'exclusion de ce dernier, tel fut le mot d'ordre de la théologie scientifique chrétienne. Cette théologie du reste n'était possible que sur une pareille base, car, sans connaître de mesures *relatives*, elle s'efforçait de ramener à l'unité l'Évangile et les matériaux immenses et disparates de l'Ancien Testament, puis encore la culture religieuse et scientifique des Grecs. En cela Philon fut un maître, car il a été le premier à verser dans la mesure la plus considérable le vin nouveau dans de vieilles outres. Cette manière de faire est justifiée dans son but final, car l'histoire est une unité, mais si elle est mise à exécution avec une critique à courte vue, elle est une source d'illusions, de manque de véracité et finalement d'encroûtement.

§ VIII. — LES DISPOSITIONS RELIGIEUSES DES GRECS ET DES ROMAINS DANS LES DEUX PREMIERS SIÈCLES, ET LA PHILO-SOPHIE RELIGIEUSE GRÉCO-ROMAINE DU TEMPS.

1. A l'époque de Cicéron et d'Auguste, la religion populaire et le sentiment religieux en général avaient presque complètement disparu dans le cercle des gens cultivés. Mais à partir de la fin du premier siècle on peut remarquer dans le monde gréco-romain un réveil du sentiment religieux, lequel s'empare de toutes les couches de la société et semble s'être accru tous les dix ans, surtout depuis le milieu du deuxième siècle. Parallèlement à ce réveil, on fit — non sans succès — des tentatives pour restaurer les anciens cultes nationaux, les coutumes religieuses, les sanctuaires où l'on rendait des oracles. L'initiative vint en partie d'en haut ; mais ce furent des essais artificiels. Les nouveaux besoins religieux de l'époque ne pouvant pas s'exprimer ainsi avec force ni sans subir des modifications, cherchaient plutôt des formes nouvelles qui répondissent aux circonstances de l'époque, car celles-ci avaient entièrement changé.

C'était le temps du mélange des peuples et des relations entre nations, le temps de la décadence des anciennes institutions républicaines, des divisions et des classes antiques ;

c'était l'époque de la monarchie et de l'absolutisme, des crises
sociales et du paupérisme ; la religion, la morale et le droit
subissaient l'influence de la philosophie, on parlait de bourgeoisie universelle et des droits de l'homme ; les cultes orientaux faisaient invasion, on s'adonnait à la science universelle
et l'on était plongé dans le dégoût des choses. — Avec la décadence des cultes politiques et le syncrétisme se développa la
tendance au *monothéisme*, sous l'influence de la philosophie.
La religion et la *moralité individuelle* furent plus étroitement unies, *on en arriva à spiritualiser les cultes, à enno-
blir l'homme, on en vint à l'idée de la moralité personnelle, de la conscience et de la pureté*. On attacha une
grande importance à la *pénitence, à la purification*, à
l'union intime avec la divinité, au désir ardent de *révélation*.
L'ascétisme et les rites mystérieux furent les moyens de
s'approprier le divin. On aspira à une *vie* éternelle et sans
souffrances dans l'au-delà, c'est-à-dire à la *déification*, et la vie
terrestre fut envisagée comme une chose trompeuse. Le mot
d'ordre fut : ἐγκράτεια (continence) et ἀνάστασις (résurrection).

Au deuxième siècle, la tendance *moralistique* s'accentua plus
fortement, tandis qu'au troisième siècle ce fut le tour de la
tendance religieuse, du désir ardent de la *vie*. Ce n'était pas
encore la défaite du polythéisme : il était seulement déplacé
et relevé à un niveau supérieur où il demeurait aussi vivant
qu'auparavant. L'être suprême — pensait-on — révèle sa plénitude dans mille formes ou dieux inférieurs dont la hiérarchie
va s'élevant. On procéda à des déifications et on rendit un
culte à l'empereur en l'appelant : *dominus ac deus noster*.
La hiérarchie de ces dieux inférieurs va aussi en décroissant ;
ils se manifestent dans la nature et dans l'histoire. L'âme elle-
même est un être supra-terrestre. On cherche et on développe
l'idéal de l'homme et du guide (rédempteur) parfaits. L'élément nouveau resta partiellement caché sous les anciennes
formes de culte soutenues ou restaurées par l'Etat ou par la
piété ; il cherchait à tâtons autour de lui des formes où il pût
s'exprimer, mais néanmoins le sage, le sceptique et le patriote
capitulèrent devant l'ancien culte traditionnel.

2. L'existence d'associations, ainsi que la formation de l'état monarchique romain universel sont deux faits d'une haute importance pour le développement de l'élément nouveau dans le domaine religieux : ils ont donné naissance au sentiment d'une bourgeoisie universelle. Ce sentiment s'éleva au-dessus de lui-même quand dans les associations il amena à ce qu'on se prêtât secours mutuellement, et quand dans l'état universel il unit l'humanité sous un chef unique et effaça les distinctions entre nations. L'Eglise s'est approprié morceau par morceau l'appareil grandiose de l'Etat romain universel et elle-même a vu dans la constitution de cet état l'image de l'économie divine.

3. — La philosophie a été peut-être le facteur le plus décisif de ce brusque changement des dispositions religieuses et morales, car dans toutes ses écoles elle assigna de plus en plus à l'éthique la première place et elle l'approfondit. Posidonius, Sénèque, Epictète et Marc Aurèle, en partant du stoïcisme, et un homme comme Plutarque en partant du platonisme, sont arrivés à une conception éthique, dont les idées fondamentales sont : la connaissance, la résignation et la confiance en Dieu. Le principe de cette conception manque de pénétration, mais on pourrait difficilement s'élever plus haut dans le détail. Toutes les écoles ont un trait commun : le prix qu'elles attachent à l'*âme*. Chez quelques-uns on distingue clairement des dispositions religieuses, le désir ardent du secours divin, de la rédemption et d'une vie future, et tout cela se retrouve très nettement chez les Néoplatoniciens et leurs précurseurs au deuxième siècle, le modèle ayant été donné par Philon.

Les marques distinctives de cette manière de voir sont : le dualisme du divin et du terrestre, la notion abstraite de Dieu, le doute à l'endroit de l'expérience des sens, la défiance à l'égard des forces de la raison accompagnée d'un désir d'approfondir les choses et de faire valoir le résultat du travail scientifique antérieur; puis l'exigence de s'affranchir de la sensualité au moyen de l'ascétisme, le besoin d'autorité, la foi aux révélations supérieures et à la fusion de la religion, de la

science et de la mythologie. On commençait déjà à accepter la
légitimité de la rêverie religieuse dans le domaine de la philosophie, en reprenant les mythes comme les véhicules de la
plus profonde vérité (Romantisme). Au point de vue de la
science de la nature et des lumières, cette philosophie théosophique qui se répandait est bien souvent un recul, mais non pas
à tous les égards ; par exemple la psychologie néoplatonicienne
est bien préférable à celle des stoïciens, et puis cette philosophie était l'expression de besoins religieux plus profonds et
d'une précieuse connaissance de soi-même. La vie intérieure
avec ses aspirations devint maintenant tout entière le point
de départ de la réflexion sur le monde. Les pensées de la
miséricordieuse Providence divine, de la solidarité de tous les
hommes, de l'amour fraternel universel, de l'injustice pardon-
née de bon cœur, de la patience indulgente, de la connaissance
de ses propres faiblesses, sont des résultats acquis par la
philosophie pratique des Grecs pour des cercles étendus. Il en
est de même pour la conviction de la culpabilité inhérente à
notre nature, pour le besoin de rédemption, pour le prix
attaché à l'âme humaine, laquelle ne trouve son repos qu'en
Dieu. Mais, hélas ! on ne possédait aucune *révélation* certaine,
aucune *communauté religieuse* étendue et satisfaisante,
aucun *génie* religieux puissant, aucune conception de *l'histoire*
qui pût prendre la place de l'histoire politique qui avait perdu sa
valeur. On n'avait aucune *certitude* et l'on ne sortait pas d'un
état dans lequel on flottait entre la crainte de Dieu et la divinisation de la nature. Malgré cela l'Evangile s'est allié avec
cette philosophie, avec ce que le siècle pouvait offrir de plus
élevé et les âges de l'histoire écclésiastique des dogmes dans
les cinq premiers siècles correspondent aux âges de la philosophie religieuse hellénique à la même époque.

Comme introduction à l'étude de l'histoire des dogmes on
peut recommander particulièrement les ouvrages suivants :
Schürer, *Geschichte des jüdischen Volks im Zeitalter Jesu
Christi ;* 2 vol., 1885 ; Weber, *System der altsynagogalen
palästinensischen Theologie,* 1880 ; Kuenen, *Volksreligion*

und Weltreligion, 1883 ; Wellhausen, *Abriss der Geschichte
Israel's und Juda's (Skizzen und Vorarbeiten.* I. Heft 1884) ;
Weiss, *Lehrbuch der biblischen Theologie*, 4ᵉ éd., 1884 ;
Baldensperger, *Das Selbstbewusstsein Jesu im Lichte der
messianischen Hoffnungen seiner Zeit*, 1888 ; *Leben Jesu
von Keim*, *Weiss*, etc., et les Introductions au Nouveau
Testament de Reuss, Hilgenfeld, Mangold, Holtzmann et
Weiss ; Weizsäcker, *Apostolisches Zeitalter*, 1886 ; Renan,
Histoire des Origines du christianisme, tomes III-V ;
Pfleiderer, *das Urchristenthum*, 1887 ; Diestel, *Geschichte
des A. T. in der Christlichen Kirche*, 1869 ; Siegfried,
Philo von Alexandria, 1875 ; Bigg, *The Christian Pla-
tonists of Alexandria*, 1886 ; les recherches de Freudenthal
(*Hellenistische Studien*) et Bernays ; Boissier, *La religion
romaine d'Auguste aux Antonins*, 2 vol., 1874 ; Réville,
La religion à Rome sous les Sévères, 1886 ; Friedlän-
der, *Darstellungen aus der Sittengeschichte Roms in
der Zeit von August bis zum Ausgang der Antonine*, 3 vol.,
5ᵉ éd. ; Marquardt, *Römische S'taatsverwaltung*, 3 vol. 1878 ;
Léopold Schmidt, *Die Ethik der alten Griechen*, 2 vol., 1882 ;
Heinze, *Die Lehre vom Logos*, 1872 ; Hirzel, *Untersuchungen zu Cicero's philosophische Schriften*, 3 parties, 1877 ss. ;
Manuels de l'histoire de la philosophie, par Zeller, Ueberweg,
Strümpell, Windelband etc. Hatch, *The influence of greek
ideas and usages upon the Christian Church*, 1890 ; Apocalypse d'Esdras (Fritzsche, *Libri apocryphi Veteris Testa-
menti*, 1871), Psaumes de Salomon, le Pirké Aboth (ed. Strack,
1882), les oracles sybillins (ed. Rzach, 1891), les écrits de
Philon, ses explications sur la Genèse, ceux de Sénèque, Plutarque, Epictète et Marc Aurèle.

Voir en outre : A. Ritschl *Uber die Methode der aelteren
D. G.* (dans les *Jahrbücher f. deutsche Theol.* 1871, p. 191 ss.)
A. Sabatier, *La vie intime des dogmes.*

PRÉCIS

DE

L'HISTOIRE DES DOGMES

PREMIÈRE PARTIE

FORMATION DU DOGME ECCLÉSIASTIQUE

LIVRE PREMIER

LA PRÉPARATION

CHAPITRE PREMIER

APERÇU HISTORIQUE

Le premier siècle d'existence des communautés chrétiennes sorties du paganisme, présente les caractères suivants :

1° L'effacement rapide du christianisme judaïque.

2° L'enthousiasme religieux et les puissantes espérances d'avenir.

3° Une vie morale sévère, conforme aux commandements du Seigneur.

4° La diversité et la liberté dans la façon dont s'exprime la foi en partant de formules susceptibles d'interprétation, et d'une tradition qui va toujours s'enrichissant.

5° L'absence dans les communautés d'une autorité extérieure bien définie et s'imposant à elles.

6° Le manque de lien politique entre les différentes communautés et d'une organisation à la fois ferme et laissant à l'individu sa liberté d'action.

7° La composition d'écrits d'un genre à part, donnant des faits de l'invention des auteurs et émettant les plus grandes prétentions.

8° La reproduction de paroles isolées et de morceaux des docteurs apostoliques, sans qu'on les comprenne clairement.

9° L'apparition de tendances qui se proposent d'accélérer à tout prix le travail déjà commencé d'une accommodation de l'Evangile aux préoccupations intellectuelles et religieuses de l'époque, — et enfin simultanément des tentatives de fausser les origines de l'Evangile au nom d'hypothèses qui lui sont complètement étrangères, et entre autres au nom de ce principe hellénique que la connaissance n'est pas tant une grâce (charisme) ajoutée à la foi, — mais constitue plutôt l'essence même de la foi.

CHAPITRE II

Il y avait des croyances communes à la grande majorité des chrétiens, cela nous est prouvé en particulier par ce
fait que le gnosticisme ne s'est dessiné et dégagé que peu à
peu. L'assurance de connaître le Dieu suprême, le sentiment d'être responsable envers lui, la confiance en Christ,
l'espoir de la vie éternelle, le détachement du monde —
forment les éléments fondamentaux de la foi.

Notons les points de doctrine suivants :

1° L'Evangile nous donne du Dieu suprême une connaissance certaine, parce qu'elle procède d'une révélation.
Cette connaissance saisie par la foi garantit le salut.

2° L'essence de cette connaissance consiste dans le monothéisme spirituel, la certitude de la résurrection et de la
vie éternelle, et un programme de pureté morale et de renoncement, lequel a pour base la repentance envers Dieu
et l'absolution purificatrice accordée une seule fois au baptême en regard de la rétribution du bien et du mal.

3° Cette connaissance est communiquée par Jésus-Christ.
Il est le Sauveur envoyé dans « ces derniers temps », et il
est avec Dieu lui-même dans une relation toute particulière. Il est le Rédempteur (σωτήρ), par ce qu'il a apporté la
pleine connaissance de Dieu et le don de la vie éternelle
(γνῶσις et ξωή ou γνῶσις τῆς ζωῆς, terme qui désigne l'Evangile
dans son entier). Puis il est le modèle suprême de toute

vertu morale, à la fois législateur et loi de la vie parfaite.
Il est aussi le vainqueur des démons et le juge du monde.

4° La vertu consiste dans le renoncement aux biens de
ce monde et dans l'amour fraternel.

Le chrétien est un étranger dans un monde dont il
attend la ruine.

5° Le message du Christ est confié à des hommes choi-
sis, aux apôtres ou à un apôtre, leur prédication est l'exposé de la prédication de Jésus-Christ même. En outre
l'Esprit de Dieu aux dons infiniment variés agit sur les
« saints » et suscite encore des « prophètes et docteurs »
spéciaux, honorés de révélations destinées à l'édification.

6° Le culte chrétien est un service d'adoration en esprit
sans cérémonies ni ordonnances fixes. Les consécrations et
les actes qui se rattachent au culte tirent leur valeur des
bienfaits spirituels qui en découlent.

7° Les distinctions de sexe, d'âge, de culture, de nationalité n'existent plus pour les chrétiens. La communauté
chrétienne repose sur la vocation divine et son organisation se règle d'après les dons spirituels de ses membres. Les
opinions diffèrent sur les signes de l'élection.

8° Le christianisme n'étant pas une religion nationale,
mais plutôt la seule vraie religion destinée à l'humanité
entière — du moins à son élite, — ne peut conserver aucun
lien avec le peuple juif et ses formes de culte. Le peuple
juif, du reste, cesse d'être l'objet de la grâce du Dieu dont
Jésus a été le Révélateur; on peut même douter qu'il eût
été en grâce auparavant, car à coup sûr il est maintenant
rejeté.

Les révélations de Dieu antérieures au Christ — dans la
mesure où elles ont existé — avaient trait à la vocation
du « peuple nouveau » et devaient préparer la révélation
finale de Dieu dans la personne de son Fils.

Ces révélations étaient en honneur auprès de la majorité,
et l'Ancien Testament passait pour le document sacré primitif.

CHAPITRE III

LA FOI COMMUNE ET LES DÉBUTS DE LA SCIENCE DANS LE PAGANO-CHRISTIANISME. — DÉVELOPPEMENT DANS LE SENS DU CATHOLICISME.

Sources : Les écrits des Pères apostoliques. Les œuvres des apologètes du deuxième siècle. Ritschl. *Entstehung der altkatholischen Kirche*, 2ᵉ édit., 1857. V. Engelhardt. *Das Christenthum Justins*, 1878. Pfleiderer. *Das Urchristenthum*, 1887.

1. *Les communautés et l'Eglise.* — Grâce à leur nombre et à leur influence, les adeptes de l'Evangile, membres de communautés organisées, formaient le tronc principal de la chrétienté. Ils regardaient l'Ancien Testament comme le document primitif de la révélation de Dieu et envisageaient la tradition évangélique comme un message annoncé à tous les hommes. Ils voulaient conserver cette tradition pure, fidèle et sans altération. Par la fermeté de sa foi, la certitude de son espérance, la sainte ordonnance de sa vie, comme aussi par son amour et son esprit de paix, chaque communauté devait être une image de la sainte Eglise de Dieu qui est dans le ciel et dont les membres sont dispersés sur la terre. Par la pureté de sa vie et un ardent esprit de fraternité, la communauté devait être aussi un modèle pour les « étrangers », c'est-à-dire pour le monde du dehors.

Dans la Didachè récemment retrouvée, nous voyons clairement quel était le cercle des préoccupations de celles

des communautés que la philosophie n'avait pas encore in-
fluencées. Elles attendaient avec impatience le retour du
Christ, elles enjoignaient à leurs membres une vie sainte
et offraient aux chrétiens le choix entre deux « voies »
différentes, suivant qu'ils empruntaient leurs préceptes
moraux à l'éthique judéo-alexandrine ou aux paroles du
sermon sur la montagne.

Dépourvues de lien politique commun, elles se savaient
appartenir à la création à la fois nouvelle et ancienne, à
l'*Eglise*, l'Eve véritable, l'épouse du Christ céleste.

Tertullien (Apologétique 39) dit : *Corpus sumus de con-
scientia religionis et disciplinæ unitate et spei fœdere.*

II. Clément, 14 : Ποιοῦντες τὸ θέλημα τοῦ πατρὸς ἡμῶν ἐσόμεθα
ἐκ τῆς ἐκκλησίας τῆς πρώτης τῆς πνευματικῆς, τῆς πρό ἡλίου καὶ σελήνης
ἐκτισμένης... Ἐκκλησιά ζῶσα σῶμά ἐστι Χριστοῦ · λέγει γὰρ ἡ γραφή.
ἐποίησεν ὁ θεὸς τὸν ἄνθρωπον ἄρσεν καὶ θῆλυ · τὸ ἄρσεν ἐστὶν ὁ Χριστός,
τὸ θῆλυ ἡ ἐκκλησία.

2. *Les fondements de la foi.* — La foi au Dieu unique,
à Jésus et au Saint-Esprit reposait sur l'Ancien Testament interprété à la façon chrétienne, sur les apocalypses
et les traditions christologiques auxquelles on faisait constamment de nouvelles additions. Ces traditions comprenaient d'une part les déclarations morales et eschatologiques du Seigneur, et de l'autre le récit de l'histoire
évangélique. La preuve prophétique tenait lieu de théologie. — En outre on composa déjà de bonne heure de
courtes formules de foi. (Ἡ παράδοσις, ὁ παραδοθείς λόγος, ὁ κανὼν
τῆς παραδόσεως, τὸ κήρυγμα, ἡ διδαχή, ἡ πίστις, ὁ κανὼν τῆς πίστεως,
etc.) Déjà, avant l'an 150, la communauté de Rome avait
rédigé cette confession, qui est la base de toutes celles qui
suivront : Πιστεύω εἰς θεὸν πατέρα παντοκράτορα · καί εἰς Χριστὸν
Ἰησοῦν, υἱὸν αὐτοῦ τὸν μονογενῆ, τὸν κύριον ἡμῶν, τὸν γεννηθέντα ἐκ
πνεύματος ἁγίου καὶ Μαρίας τῆς παρθένου, τὸν ἐπὶ Ποντίου Πιλάτου
σταυρωθέντα καὶ ταφέντα, τῇ τρίτῃ ἡμέρᾳ ἀναστάντα ἐκ νεκρῶν, ἀναβάντα
εἰς τοὺς οὐρανούς, καθήμενον ἐν δεξιᾷ τοῦ πατρός, ὅθεν ἔρχεται κρῖναι
ζῶντας καὶ νεκρούς · καὶ εἰς πνεῦμα ἅγιον, ἁγίαν ἐκκλησίαν, ἄφεσιν
ἁμαρτιῶν, σαρκὸς ἀνάστασιν.

On attribua au témoignage unanime des douze apôtres (διδαχή κυρίου διὰ τῶν ιϐ' ἀποστόλων), les traditions relatives au Christ, prédites dans l'Ancien Testament, l'Evangile primitif. Cette autorité historique d'où sortirent les premiers germes de la tradition catholique, se forme d'une façon obscure et repose sur un a priori. Simultanément et cependant en toute indépendance, on invoque Paul et ses lettres qui, du reste, étaient lues avec un grand empressement.

3. *Les éléments principaux du christianisme étaient :* La foi au Dieu Souverain (δεσπότης) et au Fils, fondée sur la preuve prophétique et sur l'enseignement du Maître dont les apôtres étaient les témoins — la discipline exercée suivant les déclarations du Seigneur, — le baptême, — l'offrande en commun de la prière, qui a son point culminant dans la Cène, — et la ferme attente de la venue prochaine et glorieuse du règne du Christ.

Les confessions de foi étaient très nombreuses, mais il n'y avait pas encore de corps de doctrine arrêté ; l'imagination, la spéculation et l'explication allégorique de l'Ancien Testament pouvaient se donner libre carrière : on ne devait pas étouffer l'esprit.

Les prières du culte concouraient à exprimer les grâces accordées à la communauté par Dieu et par Jésus-Christ, et l'on se prit à considérer comme le côté pratique de la foi le devoir de renoncer au monde dans l'espoir d'une vie future.

Les conceptions qu'on se faisait du salut se groupaient autour de deux idées centrales qui elles-mêmes n'étaient que faiblement rattachées l'une à l'autre ; l'une agissant plutôt sur le sentiment et l'imagination, l'autre sur la pensée.

1° D'abord, en effet, on faisait consister le salut dans la venue prochaine du *règne* glorieux du Christ coïncidant pour les justes avec une période de réjouissances sur la terre. On emprunta même les images matérielles des apocalypses juives, telles que celles du millenium, ce qui nous explique qu'on mit l'accent sur la résurrection de la *chair*.

2° D'autre part, on faisait consister le salut dans une

sûre et parfaite *connaissance* de Dieu (et du monde),
qu'on opposait aux erreurs du paganisme. Or, cette connaissance embrassait aussi l'espérance du don de la vie et
de toutes sortes de grâces. De là une importance moins
grande attribuée à la résurrection de la chair. Entre autres
grâces, la communauté — en tant que communauté de
saints, — possède dès maintenant le pardon des péchés et
la justice. — Il faut remarquer que la valeur de ces deux
grâces semble menacée par un *moralisme,* d'après lequel
la vie éternelle serait la récompense et la rémunération
d'une vie morale parfaite que l'on aurait accompli avec
ses propres forces.

Sans doute, la pensée que l'absence de péché procède
d'une nouvelle création morale (nouvelle naissance) opé-
rée au baptême est encore là vivante, toutefois elle menace d'être supplantée par l'idée qu'il n'y a pas de possession du salut (*Heilsgut*) supérieure à la révélation de la
connaissance et de la vie éternelle, mais seulement un ensemble de devoirs dans lesquels l'Evangile se présente
comme la *loi nouvelle* de l'amour et de la sainteté ascétique. C'est la coutume de transformer l'Ancien Testament
en livre chrétien qui ouvrit la voie à cette notion dont l'origine est grecque. Puis il y avait encore à cela cet autre
motif que l'Evangile, même en tant qu'il est une *loi,* renferme le don du salut (νόμος ἄνευ ζυγοῦ ἀνάγκης — νόμος τῆς
ἐλευθερίας — Christ lui-même est la loi). Mais cette opinion
a toujours manqué de précision et a peu à peu disparu.

En exprimant le contenu de l'Evangile dans les idées de
γνῶσις (connaissance de Dieu et du monde), d'ἐπαγγελία, (vie
éternelle), de νόμος, (devoirs moraux), on crut se montrer
aussi clair que parfaitement complet. On pensait qu'ainsi
on conserverait la πίστις à tous les égards, celle-ci comprenant aussi bien la connaissance que l'espérance et l'obéissance, tout en n'étant au fond que πίστις τῆς κλήσεως et chose
transitoire, puisque la possession du salut est réservée
pour l'avenir, comme aussi le royaume de Dieu — βασιλεία
τοῦ θεοῦ — et l'incorruptibilité — ἀφθαρσία.

Lorsqu'on vit dans l'espoir de cet avenir, le salut se présente comme se réalisant dans une *communauté*, tandis que dans le moralisme gnostique, il se présente comme individuel et alors la récompense et la punition sont coordonnées l'une à l'autre, ce qui entraîne un affaiblissement de la notion de Dieu.

Chez Clément, Barnabas et Polycarpe, la conception morale du péché, du pardon des offenses et de la justice, s'efface derrière des formules empruntées à Paul, mais l'incertitude avec laquelle ces formules sont reproduites, montre qu'elles n'ont pas été réellement comprises. Dans Hermas et le deuxième épître de Clément, une repentance spontanée est la condition nécessaire du pardon des péchés. Une idée très répandue, c'était que les péchés graves ne peuvent pas être pardonnés à ceux qui ont été baptisés, tandis qu'on peut fermer les yeux avec indulgence sur les fautes légères. Nous voyons là un signe dénotant que la transition à une plate morale théorique est achevée, bien que cette morale soit encore voilée sous l'enthousiasme apocalyptique.

4. *L'Ancien Testament, source de la connaissance de la foi.*

L'Ancien Testament, considéré comme source pour connaître la foi, servit :

1º Au développement de la cosmologie monothéiste.

2º A exposer les preuves qu'on tirait de la prophétie et à démontrer l'antiquité du christianisme (il est plus ancien que le monde).

3º A fournir une base pour tous les rites et ordonnances ecclésiastiques dont le besoin se faisait sentir.

4º A développer et approfondir la vie religieuse (psaumes et fragments des prophètes).

5º A rejeter le peuple juif en tant que nation élue, c'est-à-dire à prouver que ce peuple est rejeté de Dieu.

En effet : ou bien le peuple juif n'a jamais été en possession de l'alliance avec Dieu (c'est l'opinion de Barnabas), ou bien cette alliance était une alliance de colère, ou bien enfin, le peuple juif après l'avoir possédée, l'a perdue. Jamais les Juifs n'ont compris l'Ancien Testament ; ils n'ont donc plus le droit de le posséder, à supposer même qu'ils l'aient jamais eu en leur possession. (La grande Eglise semble avoir eu à l'origine à l'égard du peuple juif et de son histoire, une position aussi variable que la position prise par les gnostiques à l'égard de l'Ancien Testament).

Les additions faites à l'Ancien Testament pour le corriger dans un sens chrétien, n'ont certes pas fait défaut, mais, grâce à la formation du Nouveau Testament, elles ont été condamnées à demeurer à l'état rudimentaire.

5. *La connaissance de la foi.* — C'était avant tout la connaissance du Dieu unique et tout puissant, maître du monde. Dieu a créé le monde et il le gouverne, c'est pourquoi il en est le maître. Pour l'amour de l'homme, il a fait du monde un tout beau et bien ordonné (notion monothéiste de la nature). Dieu est également le Dieu bon et Sauveur (θεὸς σωτήρ). On n'arrive à la foi en Dieu le Père que par la connaissance de l'identité du Dieu créateur et du Dieu rédempteur. La rédemption est nécessaire, parce que dès le commencement l'humanité et le monde sont tombés sous la domination de démons méchants.

Sur l'origine de cette domination, on ne donnait point de théorie universellement admise, mais on avait la conviction générale et certaine que l'état actuel du monde et le cours des choses sont l'œuvre non de Dieu, mais du diable. Cependant, la foi au Créateur tout puissant et l'espoir de voir la terre glorifiée, empêchèrent l'apparition de *théories* dualistes, quoiqu'en pratique le dualisme régnât dans les esprits. Le monde est bon et provient de Dieu, mais le cours des choses est l'œuvre du diable.

C'est ainsi que le spectacle du monde suggérait tantôt l'impression d'un tout beau et ordonné suivant un plan, tantôt au contraire donnait l'impression d'un état de choses mauvais, de la vulgarité de toutes les choses sensibles et du pouvoir dominateur des démons

6. *La foi au Christ rédempteur.* — Elle était étroitement liée à la foi au Dieu rédempteur. Jésus est κύριος et
σωτήρ comme Dieu, et souvent on employait ces deux
termes sans indiquer à qui on les rapportait.

En effet, l'auteur même du salut — Dieu — se manifeste
dans celui qui est le révélateur et le médiateur de ce salut,
— Jésus : — le salut voulu et le salut révélé se couvrent.
On adressait cependant les prières à Dieu *par* Jésus-Christ.

Le nom de « Christ » donné à Jésus devint en réalité
une pure appellation, car généralement on ne comprenait
pas du tout ce que c'était que le « Messie ».

Les pagano-chrétiens durent donc trouver d'autres
termes pour exprimer la dignité qu'ils attribuaient à Jésus,
mais cela n'empêcha pas que dans le seul cercle des idées
eschatologiques, on eut encore des réminiscences importantes des idées originellement admises relativement à la
personne de Jésus. On dit alors que Dieu a élu ou préparé Jésus pour être son « ange » et son « serviteur »
et pour juger les hommes. On rapportait aussi dans des
termes analogues, certaines affirmations sur Jésus, provenant de la conception originelle qui voit en lui le Christ,
celui que Dieu a appelé et à qui il a conféré un ministère.
On rencontre aussi une autre appellation, celle de « maître »,
mais elle était peu fréquente.

Un autre terme qu'on employa et qu'on garda sans
hésiter, c'est celui de « Fils de Dieu » (non pas « Fils
de l'homme »). Il faisait ressortir que Jésus appartient
à la sphère de Dieu et qu'on doit le concevoir comme
Dieu ὡς περὶ θεοῦ. (II Clément, 1). Ce fut la formule classique, expression d'une christologie indirecte *sur laquelle
ne planait aucune hésitation.* On doit se faire de Jésus la
même notion qu'on se fait sur Dieu.

1° Parce qu'il a été élevé par Dieu à la dignité de Seigneur et Juge.

2° Parce qu'il a apporté la connaissance et la vie, parce
qu'il a délivré et qu'il délivrera les hommes de l'erreur, du
péché et de la domination des démons. Il est ainsi Sauveur,

Seigneur, notre Dieu, fils de Dieu et Dieu, Seigneur et Dieu, mais non *le* Dieu — ὁ θεός. Il est « notre espérance », « notre foi », notre vie, le grand prêtre qui offre à Dieu nos prières.

Tel étant le point de départ, on se forma sur la nature de Jésus des opinions qui variaient dans une mesure considérable. Elles présentent, dans leur ensemble, une certaine analogie avec les naïves et philosophiques « théologies » grecques, mais ne constituent pas de *doctrines* universellement admises.

On peut distinguer deux types principaux de doctrines :

A.) Le premier voyait en Jésus l'homme que Dieu a élu, en qui l'esprit de Dieu, — la divinité même — a habité, et qui, après avoir triomphé de l'épreuve, a été adopté par Dieu et établi dans la position de Seigneur. C'est la *christologie adoptienne.*

B.) Le second type de doctrine envisageait Jésus comme un esprit céleste, comme l'esprit le plus élevé après Dieu. Jésus a revêtu la chair et il est retourné dans le ciel après avoir achevé son œuvre sur la terre. C'est la *christologie pneumatique.* On voit qu'ici il était facile de trouver une transition permettant de passer à la doctrine christologique du Logos.

Ces deux christologies différentes, — celle de l'homme devenu Dieu, et celle de l'être divin manifesté sous forme humaine, — se serraient de bien près dès le moment où, avec Hermas, on confondait l'esprit de Dieu implanté en l'homme Jésus, avec le Fils de Dieu préexistant, et dès le moment aussi où le titre de « Fils de Dieu » donné à Jésus, provenait seulement de ce que sa chair avait été miraculeusement engendrée. Ces deux affirmations faisaient règle toutefois l'une et l'autre. Malgré ces formes de transition, on peut cependant distinguer nettement les deux christologies. L'une est caractérisée par l'élection — on accordait une valeur particulière aux événements merveilleux qui avaient accompagné le baptême de Jésus, — et par le « devenir Dieu ». L'autre a pour marque distinctive un mo-

dalisme naïf. Il n'y avait pas encore de doctrine des deux
natures, on choisissait entre deux alternatives : ou bien la
divinité était un don, ou bien la chair humaine- n'était
qu'une enveloppe temporaire.

La formule envisageant Jésus comme un simple homme
(ψιλὸς ἄνθρωπος) fut sans nul doute dès le début et de tous
temps regardée comme choquante, ainsi que la négation du
« ἐν σαρκί » ; mais d'autre part, on ne repoussa pas avec la
même assurance les formules qui identifiaient tout simplement Jésus avec la divinité (*modalisme naïf*). Néanmoins,
il ne semble pas que dans les cercles ecclésiastiques plus
étendus, il y ait eu une *théorie* formelle sur l'identité de
Dieu et de Jésus, car les écrits de l'Ancien Testament tels
qu'on les comprenait alors, exigeaient simplement que
l'on crût à l'existence d'au moins un esprit céleste et éternel à côté de Dieu, et cette existence devait ainsi être
admise même par ceux qu'aucun motif ne poussait à réfléchir sur cet être céleste dans le domaine de la christologie.

On rencontre la christologie pneumatique partout où l'on
s'occupait spécialement de l'Ancien Testament.

La foi au Christ parfait révélateur de Dieu fut mise en
évidence, en d'autres termes, elle se rencontra chez tous
les auteurs chrétiens les plus considérables et les plus cultivés. (Pas chez Hermas, mais chez Clément, Barnabas,
Ignace, etc.) Cette christologie avait pour elle l'avenir,
parce qu'elle semblait réclamée par l'interprétation alors
donnée de l'Ancien Testament, parce que seule elle permettait d'unir étroitement la création et la rédemption,
parce qu'elle prouvait que le monde et la religion reposent
sur le même fondement divin, parce qu'on la trouvait dans
les écrits les plus estimés de l'époque chrétienne primitive,
et enfin parce qu'elle offrait le moyen d'introduire la spéculation du Logos.

La christologie adoptienne se montrait, au contraire,
insuffisante en présence de toute réflexion sur les rapports
de la religion avec le monde, avec l'humanité et son histoire, et avec l'Ancien Testament.

Les représentants de la christologie pneumatique ne l'ont pas envisagée comme une opinion théologique variable ; on voit, par leurs explications, qu'ils ne peuvent concevoir le christianisme sans la foi à l'être spirituel divin, Christ. (Clément, Ignace, Barnabas, Justin). Par contre, dans les prières et les fragments liturgiques qui nous été conservés, la préexistence tient peu de place, on se contente de dire que Jésus est le « Seigneur » que l'on doit présentement adorer.

On concevait l'œuvre du Christ comme celle du docteur qui donne la connaissance et institue la loi nouvelle ; comme celle du Sauveur qui procure la vie, remporte la victoire sur les démons et pardonne les péchés commis aux temps de l'erreur. Les uns, suivant la tradition et s'appuyant sur les lettres de saint Paul, rattachèrent ces conceptions à la mort et à la résurrection ; les autres présentèrent leurs idées sans les mettre en relation avec ces deux faits. — On ne trouve presque nulle part des pensées originales sur le rapport qui existe entre l'œuvre rédemptrice du Christ et les faits annoncés dans la prédication évangélique. Cependant des cercles nombreux de Chrétiens considéraient les souffrances dont le Christ s'était volontairement chargé, — sa croix et son sang, — comme un mystère sacré renfermant la sagesse la plus profonde et la puissance de l'Evangile (Ignace). On ne rattacha pourtant pas toujours le pardon des péchés à la mort sur la croix, comme le font Clément, Polycarpe et Barnabas : Hermas reste entièrement étranger à cette idée.

Remarquons que le caractère unique et original de l'œuvre du Christ historique était menacé du moment où l'on admettait que Christ a déjà été le révélateur dans l'Ancien Testament.

Quant aux faits réels ou imaginaires de l'histoire de Jésus, ils acquirent une grande importance parce qu'ils étaient constamment répétés dans l'enseignement et dans les luttes contre les hérétiques. A la naissance miraculeuse, à la mort, à la résurrection, à l'élévation de Christ et à son retour on ajouta alors seulement d'une manière fixe l'ascension au quatrième jour après la résurrection, et avec moins d'assurance la descente aux enfers, tandis que le récit du baptême passa de plus en plus à l'arrière-plan. On insista sur la réalité de ces faits sans qu'ils fussent encore devenus des dogmes, puisqu'on ne les regardait pas comme faisant partie intégrante du salut ; enfin leur étendue n'était pas non plus établie avec certitude et l'on n'avait pas encore mis de bornes aux peintures et aux représentations imaginaires qu'on en faisait.

7. *Culte divin.* — On avait la ferme conviction que le culte de Dieu doit être purement spirituel et sans cérémonies. Tout culte était un *sacrifice* spirituel (d'actions de grâces) et était accompagné de jeûnes et d'actes d'amour miséricordieux. On voyait dans la Cène du Seigneur (eucharistie), un sacrifice au sens le plus étroit du terme, et tout ce qu'on y rattacha, — ainsi les secours accordés aux pauvres, — fut compris dans l'idée de sacrifice. Aussi, malgré la spiritualité des principes, en arriva-t-on à donner une place considérable à l'élément du rite. En considérant *l'idée du symbole,* on en vint à établir les « mystères » ; les Grecs, en effet, ne pouvaient s'en passer.

Le *baptême* au nom du Père, du Fils et du Saint-Esprit, devient le mystère grâce auquel les péchés d'aveuglement sont entièrement enlevés en ne laissant plus dès lors à l'homme que des devoirs à accomplir. Les péchés mortels commis après le baptême passaient pour impardonnables ; cependant Dieu se réserve le pardon et il l'accorde ici et là déjà sur la terre par l'intermédiaire des hommes inspirés. L'idée et la pratique d'une « seconde et unique pénitence » prit néanmoins forcément naissance, elle se répandit et fut fondée sur le livre prophétique d'Hermas. Le baptême fut appelé σφραγίς et φωτισμός. Il n'y avait pas de baptême des enfants. On demeura dans l'incertitude sur le sujet de la relation qui existe entre le baptême et le don du Saint-Esprit.

La *Cène* passait pour un φάρμακον ἀθανασίας, une communication mystérieuse de la gnose et de la vie. Ainsi, les prières de la Cène dans la Didachè, ne mentionnent *pas* le pardon des péchés. La Cène était en même temps un repas pris en commun et un repas de sacrifice. L'élément réaliste et l'élément symbolique s'y confondaient, comme aussi l'idée de don et d'offrande de sacrifices. Nous sommes ici dans un domaine où les notions helléniques pénètrent de bonne heure. (Voir Ignace, et Justin. *Apol.*, 1, fin.)

Quant à l'*organisation des communautés*, elle n'exerça jusque vers 150 aucune influence sur les idées dogmatiques. Il y eut cependant un fondement pour de futurs développements dans la haute considération où l'on tenait les apôtres, les prophètes et les docteurs. Déjà Ignace prétend que l'attitude d'un homme à l'égard d'un évêque, a une influence décisive sur ses relations avec Dieu et le Christ, et d'autres docteurs enjoignaient de suivre les « anciens », les disciples des apôtres.

Cette revue nous montre que les principes qui présideront au développement de la dogmatique catholique, se rencontrent déjà avant le milieu du deuxième siècle, avant la lutte ardente contre le gnosticisme.

Les documents du premier siècle de l'Eglise paganochrétienne qui nous ont été conservés, varient dans leur importance pour l'histoire des dogmes. Dans la *Didachè*, nous avons un catéchisme de vie chrétienne qui est dépendant d'un catéchisme judéo-grec, et qui exprime ce qu'il y a de spécifiquement chrétien dans les prières et les ordonnances de l'Eglise. L'*épître de Barnabas*, vraisemblablement d'origine alexandrine, nous enseigne le sens vrai, — c'est-à-dire chrétien — de l'Ancien Testament, elle rejette l'explication littérale et le judaïsme comme diabolique, et quant à la christologie, elle suit essentiellement saint Paul.

Du reste, cette christologie est aussi celle de la première épître de Clément de Rome. On y trouve également des réminiscences de saint Paul sur la réconciliation et la justification ; mais elles sont présentées avec une préoccupation moraliste (1). Cette tendance a ses représentants attitrés dans le *Pasteur d'Hermas et la seconde épître de Clément* où l'élément eschatologique tient aussi une large place. La christologie de la première épître est adoptienne, tandis que le rédacteur de la seconde n'a point mis d'unité dans ses affirmations et appartient à la fois à plusieurs tendances.

La théologie d'Ignace est la plus avancée, car en combattant les gnostiques, il met en avant les faits du salut et édifie sa gnose non pas tant sur l'Ancien Testament que sur l'histoire du Christ. Il essaie de faire de Jésus-Christ κατὰ πνεῦμα et κατὰ σάρκα, le centre même du christianisme.

La lettre de Polycarpe est caractérisée par la dépendance où elle se tient vis-à-vis des écrits chrétiens antérieurs, tels que les épîtres de saint Paul, I Pierre, I Jean, et aussi par son attitude conservatrice à l'égard des traditions importantes.

La *Prædicatio Petri* fait la transition qui nous conduit de la littérature chrétienne primitive à la littérature apologétique, elle présente Christ comme Nomos et Logos.

(1) *Moralisme :* Opinion d'après laquelle la moralité, comme ayant seule une valeur absolue, est l'objet essentiel de l'homme et le but dernier du monde. (Bertrand, Lexique de Philosophie.)

(*Note du Trad.*)

CHAPITRE IV

LES GNOSTIQUES ESSAIENT DE CRÉER UNE DOGMATIQUE APOSTOLIQUE ET UNE THÉOLOGIE CHRÉTIENNE. — MOUVEMENT ACCENTUÉ D'ACCOMMODATION DU CHRISTIANISME AUX IDÉES RÉGNANTES.

Sources : Les écrits de Justin et des pères vieux catholiques, ainsi que d'Epiphane et de Théodoret. — Fragments rassemblés par Hilgenfeld, *Ketzergeschichte*, 1884. — Exposés de Néander, *Gnostische Systeme*, 1818 ; Baur, *Gnosis*, 1835 ; Lipsius, *Gnosticimus*, 1860. — Möller, *Kosmologie in der grieschischen Kirche*, 1860. — Voir aussi Renan, *Histoire des origines du christianisme*, tomes V à VII.

1. *Les causes qui ont amené la naissance du gnosticisme.* — Le gnosticisme est une forme particulière du grand mouvement de syncrétisme des deuxième et troisième siècles, lequel provient de la rencontre et du mélange des religions nationales, du contact qui s'est établi entre l'Orient et l'Occident, et de l'influence que la philosophie grecque exerce sur les religions. — On veut une *religion universelle*, qui s'adresse non pas à la nationalité des hommes, mais à leurs besoins intellectuels et moraux. On consent à reconnaître dans l'Evangile la religion universelle, mais à la condition qu'on le sépare de l'Ancien Testament et de la religion de l'ancienne alliance, pour le modeler sur la philosophie religieuse des Grecs et l'enter sur le culte et les mystères traditionnels. La *méthode allégorique* pratiquée depuis longtemps par les philosophes religieux grecs servit à unir artificiellement ces éléments. — On vit paraître un gnosticisme chrétien, car dans l'em-

pire les communautés chrétiennes avaient pris la succession
de la propagande juive; or celle-ci avait déjà spiritualisé la
religion de l'Ancien Testament dans une mesure considérable
et avait appliqué aussi aux choses religieuses les préoccupations de la réflexion intellectuelle. Ensuite l'Evangile du
Christ, c'est-à-dire le Christ lui-même produisait une si
profonde impression que l'on fut entraîné à rattacher à sa
personne ce qu'on pouvait avoir de plus élevé. Ainsi se
vérifia, pour le Christ lui aussi, le fait si fréquemment
constaté dans l'histoire, que « le vaincu fait la loi au
vainqueur ». Enfin dès ses débuts, la prédication chrétienne avait promis une gnose de la sagesse de Dieu, et la
prédication de saint Paul, entre autres, avait promis une
gnose antinomienne. — Conformément à la tournure hellénique de leur esprit, les communautés dans l'empire conçurent la sagesse chrétienne comme λογικὴ λατρεία ; elles
allièrent les mystères avec une publicité qui frappait
d'étonnement et rattachèrent l'élément spirituel à des rites
significatifs. Leur organisation et « leur vie philosophique » invitaient à venir trouver auprès d'elles la réalisation de l'idéal poursuivi autrefois par la pensée religieuse
grecque : une communauté fondée sur une révélation
divine, possédant la connaissance suprême et par conséquent aussi la vie la plus sainte, et communiquant cette
connaissance non par le moyen de dissertations, mais par
des consécrations agissant d'une façon mystérieuse et par
des dogmes révélés.

2. *L'essence du Gnosticisme.* — De ceci résulte que dans
le gnosticisme nous voyons s'accuser le progrès d'un
travail qui avait commencé déjà auparavant dans l'Eglise
et qui a trouvé dans le système catholique la limite de son
lent développement. Les gnostiques ont été les *théologiens*
du premier siècle, ils ont été les premiers à faire du
christianisme un système de dogmes ; leurs travaux ont
été les premiers qui aient réduit en système les données de
la tradition et des écrits de l'époque primitive. Ils ont
entrepris de présenter le christianisme comme la religion

absolue, ils l'ont par conséquent nettement opposé aux autres religions sans en excepter le judaïsme, ni même la religion de l'Ancien Testament. Seulement dans leur pensée le contenu de la religion absolue qu'ils rattachaient au Christ, était identique avec les données de la philosophie religieuse. On avait maintenant trouvé pour cette philosophie le fondement de la révélation.

On peut donc dire que les gnostiques sont les chrétiens qui tentèrent de procéder à une rapide conquête du christianisme au bénéfice de la culture hellénique et vice versa. Pour rendre plus facile la conclusion de l'alliance entre ces deux puissances, ils ont ensuite abandonné l'Ancien Testament.

Le christianisme devient alors une théosophie mystérieuse, une métaphysique révélée et une philosophie de visions. Cette théosophie est pénétrée d'esprit platonicien et d'idées pauliniennes, elle est construite avec les matériaux des anciennes idées du culte, on se l'assimile au moyen de mystères et d'une illumination de la connaissance ; elle se distingue enfin par une critique hardie et en partie justifiée dirigée contre la religion de l'Ancien Testament et contre l'insuffisance de la foi des communautés.

On constate donc chez les principales écoles gnostiques : les principes de la cosmologie des Sémites, la pensée philosophique grecque et la croyance à la rédemption du monde par Jésus-Christ. On peut aussi y distinguer ces trois éléments : une spéculation philosophique, un culte mystique, un dualisme ascétique. La façon dont ces éléments divers sont unis entre eux, l'absolue transformation de tous les problèmes éthiques en problèmes cosmologiques, enfin l'idée que l'histoire fait suite à l'histoire naturelle, et notamment l'idée que la rédemption est le dernier acte d'un drame dont l'origine est dans la divinité elle-même et dont la trame est le monde, — tout cela n'est pas particulier au gnosticisme, mais constitue dans le développement universel un échelon qui se rapproche à bien des égards du système de Philon en anticipant sur le néoplatonisme et le catholicisme.

On prit la mythologie grossière de n'importe quelle religion orientale, on transforma des personnages concrets en idées spéculatives et morales comme « abîme », « silence », « Logos », « sagesse », « vie » en conservant même fréquemment les noms sémitiques et on créa ainsi une mythologie d'abstractions, tandis que les rapports qui unissaient entre elles ces idées étaient déterminés par les données que leurs modèles fournissaient. — Ainsi se forma un poème philosophique dramatique semblable à celui de Platon, mais incomparablement plus compliqué et où, par conséquent, l'imagination avait une place bien plus considérable. Les puissances régnantes, — l'esprit et le bien — se trouvent placées dans une relation funeste avec la matière et le mal, mais finalement l'esprit est affranchi avec l'appui des puissances de même origine que lui, et qui sont bien trop élevées pour être jamais attirées dans ce qui est bas. L'élément bon et céleste ainsi tombé dans la matière, c'est l'esprit de l'homme, tandis que la puissance supérieure qui le délivre, c'est le Christ. — L'histoire évangélique n'est pas l'histoire du Christ, c'est une collection de tableaux allégoriques qui représentent le grand Dieu — monde — histoire.

En vérité, le Christ n'a pas d'histoire ; son apparition dans ce monde où règnent le mélange et le désordre, est son propre fait, et le résultat de cette apparition, c'est de révéler l'esprit à lui-même. Cette révélation elle-même est la vie, mais on ne l'obtient que par l'ascétisme et en se livrant aux mystères établis par le Christ. Ces mystères font entrer en communication avec une divinité présente et détachent mystérieusement l'esprit de la matière. Ce détachement des sens doit être activement pratiqué et doit aboutir à l'abstinence. Celle-ci est donc la solution.

Le christianisme est ainsi la philosophie spéculative qui opère le salut de l'esprit (γνῶσις σωτηρίας) tout en l'éclairant, en le consacrant et en l'amenant à la vie qui est la véritable. La gnose est affranchie du rationalisme stoïcien. Les puissances qui donnent force et vie à l'esprit règnent dans un domaine supérieur à la raison dans lequel on est amené non par une philosophie exacte, mais par une étude (μάθησις) reposant sur une révélation et unie à une initiation (μυσταγωγία).

Les doctrines fondamentales du gnosticisme sont les suivantes :

(1) L'être premier est divin et élevé au-dessus de toute pensée ; sa nature est indéterminée et infinie.

(2) La matière mauvaise (non-être) est opposée à l'être divin.

(3) Les puissances divines (éons) sont considérées tantôt comme des forces, tantôt comme des idées réelles, tantôt comme des êtres relatifs indépendants. Leur ensemble représente le déploiement et la révélation de la divinité sous la forme d'une gradation. Ces éons doivent en même temps rendre possible la transition du supérieur à l'inférieur.

(4) Le monde est un mélange de la matière avec des étincelles divines. Il est sorti de la chute de ces étincelles dans la matière et de l'entreprise d'un esprit inférieur. Cette entreprise a été condamnée par la divinité, ou seulement tolérée par elle.

(5) Les éléments spirituels sont affranchis de leur union avec la matière, en d'autres termes, l'esprit du Christ agissant dans les rites sacrés, dans la connaissance et dans l'ascétisme, sépare le bien du monde matériel. Ainsi se forme le parfait gnostique : il est affranchi du monde, c'est un esprit maître de lui-même qui vit en Dieu et se prépare pour l'éternité.

Les autres hommes sont des « Hyliques ». Des docteurs éminents (école de Valentin) font encore la distinction entre « Hyliques » et « Psychiques », ces derniers étant des hommes de la loi, qui fondent leur vie sur la loi et sur la foi, et proclament la suffisance et même la nécessité de la foi de la communauté.

Le centre de gravité des systèmes gnostiques n'est pas

dans leurs détails si variables — et dont nous n'avons pas une connaissance certaine, — il est dans le but qu'ils se proposent et dans leurs principes fondamentaux.

3. *Histoire du gnosticisme, les formes qu'il a revêtues.* — A son apparition, le gnosticisme revêt les formes les plus bigarrées que l'on puisse imaginer, on y trouve de tout : communautés, associations d'ascètes, culte des mystères, écoles fermées et unions libres d'édification, entretiens faits par des charlatans chrétiens et par des imposteurs qui sont eux-mêmes trompés, tentatives de fonder des religions nouvelles sur le modèle du christianisme et sous son influence.

Les relations du gnosticisme avec le christianisme en général et avec les communautés, varient dans une grande mesure. D'une part, le « gnosticisme pénétra jusque dans le cœur des communautés partout où les tendances au docétisme et au dualisme ascétique étaient largement répandues, et souvent l'on pratiqua le système d'altérer le sens de la tradition.

D'autre part, il y eut des associations « gnostiques » qui se séparèrent et éprouvèrent même une sainte horreur pour les attaches des communautés.

La partie importante du gnosticisme pour l'histoire des dogmes, c'est l'aile droite, ainsi que le tronc principal formé par les grandes sectes et écoles gnostiques des Basilidiens et Valentiniens. Ceux-ci voulurent former un ordre de chrétiens supérieurs aux psychiques, à ceux dont on tolère le christianisme ordinaire. C'est surtout contre eux que la lutte fut dirigée. Cependant ils ont été les théologiens auprès desquels on a trouvé l'occasion de s'instruire, car ils ont été les premiers à écrire des manuels de dogmatique et d'éthique, des dissertations scientifiques et exégétiques ; en un mot, ils sont les fondateurs de la littérature théologique, et ils ont commencé à défricher le champ de la tradition chrétienne.

La distinction entre les gnostiques et ceux de l'aile droite — Encratites, Docètes, Tatien, — ne put s'effectuer que lentement et comme conséquence de ce que les communautés se sont consolidées en formant l'*Eglise catholique*. C'est le mouvement gnostique qui est, en effet, la cause de la formation de cette Eglise.

Le développement du gnosticisme s'explique suffisamment par les conditions générales au sein desquelles se mouvait la prédication du christianisme sur le sol romain, et par la puissante attraction que le christianisme exerçait comme message certain d'une connaissance, d'une vie et d'une continence qu'il rattachait intimement à une personne divine qui a paru sur la terre.

Les pères de l'Eglise attribuent la naissance du gnosticisme d'abord aux démons, puis aux nombreuses sectes juives, ou bien au Samaritain Simon le magicien, ou bien aux philosophes grecs, ou bien enfin aux désobéissances commises à l'égard du sacerdoce. Chacune de ces raisons contient une parcelle de vérité, ainsi qu'il serait facile de le montrer. En effet, le syncrétisme qui a abouti au gnosticisme chrétien, a eu sans nul doute ses quartiers principaux sur sol samaritain-syrien d'une part, et sur sol alexandrin de l'autre ; mais il ne faut pas oublier que les conditions nécessaires à la formation du gnosticisme se rencontrent partout dans l'empire.

Il n'est donc pas possible d'écrire une histoire du développement du gnosticisme, à supposer même que nous eussions sur la formation des diverses branches plus de renseignements que nous n'en possédons. On peut seulement distinguer entre les judéo-chrétiens et les pagano-chrétiens, et grouper ces derniers selon qu'ils s'éloignent plus ou moins du christianisme ordinaire, ce que nous voyons d'après la place qu'ils font à l'Ancien Testament et au démiurge. En outre, nous pouvons lire sans idée préconçue les écrits chrétiens et chercher à y découvrir les traits où nous reconnaîtrons du « gnosticisme ». C'est chose naturelle que ce mouvement, dans lequel l'hellénisme avec toutes ses puissances bonnes et mauvaises voulait s'approprier l'Evangile, — cherchât dans son ensemble comme

dans toutes ses branches à se rapprocher peu à peu et de
plus en plus du christianisme, c'est-à-dire de l'Eglise.
Pourtant il ne faudrait pas au deuxième siècle grouper
chronologiquement les divers systèmes d'après leur caractère chrétien plus ou moins accusé. Cette règle est si vraie
que nous devons placer une tentative comme celle de Carpocrate dans l'époque la plus ancienne et non dans la plus
récente.

4. *Les principales doctrines gnostiques.* — Les différences entre le christianisme gnostique, le christianisme
ordinaire et la théologie écclésiastique nous apparaissent
plus ou moins flottantes, car les trois mettaient l'accent
surtout sur la connaissance : ils faisaient de l'Evangile la
connaissance parfaite qui doit transformer le monde.

La *foi* était supplantée par la *gnose*, on faisait à la philosophie des emprunts toujours plus importants, on restrei-
gnait l'eschatologie, on donnait une place à des opinions
empreintes de docétisme, et on estimait très fort un ascétisme rigoureux.

Nous observons cependant les faits suivants :

1° Au moment où fleurit le gnosticisme, tout cela n'était
dans la Grande Eglise qu'à l'état de germes ou de fragments.

2° La Grande Eglise s'attacha fermement aux faits mentionnés dans le symbole baptismal, aux espérances eschatologiques, au Dieu suprême créateur du monde, à l'unité de
la personne du Christ et à l'Ancien Testament. Elle repoussa par conséquent le dualisme.

3° Elle se prononça pour l'unité et l'égalité de la race
humaine, et par suite pour l'unité et l'universalité du salut
chrétien.

4° Elle empêcha l'immixtion de toute nouvelle mythologie, notamment de toute mythologie orientale, et fut dirigée en cela surtout par l'ancien sentiment chrétien et par
un certain esprit de sagesse.

Tout en combattant le gnosticisme, l'Eglise a certainement beaucoup appris de lui. Voici quelles sont les prin-

cipales thèses dont on dut s'occuper. (Le mot « *pos.* » signifie que la doctrine gnostique indiquée a eu une influence
positive sur le développement de la pensée et de la doctrine
chrétiennes).

(1) Le christianisme est l'unique religion vraie et absolue.

Il renferme un corps de doctrines révélées (pos.).

(2) Le révélateur est le Christ (pos), mais le Christ seul,
et uniquement par ce qu'il s'est manifesté dans l'histoire.
(Christ n'est pas dans l'Ancien Testament). Cette manifestation constitue en elle-même la Rédemption. La doctrine
comprend le témoignage de cette manifestation et les principes qu'elle suppose (pos.).

(3) On puise la doctrine chrétienne dans la tradition apostolique que l'on juge avec un esprit critique ; cette tradition
est renfermée dans les écrits apostoliques et dans une doctrine secrète qui provient des apôtres (pos.). La doctrine
publique est contenue dans la règle de foi (pos.), la doctrine
ésotérique est répandue par les docteurs dont c'est la vocation.

(4) Puisque les écrits apostoliques sont les documents
de la révélation, ils doivent être étudiés avec le secours de
la méthode symbolique qui en découvrira le sens profond.

Voici, tels que les gnostiques les entendaient, ceux des
articles de la règle de foi qui sont plus pariticulièrement
dignes d'attention :

(a) Le Dieu suprême est distinct du Créateur du monde,
— de là opposition de la rédemption et de la création et
aussi distinction du médiateur de la rédemption et du médiateur de la création.

(b) Le Dieu suprême est distinct du Dieu de l'Ancien
Testament, c'est pourquoi tantôt l'on rejette l'Ancien Testament, tantôt on affirme qu'il ne renferme pas de révélations du Dieu suprême ou qu'il en contient seulement dans
certaines de ses parties.

(c) La matière est indépendante et éternelle.

(d) Le monde actuel provient d'une chute ou d'une entreprise dirigée contre la divinité. Il est donc l'œuvre d'un être méchant ou intermédiaire.

(e) Le mal étant inhérent à la matière est une puissance physique.

(f) Croyance aux Eons, c'est-à-dire à des puissances réelles et des personnes célestes dans lesquelles se déploie la divinité absolue.

(g) Affirmation que Christ a prêché une divinité jusqu'alors inconnue.

(h) Quant à la personne de Jésus, les gnostiques trouvaient en elle avec raison la *Rédemption*, mais ils réduisaient cette personne à l'*être*. Ils enseignaient qu'en Jésus-Christ il faut distinguer nettement entre l'Eon céleste Christ et son apparition humaine, et attribuer à chacune des deux natures une « action distincte ». — C'est donc la doctrine des deux natures et non le docétisme qui est propre au gnosticisme.

Les uns, comme Basilide, n'admettent pas en thèse générale une union réelle entre Christ et l'homme Jésus, mais voient en ce dernier un véritable homme. Les autres, comme une partie *des Valentiniens* — leur christologie était extrêmement variable et compliquée, — enseignaient que le corps de Jésus a été une formation céleste et psychique, et n'est sorti du sein de Marie qu'en apparence. Enfin une troisième catégorie déclaraient avec Satornil que la manifestation visible du Christ a été toute entière une apparence. Ils niaient donc la naissance du Christ.

(i) Ils voulaient transformer l'Eglise en un collège des pneumatiques. L'Eglise céleste était regardée comme un Eon, ce qui n'était pas chose nouvelle. Les pneumatiques seuls jouiront de la félicité suprême, tandis que les hyliques seront perdus, et que les psychiques avec leur ψιλὴ πίστις n'obtiendront qu'une félicité d'un ordre inférieur.

(k) Ils rejettent toute l'eschatologie chrétienne primitive, en particulier le retour du Christ et la résurrection de la chair. Ils affirment ensuite qu'on doit s'attendre à ce que dans l'avenir l'esprit sera seulement délivré de son enveloppe matérielle, car l'esprit parvenu à la lumière sur lui-même et assuré de connaître de Dieu, possède l'immortalité et n'attend plus que l'entrée dans le plérôme.

(1) Une éthique dualiste (un ascétisme sévère) qui parfois a conduit au libertinage.

La christologie du gnosticisme, sa doctrine de la rédemption, son culte magique, sa doctrine des sacrements, sa littérature scientifique, tout montre combien il est un catholicisme anticipé.

CHAPITRE V

MARCION ESSAIE DE METTRE DE COTÉ L'ANCIEN TESTAMENT EN TANT
QUE FONDEMENT DE L'ÉVANGILE, DE PURIFIER LA TRADITION ET
DE RÉFORMER LA CHRÉTIENTÉ EN SE FONDANT SUR L'ÉVANGILE
DE PAUL.

On ne peut pas ranger Marcion parmi les gnostiques
comme Basilide et Valentin, car :

1. Il n'avait pas des préoccupations de métaphysique ou
d'apologétique, mais des préoccupations purement sotériologiques.

2. Il insistait par conséquent toujours sur le pur Evangile et sur la foi, et non sur la connaissance.

3. Dans sa conception du christianisme il ne faisait pas
de place à la philosophie, — du moins en principe.

4. Il s'efforçait non de fonder des écoles de savants,
mais de partout réformer les communautés dont il tenait
le christianisme pour légaliste (judaïsant), et pour être la
négation de la libre grâce. — Ses efforts n'ayant pas abouti,
c'est alors seulement qu'il forma une église indépendante.

Complètement saisi par la nouveauté, la singularité et la
splendeur de la grâce de Dieu en Christ, il croyait devoir
prendre les antithèses frappantes de saint Paul — la loi et
l'Évangile, les œuvres et la foi, la chair et l'esprit, le péché
et la justice, — pour en faire le fondement de sa conception du christianisme. Il distingua deux principes : le Dieu
juste et jaloux de l'Ancien Testament identique au Créateur du monde, et le Dieu de l'Evangile, inconnu avant
Christ, qui n'est autre que l'amour et la miséricorde. —

Ce dualisme abrupt était un paulinisme sans dialectique, sans Ancien Testament et sans un examen de l'histoire au point de vue judéo-chrétien. Marcion ne l'a pas formulé sans subir dans une certaine mesure l'influence de la gnose syrienne de Cerdon. A l'antithèse éthique du principe élevé et bon, et du principe petit, juste et implacable, venait s'ajouter chez lui l'antithèse de l'infini, du spirituel d'une part, et de ce qui est limité, matériel d'autre part, de telle sorte que les problèmes menaçaient de rentrer dans le domaine de la cosmologie. — Quant aux points particuliers, voici les plus importants :

1. Marcion suit la lettre de l'Ancien Testament. Il l'interprète en repoussant toute allégorie, il y voit le livre de la révélation du Créateur du monde et du Dieu des Juifs, il le met donc en opposition tranchée avec l'Evangile (voir les antithèses). Pour Marcion l'Evangile comprend seulement les discours de Jésus et les lettres de Paul que lui-même a eu soin d'expurger de prétendues altérations judaïsantes. Ces falsifications — pensait-il, — sont très anciennes, car les apôtres n'ont pas compris Jésus et ont mal interprété son Evangile d'après l'Ancien Testament. Paul a été appelé par Christ en compensation, et seul il a su saisir la vérité que voici : Jésus a prêché le Dieu de la grâce jusque-là inconnu et l'a opposé à Jéhovah. Or la prédication de Paul a été obscurcie, et c'est à lui Marcion qu'a été confié le soin de restaurer le pur Evangile. Son Eglise lui a reconnu ce droit et elle a donné à ses antithèses une sorte de valeur canonique.

2. L'idée de Dieu chez Marcion et sa christologie ressemblent à celles des gnostiques en ce que Marcion exprime très clairement le caractère nouveau, unique, absolu du christianisme, contrairement à la Grande Eglise. Il va encore plus loin que les gnostiques, il considère l'homme entier comme le produit du créateur du monde et ne trouve rien dans la nature de l'homme qui indique sa parenté d'origine avec le Dieu d'amour. L'amour et la grâce sont pour Marcion toute l'essence de la divinité ; la

rédemption est l'acte le plus incompréhensible de la miséricorde divine, et tout ce que le chrétien possède, il le doit
uniquement au Christ, lequel est la manifestation du Dieu
bon lui-même. Par ses souffrances le Christ a gagné et a
racheté ceux qui en lui croient au Créateur du monde.

Le docétisme pur de Marcion, la prétention que l'âme
de l'homme seule est sauvée, l'abandon de la croyance au
retour du Christ, et un ascétisme austère poussé jusqu'à
l'interdiction du mariage, — malgré la pensée que l'amour
de Dieu doit dominer la vie nouvelle, — tout cela nous
prouve que Marcion ne s'est pas complètement défendu
contre l'influence hellénique ; mais, d'autre part, ses vues
eschatologiques montrent qu'il a cherché à revenir à la
monarchie du Dieu bon.

3. Le désir de reconstituer l'Eglise du pur Evangile et
de rassembler les rachetés qui sont haïs du Dieu de ce
monde, a poussé Marcion à réunir des écrits évangéliques
— Evangile de Luc et dix lettres de Paul — en une collection dont le caractère est normatif, à poser des principes
déterminés pour procéder à ce choix, et à unir les communautés dans une organisation à la fois plus ferme et plus
libérale. Rejetant l'Ancien Testament ainsi que toute religion naturelle, toute philosophie et toute tradition cachée,
il lui fallait répondre au moyen des documents historiques
à la question : Qui est chrétien ? En ceci comme sous bien
d'autres rapports, il a devancé l'Eglise catholique.

4. Une pensée profonde domine le christianisme de
Marcion et l'a tenu à l'écart de tout système rationaliste,
c'est la pensée que les lois régnant dans la nature et dans
l'histoire, que les actes de la justice ordinaire sont contraires aux actes de la miséricorde divine, et que la foi
humble et l'amour du cœur sont l'opposé de la vertu
orgueilleuse et de la propre justice. — Malheureusement
cette pensée ne fut pas conservée dans la suite par son
Eglise dans toute sa pureté. Voulant supprimer les lacunes
et les contradictions du système, quelques disciples de
Marcion en vinrent à enseigner l'existence de trois prin-

cipes, d'autres tombèrent dans un dualisme vulgaire, sans
cependant abandonner complètement les idées fondamentales du maître. Apelles, le plus grand d'entre eux, revint
pourtant à l'idée du Dieu unique en conservant sur les
autres points les idées de Marcion et en sachant même
développer certaines indications précieuses que celui-ci
avait données.

Les pères de l'Église ont combattu Marcion comme le
plus dangereux des hérétiques. C'est particulièrement dans
la controverse dirigée contre lui que s'est développée la
doctrine ecclésiastique du vieux catholicisme.

CHAPITRE VI

1. Le christianisme fut à son origine un judaïsme chrétien, la création d'une *religion* universelle sur le fondement de la religion de l'Ancien Testament; c'est pourquoi, tant qu'il ne fut pas hellénisé, — et il ne le fut jamais complètement, — il conserva les marques de son origine judaïque et garda notamment l'Ancien Testament comme document de la révélation. On exploitait *chrétiennement* l'Ancien Testament de toute sorte de manières, car on partait de la pensée que la chrétienté est l'Israël véritable, et on appliquait l'Ancien Testament aux institutions et aux doctrines chrétiennes, sans s'inquiéter si le résultat était une interprétation plus réaliste ou plus spiritualiste. Tant qu'on n'accordait aucune prééminence à la nation juive comme telle et qu'on affirmait l'abolition des cérémonies judaïques et légales, la question de l'interprétation demeurait un problème discuté à l'intérieur de l'Eglise.

Le terme de « judéo-christianisme » doit donc être appliqué exclusivement aux chrétiens qui tenaient essentiellement et fermement aux *formes nationales et politiques* du judaïsme et à l'observation de la loi de Moïse, soit dans leur ensemble, soit dans une mesure quelconque, même minime, et qui n'en altéraient pas le sens autrement que pour les appliquer au christianisme; c'était le cas tout au moins pour le christianisme des Juifs de naissance. Les judéo-chrétiens sont aussi ceux qui rejetaient bien ces formes, mais admettaient une prérogative du *peuple* juif au sein même du christianisme.

Ainsi Papias malgré son chiliasme, le rédacteur de la Didachè bien qu'il attribue aux prophètes chrétiens les droits des prêtres de l'Ancien Testament, Hermas bien qu'on ne trouve pas chez lui l'ancienne philosophie grecque, les théologiens à tendance adoptienne, bien qu'ils rejettent le Logos, — ne sont *pas* des judéo-chrétiens, tandis que saint Paul en est un, à cause de ses paroles au chapitre XI de l'épître aux Romains. — Le fait de mettre à contribution l'Ancien Testament pour le culte, la doctrine et l'organisation, ne marque donc pas un progrès du judéo-christianisme dans la Grande Église, c'est au contraire un fait dont·la cause et l'origine doivent être cherchées dans le mouvement d'hellénisation du christianisme. — Dans l'Eglise catholique la formule « la loi nouvelle » n'est pas judaïque, mais antijudaïque ; il faut cependant reconnaître qu'elle permettait d'introduire dans l'Eglise les ordonnances de l'*Ancien Testament* dans une mesure croissante.

2. Le judéo-christianisme qui fut un jour un adversaire puissant de saint Paul, a été vaincu par l'influence de l'apôtre des Gentils, par celle d'autres docteurs, et aussi par la puissance interne de l'Evangile. La victoire fut scellée par la ruine de Jérusalem. Depuis lors le judéo-christianisme a cessé d'être un *facteur* de l'histoire de l'Eglise, tandis que le *judaïsme* en est demeuré un, et a influencé les Eglises de l'extrême Orient aux quatrième et cinquième siècles. Cependant il y eut longtemps des judéo-chrétiens (Ébionites, Nazaréens) et les divergences qui s'étaient produites au siècle apostolique se maintinrent parmi eux. Ils s'étaient primitivement séparés de la Grande Eglise, non sur des « doctrines », mais sur des principes touchant à la vie sociale de l'Eglise, aux usages et aux pratiques missionnaires.

Les points suivants furent chez eux l'objet de controverses.

(1) L'observation de la loi est-elle une des conditions, ou la condition essentielle pour obtenir le salut messianique.

(2) Doit-elle aussi être exigée des chrétiens nés dans le paganisme avant qu'on les reconnaisse comme chrétiens ?

(3) Est-il défendu, ou jusqu'à quel point est-il permis de faire cause commune avec les païens qui n'observent pas la loi ?

(4) Paul a-t-il été un serviteur du Christ, appelé par lui, ou un intrus haï de Dieu.

(5) Jésus est-il fils de Joseph, ou a-t-il été conçu miraculeusement du Saint-Esprit.

(6) Il y avait ainsi des nuances à l'intérieur du judéo-christianisme, mais on ne rencontre pourtant pas deux partis nettement distincts. Les judéo-chrétiens repoussés par les Juifs semblent avoir fait preuve de peu d'activité littéraire, si l'on fait exception pour Symmaque. Leur évangile était l'évangile des Hébreux voisin des synoptiques.

On trouve des renseignements sur eux chez Justin, Origène, Eusèbe, Jérôme, Epiphane. Justin envisageait encore comme des frères chrétiens les judéo-chrétiens libéraux qui personnellement observaient la loi, mais gardaient une attitude amicale vis-à-vis des pagano-chrétiens. D'ailleurs il n'y avait encore ni formule christologique, ni Nouveau Testament pour marquer la séparation, et en matière d'espérances eschatologiques, pagano-chrétiens et judéo-chrétiens pouvaient encore s'entendre.

Mais plus le judéo-christianisme s'éloignait du grand public et plus l'Eglise catholique forgeait les chaînons de sa doctrine et de sa constitution (là-dessus survient la création du Nouveau Testament), et achevait sa doctrine christologique du Logos, — plus aussi le judéo-christianisme paraissait étrange et entaché d'hérésie; aussi depuis Irénée le mit-on dans la même catégorie que le gnosticisme. Il se trouva cependant encore quelques pères orientaux qui continuèrent à le juger plus favorablement.

3. Au premier siècle le judaïsme était un édifice très complexe où avaient une place des influences étrangères telles que celles du judaïsme héllénique, des Samaritains,

des « sectes ». Cela nous explique qu'il y eut déjà de bonne heure des judéo-chrétiens gnostiques tels que les faux docteurs de Colosses (dans les lettres pastorales), Simon le magicien, Méandre.

Ils introduisirent dans le christianisme des spéculations sur les anges (elles ne sont du reste pas étrangères aux pharisiens et aux auteurs des apocalypses), firent valoir des connaissances cosmologiques et des mythes, et par ces deux moyens volatilisèrent l'idée de Dieu, partagèrent la loi en deux, la corrigèrent, en changèrent le sens (ils abandonnèrent les sacrifices sanglants), et arrivèrent à un ascétisme particulier et à un culte de mystères.

Ils se maintinrent jusque bien avant dans l'époque byzantine.

Cérinthe (vers l'an 100) conserva certaines prescriptions de la loi, entre autres la circoncision et annonça la venue prochaine d'un règne grossièrement sensuel. En outre il séparait Dieu et le Créateur du monde, critiquait la loi et distinguait chez le Rédempteur entre l'homme Jésus et le Christ qu'il identifiait avec le Saint-Esprit.

Les Pseudoclémentines nous font connaître un autre rameau de ce judéo-christianisme. Il semble ressortir des sources de ces écrits qu'ils sont une tentative de fortifier et de *défendre* la pensée que l'Evangile est la restauration du pur mosaïsme. Ce résultat est obtenu soit au moyen du rationalisme stoïcien, soit au moyen de la cosmologie mythologique orientale. Les notions contradictoire du naturalisme stoïcien et d'une révélation positive dont les prophètes furent les médiateurs, s'unissent dans l'idée du prophète *unique* qui depuis Adam s'est manifesté sous des formes diverses. L'Evangile est la restauration de la religion primitive et universelle, laquelle est le mosaïsme débarrassé de toutes prescriptions particularistes (circoncision, lois sur les sacrifices). Christ est le seul vrai prophète, et semble être aussi identifié avec l'Adam primitif. L'idée stoïcienne des *Logoi* est acceptée, mais elle est contrebalancée par une spéculation dualiste sur les Éons, à travers laquelle cependant on voit percer l'ancien fondement sémitique (masculin — féminin ; antinomies éthiques neutralisées dans le Dieu suprême). On signalerait difficilement des éléments platoniciens. La tendance polémique est fortement accusée à côté de la tendance apologétique. Elle se présente sous la forme d'une lutte de Simon le magicien contre toutes les formes du gnosticisme pagano-chrétien et aussi contre Marcion.

Selon toute vraisemblance, les sources devaient renfermer aussi une polémique contre Paul. — La polémique et les moyens qu'on employa pour la soutenir nous montrent que l'Eglise catholique existait déjà. Les Pseudoclémentines appartiennent donc au troisième siècle, avec cette réserve toutefois que les compilateurs ont dû se servir d'écrits judéo-chrétiens antipauliniens plus anciens. Les derniers rédacteurs ne furent même probablement rien moins que des judéo-chrétiens. Les remarques qui précèdent ne caractérisent par conséquent le point de vue d'aucun groupe particulier, mais voici ce qui est survenu : d'anciennes sources judéo-chrétiennes écrites ont *par hasard* passé par toutes sortes de mains différentes et ont été remaniées sans qu'on y mît d'intention coupable. Comme selon toute probabilité les choses se sont passées ainsi, ce serait un travail infructueux que de chercher à découvrir un système particulier aux pseudoclémentines ; il vaut mieux considérer le dernier narrateur comme un chrétien catholique qui a recueilli ce qui l'intéressait, lui et d'autres personnes, mais n'a pas été élève d'Irénée ni d'Origène. En effet il est douteux qu'on puisse réussir à distinguer nettement entre les sources proprement gnostiques, judéo-chrétiennes et antipauliniennes.

Un troisième groupe qui, même dans les suppositions qui lui sont le plus favorables, n'a pas eu une littérature comme les précédents, est celui des Elkésaites. Ils étaient en Syrie et poussèrent une pointe vers Rome au commencement du troisième siècle. C'étaient des judéo-chrétiens chez qui la religion de l'Ancien Testament était complètement dissoute par des spéculations naturalistes. Ils conservaient cependant l'idée du prophétisme, considéraient Jésus comme le prophète, mais suivaient néanmoins un prophète nouveau, lequel se fondant sur un nouveau livre de révélations aurait été le premier à compléter la religion par des ordonnances relatives à la pénitence et au culte (ablutions). — Sources dans Hippolyte, Eusèbe, Epiphane.

L'islam a subi l'influence de ce judéo-christianisme qui n'était plus proprement chrétien et qui avait de la parenté avec la doctrine des Sabéens. On retrouve en effet dans l'islam toute une série des éléments du judéo-christianisme : le monothéisme strict, la critique partielle de l'Ancien Testament, l'abandon des sacrifices sanglants, la défense de boire du vin, les ablutions fréquentes, l'affaiblissement de l'idée messianique au profit de l'idée prophétique, l'abolition de l'idée de la réconciliation, et même, à ce qu'il semble, l'abandon de l'idée du royaume de Dieu, puis enfin une haute estime pour les parents du prophète eux-mêmes.

La Grande Eglise s'est peu inquiétée de ce judéo-christianisme-là.

LIVRE DEUXIÈME

LA FONDATION

CHAPITRE PREMIER

APERÇU HISTORIQUE

Ritschl, *Entstehung der altkatholischen Kirche*, 1857.
Renan, *Origines*, tomes V-VII.

1. Le deuxième siècle d'existence des communautés pagano-chrétiennes est caractérisé par la lutte victorieuse contre les gnostiques, contre Marcion et contre l'enthousiasme chrétien primitif. D'un côté on empêche une prédominance extrême de l'influence hellénique, et d'un autre côté on amortit l'intensité des préoccupations chrétiennes primitives. On sauva une partie considérable du christianisme primitif en fixant la tradition (la foi au Dieu créateur et rédempteur); mais en s'accommodant au monde et à ses idées on usa d'autant moins de précautions que l'on croyait posséder une sûre garantie dans la collection des écrits des *apôtres*, dans la règle de foi et le ministère *apostoliques*.

On mit un frein au subjectivisme de la piété chrétienne et on posa des bornes à la formation de mythes imaginaires ainsi qu'à l'introduction d'éléments complètement étrangers dans la doctrine. Seulement l'individu fut lié à un document et au prêtre, en étant soumis à l'organisation épiscopale serrée de l'*Eglise catholique*, une, sainte, apostolique, dont on faisait un moyen de salut institué par Jésus-Christ.

Enfin, on réfuta les systèmes gnostiques, mais avec l'Evangile et les idées de la philosophie grecque, on créa un système doctrinal scientifique. Ce fut un moyen excellent pour recommander l'Eglise au monde cultivé, mais les laïques envisagèrent ce système ou bien comme un mystère, ou bien comme l'explication de l'Evangile dans le sens de la philosophie religieuse grecque.

2. Pour l'époque qui va de 150 à 300, l'histoire des dogmes a une double tâche : 1° décrire la formation du catholicisme en tant qu'Eglise, c'est-à-dire la formation et le développement des normes apostolico-catholiques, — règles de foi, Nouveau Testament, ministère ecclésiastique, mesures de la sainteté de l'Eglise. — Grâce à ces normes, les communautés sont devenues l'Eglise visible *une*, laquelle prétend aussi être l'Eglise *apostolique, véritable et sainte*.

2° En second lieu, l'histoire des dogmes doit peindre la formation et le développement de la *dogmatique scientifique*. Cette dogmatique a été formée à la périphérie de l'Eglise pour les besoins de l'*apologétique*, non comme un élément étranger, mais bien plutôt comme se trouvant en relations intimes avec les tendances du pagano-christianisme le plus ancien (livre I, chap. iii).

Après avoir commencé par être la cosmologie monothéiste, la doctrine du Logos, et la théologie morale dont la certitude repose sur la révélation seule, la dogmatique s'est ensuite alliée dans la lutte contre le gnosticisme, soit avec l'idée du salut des mystères antiques, soit avec la tradition de l'Église et les idées de l'Ancien Testament (Irénée, Hippolyte, Tertullien). Elle est devenue ainsi un tout complexe formé d'éléments empruntés à la philosophie, la tradition, la Bible et l'eschatologie chrétienne primitive.

Ensuite la dogmatique a été refondue par les *Alexandrins* en un *système* hellénique syncrétiste à l'usage des gnostiques catholiques. (L'exemple avait été donné par Philon et Valentin). A ce moment éclata en pleine lumière le désaccord profond qui séparait la dogmatique scientifique et la foi traditionnelle. La solution de ce désaccord dont les bases avaient déjà été posées au troisième siècle, fut la suivante : l'Eglise adopta les conclusions de la dogmatique scientifique et une partie de ses doctrines, — surtout la doctrine du Logos — comme faisant partie de *la foi*, tandis que d'autres éléments furent au contraire combattus ou laissés de côté ; en outre, on empêcha que les données réalistes de l'Evangile fussent transformées dans un sens spiritualiste, et on nia en principe qu'on eût le droit de distinguer, comme Origène, entre la doctrine destinée aux gens qui réfléchissent et la foi destinée aux ignorants.

Les quatre phases par lesquelles passa le développement du dogme : — apologètes, pères vieux-catholiques, alexandrins, Méthodius et consorts, — correspondent aux progrès du développement religieux et philosophique du paganisme de cette époque : — morale philosophique, idée du salut (théologie et pratique des mystères), néo-platonisme et syncrétisme réactionnaire.

I

Le Christianisme en tant qu'Eglise se fixe et se mondanise peu à peu.

———

CHAPITRE II

ÉTABLISSEMENT DES NORMES APOSTOLIQUES DU CHRISTIANISME ECCLÉSIASTIQUE. — L'ÉGLISE CATHOLIQUE.

Les trois normes apostoliques, — règles de foi, Nouveau Testament, ministère, — furent acceptées à des époques différentes par les diverses Eglises provinciales, mais toujours toutes les trois ensemble (voir Irénée, III, 1 ss ; Tertullien, *de praescr.*, 21, 32, 36) (1). Ce qui a préparé cette

(1) De præscr. 21 : « *Constat omnem doctrinam quæ cum ecclesiis apostolicis matricibus et originalibus fidei conspiret veritati deputandam, id sine dubio tenentem quod ecclesiæ ab apostolis, apostoli a Christo, Christus a deo accepit.* »

36 : « *Videamus quid (ecclesia Romana) didicerit, quid docuerit, cum Africanis quoque ecclesiis contesserarit. Unum deum dominum novit, creatorem universitatis, et Christum Jesum ex virgine Maria filium dei creatoris, et carnis resurrectionem ; legem et prophetas cum evangelicis et apostolicis litteris miscet, inde potat fidem, eam aqua signat, sancto spiritu vestit, eucharistia pascit, martyrium exhortatur, et ita adversus hanc institutionem neminem recipit.* »

32 : « *Evolvant ordinem episcoporum suorum, ita per successionem*

acceptation, ce sont les courtes professions de foi de la prédication évangélique, l'autorité attribuée au κύριος et à la tradition apostolique, les écrits lus dans les communautés, et enfin le crédit dont jouissaient les apôtres, prophètes, docteurs, les anciens et les directeurs des diverses communautés.

A. — *La formule du baptême devient règle de foi apostolique.* — (Caspari. *Quellen zur Geschichte des Taufsymbols*, 4 vol.).

Dès l'antiquité, il y eut dans les communautés un message du Christ (livre I, chap. III, 2) et de courtes formules comme : Père, Fils et Saint-Esprit. Il y eut en particulier dans la communauté de Rome, depuis environ l'an 140, une formule baptismale fixe. Il en fut probablement de même en Asie Mineure. Ces symboles étaient regardés comme la foi, on y voyait la quintessence de la prédication apostolique, aussi les fit-on remonter à Jésus-Christ et même à Dieu lui-même.

On admettait d'une manière générale comme règle de foi apostolique tout ce qui se présentait revêtu d'un caractère inaliénable, entre autres la notion chrétienne de l'Ancien Testament. Il est vraisemblable cependant qu'on n'avait *rien de fixé* en dehors de ce symbole romain, et que l'on mettait les préceptes moraux (διδαχή κυρίου) au moins sur le même plan que ce message de Christ.

Dès le début, dans l'enseignement, dans les exhortations et surtout lorsqu'on combattait les fausses doctrines, on ordonna de « renoncer aux pensées vides et vaines, et de s'en rapporter à notre glorieux et vénérable canon ». Ἀπολίπωμεν τὰς κενὰς καὶ ματαίας φροντίδας, καὶ ἔλθωμεν ἐπὶ τὸν εὐκλεῆ καὶ σεμνὸν τῆς παραδόσεως ἡμῶν κανόνα. (I Clément, 7; comp. Polycarpe, ép. 2, 7; les lettres pastorales, l'épitre de Jude, les lettres d'Ignace, et aussi Justin). Lorsque le danger du

ab initio decurrentem, ut primus ille episcopus aliquem ex apostolis vel apostolicis viris, qui tamen cum apostolis perseveravit, habuerit auctorem et antecessorem. »

gnosticisme devint pressant, on dut nécessairement s'apercevoir qu'on n'avait assuré la compréhension ni du contenu, ni de l'étendue de la foi traditionnelle — de « la saine doctrine ». Pour écarter des doctrines telles que la distinction du Dieu suprême et du Dieu créateur, telles aussi que le docétisme, et afin de pouvoir présenter sa propre conception comme la doctrine *apostolique,* on avait donc besoin d'une mesure *extérieure* fixe : on se servit *d'un symbole apostolique dont l'interprétation était fixée.*

Sur ces entrefaites, les Eglises d'Asie Mineure et de Rome, — dont les relations réciproques étaient particulièrement intimes, et dont l'attitude (1) nous est connue par Irénée, — firent valoir le symbole baptismal romain formé, comme revêtu d'une autorité apostolique, et en chaque occasion ces églises déclarèrent qu'il renfermait *implicitement* les interprétations réfutant le gnosticisme. Elles affirmèrent que le symbole ainsi interprété, est *fides catholica,* c'est-à-dire la règle de la vérité pour la foi, et l'on ne put être membre de l'Eglise que si on l'admettait.

Ce procédé a sauvé le christianisme d'une complète dissolution en déplaçant son centre de gravité, mais il est fondé sur deux affirmations non prouvées et sur une confusion. Il n'est pas prouvé que n'importe quel symbole de cette sorte provienne des apôtres, ni que les communautés fondées par ces hommes aient toujours gardé intactes leurs doctrines ; ensuite le symbole lui-même est confondu avec l'interprétation qu'on en donne ; et enfin si une série de communautés (d'évêques) s'accordent sur les points essentiels, on n'a pas le droit d'en conclure à l'existence d'une foi catholique. *Or cette façon de procéder est la base même de l'argument catholique de la tradition avec l'importance fondamentale qu'on lui a attribuée jusqu'à nos jours.*

Un caractère que le catholicisme a conservé jusqu'à aujourd'hui, c'est l'amphibologie qui consiste d'une part à

---

(1) Il serait bien difficile d'admettre que ce soit Irénée qui ait été l'instigateur de cette attitude.

donner le symbole comme fermé et précis, et d'autre part
à le présenter comme assez élastique pour qu'on puisse s'en
servir pour écarter toute opinion gênante. Un autre trait
tout aussi particulier au catholicisme, c'est qu'il identifie
le christianisme avec une dogmatique incompréhensible
pour les laïques; il place donc ceux-ci dans une position
inférieure et les renvoie à l'*autorité*.

Tertullien a donné de nouveaux développements à la
méthode d'Irénée. Ce dernier trouvait déjà dans le symbole baptismal la réfutation des doctrines gnostiques les
plus importantes, alors qu'en réalité c'était seulement
le sentiment général des Eglises qui leur était opposé.
Tertullien, prenant le symbole comme une autorité encore
plus décisive, a trouvé déjà dans la *regula* la création de
l'univers *ex nihilo*, la médiation créatrice du Logos, son
origine antérieure à toutes les créatures, une théorie précise de l'incarnation, la prédication d'une *loi* et d'une *promesse nouvelles*, finalement aussi la trinité économique et
la vraie doctrine des natures de Jésus-Christ (*De præ-
criptione 13, de virginibus 1 ; adversus Praxeam 2, etc.*) Sa
« règle de foi » est loi et doctrine apostoliques, inviolables
à tout chrétien.

Mais c'est seulement dans le cours du troisième siècle
que cette norme apostolique s'est répandue dans l'Eglise.
Clément d'Alexandrie ne la connait pas encore ; pour lui le
canon de l'Eglise, c'est la réfutation du gnosticisme par l'interprétation de la Sainte-Écriture. Origène par contre s'en
est rapproché de très près ; c'est dire qu'au commencement du deuxième siècle l'Eglise d'Alexandrie suivit
l'Eglise de Rome et devint peu à peu « catholique ». Les
Eglises de Syrie suivirent encore plus tard, comme le
prouve l'écrit fondamental des Constitutions apostoliques :
il ne connait pas la « règle de foi apostolique » dans le sens
qu'on lui attribue en Occident. L'Eglise catholique devint
une réalité seulement à la fin du troisième siècle sur la
base de la règle de foi apostolique commune, et elle se
distingua nettement des sectes hérétiques. Il est possible

que des Eglises plus isolées ne soient arrivées à posséder
une « doctrine apostolique » que par le symbole de Nicée.
Mais ce dernier lui non plus ne fut pas accepté tout d'un
coup.

B. *On fait un choix d'écrits lus dans l'Eglise et on déclare
qu'ils sont les Écritures du Nouveau Testament et la collection des écrits apostoliques.* Voir les « *Introductions au
Nouveau Testament* » de Renan, Holtzmann, Weiss, etc.

Les paroles du Seigneur, ou bien en abrégé « ὁ κύριος »,
avaient une autorité indiscutable dans les Eglises à côté de
la loi et des prophètes (τὰ βιβλία). Les discours et actes du
Seigneur, — « l'Evangile » — étaient recueillis dans un
grand nombre d'écrits qui étaient parents entre eux et
étaient l'objet de fréquentes recensions ; on les nommait
« Ecrits du Seigneur » ou *Logia* et plus tard, à partir du
milieu du deuxième siècle « Εὐαγγέλια » et « ἀπομνημονεύματα
τῶν ἀποστόλων. » A partir de l'an 140 environ on les lut en
public (Justin). Cette appellation de « mémoires des apôtres » exprime l'idée que tout ce qu'on raconte du Seigneur
vient des apôtres.

Quelques unes des principales Eglises distinguaient déjà
quatre de ces écrits évangéliques avant le milieu du deuxième siècle : ce sont nos quatre évangiles. Déjà peu après
160 Tatien les arrangea en un seul évangile. Vers cette
même époque ils reçurent leur forme définitive, très probablement à Rome.

Outre ces écrits, les directeurs des communautés lisaient
les lettres de Paul, lesquelles avaient été antérieurement
réunies. Ceci nous est prouvé par les lettres de Clément,
Barnabas, Ignace et particulièrement par celle de Polycarpe. Les évangiles se rattachaient directement au message
évangélique et leur place était marquée dans la preuve
tirée de la tradition, ce qui par contre n'était absolument
pas le cas pour les lettres de Paul.

Enfin toutes les productions d' « historiens inspirés »
(πνευματοφόροι) mises par écrit furent honorées comme écrits
sacrés et inspirés : les apocalypses juives avec leurs noms

retentissants aussi bien que les écrits des prophètes et docteurs chrétiens.

L'Ecriture comprit ensuite l'Ancien Testament; cependant les mots « *le Seigneur dit* » (*il est écrit* ou simplement *il dit*) désignaient aussi des versets tirés d'apocalypses. L'expression : *le Seigneur dit dans l'Evangile* — (accomplissement des prophéties, prescriptions morales) — avait une importance égale, mais d'un autre ordre. Bien des docteurs usaient volontiers des termes employés par l'apôtre Paul, mais ne lui attribuaient pas la même considération qu'à l'Ecriture et aux paroles du Seigneur. (On peut se demander si les lettres de Paul ont été publiquement lues dans les églises avant l'an 180 environ?)

Marcion qui rejetait l'Ancien Testament et la preuve tirée de la prophétie, fit une collection nouvelle d'écrits ayant une autorité canonique (Evangile de Luc, 10 lettres de Paul). A la même époque probablement, ou bien un peu plus tard, les chefs d'écoles gnostiques firent de même en prenant ce qui était le plus répandu dans les communautés ; mais ils y mêlèrent du nouveau (Valentin, Tatien, Encratites). Partout ils mirent au premier rang les lettres de Paul, car elles avaient un caractère théologique, sotériologique, et il était possible de les interpréter dans un sens dualiste. Ces nouvelles collections, à la formation desquelles un esprit critique avait présidé et que les gnostiques mettaient en opposition avec l'Ancien Testament, reçurent une autorité égale à celle de l'Ancien Testament et on les expliqua par la méthode allégorique. (A tout cela venaient s'ajouter encore la tradition et les écrits secrets).

De leur côté les chefs de communautés ne se contentaient pas d'en appeler à l'*Ecriture* et au *Seigneur*. Il fallait :

1° Décider d'une manière générale quels écrits évangéliques sont pris en considération, (et dans quelle recension) ;

2° Soustraire aux hérétiques tout ce sur quoi l'on ne pouvait jeter le discrédit comme étant nouveau et faux ;

3° Etablir une collection d'écrits qui ne dérangeât pas

l'argument de la tradition, mais qui fût au contraire propre
à le consolider.

On se borna d'abord à déclarer les quatre évangiles les
seuls écrits *apostoliques* authentiques sur le Seigneur. On
leur attribuait déjà une valeur tellement semblable à celle
de l'Ancien Testament, que lorsqu'on fit le pas immense de
déclarer que leur lettre est sacrée, c'est à peine si l'on vit
dans ce fait une innovation : dès le début ce que le Seigneur avait dit était sacré.

Beaucoup d'Eglises, et même la plupart d'entre elles, per-
sistèrent jusque bien avant dans le troisième siècle à s'en
tenir à ce qui avait été ainsi fixé (voyez par exemple l'écrit
fondamental des Constitutions apostoliques); quelques-
unes cependant en Orient continuèrent à employer le Dia-
tessaron.

On ne s'éprit pas d'une seconde nouvelle collection,
mais les quatre évangiles vinrent s'ajouter aux βίδλια. (ὁ
κύριος διὰ προφητῶν — ὁ κύριος ἐν τῷ εὐαγγελίῳ.)

Il y avait bien encore les productions de la littérature
pneumatique, mais leur autorité alla sans cesse décroissant. (Voir la controverse montaniste.)

En Asie-Mineure et à Rome la lutte contre l'hérésie fut
menée avec une très grande énergie, et le travail qui se
proposait d'affermir les communautés en leur donnant des
lois fixes, fut poursuivi de la manière la plus propre à atteindre le but; aussi opposa-t-on à la nouvelle collection gnostique une *nouvelle collection catholique apostolique* destinée
à la défense bien plutôt qu'à l'attaque. — On ajouta aux
quatre évangiles les lettres de Paul, et on transforma ainsi,
non sans scrupules, des écrits d'occasion en oracles divins,
mais on se cacha à soi-même ce changement. On fit entrer
ces lettres dans la preuve tirée de la tradition en les ajoutant, — c'est-à-dire au fond en les subordonnant — au soi-
disant message des douze apôtres, au moyen d'un livre
tout récent, les « Actes des Apôtres ». L'apostolat de Paul
étant reconnu légitime par les apôtres dans ce livre, — et
l'apôtre lui-même ayant été rendu assez méconnaissable

par les lettres pastorales, — Paul devint le témoin de la
« Didachè des douze apôtres. » C'est dire que maintenant on
avait le droit et le devoir d'expliquer Paul d'après le livre
des Actes. Il faut le reconnaître, c'est seulement « faute de
mieux » que ce livre a pris place dans la collection : il devait conserver une tradition dont la portée était bien plus
considérable que ne le disait *sa propre* lettre.

La nouvelle collection avec ses deux et même ses trois
parties — Evangiles actes, et lettres de Paul — fut ajoutée
à l'Ancien Testament et fut bientôt placée au-dessus de lui
en qualité de *Nouveau Testament*. Irénée et Tertullien s'en
sont déjà servi.

Cependant il semble que dans la pratique (pas en théorie),
on attribua une même valeur aux évangiles et aux épîtres de
Paul D'occident la nouvelle collection s'est peu à peu répandue dans les églises, et lorsqu'elle fut une fois créée, son
autorité a été à peine ébranlée. Par contre les quatrième et
cinquième parties n'ont jamais pu revêtir une forme réellement fixe et arrêtée. D'abord, en effet, on chercha à appuyer
le livre des Actes par des écrits des Douze, et cela n'avait
rien que de fort naturel ; mais d'autre part s'offraient bien
des écrits provenant de prophètes et de docteurs chrétiens :
on ne put les ignorer bien qu'ils n'aient pas joui d'une autorité apostolique au sens strict du terme. Ainsi se forma le
groupe des lettres *catholiques*. La plupart sont attribuées à
des apôtres (la majeure partie des savants pense qu'elles
portent un faux nom). Elles furent anonymes à l'origine,
mais on ne put sauvegarder leur autorité qu'en les attribuant à l'un des douze apôtres. Ce groupe, exception faite
pour deux lettres, n'a pu être définitivement fixé avant le
quatrième siècle, ni quant à son étendue, ni quant à son
autorité. Or, chose extraordinaire, cela ne porta pas réellement atteinte à l'autorité de la collection entière ! — Les
apocalypses se présentaient aussi en seconde ligne pour
entrer dans la nouvelle collection, mais les temps avaient
marché : on ne partageait plus les préoccupations qui leur
avaient donné naissance ; bien plus, on les combattait. La

nature du nouveau recueil exigeait un élément apostolique,
et non un élément prophétique, elle excluait même ce dernier. Les apocalypses de Pierre et de Jean purent donc
seules être examinées. La première disparut bientôt pour
des raisons à nous inconnues, la seconde a été finalement
sauvée comme « au travers du feu » pour faire partie de la
nouvelle collection.

Il n'y a pas eu au troisième siècle dans l'Eglise un Nouveau Testament fermé, mais là où il y avait une seconde
collection, on en faisait sans hésiter le même usage que de
l'Ancien Testament; le recueil incomplet fournissait même
ad hoc tout ce que le recueil complet aurait seul du fournir.
Toutefois le catholicisme n'est jamais devenu la religion
du livre. Les paroles du Seigneur demeurèrent la règle à
laquelle on dut conformer sa vie, et le développement
doctrinal a de tout temps poursuivi sa propre route en ne
subissant que d'une façon secondaire l'influence du Nouveau Testament.

Conclusions : 1) Le Nouveau Testament a sauvé la partie
la plus précieuse de la littérature primitive, mais il a laissé
perdre tout le reste qui n'en faisait pas partie, parce qu'on
y voyait des usurpations et des falsifications.

2) Le Nouveau Testament a mis fin à la rédaction d'écrits
inspirés, et a seul rendu possible une littérature ecclésiastique profane à laquelle il a tracé en même temps des
limites précises.

3) Le Nouveau Testament a obscurci le sens et l'origine
historiques des écrits qu'il renferme ; mais il a en même
temps créé les conditions nécessaires à ce qu'on puisse les
étudier en détail et à ce qu'ils exercent une action dans
l'Eglise.

4) Le Nouveau Testament a opposé une digue à la fabri-
cation de « faits » par enthousiasme, mais il a exigé que
tous les écrits qu'il contient soient considérés comme clairs,
suffisants, pneumatiques, unanimes dans leurs affirmations,
et il a ainsi nécessairement amené la production de faits
nouveaux et de mythologies d'abstractions.

5) Le Nouveau Testament a tracé les limites d'une époque de révélation, il a placé l'époque apostolique et les apôtres à une hauteur inaccessible ; il a ainsi contribué à déprécier l'idéal et les exigences chrétiennes, mais en même temps il a maintenu vivante la *connaissance* de cet idéal et de ces exigences, et il est devenu un aiguillon pour la conscience.

6) Le Nouveau Testament a grandement soutenu l'autorité canonique de l'Ancien Testament, laquelle rencontrait de l'opposition ; mais en même temps il a fait placer la révélation chrétienne au-dessus de celle de l'Ancien Testament et il a poussé à méditer sur l'importance *propre* de cette dernière.

7) Le Nouveau Testament a amené l'identification funeste de la parole du Seigneur avec la tradition apostolique (enseignement des apôtres). mais renfermant les lettres de Paul, il a donné comme règle ce qui est l'expression la plus élevée du sentiment de la rédemption. En canonisant le paulinisme, le Nouveau Testament a introduit un levain bienfaisant dans l'histoire de l'Eglise.

8) L'Eglise catholique, en prétendant que les deux testaments lui appartiennent, a nié les droits des autres communions chrétiennes, mais en élevant le Nouveau Testament à la hauteur d'une norme, elle a créé l'arsenal d'où on a tiré plus tard les armes les plus acérées que l'on ait dirigées contre elle.

C. *Transformation dans l'Eglise du ministère épiscopal en ministère apostolique. Histoire de la transformation de l'idée de l'Eglise.*

La démonstration que les apôtres ont institué une règle de foi ne suffisait pas, il fallait montrer que l'Eglise elle-même a fidèlement conservé et possède une autorité vivante qui peut, le cas échéant, trancher toute controverse. — A l'origine on en appelait aux communautés fondées par les apôtres, — auprès d'elles on pouvait s'enquérir de la vraie doctrine, — et l'on prouvait qu'on était d'accord avec les disciples des apôtres et avec les « anciens ». Seulement

comme cet argument n'offrait pas une sûreté absolue,
Irénée et Tertullien lui ont donné plus de précision : grâce
au puissant développement de l'épiscopat, en particulier
à Rome, ils ont reporté sur les évêques l'ancienne autorité
dont jouissaient les apôtres, prophètes et docteurs. Ils ont
compris cette autorité de telle façon que la succession
apostolique, — « *ordo episcoporum per succes ionem ab
initio decurrens* », — garantit l'intégrité de l'héritage
apostolique. Tous deux hésitent encore entre la thèse
dogmatique et la thèse historique ainsi formulée : les
communautés sont celles fondées par les apôtres; les
évêques sont les disciples des disciples des apôtres.

La thèse dogmatique est cependant déjà clairement présentée chez Irénée : Le charisme de la vérité est attaché
au ministère des évêques, lequel repose sur la *succession*
apostolique : « *Episcopi cum episcopatus successione certum
veritatis charisma acceperunt.* »

Cette thèse indique simplement dans un dogme la haute
position que l'épiscopat avait déjà acquise en fait ; du reste
à l'origine elle n'entendait pas identifier complètement les
apôtres avec les évêques, on n'était pas sûr qu'elle s'appli-
quât à l'évêque pris individuellement, et elle laissait encore
une place à l'ancienne égalité, *spiritus, ecclesia, fideles.*
Mais Calixte de Rome (Tertullien, *de Pudicitia ;* Hippolyte,
Philos. IX) a revendiqué l'autorité apostolique dans toute
son étendue ainsi que les compétences apostoliques, tandis
que Tertullien se contentait de réclamer pour l'évêque le
locus magisterii. En Orient et à Alexandrie on n'est arrivé
que fort tard à reconnaître aux évêques la dignité *apostolique.* Ignace ne la connaît pas ; pour lui l'évêque est le
représentant de Dieu dans *sa* communauté particulière.
Clément ne la connaît pas non plus, et même « l'écrit
fondamental » des Constitutions apostoliques est muet sur
ce point. Cependant cette idée commença à s'acclimater à
Alexandrie à l'époque d'Origène.

Le développement de cette notion compromit gravement
l'idée de l'Eglise. A l'origine, l'Eglise est l'épouse céleste

du Christ, la demeure du Saint-Esprit ; son caractère chrétien vient de la possession de l'Esprit, de la foi en Dieu, de l'espérance et de la régularité de la vie : l'homme qui appartient à l'Eglise est assuré de son salut (Eglise *sainte*). Ensuite l'Eglise devient l'institution visible de cette même *confession de foi* (*fides in regula posita est, habet legem et salutem de observatione legis*) ; elle est l'héritage légué par les apôtres, et elle est chrétienne parce qu'elle possède la vraie doctrine apostolique. L'Eglise est *catholique* dans le sens de l'œcuménicité et de la pureté de doctrine ; le terme se rencontre à partir de la fin du deuxième siècle. Pour participer au salut il faut être membre de cette Eglise visible, *une* et apostolique, parce qu'elle seule donne la doctrine qui sauve.

L'Eglise cesse ainsi d'être la communion assurée du salut (voir le chapitre suivant) et la communion des saints, elle devient condition du salut. Cette conception (Irénée, Tertullien, Origène) nous montre comment le développement des communautés a abouti à une Eglise unique et fermée ; jamais elle n'a disparu des églises catholiques. C'est là assurément un produit fécond de l'esprit chrétien, mais ce n'est pas l'idée évangélique de l'Eglise et d'ailleurs ce n'est pas non plus l'idée hiérarchique. Mais presque dès le début, cette notion a subi l'influence de l'idée *hiérarchique*, dont on trouve pour la première fois des traces chez Irénée et Tertullien. (Ce dernier a fini par la combattre et par retourner à la conception plus ancienne : *spiritus, ecc.e ia, sacerdoce universel.*) L'idée hiérarchique a été achevée par Calixte et d'autres prélats romains, et surtout par Cyprien. Les alexandrins de leur côté ont uni l'idée ancienne à une conception mystique et philosophique, et Origène tout en professant une haute considération pour l'Eglise visible, n'a jamais perdu de vue que son importance n'est que relative.

Les circonstances dans lesquelles ils se trouvaient, et les obligations qu'elles leur imposaient, amenèrent Calixte et Cyprien à concevoir l'idée hiérarchique de l'Eglise.

Cyprien a fourni la théorie pour les mesures que Calixte a prises, mais il est resté en arrière sur *un* point : il n'a pas admis la légitimité du pouvoir temporel de l'Eglise, ce que fit Calixte sans hésiter. Les crises de l'Eglise étaient si violentes au troisième siècle, que sauf pour les Eglises éloignées, il ne suffisait plus nulle part que l'on conservât la foi catholique, *il fallait que l'on obéit aux évêques*, afin de pouvoir défendre l'existence de l'Eglise contre un paganisme notoire (dans la conduite), et contre l'hérésie et l'enthousiasme (les souvenirs de l'époque primitive du christianisme).

L'idée de l'Eglise *une* à constitution épiscopale devint prépondérante et rejeta dans l'ombre l'importance de la doctrine comme lien d'unité. L'Eglise repose sur les évêques, successeurs des apôtres, représentants de Dieu, et à cause de ce fondement même, elle est l'héritage des apôtres.

Après Cyprien, l'Eglise *confédération réalisant l'unité*, est l'institution du salut. Elle s'appuie entièrement sur l'épiscopat, et celui-ci la soutient, car il continue le ministère des apôtres et il est armé de leurs pouvoirs.

La relation de l'individu avec Dieu et avec Christ ne peut par conséquent plus être conçue que sous la forme de la subordination à l'évêque. L'attribut de l'unité de l'Eglise acquiert une importance égale à l'attribut de la vérité, puisque l'unité ne se réalise que par l'amour.

L'unité se montre en tout premier lieu dans l'unité de l'épiscopat qui est *un* dès l'origine et qui est resté *un*, car les évêques sont établis par Dieu et restent en relations fraternelles entre eux. Les évêques ne sont pas regardés seulement comme les directeurs de leurs Eglises particulières, mais comme *les fondements de l'Église une* (« *ecclesia in episcopo est* »). Il résulte de là qu'aucune dignité particulière n'est accordée aux évêques des églises apostoliques ; les évêques ayant tous part à un ministère *unique*, sont égaux. — Toutefois le siège épiscopal de Rome a une importance particulière car c'est le siège du premier apôtre, celui à qui Jésus-Christ a donné les pouvoirs apostoliques dans l'intention de manifester l'unité de ces pouvoirs et de l'Eglise, et enfin parce que l'histoire montre que l Eglise de Rome a été la racine et la mère de l'Eglise catholique *une*. Dans la grave crise qui éclata à Carthage, Cyprien en a appelé à Rome, comme si le fait d'être en communion avec cette Eglise (avec son évêque) était en soi le gage de la vérité ; seulement plus tard, dans sa querelle avec Etienne il a expressément contesté les prétentions de l'évêque de Rome à des droits spéciaux sur les autres Eglises. Enfin, bien qu'il ait placé l'unité de la constitution de l'Eglise au-dessus de l'unité de la doctrine, Cyprien est resté fidèle aux principes chrétiens en exigeant des évêques une conduite constamment chrétienne, autrement ils perdent *ipso facto* leur charge. Cyprien ne sait encore rien d'un caractère *indélébile* qui serait attribué aux évêques, tandis que Calixte et d'autres évêques romains l'ont réclamé. — Une des conséquences de sa théorie fut la complète identification des hérétiques et des schismatiques. un point sur lequel d'ailleurs l'Eglise ne l'a pas tout d'abord suivi.

Cette soi-disant grande Eglise épiscopale *une* était d'ailleurs une fiction : au fond il n'y a pas eu de confédération ayant une telle unité ; Constantin lui-même n'a pas pu aboutir à en constituer une.

CHAPITRE III

L'ANCIEN CHRISTIANISME ET LA NOUVELLE EGLISE.

Voir la littérature sur le montanisme et le novatianisme.

1. L'exigence d'une vie morale qui s'affaiblissait, les espérances chrétiennes primitives qui s'effaçaient, les formes juridiques et po'itiques qui donnaient aux Eglises une attitude ferme vis-à-vis du monde et de l'hérésie, telles furent les causes de la réaction qui se produisit peu après le milieu du deuxième siècle, d'abord dans l'Asie Min.ure, puis dans les autres parties de la chrétienté. Cette réaction cherchait à préserver et même à rétablir les anciennes idées, l'ancien état de choses, et à protéger la chrétienté contre l'accommodation au monde.

Cette crise se manifesta dans le mouvement montaniste et dans d'autres mouvements pareils, et eut ce résultat que l'Eglise se considéra toujours plus complètement comme une société juridique dont le fondement vrai est dans ses bases historiques et objectives. En conséquence aussi, l'Eglise donna une importance nouvelle à l'attribut de la *sainteté* et légitima dans son sein deux états : l'état spirituel et l'état mondain, ainsi que deux morales ; elle ne fut plus la communion du salut assuré, elle devint une condition indispensable pour participer au salut et une institution d'éducation. — Les montanistes furent obligés de se séparer, (dans cette occasion déjà le Nouveau Testament rendit de bons services) ainsi que tous les chrétiens qui voulaient que le caractère de vérité de l'Eglise résidât dans une discipline morale plus sévère.

A la fin du troisième siècle, deux grandes communautés ecclésiastiques élevèrent la prétention d'être la vraie Eglise catholique : c'était la confédération élevée par Constantin au rang d'Eglise impériale, et l'Eglise novatienne fondue avec les restes du montanisme. Les débuts du grand schisme remontent à Rome à l'époque d'Hippolyte et de Calixte.

2. La réaction montaniste prit un grand développement. Elle sortit de la tentative énergique faite par un prophète chrétien, Montanus, soutenu par des prophétesses.

Il se sentait appelé à réaliser dans la chrétienté les promesses renfermées dans le quatrième évangile. Il les expliquait d'après l'apocalypse et annonçait qu'il était le Paraclet : en lui le Christ ou même le Dieu tout-puissant venait vers les siens afin de les conduire dans toute la vérité et de rassembler les dispersés en *un seul* troupeau. L'effort suprême de Montanus était donc de sortir les chrétiens des relations ordinaires et des attaches des communautés, pour créer une communauté centrale, qui séparée du monde se préparerait pour la descente de la Jérusalem céleste.

La résistance que ce message prophétique exorbitant rencontra chez les chefs des églises et les persécutions endurées sous Marc Aurèle, augmentèrent la soif du martyre et renforcèrent les préoccupations eschatologiques qui d'ailleurs étaient déjà aiguës. Le mouvement perdit de son originalité, car l'idéal d'une réunion de tous les chrétiens ne se réalisa que pour un peu de temps et dans des limites restreintes ; mais depuis 180 environ le montanisme regagna de nouveau largement ce qu'il avait perdu, car étant toujours mieux connu, ses adeptes sérieux trouvèrent la force et le courage nécessaires pour offrir une résistance à la mondanisation croissante de l'Eglise.

En Asie et en Phrygie bien des églises reconnurent *in corpore* la mission divine des prophètes ; dans d'autres provinces, des conventicules se formèrent ; on y recevait comme un évangile les prédictions de ces prophètes, mais aussi on les adoucissait. (Sympathies des confesseurs à Lyon. L'évêque de Rome fut sur le point de reconnaître la nouvelle prophétie.) Vers l'an 120 il ne fut déjà plus question dans les communautés montanistes d'une organisation nouvelle dans le sens rigoureux du terme, et d'une reconstruction radicale de la société chrétienne ; là où le mouvement nous apparaît en pleine lumière, il est déjà affaibli, bien qu'il soit encore actif. Ceux qui l'avaient lancé n'avaient point mis de bornes à leur enthousiasme, et les prophètes n'avaient mis aucune limite à leurs prétentions. En nous, — disaient-ils, — Dieu et Jésus-Christ sont apparus : Prisca vit le Christ en son corps sous forme féminine. Ces prophètes faisaient les promesses les plus outrées et parlaient sur un ton plus élevé que n'importe quel apôtre ; ils abolissaient même des ordonnances apostoliques et, sans nul souci d'aucune tradition, ils instituaient des commandements nouveaux pour la vie chrétienne, déclamaient contre la grande chrétienté, et se considéraient comme les *derniers*, les suprêmes prophètes, les porteurs de la révélation divine de Dieu.

Lorsqu'ils eurent disparu de la scène, leurs partisans cherchèrent un accommodement avec le christianisme ornaire. Ils reconnurent la Grande Eglise et demandèrent à être reconnus eux aussi. Ils consentaient à se soumettre à la règle apostolique et au Nouveau Testament et renonçaient à rejeter la constitution ecclésiastique (les évêques). Ils demandèrent en retour qu'on reconnût leurs prophètes, car ils cherchaient maintenant à les faire valoir comme les successeurs de prophètes plus anciens (succession prophétique). « La nouvelle prophétie, disaient-ils, est seulement une *révélation postérieure*, qui suppose la révélation antérieure telle que l'Eglise l'admet. Tout en confirmant les doctrines ecclésiastiques vis-à-vis des *doctrines* gnostiques, cette révélation postérieure a trait essentiellement aux seules questions brûlantes de la discipline chrétienne et elle les tranche dans le sens d'une observance plus rigoureuse. » Telle était la signification de la prophétie nouvelle pour les adhérents du montanisme, et c'était pour cela qu'ils y avaient ajouté foi. L'enthousiasme primitif s'abattit de lui-même lorsqu'on crut qu'en Phrygie le Paraclet avait adressé des révélations à l'Eglise entière, instituant une manière de vivre plus austère, enjoignant l'abstention des secondes noces, des jeûnes plus rigoureux, et le devoir de rendre un témoignage plus puissant aux convictions chrétiennes dans la vie de chaque jour, et enfin prescrivant de se préparer au martyre.

Toutefois ce mouvement, cet embrasement, se montra une force puissante, car entre 190 et 220 la grande chrétienté avançait à pas précipités vers la sécularisation de l'Evangile.

Le montanisme eût-il triomphé, cela eût amené un changement complet dans la situation de l'Eglise et dans la pratique missionnaire : les communautés eussent été décimées.

Les concessions faites par les montanistes sur le Nouveau Testament, la règle de foi. l'épiscopat, ne leur furent d'aucune utilité. Les évêques attaquèrent la forme de la nouvelle prophétie comme une innovation, ils en mirent le fond en suspicion, ils déclarèrent que les anciennes espérances d'avenir étaient matérielles et charnelles, ils taxèrent leurs exigences morales d'exagérées, de légalistes, les déclarèrent cérémonielles, judaïques, condamnées par des passages du Nouveau Testament, et les appelèrent même païennes. Les montanistes prétendaient produire des oracles divins authentiques ; les évêques leur opposèrent le Nouveau Testament nouvellement créé, affirmèrent que tout ce qui fait règle est contenu dans les déclarations des deux Testaments, et délimitèrent ainsi nettement une *époque de la révélation* qui ne se prolonge jusque dans le présent qu'au moyen du Nouveau Testament, de la doctrine apostolique et du ministère apostolique des évêques. Dans cette controverse s'achevèrent les conceptions nouvelles suivantes :

1) L'Ancien Testament renferme l'élément prophétique ;

le Nouveau, l'élément non prophétique, mais apostolique.

2) Aucun chrétien du temps présent ne peut atteindre à l'élément apostolique.

Enfin on commença à distinguer entre la morale du clergé et celle des laïques (la question du mariage unique en est un exemple). On jeta ainsi le discrédit sur ce qui autrefois avait été cher à la chrétienté entière, mais qu'elle ne pouvait plus mettre en pratique maintenant. Tandis qu'on enlevait les soi-disant abus, on détruisait de plus en plus la puissance de la chose elle-même, sans pouvoir cependant la supprimer complètement. On peut constater cela au sujet du chiliasme, de la prophétie, de l'état de majorité des laïques et de la sainteté austère.

Les discussions les plus violentes éclatèrent sur la question du droit de pardonner les péchés. Les montanistes attribuaient ce droit uniquement au Saint-Esprit, c'est-à-dire le reconnaissaient à ceux des évêques qui possèdent le Saint-Esprit, car, disaient-ils, la puissance de l'Esprit n'est pas attachée à la transmission de la charge. Ils n'accordaient à l'homme aucun droit de pardonner les péchés ; le pardon est bien plutôt le résultat de manifestations (rares) de la miséricorde divine *(potest ecclesia* [spiritus] *donare delicta, sed non faciam)*. Ils expulsèrent donc des communautés ceux qui s'étaient rendus coupables de péchés mortels, en recommandant leurs âmes à Dieu.

Quant aux évêques, ils furent obligés de se mettre en contradiction avec leur principe que le baptême efface seul les péchés ; ils réclamèrent donc le pouvoir des clés et en appelèrent à leur pouvoir apostolique afin de protéger la stabilité de communautés toujours moins saintes contre la désorganisation qui aurait accompagné le maintien de l'ancienne sévérité.

Calixte le premier, a émis dans tout son entier la prétention que les évêques ont le droit de pardonner les péchés ; il a même étendu ce droit au pardon des péchés mortels. Sur ce point, il se heurta non seulement contre le montaniste Tertullien, mais à Rome même contre un évêque rival, Hippolyte, dont les opinions étaient très « haute Eglise ». Les montanistes, avec leur « prophétie diabolique », durent se séparer ; mais ils se retirèrent eux-mêmes volontiers d'une Eglise qui avait perdu « sa spiritualité » (psychique).

Les évêques maintinrent les possessions de l'Eglise aux dépens de son caractère chrétien. A la chrétienté qui possède l'Esprit, se substitua l'Eglise, institution qui a le Nouveau Testament et le ministère spirituel.

3. Les difficultés les plus grandes surgirent cependant lorsque les évêques voulurent mettre à exécution leur prétention de pardonner les péchés. Ces difficultés provinrent en partie des communautés, des fidèles et des héros chrétiens (les confesseurs). et en partie du fait qu'on accorda ce pardon aux gens qui s'étaient rendus coupables de péchés mortels, chose contraire à la pratique ancienne et à l'ancienne conception du baptême et de l'Eglise. Il faut dire pourtant que si les évêques s'opposèrent à l'usage plus ancien et plus sévère, ils s'opposèrent également au relâchement qui allait grandissant.

Le pardon des péchés accordé aux adultères fut la cause du schisme d'Hippolyte. Après la persécution de Dèce, on se vit obligé de déclarer que le plus grand péché, l'apostasie, peut être pardonné ; on dut élargir l'ancienne concession par laquelle on admettait la possibilité de la rémission d'un p ché grave après le baptême (pratique fondée sur le Pasteur d'Hermas,. On dut abolir tous les droits des personnes spirituelles (confesseurs), et rattacher le pardon des péchés à une procédure régulière suivie par les évêques et appropriée aux différents cas. (Nous voyons cela chez Corneille de Rome et Cyprien). — Cela modifia complètement l'idée de l'Eglise : de même que l'arche de Noé, l'Eglise comprend les purs et les impurs ; ses membres ne sont pas tous saints, ni tous assurés de la félicité. L'Eglise n'est sainte qu'objectivement, en vertu de son institution, laquelle comprend essentiellement la pure doctrine et les évêques, qui sont prêtres et juges au nom de Dieu. Elle est l'insti-

tution impérissable du salut, aussi personne en dehors
d'elle n'est-il sauvé ; elle est également *societas fidei*, mais
non *fidelium*, elle est bien plutôt une école d'éducation et
une institution qui prépare au salut ; à côté du baptème
elle possède un second moyen d'effacer les péchés, — au
moins en pratique, car la théorie était encore embarrassée
et indécise. — Alors fut complètement achevée la séparation
religieuse du clergé et des laïques, (*ecclesia est numerus episcoporum*) et à Rome des évêques attribuèrent au clergé un
caractère indélébile (pas Cyprien). Alors aussi commencent
les spéculations théologiques sur les rapports entre l'Eglise
communauté des saints et la sainte Eglise visible, laquelle
est une accommodation de la chrétienté au monde, tempérée et corrigée par les moyens de grâce.

Tout ceci ne put triompher sans qu'un grand mouvement d'opposition partît de Rome (Novatien) et s'emparât
bientôt de toutes les églises provinciales. Novatien bornait
ses exigences à un minimum : l'irrémissibilité du péché
d'apostasie (sur la terre) ; sans cela, disait-il, l'Eglise perd
sa sainteté. Or ce minimum avait la même importance que
deux générations auparavant les exigences montanistes
bien autrement considérables.

C'était le réveil d'un reste de l'ancienne conception de
l'Eglise. Néanmoins le fait est étrange de voir une communauté se considérer comme *pure* (Cathares) et comme
véritablement *évangélique*, pour la seule raison qu'elle ne
tolère pas les apostats dans son sein. (Il est possible que
l'exclusion se soit étendue plus tard aussi aux personnes
coupables d'autres péchés mortels.) — Une seconde Eglise
catholique surgit, elle s'étendait d'Espagne en Asie Mineure, elle conserva des débris archaïques de l'ancienne
discipline, mais cela ne lui aida pas à réaliser une vie plus
indépendante du monde. Elle ne se distingua pas essentiellement de l'autre Eglise, bien qu'à son avis les grâces que
celle-ci accordait fussent nulles. (Elle avait l'habitude de
renouveler l'administration du baptème.)

Dans ces crises, les évêques firent preuve de sagesse, de

prudence et d'une sévérité relative ; ils réussirent à habituer les communautés à cet état de choses nouveau. Dans la situation où se trouvaient les églises, il fallait une Eglise épiscopale qui les tînt sous tutelle, il fallait qu'elles apprissent à avoir le bon sens de se considérer comme des élèves et des ouailles.

En même temps l'Eglise était alors parvenue à la forme sous laquelle elle pouvait être un puissant soutien de l'Etat. Elle était une société infiniment mieux ordonnée que tout le reste de l'empire, et de même qu'autrefois le monothéisme et la piété des psalmistes sont demeurés vivants au sein de l'église juive, comme dans une coquille dure et étrangère, de même l'Eglise possédait toujours dans son sein les trésors de l'Evangile : l'image du Christ, la certitude de la vie éternelle, la pratique de la miséricorde.

APPENDICE 1. *Le sacerdoce.* — On voit surtout dans la constitution achevée d'une caste sacerdotale combien la conception vieille catholique de l'Eglise était déchue. Des prêtres remplissant les fonctions sacrées se trouvent d'abord chez des gnostiques (Marcianiens), et dans l'Eglise les prophètes (Didachè) et les directeurs d'églises (I Clément) avaient été précédemment *comparés* aux prêtres de l'Ancien Testament. Chez Tertullien (*de baptismo,* 17) l'évêque est appelé prêtre pour la première fois ; dès lors le caractère sacerdotal des évêques et des presbytres s'accentue avec rapidité en Orient comme en Occident. L'influence du paganisme fut si puissante en cette matière, qu'il se constitua aussi un ordre sacerdotal de *domestiques* (ordres mineurs) — et cela d'abord en Occident.

Nous rencontrons l'idée sacerdotale achevée chez Cyprien, chez les évêques romains de l'époque, et dans l'écritfon damental des Constitutions apostoliques.

Les évêques (et en seconde ligne aussi les presbytres) sont regardés comme les représentants de la communauté devant Dieu : eux seuls peuvent offrir *le* sacrifice, eux seuls accordent ou refusent la grâce divine en leur qualité de juges qui remplacent Dieu et Jésus-Christ, ils

sont les mystagogues qui administrent la grâce dans laquelle on voit une consécration réelle.

Pour effectuer cette accommodation au paganisme on
s'appuya toujours davantage sur le sacerdoce de l'Ancien
Testament et sur le culte juif tout entier, et cela naturellement après coup.

Les portes furent ouvertes toutes grandes au paganisme
et au judaïsme dans les matières relatives aux droits et
aux obligations des prêtres ; on fit la sourde oreille aux discours du vieux Tertullien qui exhortait à retourner au sacerdoce universel. On fit des ordonnances sur les dîmes,
sur la pureté, enfin même sur le sabbat (transporté au di-
manche).

APPENDICE 2. *Le sacrifice.* — Sacerdoce et sacrifice sont
deux idées qui s'appellent mutuellement. L'Eglise laissa
dès le commencement le champ entièrement libre à l'idée
de sacrifice. (voir Livre I chap. III § 7). La nouvelle conception du sacerdoce devait évidemment exercer une influence sur l'idée de sacrifice, alors même que la conception ancienne continuait à subsister parallèlement ; (cette
idée était celle du sacrifice pur des sentiments, du sacrifice d action de grâces, et elle envisageait la vie entière
comme un sacrifice).

Cette influence se manifeste à deux égards :

1) Dans le sein de la vie chrétienne de sacrifice, les actes
du jeûne, du célibat volontaire, du martyre etc... (voyez
cela du reste chez Hermas) prirent toujours plus la première place ; on leur attribua une valeur méritoire et un
caractère de satisfaction (voir Tertullien). Ce développement est achevé chez Cyprien. Pour lui il va de soi que le
chrétien ne pouvant demeurer sans péché, doit se concilier le Dieu irrité par l'accomplissement de certaines pratiques (sacrifices de satisfaction). Là où il n'y a pas de péchés spéciaux à effacer, les pratiques donnent droit à une
récompense particulière. Les moyens principaux sont les
aumônes et les exercices de pénitence. La prière non accompagnée d'aumônes reste stérile et sans fruits. Dans son

écrit : *De opere et eleemosynis* Cyprien a donné ce qu'on
peut appeler une théorie détaillée sur l'aumône, *moyen de
grâce* dont l'homme dispose et que Dieu *accepte*. Depuis la
persécution de Dèce, les *opera et eleemosynae* pénètrent
dans le système d'absolution de l'Eglise et y tiennent une
place fixe. Grâce à l'indulgence de Dieu, on peut soi-
même regagner la qualité de chrétien par certaines pratiques.

Si on s'en était simplement tenu là, on eût rétréci le
moralisme tout entier; il fut donc nécessaire d'élargir
l'idée de la *gratia Dei*, et de ne pas la faire dépendre uniquement du sacrement du baptême comme cela avait été
le cas jusqu'alors : ce fut l'œuvre d'Augustin.

2) La conception du sacrifice dans le culte fut modifiée.
Ici aussi Cyprien fait époque. Il a été le premier à attribuer
au sacerdoce propre le sacrifice proprement dit, le sacrifice
de la Cène ; il a été également le premier à faire de la
passion du Seigneur et même du sang de Christ et de
l'hostie dominicale l'objet du sacrifice eucharistique, et de
cette façon il est arrivé à l'idée de la répétition du sacrifice
de Christ accomplie par le sacerdoce; (ἡ προσφορὰ τοῦ σώματος
καὶ τοῦ αἵματος se trouve aussi dans les ordonnances ecclésiastiques apostoliques).

Il a décidément fait de la célébration de la Cène l'incorporation de la communauté et des individus à Christ, et il a
été le premier à prouver clairement que la commémoration
de la Cène a une vertu particulière (d'intercession) en
faveur de ceux pour qui elle est célébrée, qu'ils soient
vivants ou morts.

Une intercession plus efficace, telle était en somme la
vertu essentielle du sacrifice de la Cène pour ceux qui le
célébraient, car malgré tout le chemin que les idées avaient
fait et malgré l'enrichissement des cérémonies, l'acte ne
pouvait être appliqué au pardon des péchés pris dans le
sens absolu. L'affirmation que l'acte est une répétition du
sacrifice de Christ demeura donc à l'état de simple affirmation ; les principes ecclésiastiques sur le baptême et la

pénitence s'opposaient à l'idée qu'éveillait la pratique du
culte, savoir que la participation à la cérémonie efface
les péchés comme les mystères de la *magna mater* et de
Mithras. L'acte de la Cène étant un sacrifice, il n'est
jamais devenu un acte de même nature que le baptême,
mais le rituel de la cérémonie ressemblant aux anciens
mystères, le peuple devait nécessairement lui attribuer
une signification plus haute.

APPENDICE 3. *Moyens de grâce. Baptême et eucharistie.*
Le baptême seul était pour l'Eglise ce que depuis Augustin
on a nommé moyen de grâce. En théorie stricte le baptisé
n'attend pas de nouveaux moyens de grâce accordés par
Jésus-Christ, mais dans la pratique, du moment où l'absolution fut donnée à ceux qui avaient commis des péchés
mortels, ou eut dans l'absolution un moyen de grâce réel
dont l'importance était cachée sous celle du baptême. La
pensée resta encore dans une complète incertitude à l'égard
de ce « moyen de grâce » ; l'idée que Dieu absout les
péchés par le moyen du prêtre fut traversée par cette
autre idée (voir plus haut) que ce sont plutôt les exercices
de pénitence des pécheurs qui procurent le pardon.

On ne modifia pas essentiellement la conception du
baptême (1). Partout le pardon des péchés fut considéré
comme en étant le résultat. Cependant un moralisme s'introduisit ici aussi : les péchés de l'homme non baptisé sont
des péchés d'aveuglement, donc il convient que Dieu les
lui efface lorsqu'il se repent. On pensait que l'anamartésie suivait effectivement le pardon et qu'il s'agissait alors
de la conserver. Toutes sortes de grâces sont encore
nommées à côté de la rémission, de la *consecutio aeterni-
tatis ;* on mentionne aussi souvent l'*absolutio mortis*, la
regeneratio hominis, la *restitutio ad similitudinem dei*, la
consecutio spiritus sancti (« *lavacrum regenerationis et
sanctificationis* ».)

L'enrichissement du rituel est allé croissant, en partie à

(1) Höfling, *Sacrament der Taufe*, 2 vol. 1846.

cause du désir que l'on nourrissait d'exprimer sous forme symbolique les riches effets que l'on attribuait au baptême, en partie à cause des efforts tentés pour donner au grand mystère des ornements dignes de lui. On commença déjà alors à rendre les différents actes indépendants les uns des autres : la confirmation fut faite par l'évêque. L'eau fut regardée comme symbole et véhicule de la grâce.

Quant à l'institution du baptême des enfants, son origine demeure complètement obscure ; c'est une pratique répandue au temps de Tertullien, et celui-ci la blâme parce qu'il est d'avis qu'un acte de cette importance doit être remis à une époque plus tardive. Origène la fait remonter aux apôtres. Quelques-uns essayèrent de renouveler l'administration du baptême, mais leur tentative fut repoussée.

La Cène (1) ne fut plus seulement un *sacrifice*, mais un don divin dont les effets ne furent jamais nettement définis parce que le modèle en lui-même excluait une pareille définition. L'idée principale était que la vie divine est communiquée par la nourriture sacrée ; on y ajoutait des idées absolument superstitieuses (φάρμαχον ἀθανασίας) : la nature et l'esprit se pénètrent réciproquement, la nourriture ont communication de la *gnose* et de la vie. Dans ce domaine aucun père de l'Eglise n'a su être distinct ni précis ; le plus réaliste se trouve être également le plus spiritualiste, et celui-ci est aussi un mystagogue, un prêtre qui préside aux initiations. L'idée du pardon des péchés passa tout à fait à l'arrière-plan.

Quant à l'idée de la relation des éléments visibles avec le corps de Christ, elle eut un développement correspondant.

Le problème du symbolisme et du réalisme n'a été reconnu par personne : le symbole est le mystère efficace (véhicule), et on ne pouvait se figurer le mystère sans symbole. La chair de Christ est elle-même « esprit ». (Personne

(1) Monographies de Döllinger, 1826 ; Kahuis, 1851 ; Rückert, 1856

ne pensait au corps historique de Jésus-Christ) ; mais la
chose remarquable, c'est qu'ici l'esprit devenait sensible.

Les pères ennemis du gnosticisme reconnaissaient dans
le repas consacré deux éléments indissolublement liés : un
élément terrestre et un élément céleste. Ils trouvaient ainsi
dans le sacrement la garantie de l'union de l'esprit avec la
chair niée par les gnostiques, ainsi que la garantie de la
résurrection de la chair nourrie du sang du Seigneur. (Tertullien partage cette opinion bien qu'on ait eu tort de faire
de lui un pur symboliste). Justin a bien parlé d'une transformation, mais d'une transformation des communiants ;
cependant alors déjà commence à percer l'idée d'une transformation des éléments. Les Alexandrins trouvent ici
comme dans tous les actes de la Grande Eglise le mystère
caché derrière un mystère. Ils s'accommodèrent à l'acte,
mais ils se posèrent comme les chrétiens spirituels qui en
tous temps se nourrissent du Logos et célèbrent une Cène
éternelle. Partout on ôta à l'acte sa signification première ;
on en précisa la forme et le contenu pour les gens cultivés
et pour les gens sans culture.

(Cyprien atteste la pratique de la communion des enfants.

Les mystères magiques, la superstition, la foi d'autorité
et d'obéissance d'un côté, la liberté, le pouvoir, la responsabilité de l'individu de l'autre, tel est le signe du christianisme catholique : en matière religieuse il est lié par l'autorité et la superstition, il est donc passif, — en morale il est
libre et indépendant, il est actif.

Une chose certaine et qu'on peut prouver par l'histoire,
c'est que l'Église de Rome a toujours eu la direction de ce
mouvement des communautés vers le catholicisme. Mais à
la même époque s'est développée une doctrine philosophique
et scientifique qui est née de la foi ; elle n'est pas l'œuvre
de l'Eglise, de Rome, ni celle de ses évêques.

Le Christianisme en tant que doctrine se fixe et se mondanise peu à peu.

————

CHAPITRE IV

LE CHRISTIANISME ECCLÉSIASTIQUE ET LA PHILOSOPHIE.
LES APOLOGÈTES.

M. Von Engelhardt, *Christenthum Justin's*, 1878. — Kühn. *Octavius*, 1882. — Édition des apologètes d'Otto, avec commentaire.

Les apologètes voulaient en toutes choses être les défenseurs et les représentants du christianisme des communautés ; ils se plaçaient donc sur le terrain de l'Ancien Testament. Ils accentuaient l'universalisme de la révélation chrétienne et tenaient ferme à l'eschatologie traditionnelle. Ils repoussaient le « gnosticisme » et voyaient une des principales preuves de la vérité de la foi dans la force morale que celle-ci prête aux gens sans culture. Mais comme ils s'appliquaient à présenter aux gens cultivés le christianisme comme la philosophie la plus haute et la plus certaine, ils ont achevé de développer le moralisme *chrétien* dans lequel les pagano-chrétiens ont dès le commencement entraîné l'Evangile ; ils ont ainsi en même temps rendu le christianisme *rationnel* et en ont fait une formule propre à satisfaire le sens commun de tous les penseurs et hommes raisonnables et sérieux de l'époque. Avec cela ils ont su mettre à profit l'élément positif de la tradition, l'Ancien Testament, ainsi que l'histoire de Jésus-Christ et l'adoration rendue à sa personne. Ils voulaient atteindre le but poursuivi jusqu'alors avec tant de peine, leur objet était de *donner la preuve* de la religion rationnelle.

La théologie apologétique conçoit le christianisme comme la lumière religieuse donnée par Dieu lui-même et répondant à l'aptitude originelle de l'homme. Elle met le christianisme en opposition absolument tranchée avec tout ce qui est cérémonie, polythéisme et religion nationale. Les apologètes ont proclamé avec la plus grande énergie que le christianisme est la religion de l'esprit, de la liberté, de la morale absolue ; mais ils ont transformé tout son contenu positif en *un grand appareil de preuves*. Ce ne sont pas des faits historiques qui donnent son contenu à la religion, mais c'est la révélation divine manifestée dans la raison naturelle et la liberté de l'homme. Les faits historiques servent au contraire à *appuyer* la religion, *à la rendre claire* quand elle est partiellement obscurcie, et à la répandre partout dans l'univers.

C'était là précisément ce que la plupart des gens demandaient. On croyait bien savoir en quoi consistaient la religion et la morale, mais on n'avait aucune garantie qu'elles fussent des *réalités*, que le châtiment et que la récompense fussent choses *certaines*, et que la religion vraie exclût toute espèce de polythéisme et de culte des idoles. Le christianisme étant une *révélation positive*, apportait la certitude dans ces matières. Il faisait triompher la souveraineté de la morale théiste et des produits les plus élevés de la philosophie grecque, il en assurait la durée, puis, pour la première fois il donnait à cette philosophie (connaissance du monde et morale) le courage de s'affranchir d'un passé polythéiste et de descendre du cercle des gens cultivés jusque vers le peuple.

Contrairement aux gnostiques, les apologètes étaient des *conservateurs*, parce qu'ils ne voulaient examiner de près sur aucun point la tradition ecclésiastique, ni en rendre *le contenu* rationnel. La preuve prophétique, conçue maintenant de la façon la plus extérieure, les rattachait à la Grande Eglise. Les gnostiques cherchaient dans l'Evangile *une religion nouvelle*, tandis que les apologètes faisaient confirmer par l'Evangile *leur morale religieuse*. Les premiers tenaient ferme à l'idée de la Rédemption et lui subordonnaient tout, les seconds faisaient tout rentrer dans le modèle d'une religion naturelle et repoussaient à la périphérie l'idée de la rédemption. Gnostiques et apologètes ont hellénisé l'Evangile, mais les spéculations des seconds seules furent aussitôt reconnues comme légitimes, parce qu'ils ramenaient tout à l'opposition contre le polythéisme et parce qu'ils laissaient intactes la prédication évangélique, la liberté et la responsabilité. Les apologètes et les gnostiques ont continué l'œuvre que les penseurs juifs alexandrins (Philon) avaient commencée à l'égard de la religion de l'Ancien Testament, mais ils se sont en quelque sorte partagé le travail. Les seconds se sont davantage occupé du côté platonicien et religieux de la tâche, les premiers du côté stoïcien et rationaliste. A dire vrai, la séparation ne pouvait être absolue, et aucun apologète n'a fait abstraction complète de l'idée de la rédemption : le Logos a le pouvoir de délivrer de la domination des démons. — Avec Irénée, le travail théologique de l'Eglise commence à unir les deux éléments; non seulement la lutte contre le gnosticisme en faisait une nécessité, mais l'esprit du siècle lui-même se détachait du moralisme stoïcien, et se tournait toujours plus vers le mysticisme platonicien sous l'enveloppe duquel se cachaient les besoins religieux.

2. Le christianisme est *philosophie* et *révélation*, telle est la thèse de tous les apologètes, d'Aristide à Minutius Félix. En affirmant qu'il est une philosophie, les apologètes s'élevaient contre l'idée répandue dans les communautés que le christianisme est opposé à toute sagesse profane. (Voir

le témoignage de Celse). Seulement ils surent tourner ce préjugé à leur profit en concédant de bon cœur que le christianisme est d'origine surnaturelle, et qu'étant une révélation, il ne peut être saisi que par un esprit éclairé par Dieu, bien que son contenu soit rationnel. Les traits fondamentaux de cette conception se ressemblent chez tous les apologètes : Aristide, Justin, Méliton, Athénagore, Théophile, Tertullien, Minutius Felix et d'autres dont les écrits sont mis sous le nom de Justin. Minutius est celui qui a le plus fortement subi l'empreinte du moralisme et du rationalisme stoïciens, les écrits de Justin (Apologie et Dialogue) sont ceux dont les rapports avec la foi des communautés sont les plus étroits. D'un autre côté, Justin et Athénagore ont l'opinion la plus favorable sur la philosophie et les philosophes, tandis que ce jugement devient de plus en plus sévère à mesure qu'on avance, (il l'est cependant déjà chez Tatien), sans que l'on modifie le jugement sur le contenu philosophique du christianisme.

On peut donc formuler ainsi la conviction généralement répandue : le christianisme est une philosophie, parce qu'il a un contenu rationnel, parce qu'il apporte aux problèmes une solution satisfaisante partout intelligible, qui a été le but des efforts de tous les vrais philosophes, — et d'autre part le christianisme n'est pas une philosophie, il est au contraire en opposition avec celle-ci, car il est indépendant de toutes les erreurs et de toutes les opinions, et il réfute le polythéisme. En d'autres termes, le christianisme provient d'une révélation, il a une origine supranaturelle et divine, laquelle est finalement le seul fondement de la vérité et de la certitude de sa doctrine. Cette opposition contre la *philosophie* se montre aussi et surtout dans la forme non philosophique qu'a revêtue la prédication chrétienne.

Cette thèse admet une diversité d'opinions sur les points secondaires, sur la question du rapport concret du christianisme avec la philosophie, et elle obligea les apologètes à discuter le problème suivant : Pourquoi ce qui est rationnel a-t-il besoin d'une révélation ?

On peut cependant mentionner encore les points suivants comme généralement admis :

1) D'après les apologètes, le christianisme est une révélation, c'est-à-dire la sagesse divine qui, dès l'antiquité, a été annoncée par les *prophètes*. Son origine lui confère un caractère de certitude absolue, *qui se manifeste aussi clairement dans le fait que les paroles prononcées par les prophètes se sont accomplies*. (La preuve prophétique est l'unique preuve certaine; en elle-même elle n'a rien à faire avec le contenu de la religion, mais elle *l'accompagne*). Etant sagesse divine, le christianisme est opposé à tout savoir naturel et philosophique et y met fin.

2) Le christianisme est la lumière qui éclaire la connaissance naturelle de l'homme dans son état d'obscurcissement. Il comprend tous les éléments vrais de la philosophie, il est par conséquent *la* philosophie (ἡ καθ' ἡμᾶς φιλοσοφία ἡ βαρβαρικὴ φιλοσοφία) et aide l'homme à réaliser la connaissance qui est en lui.

3) Il fallait et il faut encore que ce qui est rationnel soit révélé, parce que l'humanité est tombée sous la domination des démons.

4) Les efforts tentés par les philosophes pour découvrir la connaissance vraie étaient vains, car ils n'ont brisé ni le polythéisme, ni l'immoralité régnante. D'ailleurs si les philosophes sont parvenus à quelques vérités, c'est aux prophètes qu'ils le doivent, car ils les leur ont empruntées; (c'était déjà l'enseignement des Alexandrins juifs) ou tout au moins ils sont peut être arrivés à posséder de simples fragments de la vérité, grâce à des influences sporadiques du Logos. (Jugement de Justin sur Socrate). Et certainement ce qui souvent paraît être vrai chez les philosophes, n'est en réalité qu'une contrefaçon de la vérité faite par de méchants esprits (démons). Le polythéisme tout entier est l'œuvre de ces derniers, il est aussi en partie la contrefaçon d'institutions chrétiennes.

5) L'appréciation de l'œuvre de Jésus-Christ est simplement comprise dans l'appréciation de la sagesse des pro-

phètes. Christ n'a pas donné un contenu nouveau à la doctrine des prophètes, il en a seulement ouvert l'accès au monde et l'a confirmée. L'idée caractéristique admise par Justin et Tertullien, c'est qu'il a remporté la victoire sur les démons.

6) Le christianisme est prouvé pratiquement, car :

a) Il est intelligible ; par lui les incultes et les femmes deviennent des sages.

b) Les démons sont expulsés.

c) Il donne le pouvoir de mener une vie sainte.

Chez les apologètes le christianisme s'est donc approprié l'antiquité, c'est-à-dire le produit de la pensée monothéiste et de l'éthique des Grecs : ὅσα παρὰ πᾶσι καλῶς εἴρηται ἡμῶν τῶν χριστιανῶν ἐστί (Justin). Il s'est daté lui-même du commencement du monde. Tout le vrai et tout le bien qui élèvent l'humanité à un niveau supérieur proviennent d'une révélation divine, tout en étant en même temps véritablement humains, car ils sont l'expression plus claire de ce que l'homme trouve en lui-même. Tout ceci a en même temps un caractère *chrétien*, car le christianisme n'est pas autre chose que la doctrine de la révélation. Il serait difficile d'imaginer une formule qui accentue plus vigoureusement l'affirmation que le christianisme est la religion universelle (c'est de là aussi que provient la tentative de réconcilier l'état universel avec la religion nouvelle). Aucune autre formule n'efface aussi décidément le contenu propre du christianisme traditionnel. Mais ce qui est vraiment capital, c'est que maintenant la culture intellectuelle de l'humanité paraît réconciliée et unie avec la religion : La révélation est purement extérieure, elle est une communication miraculeuse des vérités rationnelles (le rôle des prophètes est passif), tandis que la dogmatique traite dans la cosmologie et la morale théistes ces vérités rationnelles, et voit en elles le bien commun de l'humanité.

3. Les *dogmes* du christianisme. Ce terme de « dogmes » et celui de *théologie* se rencontrent pour la première fois dans le langage philosophique sous la plume des apolo-

gètes. Les dogmes du christianisme sont les vérités rationnelles révélées par les prophètes dans les saintes Ecritures.
Ces vérités — Dieu, la liberté et la vertu, la récompense et
les peines éternelles, — sont rattachées les unes aux autres
dans la personne du Christ (Χριστὸς λόγος καὶ νόμος) et mènent
à la vertu et à la vie éternelle. En d'autres termes, le christianisme est une cosmologie monothéiste, une doctrine de
la liberté et de la morale, une doctrine de la rédemption.
(Cette dernière est formulée sans précision). C'est Dieu qui
prend soin d'instruire, mais il a dû abandonner aux hommes
le soin de *restaurer* la vie vertueuse (la justice). Les prophètes et Jésus-Christ étant les docteurs divins, sont la
source de la justice.

On peut définir le christianisme : une connaissance de
Dieu accordée par Dieu lui-même, et une vie vertueuse
conforme aux lois de la raison avec l'aspiration à la vie
éternelle et la certitude d'une récompense. En connaissant
le vrai et en accomplissant le bien, l'homme devient juste
et participe à la félicité suprême. La connaissance provient
de la *foi* à la *révélation* divine. Cette révélation est aussi
une sorte de rédemption, et elle en a la vertu, car c'est un
fait indubitable que sans elle l'humanité ne pourrait se
soustraire à la domination des démons. Toutes ces idées
sont helléniques.

A) Les dogmes relatifs à la connaissance de Dieu et du
monde sont dominés par cette pensée fondamentale qu'il y
a une substance existant par elle-même, immuable et éternelle, opposée au monde, à ce qui est créé, limité et périssable, et qui est la cause du monde. Elle n'a aucune des
qualités qui caractérisent le monde, aussi est-elle élevée
au-dessus de tout nom, et il n'y a en elle aucune distinction. (Les affirmations de Platon sur Dieu sont déclarées
insurpassables). Cette substance est par conséquent *unique*
et *une*, *spirituelle*, elle n'est pas sujette à l'erreur, elle est
donc *parfaite*.

On la décrit le mieux par des prédicats purement néga-
tifs, mais cependant elle est l'*origine* (la cause) et la *pléni-*

tude de toute existence, elle est *volonté* et *vie*, et par conséquent aussi dispense généreusement ses bienfaits. Trois thèses sur les relations de Dieu et du monde reviennent constamment chez les apologètes :

1. Il faut penser Dieu d'abord comme la *cause* finale.

2. Le principe du bien moral est aussi le principe du monde.

3. Le principe du monde, c'est-à-dire Dieu, étant un principe immortel et éternel, est en opposition avec le monde qui est périssable.

Les dogmes relatifs à Dieu n'ont pas été conçus au point de vue de la rédemption de la communauté, mais ils proviennent de la contemplation du monde et de la nature morale de l'homme (celle-ci, du reste, fait partie du monde où elle se manifeste). Le monde est partout gouverné par la raison et par l'ordre (ceci fait contraste avec la doctrine gnostique) ; il porte l'empreinte du *Logos*, car il est l'image d'un monde supérieur et le produit d'une volonté raisonnable. La matière aussi qui en forme la base n'est pas mauvaise, elle est créée par Dieu.

Les apologètes cependant n'ont pas fait de Dieu le créateur immédiat du monde, ils ont personnifié la raison divine que l'on observe dans le monde, et l'ont placée entre Dieu et le monde. Ils n'ont pas fait cela en pensant à Jésus-Christ ou dans le but de séparer violemment Dieu et le monde, à la façon des gnostiques, mais la formule du Logos était depuis longtemps achevée, elle faisait partie de la philosophie religieuse de l'époque et la haute idée que l'on avait de Dieu exigeait qu'il y eût un être qui manifestât l'actualité et l'activité multiple de Dieu sans que son immutabilité en fût compromise.

Il y a ici un dualisme subtil : le Logos est l'hypostase de la raison agissante, il permet de concevoir Dieu lui-même comme ὑπερούσιον au repos ; il est aussi la parole révélatrice de Dieu, le divin qui sur la terre se manifeste, se fait entendre et voir comme la raison créatrice exprimée dans ses œuvres.

Le Logos est ainsi à la fois *le principe du monde et le principe de la révélation*. — Tout ceci n'est pas nouveau, seulement les apologètes ne présentent pas le Logos comme une idée abstraite (νοούμενον), mais comme une réalité absolument certaine. La plupart ne vont pas au-delà de la pensée que le principe du monde est aussi le principe de la révélation ; mais ils montrent dans quelle situation dépendante ils se tiennent vis-à-vis de la croyance ordinaire, en établissant une distinction peu précise entre le Logos et le Saint-Esprit. — Voici l'histoire du Logos : Dieu n'a jamais été sans Logos (ἄλογος). Il a toujours eu le Logos en lui-même comme sa raison et la virtualité (l'idée, la puissance) du monde. (Malgré toutes les affirmations contraires, Dieu et le monde sont donc entrelacés). Dieu a fait sortir de lui, a émis le Logos en vue de la création du monde, c'est-à-dire l'a engendré de son propre être par un simple et libre acte de volonté. Le Logos est maintenant une hypostase indépendante (θεὸς ἐκ θεοῦ) dont l'être intime (οὐσία) est identique avec celui de Dieu, il n'est pas retranché de Dieu, ni séparé de lui, il n'est pas non plus une pure modalité vis-à-vis de lui, mais le produit indépendant qui provient de ce que Dieu s'est déployé lui-même. Quoiqu'il soit toute la raison divine, le Logos n'a pas privé le Père de la raison. Le Logos est Dieu et Seigneur, il possède l'essence de la nature divine bien qu'il soit en second auprès de Dieu (ἀριθμῷ ἕτερον τι, θεὸς δεύτερος). Sa personne a eu un commencement (« *fuit tempus, cum patri filius non fuit* » Tertullien) ; il a une origine, tandis que le Père n'en a pas. Vis-à-vis de Dieu, le Logos est une *créature*, il est le Dieu engendré qui a été fait, qui est devenu. La subordination ne réside pas dans le fait de son existence (autrement le monothéisme serait détruit), mais dans son origine (ἔργον πρωτότοκον τοῦ πατρός). Celle-ci lui permet aussi d'entrer dans le fini comme raison, comme parole et comme action, tandis que le Père demeure dans l'obscurité de l'immutabilité. Quand le Logos apparaît, la réalisation de l'idée du monde commence. Il est le créateur, et dans une certaine mesure, le prototype d'un monde qui est sorti du néant. Il est l'unité et la spiritualité au sein de la multiplicité de la matière. L'homme est le but de la création du monde, et le but de l'homme c'est de parvenir à l'essence divine au moyen de la raison naturelle (image de Dieu) et de la liberté. Êtres doués d'un esprit et d'un corps, les hommes ne sont ni mortels ni immortels, mais susceptibles de mourir ou de vivre éternellement.

Il semble que le dualisme dans la cosmologie soit surmonté en principe. Cela ressort de la doctrine que Dieu est maître absolu de la matière, que le mal n'est pas une qualité attachée à la matière — il a surgi dans le temps et par une décision libre de l'esprit (des anges), — cela résulte aussi de la pensée que le monde marche au devant de la glorification.

Mais cependant le dualisme n'est pas supprimé, car *en fait* la matière est bien regardée comme le mal. — Pour les apologètes ces doctrines de Dieu, du Logos, du monde et de l'homme constituent le contenu essentiel du Christianisme (c'est-à-dire de l'Ancien Testament et de la prédication chrétienne.)

B) Les doctrines de la liberté, de la vertu, de la justice, et de la rétribution sont conçues de telle sorte que Dieu est considéré seulement comme Créateur et comme Juge, et non comme le principe d'une nouvelle vie. (Il y a quelques traces de cette idée chez Justin). L' « incorruptibilité » est à la fois une récompense et un don ; elle est attachée à la science vraie et à la vertu.

La vertu consiste à fuir le monde (l'homme doit renoncer à la nature), à s'élever à tous les égards au-dessus de la matière ; elle consiste aussi dans l'amour. La loi morale est la loi de l'esprit parfait, supérieur ; celui-ci étant l'être le plus élevé, est même trop élevé pour elle. L'esprit doit donc se hâter d'abandonner la terre pour aller vers le Père des lumières. L'homme spirituel montre qu'il a déjà remporté la victoire sur le monde par son humeur égale, par son absence de besoins, sa pureté et sa bonté, lesquelles sont les conséquences nécessaires de la connaissance véritable. L'homme vicieux meurt d'une mort éternelle, l'homme vertueux reçoit la vie éternelle. L'idée du jugement est fortement accentuée. La résurrection des hommes vertueux est admise et l'idée de la justice ne dépasse pas la ligne *du droit*.

C) Dieu est le rédempteur, car il a suscité des communications miraculeuses de la vérité (le monde et la raison sont cependant des révélations suffisantes). Les anges déchus s'étant rendus maîtres de l'homme dès le commencement, et l'ayant plongé dans la sensualité et le polythéisme, Dieu a envoyé des prophètes pour éclairer la connaissance obscurcie et pour fortifier la liberté. En eux le Logos agissait directement. Bien des apologètes se sont contentés dans leurs traités de renvoyer à l'Ecriture sainte et à la preuve de la prophétie. Mais bien certainement tous ont comme Justin reconnu en Jésus-Christ la *révélation parfaite* du Logos, par lequel la prophétie a été accomplie, et l'accès de la vérité a été rendu facile (Christ est adoré comme la manifestation du Logos.)

Justin s'est fondé là-dessus pour défendre longuement l'adoration d'un homme crucifié ; il y a chez lui du reste bien des traits relatifs à la tradition sur Jésus-Christ qui n'apparaîtront de nouveau que chez Irénée.

CHAPITRE V

1. Irénée, disciple de Polycarpe était natif d'Asie
Mineure; il vivait à Lyon et connaissait parfaitement la
tradition de l'Eglise de Rome. Dans son grand ouvrage
contre le gnosticisme, il a exposé les normes apostoliques
de l'Eglise catholique et a essayé de faire une dogmatique ecclésiastique.

Il a cherché à *rattacher la théologie apologétique à une
explication théologique de la formule du baptême.* Aux deux
testaments il a emprunté la matière qui lui a servi, non
seulement à appuyer des doctrines philosophiques, mais
aussi comme les gnostiques, à faire de l'idée de la *réalisation de la Rédemption* le centre de son système.

Il a voulu également présenter *les espérances eschatologiques chrétiennes primitives.* Ainsi fut constituée une croyance dont l'étendue n'était pas limitée, destinée à être la
foi de l'Eglise, des gens cultivés comme des ignorants, et
embrassant les éléments les plus variés : éléments philosophiques et apologétiques, bibliques, christosophiques,
gnostiques et antignostiques, matérialistes et imaginatifs.

(La Pistis devait être gnose pour la foi et *vice-versâ*...
Il n'avait pas conscience du fait que la théologie rationnelle

et la foi une qu'il faut croire, sont deux grandes incompatibilités. Tout est sur *un seul* plan, il envisage avec défiance la spéculation, et pourtant il n'y renonce pas entièrement).

Ce tout complexe reçut une unité extérieure en ce que toutes les affirmations furent rattachées aux règles de foi et aux deux testaments, et une unité interne en ce que Irénée insista très fort sur deux pensées fondamentales :

1) *Le Dieu créateur est aussi le Dieu rédempteur,* 2) *par conséquent Jésus-Christ n'est le rédempteur que parce qu'il est le Dieu qui s'est fait homme. (Filiüs dei filius hominis factus.)*

Par la façon dont il expose ces idées, Irénée est supérieur à ses disciples, Tertullien et Hippolyte. Tertullien notamment, a été complètement incapable de mettre l'unité dans ses pensées dans les domaines de l'apologétique rationnelle, de l'histoire du salut et de l'eschatologie ; mais à cause de sa vocation et de sa culture de juriste, il a établi sur certains points des modèles précis qui exercèrent dans la suite une grande influence. (Nous voyons cela dans la terminologie du dogme trinitaire et christologique, et dans la tendance juridique de la dogmatique en Occident.)

C'est l'œuvre d'Irénée d'avoir mis l'idée antique du salut en relation avec celle du Nouveau Testament (histoire du salut) et avec l'apologétique rationnelle. A ses yeux le *christianisme est une rédemption réelle accomplie par le Dieu créateur.* Cette rédemption est pour lui récapitulation, c'est-à-dire que des éléments qui avaient été *séparés* contre nature par la mort et le péché, sont ramenés à une *unité* vivante. Cette rédemption en particulier divinise la nature humaine par le don qu'elle lui fait d'une nature impérissable. Ce salut, ce n'est pas le Logos comme tel qui le procure, mais Jésus-Christ seul, parce qu'étant Dieu il s'est fait homme. En adoptant la nature humaine, il l'a unie à la divinité et l'a indissolublement fondue avec elle. *A côté de la doctrine de l'unité de Dieu, l'incarnation est donc le dogme fondamental.* — Ainsi comme chez les gnostiques et chez Marcion, le Christ historique est au centre, non pas en sa qualité de docteur — bien que la théorie rationnelle se mette à plusieurs reprises à la traverse de la théorie réaliste de la rédemption, — mais parce qu'il est le Dieu-homme. Tout le reste de l'Ecriture sainte est *histoire prépatoire* (et ne constitue pas seulement un élément de la preuve prophétique), et l'histoire du Christ (Kerygma) elle-même est le *déploiement de l'incarnation* et pas seulement l'accomplissement de la prophétie. Tandis que les apologètes n'avaient pas du tout pris pour base la question du *cur Deus homo*, Irénée au contraire, en a fait la question fondamentale, et il a donné cette réponse propre à séduire et à enchanter : « Dieu s'est fait homme pour que nous devenions des dieux ». Une pareille réponse fut pleinement satisfaisante parce que :

1) Elle indiquait la possession d'un salut proprement chrétien.

2) Elle était à la hauteur de la conception gnostique, et même elle la surpassait par l'étendue du domaine destiné à être divinisé.

3) Elle venait à la rencontre du courant eschatologique de la chrétienté, et en même temps elle pouvait remplacer les préoccupations eschatologiques et imaginaires.

4) Elle correspondait à la tendance mystique et néoplatonicienne du temps et lui donnait pleine satisfaction.

5) A la place de l'intellectualisme en train de disparaître (rationalisme), elle mettait la foi et l'espoir d'une transformation surnaturelle de l'être humain, laquelle le rend capable de s'approprier même ce qui est au-dessus de la raison.

6) Elle donnait un fondement solide et un but certain aux données historiques traditionnelles relatives au Christ, ainsi qu'à toute l'histoire antérieure et permettait de concevoir le salut comme le développement graduel d'une histoire (οἰκονομιά θεοῦ). (Certaines idées pauliniennes sont adoptées ; il distingue les deux testaments et porte un intérêt puissant à l'histoire du Christ.) Le moralisme et l'eschatalogie furent alors contrebalancés par une préoccupation réellement

religieuse et christologique : la nature humaine est divinisée *per adoptionem*. En naissant homme, le Verbe éternel de Dieu garantit l'héritage de la vie à ceux qui par le fait de la naissance naturelle ont hérité la mort.

Sans doute le développement de cette idée est souvent contrecarré par des éléments étrangers, mais Irénée et ses disciples ont écarté le péril d'une extrême accommodation à l'hellénisme en introduisant les deux Testaments, en défendant l'idée de l'unité de la création et de la rédemption, et en combattant le docétisme.

Ils ont de nouveau enseigné à l'Eglise que le christianisme est la foi en Jésus-Christ ; mais d'autre part ils ont favorisé l'hellénisation par leur notion superstitieuse de la rédemption : ils ont dirigé les préoccupations sur les natures, au lieu de les diriger sur la personne vivante du Christ.

2. Aux affirmations des gnostiques, les pères vieux-catholiques ont opposé l'objection que le dualisme détruit la toute-puissance de Dieu, et par conséquent détruit d'une façon générale l'idée de Dieu. Ils ont déclaré que les émanations sont un jeu de mythologie et mettent en danger l'unité de la divinité, enfin que c'est faire une tentative effrontée que de vouloir découvrir les attributs intimes de Dieu. Ils ont montré que les gnostiques ne peuvent s'empêcher de placer l'origine dernière du péché dans le plérôme lui-même, que ces gens font preuve d'impudence en critiquant la façon dont le monde est organisé, vu qu'il est le produit de la sagesse et de la bonté. Le docétisme, disent-ils, arrive à imposer à Dieu un mensonge. La liberté de l'homme est ensuite un fait indéniable ; les maux sont un moyen d'éducation nécessaire ; la bonté et la justice ne s'excluent pas mutuellement, etc.

En outre leur argumentation prend constamment parti pour le démiurge des gnostiques contre le Dieu rédempteur gnostique. Ils se fondent principalement sur les deux testaments, ce qui leur a valu le titre glorieux de « théologiens scripturaires ». Ils considèrent l'Ecriture comme témoi-

gnage inspiré et ils l'interprètent arbitrairement. Irénée
fulmine contre l'exégèse gnostique et il s'en rapproche lui-
même de 'fort près. — Leur religion de l'Ecriture n'offre
donc aucune garantie de fidélité à l'Evangile. Ils ne sont
pas non plus arrivés à définir clairement la relation qui
existe entre la règle de foi et l'Ecriture. La règle de foi
est tantôt préférée, tantôt au contraire subordonnée.

Les traits principaux de la *doctrine de Dieu* furent définitivement fixés. On prit volontiers une voie intermédiaire
entre les deux alternatives de renoncer à la connaissance
ou de se livrer à des spéculations téméraires. On remarque
chez Irénée une tendance à concevoir l'amour, c'est-à-dire
Jésus-Christ, comme le principe de la connaissance. — La
révélation fait connaître Dieu ; par conséquent tantôt la
connaissance de Dieu donnée par le monde suffit, tantôt on
affirme qu'elle ne suffit pas. Elle suffit à Irénée l'apologète,
mais elle ne suffit pas à Irénée l'auteur d'une christologie.
Un Dieu sans création étant un fantôme, l'élément
cosmique doit toujours précéder l'élément religieux. Le
Dieu créateur étant le point de départ, le blasphème contre
le créateur est le plus grand des blasphèmes. L'idée de
Dieu des apologètes (Dieu la négation et la cause du monde),
est acceptée dans ses traits essentiels, mais elle est vivifiée
par une réelle préoccupation de la révélation historique.
Les pères vieux-catholiques démontrent en particulier
contre Marcion que la bonté exige la justice.

Quant au *dogme du Logos*, Tertullien et Hippolyte se
rattachent de beaucoup plus près qu'Irénée à la doctrine
apologétique. Ils l'acceptent tout entière (Tertullien,
Apolog. 21), mais ils la font aboutir plus décidément à
Jésus-Christ (Tertullien, *De carne Christi* et *Adversus
Praxeam*). Tertullien a ainsi rédigé les formules de l'orthodoxie de l'avenir. Malgré son subordinatianisme très
accentué et sa conception purement économique de la Trinité, et bien qu'il introduise les conceptions de « substance »
et de « personne », il a cependant donné sur les rapports
des trois personnes des définitions que l'on put pleinement

accepter en se plaçant sur le terrain du symbole de Nicée (*una substantia, tres personae*) : l'unité de la divinité se manifeste dans l'unité de la substance ; la disposition de la substance unique en trois personnes ne supprime pas l'unité (*tıinitas*, le mot de τρίας se rencontre pour la première fois chez Théophile). — Ici les Eons de la spéculation gnostique sont limités au nombre de trois.

On envisagea comme une hérésie l'opinion que Dieu est une unité numérique. Le développement en Dieu — et non la division — a eu un commencement. (C'est toujours la réalisation de l'idée du monde qui est cause de la disposition intime de la divinité). Le Logos est *devenu* un être distinct, — *secundus a deo constitutus, perseverans in sua forma;* — étant dérivé de la divinité il y participe (*pater tota substantia); c'est pourquoi malgré sa consubstantialité (*unius substantiae* — ὁμοούσιος), il a comme le caractère d'être limité. (Le Fils n'est pas l'idée du monde, mais il l'a en soi). Il est un ruisseau qui remontera à sa source lorsque la révélation aura atteint son but.

En soi cette conception ne se distingue encore en aucune manière de la conception grecque. Elle n'est pas propre à conserver la foi en Jésus-Christ, car elle est trop inférieure ; elle n'a d'importance que parce qu'elle identifie le Christ historique avec le Logos.

Tertullien a si bien su unir la cosmologie scientifique idéaliste avec les données de la tradition chrétienne primitive, que les deux sont chez lui pour ainsi dire comme les deux ailes absolument disparates d'un seul et même édifice. — Quant au dogme du Saint-Esprit, Tertullien l'a traité uniquement d'après le modèle de la doctrine du Logos. C'est un progrès sur les apologètes, mais pas trace d'originalité dans son point de vue : le Saint-Esprit est subordonné au Fils, comme celui-ci au Père, et cependant ils sont « *unius substantiae* » (« *tertius est spiritus a deo et filio* », « *vicaria vis filii* »). Hippolyte a appuyé encore plus fortement sur le fait que le Logos a été créé (*Philos.* X, 33 : Εἰ γὰρ θέον σε ἠθέλησε ποιῆσαι ὁ θεός, ἐδύνατο · ἔχεις τοῦ λόγου τὸ παράδειγμα), cependant il n'a pas attribué au Saint-Esprit une hypostase indépendante. (Adv. Noet, 14 : Ἕνα θεὸν ἐρῶ, πρόσωπα δὲ δύο, οἰκονομίᾳ δὲ τρίτην τὴν χάριν τοῦ ἁγίου πνεύματος).

Tandis que Tertullien et Hippolyte se contentent simplement d'adjoindre le Christ de l'Evangile à la doctrine du Logos déjà existante, Irénée a pris pour point de départ le Dieu-Christ qui s'est fait homme. A ses yeux le « Logos » est plutôt un attribut de Christ que le sujet même. Ce qu'il affirme lui est dicté par sa doctrine de la rédemption, tandis que la doctrine apologétique du Logos le trouble. Il ne pouvait pourtant pas se débarrasser de cette dernière, puisque la rédemption est une récapitulation de la création, et que Jean I, 1, enseigne que Christ est le Logos. Cependant sur ce point il écarta en principe toute émission (προβολή), toute émanation, et les spéculations théologiques. Christ est le Fils *éternel* de Dieu, il n'est pas apparu dans le temps, il est l'éternelle révélation du Père lui-même, il n'y a aucune séparation entre lui et Dieu. — Quelques efforts que fit Irénée pour renoncer à la spéculation des éons, il ne put cependant pas contempler dans l'œuvre de la rédemption tout le divin qui est en Christ, il lui fallut attribuer à Christ une relation avec la création. Sur ce point son enseignement ne fut pas différent de celui de Justin et de Tertullien.

Mais sa constante préoccupation, c'est l'incarnation dont le sujet doit être Dieu même.

« Dieu s'est mis dans la relation de Père à fils, afin de créer d'après ce modèle l'homme qui devait être son fils. »

Il se pourrait même que dans l'opinion d'Irénée, la filialité du Christ eût pour but suprême l'incarnation. Sur le sujet du Saint-Esprit, Irénée s'est exprimé sans aucune précision, le mot *trias* ne se rencontre pas une seule fois chez lui.

Dans la doctrine d'Irénée sur la *destinée de l'homme*, *sur l'état primitif, la chute et le péché*, on distingue clairement les tendances disparates qui sont restées caractéristiques de la doctrine ecclésiastique, et qui sont les tendances de l'apologétique et du moralisme, du biblicisme et du réalisme. Le premier de ces dogmes est seul exposé avec clarté. Tout ce qui est créé, par conséquent l'homme aussi, est imparfait au début. La perfection pouvait être seulement la destinée de l'homme. Cette destinée est réalisée par une libre décision de l'homme en partant de la nature que Dieu lui a donnée (image de Dieu). L'homme, dans sa jeunesse, fait des faux pas et encourt comme châtiment la mort, mais sa chute est excusable, elle est même téléologiquement nécessaire. L'homme est tenté, il est ignorant, il s'est laissé séduire par la perspective de l'immortalité. Sa désobéissance a été profitable à son développement : pour qu'il fût rendu sage, il fallait qu'il sentît que la désobéissance amène la mort, il lui fallait apprendre à sentir la distance qui sépare l'homme de Dieu, et aussi quel est l'usage vrai qu'il doit faire de sa liberté. C'est une question où il s'agit de vie et de mort, car ce qui est réellement à redouter, c'est la conséquence du péché. Mais la bonté de Dieu s'est montrée aussitôt en ce qu'il a éloigné l'homme de l'arbre de vie et lui a infligé la mort temporelle. L'homme atteint de nouveau sa destinée quand il se décide librement pour le bien, ce qui lui est toujours possible.

L'œuvre accomplie par les prophètes se réduit ici comme chez les apologètes, à donner la *doctrine* qui fortifie la liberté. (C'est le même enseignement que chez Tertullien et Hippolyte). La *seconde tendance* d'Irénée part de la théorie à la fois gnostique et anti-gnostique de la récapitulation. Elle trahit l'influence de Paul. L'humanité tout entière est considérée comme l'Adam pécheur qui une fois tombé ne peut s'aider lui-même. Tous ont offensé Dieu en Adam ; par la faute d'Eve, la race entière est soumise à la mort, la destinée de l'homme est manquée, et Dieu seul peut lui venir en aide en consentant de nouveau à entrer en communion avec lui et en le rétablissant dans la conformité à sa nature.

Le bonheur n'a pas sa source dans la liberté, mais dans

la communion avec Dieu ; *in quantum deus nullius indiget, in tantum homo indiget dei communione.* IV, 14, 1.

Jésus-Christ, en sa qualité de second Adam sauve le premier Adam en rétablissant pas à pas dans le bien ce qu'Adam a accompli dans le mal. (*Christus libertatem restauravit*). (La preuve prophétique conduit ici à une histoire du salut et du péché). Cette conception religieuse historique est exposée d'une manière presque naturaliste. C'est seulement grâce à son moralisme qu'Irénée a échappé à la conséquence d'un rétablissement de tous les hommes pris individuellement.

Tous ces développements sont dominés par l'idée du *Dieu homme.* On peut trouver chez Irénée la doctrine de l'*unité* de la nature divine et de la nature humaine en Christ, telle que la christologie ecclésiastique la met en saillie, tandis que Tertullien n'a pas si bien su sentir la nécessité de cette unité.

Jésus-Christ est vraiment homme et vraiment Dieu, c'est-à-dire :

1) Il est réellement la parole de Dieu, Dieu par nature.

2) Le Verbe est réellement devenu homme.

3) Le Verbe incarné est une unité indissoluble.

Ceci est dirigé contre les « Ebionites » et les Valentiniens qui admettaient une descente d'un de leurs innombrables Eons.

La filialité du fils *tient à sa nature,* elle ne provient pas d'une adoption. (Sa naissance d'une vierge est une récapitulation : Eve et Marie). La substance de son corps est identique à la nôtre, car la doctrine du docétisme aussi bien que celle de l'Ebionitisme mettrait en danger la rédemption. Pour pouvoir récapituler en lui-même l'homme tout entier, il fallait aussi que le Christ vécût une vie d'homme complète, de la naissance à la vieillesse et à la mort. Irénée a nommé l'unité du Logos et de la nature humaine : *adunitio verbi dei ad plasma,* et *communio et commixtio dei et hominis* .

Dans son opinion cette unité est parfaite, car en thèse

générale il refuse de connaître la distinction entre ce qu'a fait l'homme et ce qu'a fait le Verbe.

Tertullien, qui est tributaire d'Irénée, ne voit cependant pas dans la doctrine réaliste de la rédemption la clef de voûte du christianisme. Il a bien employé la formule « *homo deo mixtus* », mais il n'a pas pleinement compris le « *homo* FACTUS ». Dans son écrit contre Praxeas, il parle des deux substances du Christ, la substance corporelle et la substance spirituelle, de la « condition des deux subs-tances » qui demeurent intactes, du « *duplex status do-mini*, NON CONFUSUS, *sed coniunctus in una persona — deus et homo* ».

Nous avons là déjà la terminologie (juridique) du concile de Chalcédoine. Tertullien l'a formée en s'efforçant de réfuter l'opinion que Dieu se serait *transformé*, opinion enseignée par quelques patripassiens. Il emploie les an-ciennes formules *deus crucifixus, nasci se vult deus*, mais il ne remarque pas qu'en établissant une distinction accusée des deux natures, il menace la réalité de la rédemption plus sérieusement que s'il admettait une transformation. Sans doute il n'affirme que l'unité, et nie que le Christ soit « *aliquid tertium* », mais Irénée lui-même ne pouvait s'em-pêcher, contre sa propre intention, d'introduire comme les gnostiques une division en Jésus-Christ.

1) Il y avait en effet un grand nombre de textes du Nouveau Testament qu'on ne pouvait rapporter qu'à la seule humanité de Jésus et non au Dieu-homme, et cepen-dant ces textes ne devaient pas porter atteinte à sa nature divine. Tels sont par exemple les récits de la descente du Saint Esprit au baptême, les frémissements et les abatte-ments de Jésus.

2) Irénée voyait aussi en ce Christ le nouvel Adam, « l'homme parfait » qui possède le Logos et dont le rôle a été passif dans certains actes de la vie de Jésus. La dis-tinction gnostique du Jésus *patibilis* et du Christ ἀπαθής a été expressément reconnue légitime par Tertullien, et indi-rectement par Irénée.

C'est ainsi qu'a pris naissance la doctrine ecclésiastique des deux natures. Quant à Hippolyte, sa position fut celle d'un intermédiaire entre les deux docteurs plus anciens.

Toutefois l'idée dominante chez Irénée est bien celle de l'*unité*. Christ en devenant ce que nous sommes, a accompli et récapitulé comme Dieu-homme ce que nous aurions dû faire. Christ n'est pas seulement « salut et sauveur », mais sa vie tout entière est *œuvre de salut;* tout y est intimement nécessaire, depuis la conception jusqu'à l'en‑sevelissement. — Irénée est dans l'Eglise le père de la *théologie des faits* (Paul n'avait attaché d'importance qu'à la mort et à la résurrection de Jésus). On ne peut méconnaître chez lui l'influence de la gnose, il va jusqu'à employer les mêmes expressions que les gnostiques. Ainsi il voit l'accomplissement de la rédemption d'une part dans la seule *manifestation* de Jésus-Christ comme second Adam, et d'autre part dans le seul fait de la *connaissance* de cette manifestation (IV, 36, 7 : ἡ γνῶσις τοῦ υἱοῦ τοῦ θεοῦ, ἥτις ἦν ἀφθαρσία). Cependant il faut reconnaître qu'il met en saillie l'*œuvre* personnelle du Christ et qu'il l'a montrée sous les différents aspects du retour à la communion avec Dieu, de la restauration de la liberté, de la délivrance de la mort et du diable, de la réconciliation avec Dieu. Mais son point de vue dominant est celui de la création de l'ἀφθαρσία (adoption à une vie divine).

Il nous dévoile combien tout est encore confus pour lui quand il place la question « Pourquoi Dieu s'est-il incarné? » (I, 10, 3) au nombre des questions qui n'intéressent en rien la naïve foi. Celle-ci peut donc continuer à se contenter de l'espoir du retour du Christ et de la résurrection de la chair. Les idées de saint Paul ont une place intermédiaire entre cette espérance et l'idée de la déification ; il s'attache à la gnose de la mort de Christ sur la croix. Irénée s'est efforcé aussi de faire une place à cette idée en disant : « La mort du Christ est la vraie rédemption », mais il ne s'est pas élevé jusqu'à l'idée de la réconciliation : la rançon n'est pas payée au diable, mais à la « chute ».

Dans sa théorie de la récapitulation, il exprime l'opinion suivante : Par sa désobéissance à l'endroit du bois (du fruit de l'arbre), Adam est devenu le débiteur de Dieu, et par l'obéissance sur le bois, Dieu est réconcilié. Irénée ne parle pas d'un châtiment subi par substitution, il exprime rarement l'idée d'une mort expiatoire. Au fond, il ne connaît pas la rémission des péchés, mais seulement la suppression des péchés et des conséquences qu'ils entraînent. Christ rassemble les rachetés en une unité, l'humanité vraie, l'Eglise dont il est le chef.

Ces mêmes pensées se trouvent aussi chez Tertullien et Hippolyte, seulement chez eux la forme mystique (récapitulatrice) de la rédemption passe à l'arrière-plan. Ils hésitent surtout entre la conception rationnelle de la rédemption et la conception paulinienne. (« *Totum Christiani nominis et pondus et fructus mors Christi.* » Adv. Marc. III, 8).

Hippolyte a donné une forme classique à la doctrine de la déification produite par Christ, en y comprenant la théorie rationnelle que c'est la connaissance qui sauve.

Les idées de *culpa*, de *reatus peccati* sont plus accentuées chez Tertullien; il emploie déjà aussi les termes de *satisfacere deo*, *meritum*, *promereri deum*. Cyprien a développé plus tard ces idées en les précisant. Enfin l'on rencontre chez Tertullien l'idée que Christ est l'époux de chaque âme individuelle. L'idée chrétienne primitive de l'Eglise corps de Christ, est ainsi modifiée d'une façon fâcheuse sous l'influence de la conception hellénique que Dieu est l'époux de l'âme, idée qui est aussi celle des gnostiques.

L'*eschatologie* des pères vieux catholiques est extrêmement frappante, car elle ne correspond ni à leur théologie rationnelle, ni à leur mysticisme; elle a un caractère très prononcé d'archaïsme. Ils ne reproduisent aucunement cette eschatologie parce qu'ils y seraient obligés par les communautés, par la règle de foi ou par l'apocalypse de Jean, mais parce que, de même que les Pères latins du troisième et du commencement du quatrième siècle, ils

vivent et se meuvent encore entièrement comme Papias et
Justin dans les espérances des plus anciennes communautés. L'eschatologie de Paul leur fait l'impression de la
difficulté, mais pas l'eschatologie chrétienne primitive unie
au plus grossier chiliasme. Ceci est pour nous la preuve la
plus évidente que leur cœur n'était qu'à moitié dans leur
théologie rationnelle et mystique, et qu'elle leur a été imposée par la lutte contre la gnose. En fait ils ont deux
Christs : celui qui doit revenir et remporter la victoire sur
l'antéchrist, le roi guerrier qui présidera au jugement, —
et le Logos en qui l'on voit tantôt un docteur divin, tantôt
un Dieu-homme. Ce fut précisément cette complication qui
servit de recommandation à la nouvelle doctrine ecclésiastique.

Les espérances décrites par Irénée (livre V, voir aussi
Meliton), Tertullien et Hippolyte (*de antechr.*) sont dans
leurs traits principaux tout aussi stéréotypes, et dans leurs
détails tout aussi variables qu'à l'époque antérieure. L'a-
pocalypse de Jean, savamment interprétée, est au premier
rang avec le livre de Daniel, et l'on fait des descriptions des
six ou sept mille années, de la domination des païens sur
le monde, de l'antéchrist et de sa résidence à Jérusalem,
du retour belliqueux du Christ, de sa victoire, de la résurrection des chrétiens, du règne des plaisirs sensuels, de la
résurrection générale, du jugement et de la consommation
finale.

A partir de la crise montaniste, une réaction s'élève en
Orient contre ces drames eschatologiques (les « Aloges »).
Les savants évêques d'Orient au troisième siècle et surtout
les origénistes les attaquent. Denys d'Alexandrie combat
même l'apocalypse de Jean. Mais la réaction trouva des
adversaires tenaces chez les *simplices et idiotae* (Nepos en
Egypte). Même en Orient, le peuple chrétien ne se laissa
pas enlever la croyance ancienne sans regrets, mais il
fallut bien qu'il s'y résignât petit à petit. (L'apocalypse
manque souvent dans le canon des Eglises orientales). En
Occident, le chiliasme demeure intact.

Il nous reste encore à considérer la *doctrine des deux Testaments*. La création du Nouveau Testament jeta une lumière nouvelle sur l'Ancien. On ne regarda plus celui-ci tout simplement comme un livre chrétien, ainsi qu'avaient fait Barnabas et Justin. D'autre part on ne le considéra pas uniquement comme un livre du Dieu des Juifs, ainsi que l'avait fait Marcion.

L'ancienne opinion était que chacune des lignes de l'Ancien Testament a une signification chrétienne et que le livre a sa place au sommet de la révélation chrétienne. Maintenant une nouvelle conception se répandit sans amener de luttes, elle était incompatible avec la première et envisageait l'Ancien Testament comme une préparation à Jésus-Christ et au Nouveau Testament. On remarque qu'une conception historique commence à percer dans cette doctrine que les Valentiniens furent les premiers à mettre en avant (*ep. Ptolemaei ad Floram*). Suivant les circonstances, les opinions varièrent : tantôt l'Ancien Testament est dit renfermer la vérité tout entière sous la forme de la prophétie, tantôt il est dit être la législation *in servitutem*, à côté de la législation nouvelle pour la liberté; une alliance ancienne et transitoire qui a préparé l'alliance nouvelle; ou bien encore il renferme l'histoire de l'action pédagogique de Dieu à l'égard de l'humanité, ses parties sont toutes salutaires et cependant transitoires, cette histoire est en même temps type et ombre des biens à venir.

En réponse aux attaques des gnostiques, les pères s'efforcent de montrer l'excellence de la loi cérémonielle elle-même; on ne se gêne pas pour défigurer l'enseignement de saint Paul, afin de pouvoir montrer que lui aussi a été plein de dévotion à l'égard de la loi. Les idées de prophétie, type, pédagogie, sont les plus fréquemment exprimées. Là seulement où l'on n'était arrêté par aucune contradiction, on accorda que certaines ordonnances de l'Ancien Testament sont complètement abrogées. — Tout ceci marque un progrès, malgré la confusion et les contradictions qui ont subsisté jusqu'à nos jours.

On commença à distinguer dans ce que contient l'Ancien Testament, on parvint à l'idée qu'il y a des degrés dans la vérité, et des conditions historiques variables. (Tertullien, *De oratore*, 1 : *quidquid retro fuerat, aut demutatum est per Christum, ut circumcisio, aut suppletum ut reliqua lex, aut impletum ut prophetia, aut perfectum ut fides ipsa.*) Comme on avait maintenant deux testaments, la signification propre de l'alliance chrétienne ressortit plus vivement (Tertullien : *lex et prophetæ usque ad Johannem* ; les apôtres sont supérieurs aux prophètes). Remarquons toutefois que la nouvelle alliance fut aussi traitée comme une « loi », et que l'on agita sans espoir de la résoudre, la question de savoir si le Christ a allégé ou aggravé la loi ancienne.

L'histoire de l'éducation de l'humanité en vue du salut, — qu'Irénée a été le premier à esquisser en l'entremêlant avec la preuve prophétique, — a produit une impression considérable (Origines — Moïse — Christ). Tertullien a voulu ajouter aux trois termes établis par Irénée un quatrième, le paraclet, en qualité de nouveau législateur ; cette addition n'a pas été acceptée, seulement la question s'est constamment posée à nouveau dans l'histoire de l'Eglise, par ce qu'on ne peut pas ainsi forcer arbitrairement Christ et Paul a être législateurs à nouveau pour ce qui touche à la vie de l'Eglise.

3. Novatien a développé en Occident les idées christologiques de Tertullien, tandis que Cyprien a fait adopter la règle de foi devenue une histoire de salut, et a mis les formules de Tertullien à la portée de cercles plus étendus.

Si l'Eglise a retiré du fruit du travail des pères vieux-catholiques, ce n'est pas tant qu'ils aient réussi à la doter d'une théologie systématique ; ce qu'il y a de mieux chez eux, c'est leur réfutation de la gnose et certaines parties de leur théologie, comme par exemple l'interprétation des règles de foi dans un sens opposé au gnosticisme et l'union de ces règles avec les données principales de la théologie apologétique. (Voir surtout l'écrit de Cyprien : « *testi-*

monia » ; la doctrine d'Irénée sur les deux testaments forme la base sur laquelle les diverses affirmations sont fondées. Des thèses de théologie rationnelle alternent avec des faits évangéliques, mais tout est prouvé par les deux testaments ; la foi et la théologie ne sont pas en désaccord.)

Pour être un chétien catholique, il fallait avant tout admettre les propositions suivantes qu'on distinguait nettement des doctrines contraires : 1) L'unité de Dieu. 2) L'identité du Dieu suprême et du créateur de la terre, c'est-à-dire l'identité du médiateur de la création et de la rédemption. 3) L'Identité du Dieu suprême et du Dieu de l'Ancien Testament. L'Ancien Testament est le livre ancien de la révélation de Dieu. 4) La création du monde *ex nihilo*. 5) L'unité de la race humaine. 6) L'origine du mal dans la liberté, laquelle est inamissible. 7) Les deux Testaments. 8) Christ Dieu et homme, l'unité de sa personne, l'innéité de sa divinité, la réalité de son humanité et de son histoire. 9) La rédemption par Christ et la conclusion par lui de l'Alliance, soit la démonstration *nouvelle* et définitive de la grâce de Dieu envers tous les hommes. 10) La résurrection de l'homme entier.

La doctrine du Logos était étroitement unie avec ces doctrines, elle constituait même dans une certaine mesure la base de leur contenu et de leur légitimité. Nous montrerons au chapitre VII comment cette doctrine a été acceptée. De son adoption dépendait la solution de cette grave question : la foi chrétienne doit-elle, comme anciennement, s'orienter sur l'espoir du retour du Christ et de son règne glorieux, ou bien doit-elle s'orienter sur la foi au Dieu-homme qui a apporté la connaissance complète, et qui transforme la nature humaine en une nature divine ?

CHAPITRE VI

LA TRADITION CHRÉTIENNE EST TRANSFORMÉE EN UNE PHILOSOPHIE
RELIGIEUSE. — DÉBUTS DE LA THÉOLOGIE ET DE LA DOGMATIQUE
SCIENTIFIQUES DE L'ÉGLISE. — CLÉMENT ET ORIGÈNE.

Guericke, *De schola quae Alexandriae floruit catechetica*, 1824. — Bigg,
The Christian Platonists of Alexandria, 1886. — Winter, *Ethik des
Clemens*, 1882. — Redepenning, *Origenes* 1841, ss. — Denis, *Phi-
losophie d'Origène*, 1884.

1. Les gnostiques avaient établi une distinction tranchée
entre la foi et la gnose; pour les réfuter, Irénée et Tertullien se servirent nécessairement de la science et de la
spéculation, et firent rentrer dans la foi elle-même les
explications théologiques dont ils avaient besoin. Au fond,
l'autorité, l'espérance et une vie saintement ordonnée leur
suffisaient. Ils appuyaient leurs constructions sur un édifice dont eux-mêmes ne voulaient pas.

Mais dès la fin du deuxième siècle, se manifeste dans
l'Eglise un courant qui la porte vers une religion scientifique et vers la science théologique. C'est ce que montrent
les écoles de l'Asie-Mineure en Cappadoce, à Edesse, Aelie,
Césarée, celle de Rome, ainsi que les Aloges, Alexandre
de Cappadoce, Julius Africanus, Théoktiste, les écoles
théodotiennes.

Ce courant atteignit son maximum d'intensité à Alexandrie, la ville de la science, où le christianisme avait
recueilli l'héritage de Philon, et où jusque vers 200 il n'y

eut probablement pas *d'organisation* stricte des chrétiens sur une base exclusive. A Alexandrie, l'Eglise fait son apparition sur la scène de l'histoire en même temps que l'école chrétienne (vers 190). — Les Stromates de Clément, élève de Pantaenus sont la première œuvre du christianisme ecclésiastique. Chez Clément, la philosophie religieuse des Grecs ne sert pas seulement à des fins apologétiques et polémiques, mais *elle devient le moyen qui ouvre aux penseurs l'intelligence du christianisme* (comme chez Philon et Valentin).

En soi, la tradition ecclésiastique reste étrangère à Clément; s'il s'est soumis à son autorité, c'est qu'il voit dans les Saintes Ecritures une *révélation*. Il a conscience que sa tâche consiste à s'approprier le contenu de cette tradition, en le soumettant au travail de la pensée philosophique. La foi est donnée, il faut la fondre dans la gnose; en d'autres termes il faut arriver à une doctrine qui puisse satisfaire aux exigences d'une éthique et d'une conception philosophiques de l'univers. — La gnose ne contredit pas la foi; non seulement elle la soutient et l'éclaire sur quelques points, mais elle l'élève à une sphère plus haute, du domaine de l'autorité au domaine de la science lucide et de l'adhésion intime, spirituelle, découlant de l'amour de Dieu. La foi et la gnose sont unies entre elles, car toutes deux tirent leur contenu de la Sainte Ecriture. (Cependant dans la pratique Clément n'est pas plus qu'Origène un théologien fidèle à l'Ecriture).

Dans ses interprétations, il introduit les fins et tout l'appareil de la philosophie grecque idéaliste, en la rattachant à Jésus-Christ et au christianisme ecclésiastique, tel qu'il était à Alexandrie.

L'œuvre apologétique que Justin s'était proposée, est transformée ici en une œuvre de théologie systématique. En conséquence, l'élément positif n'est plus dans la preuve prophétique, mais comme chez Philon et Valentin, il est placé dans la dogmatique scientifique que l'on construit avec des efforts infinis.

L'idée du Logos qui est Christ, a fourni à Clément une
matière beaucoup plus riche qu'à Justin. Clément en a fait
le principe suprême de l'explication religieuse du monde
et de l'exposition du christianisme. Le christianisme est la
doctrine de la création, de l'éducation et de l'achèvement
de la race humaine par le Logos.

Pour accomplir son œuvre, — dont le point culminant
est dans le parfait gnostique, — le Logos a employé deux
moyens auxiliaires : la loi de l'Ancien Testament et la philosophie grecque. Le Logos est partout où l'homme s'élève
au-dessus du niveau de la nature, il est l'élément moral et
rationnel à tous les degrés du développement, mais la révélation seule permet d'arriver à le connaître réellement. Il
est la loi du monde, le docteur, ou bien en Christ le prêtre
qui par de saintes initiations vous amène à la possession
de la connaissance ; enfin pour l'homme parfait il est le
pont qui unit à Dieu lui-même.

Les Saintes Ecritures, et la combinaison hellénique de la
connaissance avec un cérémoniel d'initiations, permirent
à Clément de faire valoir le christianisme ecclésiastique.

Le gnostique ecclésiastique monte aux sphères divines
comme dans un ballon captif : il laisse derrière lui tout ce
qui est du domaine de la terre, de l'histoire, de la loi, de l'autorité, et finalement même le Logos, alors qu'il s'élève plus
haut dans l'amour et dans la science ; seulement en bas la
corde du ballon reste attachée, tandis que chez les gnostiques elle était coupée. On s'élève en suivant une progression réglée (Philon), dans laquelle est formulée toute l'é-
thique philosophique ; cette progression part d'une modération raisonnable et va jusqu'aux extrêmes de la conscience
et de l'amour apathique. La tradition de l'Eglise est également formulée ; mais là aussi le véritable gnostique doit
dépasser le degré inférieur et parvenir à un degré supérieur. Quand il pousse des ailes à l'esprit, celui-ci n'a plus
aucun besoin de marcher avec des béquilles. L'intention
de Clément est bien précise, mais il est resté embourbé
dans sa tentative, et il n'a pas réussi à rattacher au but qu'il

poursuivait l'énorme masse de ses matériaux. Tandis qu'Irénée mêle naïvement des éléments disparates, et par conséquent n'arrive nullement à la liberté dans la religion, Clément est parvenu à la liberté. Il a été le premier à saisir la tâche de la théologie de l'avenir. Il fallait arriver par l'Evangile à une vie individuelle, libre et indépendante, se rattachant aux traditions historiques — qui nous ont fait ce que nous sommes — et à la communion chrétienne à laquelle on nous amène, parce qu'elle est la seule communion religieuse et morale universelle; il fallait enfin montrer dans l'Evangile la manifestation suprême du Logos, car celui-ci s'est attesté dans tout ce qui est élevé au-dessus du niveau de la nature, et par conséquent dans toute l'histoire de l'humanité. — Remarquons qu'il y a un danger auquel Clément n'a pas échappé : chez lui l'idéal du sage grec présomptueux efface le sentiment que nous vivons par la grâce de Dieu en Christ. Ce danger de la mondanisation vient de ce que Clément a une conception liée, et attribue une valeur à des autorités qui n'ont rien à faire avec l'E-vangile; puis il établit des faits salutaires qui affaiblissent aussi l'Evangile, bien que d'une façon différente. Si le propre de l'Evangile, c'est de donner la liberté et la paix en Dieu, et d'amener à la vie éternelle en unissant au Christ, Clément l'a bien compris.

Le but de l'Evangile étant de nous rendre riches en Dieu, afin que nous recevions de lui la force et la vie, et l'idéal de la philosophie platonicienne étant l'esprit libre qui s'élève au-dessus du monde vers Dieu, Clément a réellement essayé d'amalgamer ces deux fins, et de réunir les données qu'elles nous fournissent sur le moyen de parvenir à une vie bienheureuse.

Cependant, Origène seul a réussi à faire cela dans un système où un biblicisme scrupuleux et une grande vénération pour la règle de foi s'allient avec la philosophie religieuse.

2. *Origène*. — Il est le théologien le plus influent de l'Eglise d'Orient, le père de la science théologique, le créa-

teur de la dogmatique ecclésiastique. Il unit la doctrine des
apologètes, des gnostiques, à celle des théologiens vieux-
catholiques ; il a sondé tous les problèmes de l'histoire et
de la spéculation. Il a, en parfaite connaissance de cause,
établi une distinction tranchée entre la foi et la théologie
ecclésiastique, et a parlé un langage différent au peuple
et aux savants. Son esprit universel cherchait à ne rien
détruire, mais au contraire à faire constamment œuvre de
conservation. Partout il trouvait des éléments de valeur et
il savait mettre chaque vérité à sa place, soit dans la
pistis, soit dans la gnosis. Il ne voulait rebuter personne,
mais faire triompher la vérité chrétienne sur les systèmes
des philosophes grecs et des gnostiques vieux-catholiques,
sur les superstitions des païens et des juifs, et sur les doctrines insuffisantes des chrétiens unitaires. Mais à cette
vérité chrétienne, considérée comme une gnose, Origène
donna une empreinte néo-platonicienne, et même une
empreinte si forte qu'un homme tel que Porphyre a pu
donner son approbation à cette théologie, en rejetant
seulement les « fables étrangères » qu'Origène y avait
mêlées.

Origène part de la règle de foi et des deux testaments
dont la forme était fixe et déterminée (Voir son ouvrage
principal : περὶ ἀρχῶν). Quiconque les possède, a la vérité qui
sauve ; mais il y a en outre une manière de voir plus profonde et plus satisfaisante : lorsqu'on parvient à cette
hauteur-là, tous les contrastes sont réduits à n'être plus
que des nuances, et dans les dispositions absolues que
l'on revêt, on apprend à porter des jugements relatifs.

Origène est à la fois un orthodoxe attaché à la tradition
et un théologien biblique : ce qui ne se trouve pas dans les
Ecritures, dit-il, ne peut avoir de la valeur ; enfin il est un
philosophe hardi : il traduit en idées la substance de la foi,
reconstruit le monde intérieur, et en définitive ne fait
valoir autre chose qu'une connaissance de Dieu et de soi-
même qui sont étroitement unies et permettent à l'homme
de s'élever au-dessus du monde et d'arriver à la déifica-

tion. Sur ce chemin, c'est le Christ qui sera le guide, non
pas Zénon, ni Platon, car ceux-ci n'ont pas vaincu le
polythéisme, ils n'ont pas ouvert à tous l'accès de la
vérité, ils n'ont pas même donné aux gens cultivés des
directions qui leur permettent de devenir meilleurs dans
la mesure où leur esprit est développé.

Pour Origène, la supériorité du christianisme sur toutes
les religions et tous les systèmes, réside dans son double
caractère de religion du commun des hommes (sans polythéisme, mais avec des images et des signes), et de religion de l'esprit qui pense. *La religion chrétienne est la religion unique, la vérité, même sous la forme du mythe.* Dans
le christianisme comme partout ailleurs, la théologie doit
s'affranchir de la révélation extérieure et des affirmations
qui sont les marques caractéristiques de la religion positive ;
seulement, dans le christianisme, la théologie s'affranchit en se laissant diriger par les documents mêmes qui
sont aux yeux des masses le fondement de la religion
positive.

La gnose enlève son importance à ce qui est du domaine
de l'expérience historique, elle le neutralise, bien qu'elle
n'en efface pas toujours la réalité. Et d'abord, elle dégage
de l'histoire expérimentale une histoire plus haute, trans-
cendentale qui vous élève au domaine de l'éternité. Cette
histoire est cachée derrière l'histoire empirique. Au fond,
la gnose va encore plus loin, et volatilise encore une fois
cette histoire transcendantale, pour n'en plus laisser que
le Dieu immuable et l'âme créée.

On peut voir ceci de la façon la plus claire dans la christologie. Derrière le Christ historique, il y a le Logos éternel
qui apparaît d'abord comme médecin et rédempteur, tandis que si on va plus profond, on voit en lui le docteur.
Heureux les hommes avancés qui n'ont plus besoin du
médecin, du pasteur, du rédempteur ! Finalement, le docteur lui-même n'est pas nécessaire à l'homme parfait :
celui-ci repose en Dieu. Origène se défait ainsi du christianisme de l'Eglise comme d'un voile, et il le rejette

comme une béquille. Ce qui était preuve prophétique chez
Justin, et histoire du salut chez Irénée, s'évanouit pour le
gnostique chez Origène, ou bien se réduit à n'être plus
que l'image d'une histoire abstraite. En dernière analyse,
le défaut de cette éthique qui embrasse tout dans son
vol élevé, c'est qu'il lui manque la conscience du péché et
la crainte du jugement.

Le système a la prétention d'être rigoureusement mo-
niste — la matière créée *ex nihilo* a seulement une importance transitoire en tant que lieu de purification —; en réalité il renferme un élément dualiste. L'antithèse dominante
est celle de Dieu et de la création.

L'amphibologie est dans le double point de vue sous
lequel on considère l'élément spirituel, comme font aussi
tous les systèmes néo-platoniciens. L'élément spirituel
étant développement de l'être, appartient à Dieu lui-même;
et d'autre part, étant créé, il est opposé à Dieu. Il faut
écarter le panthéisme et cependant fermement admettre
que l'esprit de l'homme est supérieur au monde. Cet esprit
est l'éon *libre*, céleste, et bien qu'il soit dans une condition d'obscurité et d'oppression, il connaît le bon chemin.
Une origine divine, une destinée divine, le pouvoir de se
décider librement, tels sont donc les éléments constitutifs
de son être. Seulement la décision est déjà prise — le
nœud est déjà fait — au moment où l'esprit fait son apparition.

Il y a donc une histoire avant l'histoire.

Le système a trois parties :

1) Dieu et ses manifestations.

2) La chute de l'esprit créé et les conséquences qu'elle
entraîne.

3) La rédemption et la restauration.

Origène ne s'est pas douté que la liberté est réduite à
n'être plus qu'une apparence quand l'esprit doit nécessairement atteindre finalement le but qui lui est proposé.
Mais dans le cours de son exposition, il prend si bien la
liberté au sérieux, qu'il va jusqu'à mettre des limites à la

puissance et à la toute-science de Dieu. Il dégage des Saintes Ecritures le Dieu-Monde-Drame, et chez lui la tradition secrète, qui jouait encore un grand rôle chez Clément, disparaît complètement.

De même que le monde est spirituel, psychique et matériel, de même la Sainte Ecriture, la seconde révélation comprend ces trois parties. L'exégèse entre ainsi en possession d'une méthode sûre; elle doit :

1) Constater le sens littéral, lequel n'est que l'*enveloppe*.

2) Le sens psychique et moral.

3) Le sens pneumatique.

Dans certains textes, ce sens pneumatique entre seul en considération, tandis que le sens littéral doit être rejeté, ce qui amène à rechercher le sens plus profond.

Origène a déployé une très haute virtuosité dans les opérations de cette alchimie biblique.

a) Dieu est l'*un* opposé au *multiple*, lequel est rapporté à lui comme à sa cause. Il est l'être simple et spirituel opposé à l'être limité. Il est autre que le multiple, mais l'ordre, l'état de dépendance et les aspirations du multiple, émanent de lui. Origène représente Dieu comme causalité absolue douée d'une conscience et d'une volonté, il lui accorde une plus grande somme de vie et, pour ainsi dire, de personnalité, que ne le faisaient les gnostiques et les néoplatoniciens. Mais on doit toujours penser Dieu comme cause, par conséquent jamais sans révélation. Il est de son essence de créer, car c'est justement dans le multiple que cette essence s'accuse. Toute révélation devant être limitée, Origène n'attribue pas à Dieu une toute-puissance et une toute-science illimitées. Dieu ne peut que ce qu'il veut, il ne peut pas ce qui impliquerait en soi une contradiction et ne pourrait par conséquent pas arriver à l'existence. (Tous les miracles sont naturels). Dieu ne peut même pas donner à la création une forme absolument bonne, parce que l'idée même de création renferme l'idée d'une privation d'être; il ne peut la faire bonne que dans la mesure où cela lui est possible. En effet, si la matière permet la manifestation de l'idée, jamais cela ne se fait sans que l'idée en soit amoindrie. La liberté impose à Dieu une limitation ; il est vrai qu'il se l'est lui-même donnée. La conception relative des choses est ainsi appliquée même à l'idée de Dieu. Dieu est amour et bonté ; la justice est une forme sous laquelle se montre la bonté.

La révélation de Dieu étant éternelle, le monde est éternel ; non pas il est vrai ce monde-ci, mais le monde des esprits auquel Dieu est relié par le Logos. Dieu, en effet, habite de nouveau dans le Logos en dépouillant son apathie absolue. — Le Logos est Dieu même, il est le tout et le créateur du multiple ; il est une hypostase particulière, ainsi que la conscience de Dieu et la puissance du monde. Le Logos est l'image parfaite de Dieu (ὁμοούσιος). Il n'y a rien en lui de corporel, il est ainsi véritablement Dieu, mais Dieu en second. (La divinité ne lui a pas été communiquée : οὐ κατὰ μετουσίαν, ἀλλά κατ'οὐσίαν θεός). Il est *engendré* de l'*essence* du Père dès l'éternité ; il n'y a pas eu un temps où il n'existait pas, et il continue à procéder de l'Être en vertu d'une volonté divine nécessaire. Mais justement par le fait qu'il est *substantia substantialiter subsistens*, il n'est nullement ἀγέννητον ; il est αἰτιατόν et le Père est le πρῶτον αἴτιον. Il est ainsi le premier degré de la transition de l'un au multiple ; aux yeux de Dieu, il est le κτίσμα ὁμοούσιον ; à nos yeux, il est par sa nature le Dieu manifesté. C'est donc pour nous seuls qu'existe l'identité du Père et du Fils ; son immutabilité est simplement relative, parce qu'elle ne repose pas sur l'*autousie*. — Ainsi, dans toutes ces spéculations, Origène représente le Logos comme créateur et non comme rédempteur.

Le Saint-Esprit aussi — (la règle de foi y obligeait Origène) fait partie de la divinité comme troisième personne immuable, en qualité de troisième degré et de troisième hypostase. Il a pris naissance par le moyen du Fils et entretient avec celui-ci les mêmes relations que le Fils avec le Père. Si son cercle d'activité est le plus restreint, c'est—

chose assez curieuse — le plus important : le Père est le
principe de l'être; le Fils, le principe de la raison; l'Esprit,
le principe de la sanctification. Cette trinité graduée est
une trinité de révélation; c'est là, précisément, ce qui la
rend immanente et constante, puisque Dieu ne peut jamais
être pensé sans la révélation. Le Saint-Esprit est la transition qui vous amène à l'ensemble des esprits et des idées
qui créées par le Fils sont en réalité le développement de sa
plénitude. Le caractère des esprits créés, c'est le devenir
(progrès, προκοπή), c'est-à-dire la liberté. (Ceci est en opposition avec la gnose hérétique.) Cependant, la liberté est
relative, autrement dit nous sommes libres dans le temps
tel que notre vue l'embrasse ; mais au fond l'esprit créé
est dominé par la nécessité rigoureuse où il se trouve d'atteindre le but. La liberté est donc un *développement* nécessaire « *sub specie œternitatis.* » Origène a cherché à comprendre le monde réel en partant de la liberté ; les esprits
humains sont comptés au nombre des esprits, ils sont créés
de toute éternité, (Dieu est toujours créateur), ils sont égaux
à l'origine, mais leurs tâches, et par conséquent leurs développements diffèrent. Etant susceptibles de changement, ils
ont une certaine corporalité. Le fait que les anges et les
hommes sont créés, suppose chez eux une sorte de maté-
rialité.   Les spéculations d'Origène n'ont pas porté sur
les développements qu'auraient *pu* avoir ces esprits, mais
seulement sur les développements qu'ils ont eus effectivement.

   b) Tous les esprits doivent arriver à une existence fixe et
faire place ensuite à de nouvelles créations. Il y a eu une
chute des êtres préexistants, c'est pourquoi les esprits tombent dans la paresse et la désobéissance; le monde sensible
est créé pour qu'ils y soient soumis et réformés, le monde
est donc une maison de correction où les esprits sont enfermés dans des corps divers auxquels l'âme les relie. Les
corps les plus grossiers sont ceux des démons, les plus dé-
licats ceux des anges; les corps des hommes sont intermédiaires, ils sont assistés par les anges et menacés par

les démons. (Origène accepte des idées répandues dans le peuple.)

La vie est une tâche qu'il faut accomplir, un combat qu'il faut soutenir, que Dieu permet et qu'il dirige : il doit se terminer par la défaite et l'anéantissement du mal. Telle est la triste idée qu'Origène a sur le monde, c'est une idée pessimiste. presque bouddhiste, et au fond pourtant Origène est optimiste.

L'homme est composé de l'esprit, de l'âme et du corps. — Origène suit ainsi Platon : comme chez ce dernier l'esprit ne peut être le principe d'une action opposée à Dieu. En traitant de l'âme, Origène tombe dans autant de contradictions que lorsqu'il traite du Logos : l'âme est un esprit refroidi, et cependant elle n'est pas un esprit. Elle doit permettre de comprendre la chute, et en même temps protéger l'intégrité de l'âme raisonnable. Le combat qui se livre dans l'homme vient de ce que les divers éléments qui le constituent, luttent pour arriver à dominer le champ de son activité.

D'un côté le péché est dans le fait de la vie terrestre, (au fond tous sont *nécessairement* pécheurs), et d'autre part il est le produit de la liberté, il est donc possible de le vaincre là où Dieu accorde son secours, car sans Dieu il n'y a rien de bon.

c) Toutefois il faut que nous nous aidions nous-mêmes. Dieu vient au secours de chacun de nous suivant ses circonstances et la mesure de ses capacités. Il le fait comme docteur, d'abord avec la loi naturelle, puis avec la loi mosaïque, enfin avec l'Evangile. Quand à l'homme parfait, il le soutient au moyen de l'Evangile *éternel* qui est sans enveloppes ni images. La révélation est un secours après lequel la créature soupire, et ce secours lui est accordé dans une mesure graduelle et variable. (L'importance du rôle joué par le peuple d'Israël est reconnue.)

Mais l'apparition et le secours du Logos étaient nécessaires. Son œuvre est forcément aussi complexe que les besoins auxquels elle venait répondre. — Aux uns le Logos devait montrer effectivement la victoire sur la mort et les démons ; il devait comme « Dieu-Homme » offrir un sacrifice qui représentât le péché des péchés, il devait payer une rançon qui mît fin à la domination des démons. — Bref, il devait accomplir par des faits une rédemption rationnelle.

(Dans l'Eglise pagano-chrétienne, Origène a été le premier à faire une théorie de la réconciliation et de la rédemption. Mais qu'on veuille bien remarquer la date à laquelle il a écrit!)

Aux autres, le Logos comme docteur, comme divin initiateur devait ouvrir les profondeurs de la connaissance et apporter ainsi un principe nouveau de vie, afin qu'ils soient maintenant associés à sa vie, qu'ils soient entrelacés avec l'être divin et deviennent eux-mêmes divins.

Dans les deux cas le but poursuivi est le rétablissement de la communion avec Dieu ; chez les uns au moyen de faits qui sont l'objet de la foi, chez les autres par la connaissance et l'amour dont les aspirations, s'élevant plus haut que le crucifié, saisissent l'être éternel tel qu'il est dans le Logos lui-même. Les « faits » ne sont donc plus comme chez les gnostiques réduits à une simple apparence, ou à constituer le fondement indifférent de la vérité ; — ils sont vérité, mais pas la vérité. C'est ainsi qu'Origène a fait la réconciliation de la foi et de la philosophie religieuse. Il peut exalter la signification cosmique de la crucifixion dont l'action s'étend sur tous les esprits, et cependant prendre son vol plus haut que ce fait, avec la spéculation pour laquelle l'histoire n'existe pas.

Sa *christologie* est conforme à ces principes. Elle se distingue par sa complication : le rédempteur a été tout ce que des chrétiens peuvent penser sur lui. Pour le gnostique il est le principe divin, le docteur, les prémices, la raison divine connaissable. Il n'y a point de « christologie » pour le gnostique : la parfaite habitation du Logos dans l'homme a commencé avec le Christ. La divinité et l'humanité du Christ ne se présentent ni l'une ni l'autre comme une question ou comme un problème. Seulement pour le chrétien

imparfait, Christ est le Dieu-Homme, tandis que le gnostique a le devoir de résoudre le problème posé par cette affirmation, et de défendre la solution qu'il trouve contre les
erreurs de droite et de gauche, contre le docétisme et
« l'ébionitisme. » Le Logos ne pouvait s'unir à un corps
que par l'intermédiaire d'une âme humaine.

Cette âme est un esprit pur qui n'est jamais déchu,
mais qui s'est voué à l'âme pour servir aux fins de la
Rédemption. Etant pure, elle était au fond toujours unie
au Logos, et puis à cause de sa dignité morale, elle est devenue le moyen de son incarnation. Son union avec le
Logos est intime, mais elle n'est proprement parfaite que
par une acte incessant de volonté des deux parts, il n'y a
donc pas de mélange : le Logos demeure sans changement,
mais l'âme a faim et elle souffre puisque, de même que le
corps, elle est véritablement humaine. Toutefois, puisque
l'âme et le corps sont *purs* tous les deux, et que la matière
en elle-même est sans qualité, le corps du Christ était bien
effectivement tout autre que le nôtre. (Clément tombe encore davantage dans le docétisme). Son corps pouvait à
chaque instant prendre la forme exigée par les circonstances, afin de produire sur les différentes gens l'impression la plus puissante.

Le Logos n'était pas non plus enfermé dans le corps du
Christ, mais comme auparavant son action s'exerçait partout, et il continuait à s'unir avec toutes les âmes pieuses.
Cependant nulle part cette union n'a été aussi intime qu'a-
vec l'âme de Jésus-Christ, et par conséquent aussi avec son
corps. Pendant sa vie sur la terre, le Logos glorifiait et
divinisait graduellement l'âme, et celle-ci à son tour glorifiait et divinisait le corps.

Les fonctions et les prédicats du Logos incarné, que le
croyant apprend à connaître successivement, forment les
échelons qu'il gravit progressivement. Ces fonctions et ces
attributs ont été si intimement unis (κοινωνία, ἕνωσις, ἀνάκρασις),
que l'Ecriture les a confondus. A la fin Jésus apparaît *identique au Logos*, transformé en esprit, incorporé à la divi-

nité. — Au fond cette union est de l'ordre éthique et en définitive n'est nullement unique en son espèce.

Origène effleure ici toutes les hérésies possibles, mais grâce aux précautions qu'il a soin de prendre, il s'en sépare, sauf du modalisme. — Pour Origène, Jésus est l'homme céleste, — cependant tous les hommes sont aussi célestes, — il accepte la théologie adoptienne, mais derrière elle il place le Logos ; il admet deux Logos, il sépare Jésus et le Christ, comme les gnostiques ; il fait un mélange monophysite, et finalement il tombe dans le docétisme.

Le point important, c'est que dans une christologie scientifique comme celle-ci, une si grande place soit faite à l'humanité du Christ : Origène admet en effet l'idée de l'*incarnation*.

Avec ce que nous avons dit, les traits de l'appropriation du salut sont déjà dessinés ; la liberté et la foi prennent les devants, et de même que l'âme humaine s'est graduellement unie en Christ avec le Logos, de même l'homme reçoit la grâce dans la mesure où il progresse. (Cette marche ascendante dans la connaissance en partant de la science inférieure et des choses sensibles, est identique à celle des néoplatoniciens ; cependant ici l'extase et les visions passent à l'arrière-plan et il n'y a que peu de clair-obscur). Partout la pénétration réciproque de la liberté et de la lumière est nécessaire, et la foi de l'Eglise reste aussi le point de départ de la « vie théorique », jusqu'à ce qu'on parvienne à une joyeuse contemplation ascétique ; alors le Logos est l'ami et le fiancé de l'âme qui divinisée vit plongée dans l'amour de la divinité. Origène ne connaît la nouvelle naissance que comme une phase du procès, mais on trouve pourtant chez lui et chez Clément, des morceaux inspirés par le Nouveau Testament et libres des chaînes du système, qui exposent le message évangélique avec une force surprenante, parlant du Dieu amour, du Père, de la nouvelle naissance, de l'adoption. Au sens le plus élevé, les moyens de grâce n'existent pas, mais les symboles qui accompagnent la communication de la grâce ne sont pas sans importance. Origène le premier a su habilement pratiquer le système des nombreux médiateurs et intercesseurs : anges, martyrs, saints vivants, et il a donné le conseil de les invoquer. Sur le sujet des prières adressées à Christ, Origène a gardé la plus grande réserve.

D'après Origène, *tous les esprits*, sous leur forme de vie individuelle, finiront par être sauvés et glorifiés (Apokatastasis), et feront place à une phase nouvelle de l'histoire du monde. Il bannit toute la collection des espérances eschatologiques sensuelles. Origène a bien admis la doctrine de la « résurrection de la chair » (règle de foi), mais il l'a interprétée ainsi : un corps spirituel ressuscitera, il n'aura aucun des attributs du corps sensible, ni aucun des membres dont les fonctions sont d'ordre matériel ; comme les anges et les astres, il brillera d'un éclat lumineux. Il n'y a pas de sommeil des âmes, elles entrent de suite dans le paradis ; les âmes non encore purifiées entrent dans un état où elles sont châtiées et où leur purification sera achevée (feu expiatoire).

Les tortures de la conscience constituant l'enfer, Origène ne va pas plus loin dans son acceptation de la doctrine ecclésiastique de la damnation ; finalement tous les esprits, même les démons reviendront purifiés vers Dieu. Toutefois la doctrine est ésotérique : « Il suffit au commun des hommes de savoir que le pécheur est puni. »

Ce système a mis en déroute les systèmes gnostiques hérétiques, et dans la suite il a dominé la théologie ecclésiastique de l'Orient. Mais à la longue, l'Eglise vit qu'elle ne pouvait pas approuver toutes les doctrines d'Origène, ni admettre la séparation tranchée qu'il établissait entre la science et la foi : il fallait que l'Eglise essayât de les unir toutes deux par une pénétration réciproque, et de les mettre sur un même plan comme l'avait fait Irénée.

CHAPITRE VII

Seule, la christologie du Logos établissait un lien entre la foi et la science, et correspondait à cette formule : « Dieu s'est fait homme afin que nous devenions des dieux. » Elle était ainsi un appui pour le christianisme au dehors et au dedans. Vers l'an 120 et même plus tard, elle n'était pas du tout répandue dans les communautés, au contraire elle était souvent inconnue ou bien redoutée comme hérétique et gnostique, comme suspendant à la fois la monarchie divine et la divinité du Christ. Tertullien (*adv. Praxeam*, 3) dit :
« *Simplices quique, ne dixerim imprudentes et idiotae, quae maior semper pars credentium est, quoniam et ipsa regula fidei a pluribus diis saeculi ad unicum et verum deum transfert, non intelligentes unicum quidem, sed cum sua* οἰκονομία *esse credendum, expavescunt ad* οἰκονομίαν... *Itaque duos et tres jam iactitant a nobis praedicari, se vero unius dei cultores praesumunt... monarchiam inquiunt tenemus.* »
Pour que la christologie du Logos devînt partie de *la foi* de l'Eglise, en tant qu'*articulus fundamentalis*, il fallut de rudes combats pendant un siècle, jusque vers l'an 300. Ce résultat une fois obtenu, signifia que la foi était transformée en une *dogmatique* empreinte de philosophie hellénique, que les vieilles idées eschatologiques étaient refoulées à l'arrière plan et même supplantées, que derrière le Christ

de l'histoire on plaçait un Christ abstrait, un principe, en
sorte qu'on faisait du Christ historique une apparition.
Maintenant, on parlait aux chrétiens des « natures » et des
grandeurs naturelles du Christ, au lieu de leur parler de sa
personne et de sa vie morale, et on tendait finalement à
faire de la foi des chrétiens une contemplation d'idées et
de formules. C'était préparer la vie monastique, et d'autre
part mettre sous tutelle le christianisme pour les laïques
imparfaits et actifs ; c'était aussi mettre quantité de questions de métaphysique, de cosmologie, de science universelle au nombre des questions qui sont à bon droit du ressort de l'Eglise, et exiger qu'on leur donne une solution
précise sous peine de perdre la félicité. On arrive à ce
résultat qu'au lieu de la foi, on prêche la foi à la foi, et
qu'on rétrécit la religion en se donnant l'air de l'élargir.
Seulement, tandis que la liaison du christianisme et de la
science mondaine était ainsi achevée, le christianisme
recevait une forme qui faisait de lui la religion cosmopolite et universelle : l'œuvre de Constantin était préparée.

Les tendances qui, dans l'Eglise, offrirent une résistance
au christianisme philosophique et à la christologie du Logos ont reçu le nom de *monarchianisme*. Tertullien est le
premier à les nommer ainsi. Le choix de cette appellation
n'est pas heureux, car bien des monarchiens admettent une
seconde hypostase, tout en n'en tenant aucun compte dans
leur christologie. On peut distinguer deux courants parmi
les monarchiens (voir livre I, ch. iii, nᵒ 6) : — 1ᵒ Les tendances *adoptiennes*. Pour elles, le divin en Christ est une
puissance. Elles prennent pour point de départ la personne
humaine de Jésus et admettent qu'elle a été divinisée. —
2ᵒ Les tendances *modalistes* pour lesquelles le Christ est
une apparition de Dieu le Père.

Ces tendances s'élevèrent toutes contre la christologie du
Logos qu'elles jugeaient être « gnostique », les premières
parce qu'elles s'attachaient à la figure historique du Christ
(dans les synoptiques), les secondes dans l'intérêt de la

monarchie de Dieu et de la divinité du Christ. Ces deux
courants, qui empiétaient aussi l'un sur l'autre, étaient des
courants *catholiques* (ni ébionites, ni gnostiques), et prétendaient se fonder sur la règle de foi. Mais après que le
Nouveau Testament fut constitué et reçu, la lutte devint
inutile. Il se trouvait dans le Nouveau Testament des passages favorables à leurs thèses, mais les passages qui con-
tenaient l'affirmation de la préexistence du Christ comme
hypostase particulière, l'emportaient certainement, — tout
au moins suivant l'interprétation du temps —, car on pensait alors qu'il fallait évidemment interpréter partout les
données inférieures d'après les données supérieures ou
pneumatiques, par exemple interpréter les synoptiques
d'après saint Jean.

Il y eut des controverses « monarchiennes » dans toutes
les provinces ecclésiastiques, mais nous ne les connaissons
qu'en partie.

1. *Le monarchianisme dynamique ou adoptianisme.*

a) Les *Aloges* (ce nom est un surnom) en Asie-Mineure
furent le parti de l'opposition radicale contre le montanisme
(Sources: Irénée, Hippolyte, Epiphane). Ils rejetèrent *tout*
prophétisme dans l'Église, et surgirent à une époque où
il n'y avait pas de Nouveau Testament. Ils critiquaient les
écrits johanniques au point de vue historique et les rejetaient à cause de la promesse du Paraclet et des idées apocalyptiques, trouvant la narration du quatrième Evangile enta-
chée d'inexactitude. Ils blâmaient aussi le docétisme de cet
Evangile, s'opposaient au Logos et arrivaient à la conclusion que ces écrits doivent provenir de Cérinthe, car ils
sont faux et renferment soit des éléments judaïques et
matérialistes, soit des éléments docétiques et gnostiques.

Leur propre christologie était conforme aux synoptiques; pour eux les titres qui constituent la dignité de Jésus
sont : sa naissance miraculeuse, la descente de l'Esprit sur
lui, son développement progressif, son élévation par la résurrection. Leurs plus anciens adversaires — Irénée, Hippolyte — se sont montrés relativement convenables dans

la façon dont ils les ont traités, car ces « Aloges » rendaient d'utiles services contre les montanistes.

Tout en ayant une haute estime pour la saine critique historique dont usaient les Aloges, nous devons nécessairement nous figurer que leur enthousiasme religieux a du être plutôt mince : ils n'étaient pas des mystiques, ils n'avaient pas non plus d'enthousiasme pour les idées apocalyptiques ; où aurait donc pu résider la vigueur de leur piété ?

b) On peut dire la même chose des *partis adoptiens theodotiens à Rome,* soit les partis de Théodote le tanneur, de Théodote le changeur, et des Artémonites. Ils se constituèrent vers l'an 185 à Rome. Théodote l'aîné, originaire de Byzance, était un homme d'une culture peu commune. Déjà vers l'an 175, l'évêque Victor de Rome l'expulsa de l'Eglise parce qu'il voyait en Christ un ψιλὸς ἄνθρωπος. Ce fut le premier cas où l'on ait sévi pour cause d'hétérodoxie contre un chrétien qui se tenait sur *le terrain de la règle de foi.*

Théodote avait sur la personne du Christ la même doctrine que les « Aloges » : il est né miraculeusement, il a reçu l'Esprit au baptême, il a eu un développement progressif jusqu'à son élévation par la résurrection, et, — chose très importante — sa vie a été constamment morale. Cependant Théodote admettait déjà l'Evangile de Jean comme portion de l'Ecriture Sainte, il cherchait les preuves scripturaires de ses doctrines en suivant la même méthode critique sensée que les Aloges ; il citait entre autres Deut., xviii, 15 ; Jérémie, xvii, 9 ; Esaïe, liii, 2, ss. ; Mathieu, xii, 31 ; Luc, i, 35 ; Jean, viii, 40 ; Actes, ii, 22 ; I Timothée, ii, 5.

Son disciple le plus considérable fut Théodote le changeur. Sous lui les Adoptiens restèrent une école à côté de l'Eglise, s'occupant avec zèle de critique des textes sacrés, de science expérimentale et de physique (ils ne suivaient pas Platon). Ils firent avec l'évêque Natalis une tentative pour fonder une Eglise, mais ils échouèrent bien vite (à l'époque de l'évêque Zéphyrin). Ils restèrent comme des officiers à la tête d'une armée dont les effectifs iraient se fondant aussi vite que la neige. (Eusèbe. *II. E.* v, 28).

Ils pensaient que le Saint-Esprit — qu'ils admettaient comme une hypostase en qualité de Fils éternel de Dieu, — est élevé au-dessus de Jésus, car celui-ci n'est Dieu que par adoption (voir Hermas dont ils suivaient la christologie). Leurs adversaires ont envisagé cette doctrine comme une hérésie capitale. Les Théodotiens invoquaient Melchisédek, ils voyaient en lui et dans les théophanies de l'Ancien Testament, l'apparition du Fils éternel de Dieu. Cela leur valut le nom de Melchisédékiens. Il ne nous est rien parvenu des savants travaux de ces hommes. Hippolyte nous raconte que quelques-uns d'entre eux refusaient d'admettre la divinité du Christ, même après sa résurrection, tandis que d'autres croyaient à sa déification. Cette controverse montra l'insuffisance de l'ancienne christologie d'Hermas — à laquelle les Adoptiens en appelaient comme à la tradition, — elle montra ouvertement que l'Eglise n'acceptait pas l'alliance avec la science d'Aristote, d'Euclide et de Galien, mais qu'elle exigeait par contre l'alliance avec Platon.

Quelques dizaines d'années plus tard, à Rome, on vit entrer en scène un docteur partisan des doctrines adoptiennes, un homme encore plus considérable que les précédents, Artémon. Les renseignements sur lui sont rares. Lui aussi a enlevé à Christ l'attribut de « Dieu », mais il ne paraît pas avoir partagé sur tous les points les idées des Théodotiens. Vers 250, l'adoptianisme n'avait aucune importance à Rome (Cyprien le passe sous silence ; voir cependant Novatien, *de trinitate*), mais dans les communautés d'Occident on conserva pendant assez longtemps des formules telles que *spiritus sanctus dei filius, caro Jesus — spiritus sanctus Christus — spiritus carni mixtus Jesus Christus*. Cela était dû principalement à la lecture d'Hermas, lequel jouissait d'une grande considération. En effet, c'est un fait très instructif, que peu de temps encore avant

sa conversion, Augustin ait envisagé la christologie adoptienne comme la christologie catholique.

Ainsi les formules christologiques orthodoxes étaient
encore peu connues dans le monde laïque en Occident au
quatrième siècle.

c) Nous savons par les écrits d'Origène qu'il y a eu des
adoptiens aussi *en Orient*. Origène les a traités comme des
frères chrétiens égarés et simples qui avaient besoin d'être
amicalement enseignés. — Cela n'empêche pas que lui-
même, dans sa christologie compliquée, ait exposé des
vues adoptiennes. Plus tard, en effet, on l'a injustement
mis au nombre des adoptiens, accusation dont Pamphile
se chargea de le défendre. — Origène a convaincu Bérylle
de Bostra de la vérité de la christologie du Logos. Bérylle
enseignait des opinions monarchiennes et gagnait un
grand nombre d'adhérents en Arabie et en Syrie. (Eusèbe, VI, 33 : τὸν σωτῆρα καὶ κύριον ἡμῶν μὴ προϋφεστάναι κατ᾽ ἰδίαν
οὐσίας περιγραφὴν πρὸ τῆς εἰς ἀνθρώπους ἐπιδημίας μηδὲ μὲν θεότητα ἰδίαν
ἔχειν, ἀλλ᾽ ἐμπολιτευομένην αὐτῷ μόνην τὴν πατρικήν.) Les opinions
dynamistiques ont dû être partagées aussi par les chiliastes
égyptiens que Denys d'Alexandrie a combattus, et auxquels
il a jugé nécessaire de donner des instructions, περὶ τῆς
ἐνδόξου καὶ ἀληθῶς ἐνθέου τοῦ κυρίου ἡμῶν ἐπιφανείας.

Seul, Paul de Samosate, métropolitain d'Antioche, fut
l'instigateur d'un grand mouvement adoptien en Orient
(Eusèbe, VII, 27-30 ; voir aussi Routh, *Rel. Sacr.*, III).

Il était un évêque syrien, et il s'est opposé à la fois aux
Grecs et à leur science, comme aussi aux Romains et à
leur Eglise. Deux grands conciles généraux d'Orient,
assemblés à Antioche, aux fins de prendre des mesures
contre lui, n'aboutirent à aucun résultat ; il ne fut condamné et destitué qu'au troisième concile (probablement en
268). Ce fait nous prouve que la dogmatique alexandrine
ne s'était encore que bien faiblement implantée en Orient.
— Paul était un théologien instruit ; ses adversaires le
peignent comme un homme frivole, vaniteux, astucieux, un
sophiste et un mondain. Il voulait briser la puissance de la

philosophie grecque (platonicienne) dans l'Eglise, et affirmer la doctrine ancienne. Plus tard l'Eglise l'a considéré comme un grand hérétique, un Juif, un ébionite, un nestorien, un monothélite, etc. — Voici ses idées : Il faut penser Dieu simplement comme une personne (ἓν πρόσωπον). On peut sans doute distinguer en lui un Logos (Fils) et une Sophia (Esprit), mais les deux doivent être identifiés; ce ne sont que des *qualités*. Dieu fait éternellement procéder le Logos hors de lui : le Logos peut donc être appelé Fils, mais il demeure une force impersonnelle. Le Logos fut à l'œuvre dans la personne de Moïse et des prophètes, μᾶλλον καὶ διαφερόντως dans le Fils de David né de la Vierge.

« Par en bas » le rédempteur était un homme, mais par en haut le Logos pénétrait en lui. Le Logos habitant ainsi dans le rédempteur au moyen d'une inspiration venant du dehors, il devient en lui « l'homme intérieur ». La communion ainsi établie, est une συνάφεια κατὰ μάθησιν καί μετουσίαν, une συνέλευσις (pas d'οὐσία οὐσιωμένη ἐν σώματι); le Logos n'a pas habité en Jésus οὐσιωδῶς, mais κατὰ ποιότητα; il est donc plus grand que Jésus et doit toujours être distingué de lui. Le rédempteur est l'homme entièrement dominé par le Logos; de même que sa place est *unique*, de même la possession de la grâce qui lui a été accordée est unique aussi en son genre. Il est demeuré tel qu'il avait été fait.

Entre deux personnes — par conséquent aussi entre Dieu et le Christ — l'unité des sentiments et de la volonté est la seule possible. Une telle unité ne se réalise que par l'amour, car ce qui est fait par amour a seul de la valeur. Le résultat auquel on arrive « par la nature » n'a pas d'importance.

Par l'immutabilité de sa volonté et de ses sentiments d'amour, Jésus est devenu semblable à Dieu et un avec lui, car non seulement il est demeuré sans péché, mais il a aussi triomphé des péchés des ancêtres par la lutte et par la souffrance. Tandis qu'il se développait progressivement en demeurant fermement attaché au bien, le Père l'a aussi armé de puissance et de pouvoirs miraculeux, et dans l'usage qu'il en a fait, Jésus a montré que sa volonté était toujours d'accord avec celle de Dieu. C'est ainsi qu'il est devenu le rédempteur et qu'il s'est uni à Dieu d'une union indissoluble et éternelle, parce qu'il ne peut plus cesser d'aimer. Pour prix de la victoire de son amour, il lui a été donné le jugement, un nom élevé au-dessus de tout nom et la dignité divine, de telle sorte qu'on peut l'appeler le Dieu né de la Vierge. (Il est devenu Dieu par la grâce et la fidélité, et ici aussi les degrés sont : naissance, baptême, résurrection. Il a toujours été le Dieu né de la Vierge, car Dieu l'y avait prédestiné et l'avait annoncé à l'avance).

Cette christologie évangélique est la seule d'où la physique religieuse soit écartée consciemment. Paul l'appuya par des preuves scripturaires et il réfuta avec zèle ses adversaires, entre autres les « anciens interprètes », les Alexandrins. Il supprima tous les chants d'église où était affirmée la divinité essentielle du Christ ; il ne voulait pas entendre parler de « substances », mais il s'en tenait à la personne vivante.

Les évêques grecs cultivés regardèrent sa doctrine comme hérétique au plus haut degré : Il avait trahi le mystère, disaient-ils. Six évêques rédigèrent une profession contre lui ; ils y exposent avec de larges développements la doctrine « physique » du Logos comme faisant une partie importante et intégrante de la foi apostolique et catholique de l'Eglise.

Au synode on rejeta expressément l'emploi du mot « ὁμοούσιος » pour désigner Dieu et le Logos comme *un* seul sujet, et cela probablement parce que Paul avait employé ce terme en parlant du Logos. En déposant Paul et en le destituant, on décidait (272) qu'il n'était plus permis à aucun chrétien catholique de douter de la nature divine du rédempteur. La doctrine de Paul n'a pas succombé à Antioche sans laisser de traces. Son esprit a fécondé la fameuse école de savants de Lucien, le sein maternel qui a nourri l'arianisme. Toutefois la doctrine arienne a été altérée d'une façon fâcheuse en étant combinée avec l'hypostase du λόγος-κτίσμα.

Par contre, Photin et les grands Antiochiens ont pris
chez Paul ce qu'ils ont de meilleur, bien que les derniers
d'entre eux acceptent le symbole de Nicée. Ce qu'on appelle
le Nestorianisme a sa racine dans la doctrine de Paul, et la
condamnation de Nestorius a été une seconde condamnation
de l'évêque d'Antioche.

Les *Acta Archelai* écrits au commencement du quatrième
siècle montrent combien les opinions adoptiennes se sont
longtemps conservées dans les communautés orientales reculées. Ce que leur rédacteur, un ecclésiastique, a écrit sur
le Christ, se rapproche beaucoup de la doctrine de Paul.

Dans les grands centres de la chrétienté seuls, l'adoptianisme fut complètement détruit vers 270.

2) *Le monarchianisme modaliste.*

Ce n'est pas dans l'adoptianisme, mais dans le modalisme
que la christologie du Logos a trouvé un dangereux adversaire entre 180 et 300. D'après cette doctrine, on a pu voir la
divinité elle-même incarnée en Christ, et le Christ lui-même
est envisagé comme le Dieu corporel qui seul existe.

Tertullien, Origène, Novatien et particulièrement Hippolyte ont combattu cette opinion avec une grande énergie.
Tertullien en nomme les adeptes « *Patripassiani* », tandis
qu'en Orient « *Sabelliani* » devient le terme habituel.
Hippolyte affirme qu'à son époque la question a agité
l'Eglise entière (Philos. IX, 6 : μέγιστον τάραχον κατὰ πάντα τὸν
κόσμον ἐν πᾶσιν τοῖς πιστοῖς ἐμβάλλουσιν), pendant que Tertullien
et Origène témoignent que les opinions de la masse du
peuple chrétien sont monarchiennes.

A Rome, de Victor à Calixte, le modalisme fut la doctrine officielle, et parmi les montanistes, la moitié étaient
modalistes ; l'Eglise de Marcion elle aussi penchait vers
cette manière de voir.

Depuis une ancienne date, on usait dans l'Eglise catholique d'un grand nombre de formules favorables à une
opinion qui en fait répondait le mieux à la foi simple et

non réfléchie (ὁ θεός μου Χριστός). Mais la *doctrine* proprement modaliste ne s'est développée que dans l'opposition contre le gnosticisme et la christologie du Logos :

1° Pour écarter le dithéisme.

2° Pour affirmer la pleine divinité du Christ.

3° Pour couper court à toute tendance au gnosticisme.

Ensuite seulement, on chercha à donner une base exégétique à cette foi pour en faire une *doctrine*. De savants théologiens prirent fait et cause pour elle. Le contact avec la pensée et la science devait être préjudiciable à cette conception religieuse plus qu'à toute autre : il marqua le commencement de la fin, mais l'agonie n'en dura pas moins fort longtemps. On invoqua le secours de la philosophie *stoïcienne* avec son panthéisme et ses formules dialectiques. (Les adoptiens s'appuyaient en partie sur Aristote (voir plus haut). Ainsi la controverse offre par un de ses côtés un lien de parenté avec la controverse entre les platoniciens et les stoïciens sur l'idée de Dieu. (Le λόγος-θεὸς est-il le Dieu final, ou bien existe-t-il derrière lui encore un ὄν apathique qui est Dieu?) Les plus anciens représentants du modalisme ont montré aussi une préoccupation biblique marquée.

a) Cette fois-ci encore, l'*Asie Mineure et Rome* furent les premiers théâtres de la controverse. En Asie nous trouvons Noët (il a été probablement tardivement excommunié), à Rome vers 200 son élève Epigone qui gagna à ses idées Cléomène, puis Sabellius.

Hippolyte prit parti contre eux, mais les évêques de Rome, — Zéphirin entre autres — favorisèrent leur école. Calixte (207-222) originairement modaliste, chercha à contenter tous les partis avec une formule de médiation ; il se vit donc forcé d'excommunier Hippolyte, son évêque rival aussi bien que Sabellius. Sa formule parait avoir effectivement rétabli la tranquillité dans la majorité de l'Eglise. Le fait qu'Hippolyte se tait complètement sur la présence du modaliste Praxéas à Rome, nous montre à quel point nous connaissons imparfaitement les détails (voir Tertullien). Il est vraisemblable que Praxéas vint à Rome déjà avant Epigone (peut-être déjà sous Eleuthère), mais il ne souleva alors aucune dispute. Comme il alla aussi à Carthage, et qu'il était un adversaire décidé du montanisme, Tertullien se sert de son nom pour combattre le modalisme romain en général (vers 210).

Il est certain que Victor qui excommunia Théodote, prit cette mesure non pas en faveur de la christologie du Logos, mais en faveur du modalisme. Cependant il faut bien noter que les deux conceptions monarchiennes sont plus rapprochées l'une de l'autre, que chacune individuellement n'est rapprochée de la christologie du Logos.

Toutes deux représentaient la conception historique et sotériologique de la personne du Christ, en opposition avec la conception naturaliste historique : il y avait entre elles de nombreux points d'attache.

On est dans le doute sur la question de savoir si Bérylle est adoptien ou modaliste. Les passages nombreux des écrits d'Origène nous laissent dans l'incertitude : nous ne savons pas quel parti il combat. La formule de concorde de Calixte est dans tous les cas polychrome.

Noët présente le modalisme sous sa forme la plus simple (voir Hippolyte) : Le Christ est le Père lui-même ; il est né et il est mort. Si le Christ n'est pas le Père, il n'est pas Dieu. Outre la préoccupation monothéiste (les adversaires sont appelés dithéistes), il y a chez lui la préoccupation de la pleine divinité du Christ. (φάσκουσιν συνιστᾶν ἕνα θεόν — τι οὖν κακὸν ποιῶ δοξάζων τὸν Χριστὸν — Χριστὸς ἦν θεὸς καὶ ἔπασχεν δι' ἡμᾶς αὐτὸς ὢν πατήρ, ἵνα καὶ σῶσαι ἡμᾶς δυνηθῇ). Les preuves tirées de l'Ecriture étaient les passages suivants : Exode III, 6 ; xx, 2, ss ; Esaïe XLIV, 6 ; XLV, 5, 14, ss ; Baruch III, 36 ; Jean x, 30 ; xiv, 8 ; Romains ix, 5. Il admettait l'évangile de Jean, mais en disant que Ἰωάννης μὲν λέγει λόγον, ἀλλ' ἄλλως ἀλληγορεῖ. L'idée de Logos est rigoureusement écartée.

Chez Cléomène, la spéculation part de l'idée que Dieu est invisible quand il le veut, mais visible quand il se fait voir, insaisissable quand il le veut, compréhensible quand il se fait comprendre, incréé et créé, immortel et mortel.

Ce sont les vieilles formules ecclésiastiques justifiées au moyen de l'idée stoïcienne de Dieu.

Le Père est le Fils, par ce qu'il lui a plu de venir au monde, il n'y a donc entre les deux qu'une distinction *nominale*, mais cette distinction est aussi dans l'histoire du salut. — Ils en appelaient encore aux théophanies de l'Ancien Testament en faveur de l'identité du Père et du Fils. Il va sans dire que pour eux la divinité elle-même est limitée, comme chez les stoïciens. C'est l'ancien modalisme naïf qui est élevé ici au rang d'une théorie. Qu'on remarque du reste que tous les anciens écrivains chrétiens non philosophes ne connaissent qu'*une seule* naissance du Fils : la naissance de la Vierge.

La théorie échoue, car il n'y a pas de doute que les évangiles supposent l'existence de deux sujets : le Père et le Fils. Les modalistes ont cependant éprouvé de la difficulté à affirmer nettement que le Père a souffert, ils disaient : le Fils qui a souffert est identique avec le Père. (L'évêque Zéphyrin dit : ἐγὼ οἶδα ἕνα θεὸν Χριστὸν Ἰησοῦν καὶ πλὴν αὐτοῦ ἕτερα οὐδένα γενητὸν καὶ παθητόν, mais : οὐχ ὁ πατὴρ ἀπέθανεν, ἀλλὰ ὁ υἱός).

La doctrine de Praxéas et la formule de Calixte sont plus compliquées ; elles nous indiquent que ces hommes avaient pris conscience des difficultés à surmonter : le « Logos » n'est pas une substance, il n'est pas autre chose qu'un son et qu'un mot. Praxéas, dont la tendance et les preuves scripturaires s'accordent absolument avec celles de Noët, établit déjà une distinction plus marquée entre le Père et le Fils. Dieu en s'incarnant s'est fait Fils ; *la chair fait que le Père devient le Fils*, c'est-à-dire que dans la personne du rédempteur la chair est le Fils (l'homme Jésus), et l'Esprit (Dieu, Christ) est le Père. (On en appelle à Luc, ι, 35). C'est le Fils *qui est né*, l'Esprit (Dieu) n'a pas pu souffrir, mais en tant qu'il est entré dans la chair, il a souffert avec le Fils (*pater compassus est filio*).

Aussitôt que cette distinction de chair (Fils) et d'Esprit

(Père) est rigoureusement établie, le modalisme devient adoptianisme. C'est ce qui est arrivé en partie chez Calixte. Dans sa formule de concorde il a admis le Logos — mais comme désignant aussi le Père, — puis il a admis un élément adoptien, ce qu'Hippolyte a bien su remarquer. En fait il a amené la communauté romaine à croire à la christologie du Logos et à la doctrine physique de la déification, en excommuniant son ancien ami Sabellius. Le subordinatianisme à tendance gnostique de Tertullien et d'Hippolyte n'a *jamais* pu triompher à Rome.

Formule de Calixte : τὸν λόγον αὐτὸν εἶναι υἱόν, αὐτὸν καί πατέρα (λόγος-θεός stoïcien) καὶ πατέρα ὀνόματι μὲν καλούμενον, ἕν δε ὂν τὸ πνεῦμα ἀδιαίρετον, οὐκ ἄλλο εἶναι πατέρα, ἄλλο δε υἱόν, ἐν δε καὶ τὸ αὐτὸ ὑπάρχειν καὶ τὰ πάντα γέμειν τοῦ θείου πνεύματος τά τε ἄνω καὶ κάτω· καὶ εἶναι τὸ ἐν τῇ παρθένῳ σαρκωθὲν πνεῦμα οὐχ ἕτερον παρὰ τὸν πατέρα, ἀλλὰ ἕν καὶ τὸ αὐτό. Καὶ τοῦτο εἶναι τὸ εἰρημένον. Jean XIV, 11. Τὸ μὲν γὰρ βλεπόμενον, ὅπερ ἐστὶν ἄνθρωπος, τοῦτο εἶναι τὸν υἱόν, τὸ δὲ ἐν τῷ υἱῷ χωρηθὲν πνεῦμα τοῦτο εἶναι τὸν πατέρα· οὐ γάρ, φησίν, ᾿ερῶ δύο θεοὺς πατέρα καὶ υἱόν, ἀλλ' ἕνα· Ὁ γὰρ ἐν αὐτῷ γενόμενος πατὴρ προσλαβόμενος τὴν σάρκα ἐθεοποίησεν ἐνώσας ἑαυτῷ, καὶ ἐποίησεν ἕν, ὡς καλεῖσθαι πατέρα καί υἱὸν ἕνα θεόν, καὶ τοῦτο ἕν ὂν πρόσωπον μὴ δύνασθαι εἶναι δύο, καὶ οὕτως τὸν πατέρα συμπεπονθέναι τῷ υἱῷ οὐ γὰρ θέλει λέγειν τὸν πατέρα πεπονθέναι.

Le savant et influent Novatien (*de trinitate*) a certainement grandement contribué à l'adoption de la christologie du Logos en Occident. Vers 260, l'évêque de Rome, Denys écrit : Σαβέλλιος βλασφημεῖ, αὐτὸν τὸν υἱὸν εἶναι λέγων τὸν πατέρα.

Cyprien appelle le patripassianisme une hérésie pestilentielle comme celle de Marcion, et même dans le symbole d'Aquilée, recension fille du symbole romain, on introduisit l'addition suivante : *credo in deo patre omnipotente invisibili et impassibili.*

La christologie du Logos n'a cependant jamais trouvé en Occident le sol qui lui était propice, car là on s'en tint beaucoup plus strictement à la formule à laquelle on était réellement intéressé : Christ est véritablement, complète-

ment Dieu et il n'y a qu'*un seul Dieu*. Cette attitude a joué
un rôle extrêmement considérable dans la controverse
arienne. La doctrine de Nicée a appartenu à l'Eglise occidentale du troisième siècle aussi bien que la doctrine du
concile de Chalcédoine, non pas en tant que spéculation
philosophique, mais en tant que l'objet immédiat de la foi,
conforme au symbole. Malgré cela, au deuxième et au
quatrième siècles, bien des docteurs occidentaux qui ne
subissaient pas l'influence de Platon et de l'Orient, continuèrent tranquillement à employer des formules modalistes : c'est ce que fit entre autres Commodien.

En somme, la théologie des Occidentaux jusqu'à Augustin présente un mélange de morale cicéronienne, de
grossière eschatologie primitive, de christologie irréfléchie
avec un modalisme plus ou moins latent (un Dieu unique
au sens absolu, Christ Dieu et homme), et de politique
ecclésiastique pratique (institution de la pénitence). Ce
mélange est complètement étranger à l'Orient. Nous le
constatons chez Arnobe, Lactance, Commodien. Ils ne
sont pas des mystiques, mais des adversaires partiels du
néoplatonisme. Les essais énergiques que tentèrent Hilaire,
et Lucifer dans sa théologie barbare, montrent combien ils
ont eu de peine à se faire aux spéculations de l'Orient.
On comprend aisément qu'en Occident le modalisme ne se
soit pas conservé comme secte aussi longtemps qu'en
Orient, car il put s'abriter sous la doctrine régnante, là
même où le Logos était accepté.

b) Les données que nous possédons sur l'*ancien modalisme en Orient* sont très obscures, car plus tard on a donné
le nom de « Sabellianisme » à tout ce qui s'opposait à
l'hypostase éternelle et immuable du Fils, par exemple à
la doctrine de Marcel.

Au troisième siècle déjà, la spéculation s'empara aussi
en Orient de la thèse modaliste et l'exposa sous des formes
variées et multiples ; en outre, ceux qui nous les rapportent — Epiphane, Athanase, etc., — en ont encore ajouté
qui sont imaginaires. De même qu'on ne peut pas écrire

l'histoire de la christologie du Logos en Orient, d'Origène à Athanase, les sources étant détruites, de même aussi il est impossible d'écrire l'histoire du modalisme.

En Orient, la lutte certainement commença plus tard, mais elle a été plus violente, elle a duré plus longtemps et a amené le développement de la christologie origéniste dans le sens de l'arianisme. Ce développement a été donc antithétique. Le premier mouvement de quelque importance se produisit dans la Pentapole après qu'Origène eût combattu les Modalistes « naïfs » comme des frères chrétiens, et eût vivement blâmé des évêques romains qui établissaient une distinction purement nominale entre le Père et le Fils. La condamnation d'Origène à Rome par Pontien peut aussi avoir eu pour cause ses opinions christologiques. Peut-être Sabellius lui-même est-il allé dans la Pentapole à la fin de sa vie. Il était déjà mort lorsque Denys d'Alexandrie combattit le sabellianisme de cette région.

Ce sabellianisme se distingue de celui de Noët par un exposé théologique plus soigné et parce qu'il donne une place au Saint-Esprit.

Les trois *noms* de Père, Fils et Esprit sont donnés à *un seul* être (autrement on aurait le polythéisme) ; ces trois noms sont en même temps *trois énergies*.

L'être unique est appelé υἱοπάτωρ, nom qui désigne l'essence même de Dieu. Cet être n'est pas simultanément Père et Fils, il agit comme créateur et législateur, comme rédempteur, comme vivificateur dans trois énergies (Prosopes) qui se détachent et se suivent successivement. Cette doctrine jeta en Orient le discrédit sur les idées de *prosopon*, de personne. — Sabellius a-t-il pu réussir à maintenir jusqu'au bout l'idée de la succession stricte ? — Nous ne le savons pas. Il serait possible qu'il ait admis la continuation de l'action du « prosopon » du Père. — Les Sabelliens s'appuyaient sur les écrits de l'Ancien Testament, puis aussi sur l'Evangile des Egyptiens et d'autres apocryphes, ce qui prouve que le canon catholique n'avait pas encore été reçu dans la Pentapole.

Ce modalisme ne se distingue pas de l'ancien par une tendance panthéiste plus fortement accusée, ni par une nouvelle doctrine de la Trinité. (Cela n'arriva que plus tard, au quatrième siècle, bien que les historiens ne le disent pas). Il se distingue par sa tentative de prouver la succession des « faces », par ses considérations sur le Saint-Esprit, et par le parallélisme formel qu'il établit entre la face du Père et les deux autres faces, ce qui l'amenait évidemment à admettre derrière ces « faces » une μονάς-λόγος (συστολή et πλατυσμός) qui ne se révèle pas elle-même, mais se fait connaître par ses effets.

Cette idée fut adoptée par Schleiermacher (Theol. Zeitschrift 1822, 3e livraison). Sabellius fait de la cosmologie le parallèle de la sotériologie en rompant avec la préférence accordée au Père. Il préparait ainsi la christologie athanasienne et augustinienne d'une manière caractéristique. C'est là ce qui fait l'importance de la doctrine de Sabellius en Orient : elle a préparé la voie à l'ὁμοούσιος ; il est probable que des Sabelliens se sont servis de ce terme (comme aussi d'autre part Paul de Samosate). Tandis que jusqu'alors il n'y avait pas eu dans le modalisme de lien solide entre la cosmologie et la sotériologie, le sabellianisme postérieur fit de l'histoire du monde et de l'histoire du salut une seule histoire, celle de la Révélation de Dieu : il s'éleva ainsi au niveau de la christologie du Logos.

Marcel et Athanase ont essayé par des voies différentes de réconcilier la pensée fondamentale du modalisme avec la christologie du Logos ; le premier a échoué, l'autre a réussi en écartant presque complètement l'idée du monde de l'idée du Logos, c'est-à-dire en faisant rentrer le Logos dans l'essence, et même dans l'unité numérique de Dieu, comme les Sabelliens y faisaient rentrer le Fils.

c) *Histoire de la théologie orientale jusqu'au commencement du quatrième siècle.* La première conséquence du modalisme fut que les disciples d'Origène développèrent la théorie christologique du Logos dans un sens décidément subordinatien.

Denys d'Alexandrie alla même si loin, que dans une
lettre doctrinale il désigna le Fils comme une simple créature dont les relations avec le Père sont les mêmes que celles
du cep de vigne vis-à-vis du jardinier, ou celles d'une
barque vis-à-vis du constructeur de bateaux. (Athanas.,
de sentent. Dionys.); Il fut accusé auprès de son homonyme
de Rome vers 260. Celui-ci lui adressa une lettre d'aver-
tissement dans laquelle — fait absolument caractéristique
— il fait du modalisme une hérésie, et où, d'autre part, il
présente la christologie adoptée à Alexandrie comme un
trithéisme. Il le fait sous la forme la plus rudimentaire et
sans y avoir rien compris ! Puis, brusquement, il déclare vrai
le paradoxe que l'on doit croire au Père, au Fils et au Saint-
Esprit, et que ces trois égalent un. Son collègue Alexandre
appuyant alors sur l'autre face de la christologie d'Origène, se soumit et déclara qu'il n'avait pas d'objection
contre le mot d'ὁμοούσιος, que le Père a toujours été Père, le
Fils a toujours été Fils. Le Fils est au Père ce que le
rayonnement est à la lumière, le courant d'eau à la source ;
l'évêque alla même plus loin et déclara que le Fils est déjà
compris dans la dénomination de « Père », mais dans
son écrit diplomatique il s'était pourtant permis une
réserve mentale, car s'il en avait écarté tout μερισμός dans
la divinité, il lui aurait fallu renoncer à la philosophie
néoplatonicienne, c'est-à-dire à la science.

La controverse fut un prologue de la controverse arienne,
elle se termina rapidement et son issue n'obligea pas les
Alexandrins à mettre une limite à leurs spéculations. Ils
montraient d'ailleurs un grand zèle dans leurs efforts pour
mettre dans les communautés la foi philosophique à la
place de l'ancienne foi ordinaire, lorsque celle-ci devenait
gênante. (Denys exerça dans les villages égyptiens une influence hostile au chiliasme, il eut Nepos pour adversaire ;
Eusèbe, H. E. VII, 24, 25) ; en même temps ils cherchaient
à réfuter la philosophie empirique. (Ecrit de Denys sur la
nature, dirigé contre la théorie des atomes). Les chefs de
l'école catéchétique développèrent la doctrine du Logos et

la christologie dans l'esprit d'Origène, non sans tomber dans un polythéisme philosophique subtil. De toute cette volumineuse littérature nous n'avons plus entre les mains que des fragments imparfaits.

Pierius, un Origène junior, a expressément désigné le Père et le Logos comme deux οὐσίαι et deux φύσεις, et il a complètement subordonné le Saint-Esprit au Fils en qualité de troisième ousie. Il enseignait la préexistence des âmes et combattait le sens littéral donné par quelques écrivains, le trouvant insuffisant.

A l'époque de Dioclétien, Théognoste a écrit une dogmatique volumineuse qui dans sa partie systématique est supérieure à celle d'Origène ; la forme de cet ouvrage est celle usitée jusqu'à aujourd'hui. Il a du reste continué l'origénisme dans le sens de l'arianisme.

Un autre origéniste, Hiérakas, a fondé une union monastique, il a vu dans le célibat l'élément nouveau de l'éthique chrétienne ; il aurait à ce qu'il semble davantage insisté sur l'unité substantielle du Père et du Fils. C'est là ce que fit certainement l'évêque d'Alexandrie Pierre, mort martyr en 311. Avec lui, l'évêque d'Alexandrie reprend la même position que Demétrius qui condamna Origène. On ne sait pas quelles furent les circonstances qui accompagnèrent ce fait, mais une chose ressort de ce qui nous reste de ses écrits : c'est qu'il a mis le réalisme biblique — histoire de la création et de la chute — à la place du spiritualisme origéniste qu'il a appelé μάθημα τῆς Ἑλληνικῆς παιδείας.

La réaction de Pierre n'était absolument pas radicale ; il s'est contenté d'émousser des pointes et il a commencé à Alexandrie à établir un *compromis* entre la foi réaliste des simples et la foi scientifique, par le moyen de suppressions et d'additions. L'idéal qui flottait devant ses yeux était une foi *unique*, à la fois ecclésiastique et scientifique. Or les temps n'étaient pas encore mûrs pour cela (voir les Cappadociens) ; la liberté régnait encore dans la théologie et elle menaçait vraiment d'aboutir à une mondanisation et à une corruption complètes. Déjà toutes les conceptions de

l'avenir avaient cours, mais elles n'avaient pas encore reçu
une empreinte fixe et une valeur déterminée.

Ainsi μονάς, τριάς, οὐσία, φύσις, ὑποκείμενον, ὑπόστασις, πρόσωπον,
περιγραφή, μερίζεσθαι, διαιρεῖν, πλατύνειν, συγκεφαλαιοῦσθαι, κτίζειν,
ποιεῖν, γίγνεσθαι, γεννᾶν, ὁμοούσιος, ἐκ τῆς οὐσίας τοῦ πατρός, διὰ τοῦ
θελήματος, θεὸς ἐκ θεοῦ, φῶς ἐκ φωτός, γεννηθέντα οὐ ποιηθέντα, ἦν ὅτε
οὐκ ἦν, οὐκ ἦν ὅτε οὐκ ἦν, ἕτερος κατ' οὐσίαν, ἄτρεπτος, ἀναλλοίωτος,
ἀγέννητος, ἀλλότριος, πηγὴ τῆς θεότητος, δύο οὐσίαι, οὐσία οὐσιωμένη,
ἐνανθρώπησις, θεάνθρωπος, ἕνωσις οὐσιώδης, ἕνωσις κατὰ μετουσίαν,
συνάφεια κατὰ μάθησιν καὶ μετουσίαν, συγκρᾶσις, ἐνοικεῖν, etc.

Un grand nombre de gens les regardaient même dans
leur ensemble comme suspectes et non bibliques.

Les œuvres de Grégoire Thaumaturge, disciple enthousiaste d'Origène, le théologien le plus influent de l'Asie-
Mineure, nous présentent l'image la plus fidèle de l'état de
la dogmatique. On y reconnaît que les « scientifiques »
eux-mêmes, commencent à éprouver des inquiétudes de ce
qu'ils introduisent un paganisme subtil, et de ce que
la christologie est devenue une affaire de philosophie
pure.

En effet, le symbole que Grégoire répandit dans les communautés, renferme à peine une seule phrase où l'on puisse
trouver des réminiscences bibliques ; c'est un compendium
de la plus haute spéculation, il ne rappelle l'Evangile que
par les mots de Père, Fils et Esprit. Et dire que c'est dans
un pareil symbole que l'on devait reconnaître la foi chrétienne !!

Rien d'étonnant à ce qu'il s'élevât une réaction ; mais
elle fut modérée. Çà et là en Orient vers 300, surgissent à
côté de Pierre d'Alexandrie des hommes qui se posent en
adversaires d'Origène et obligent ses admirateurs à prendre
sa défense. L'adversaire le plus considérable et le plus
influent du grand théologien fut Méthodius (vers 300). Il
n'était pas ennemi de Platon, ni de la spéculation, — au
contraire, — mais il voulait arriver à un compromis entre
la science, le réalisme biblique et la règle de foi prise dans
son sens littéral. *Nouvel Irénée*, il voulait une foi unique

qui fût en même temps vraiment ecclésiastique et vraiment
scientifique.

Il fallait alors briser *toutes* les aspérités hérétiques
de l'origénisme, afin que sous cette forme nouvelle cette
doctrine pût être comprise dans la foi ecclésiastique elle-
même (*Réalisme spéculatif*; Méthodius avait lu Irénée).
Il fallait avant tout supprimer dans la cosmologie les vues
pessimistes d'Origène sur le monde. Méthodius déclare que
la matière et le corps humain sont voulus de Dieu, ils seront par conséquent glorifiés et demeureront éternellement.
On supprima également la doctrine d'Origène sur la création éternelle des esprits, sur la chute dans une existence
antérieure, sur l'essence et le but du monde, etc. Puis on
reprit la doctrine *mystique*-réaliste d'Irénée sur Adam
(l'humanité), on lui donna un développement encore plus
mystique, et on y ajouta la théorie de la récapitulation.
Les hommes avant Christ ont été Adam, ils avaient besoin
de rédemption, mais étaient encore dans un état d'enfance.
Par le second Adam le Logos s'unit à nous. Méthodius fait
encore un pas de plus et dit : la nouvelle humanité entière
est le second Adam. Le Logos s'unissant avec chaque
âme individuelle comme avec le Christ, tous doivent devenir Christ.

La descente du Logos du ciel et sa mort doivent se
répéter à l'intérieur de chaque âme. On y arrive non par
le moyen de la connaissance, mais plutôt par la virginité et l'ascétisme.

L'optimisme de la théorie est ainsi contrebalancé par la
négation du monde exprimée dans le rôle attribué à la
virginité. Aucun ecclésiastique avant Methodius n'a exalté
aussi haut que lui la virginité comme moyen d'union
mystique avec la divinité ; il va jusqu'à dire que « la
virginité est le but de l'incarnation. »

Les contours de la dogmatique de l'avenir sont tracés : le
réalisme doctrinal est uni avec la spéculation origéniste,
le dualisme de la foi et de la science de la foi est réduit à
l'unité, la théorie optimiste du monde matériel est unie à

une pratique qui en est la négation ; enfin le but poursuivi étant l'union mystique avec la divinité par le moyen de la virginité, l'importance objective du Christ comme rédempteur n'est pas niée, mais simplement repoussée à l'arrière-plan.

Ce que Méthodius a fait pour la dogmatique, comme développement de la doctrine, les évêques le firent vers l'an 300 pour la règle de foi : ils introduisirent la doctrine scientifique du Logos dans quelques symboles didactiques, et contribuèrent ainsi à supprimer la distinction entre la foi et la dogmatique scientifique. Ils placèrent les principaux résultats de la spéculation presque sous le couvert de la tradition *apostolique*. Les symboles orientaux de l'époque : — symboles de Césarée, d'Alexandrie, des six évêques contre Paul de Samosate, de Grégoire le Thaumaturge, — se donnent pour la *foi* apostolique indiscutable des Eglises, tandis qu'ils sont en réalité des tractations philosophiques de la règle de foi : *la théologie exégétique spéculative est ainsi introduite dans la foi elle-même.* Cela s'est fait au moyen de la doctrine du Logos ; le dogme est maintenant trouvé et incorporé : un être divin est apparu sur la terre *dans son essence*, et cette apparition nous donne la clef de la cosmologie et de la sotériologie.

Cette thèse fondamentale était la seule généralement acceptée. Mais on ne pouvait s'en tenir là aussi longtemps qu'on n'avait pas déterminé quel rapport il y a entre l'élément divin apparu sur la terre, et la divinité suprême. On se demanda : Cet élément divin paru sur la terre est-il la divinité elle-même, ou bien une seconde divinité surbordonnée ? Sommes-nous rachetés pour Dieu, par Dieu lui-même, ou bien nous trouvons-nous seulement dans la religion chrétienne comme dans un système cosmique, et notre rédempteur n'est-il que le Dieu inférieur agissant dans le monde ?

DEUXIÈME PARTIE

DÉVELOPPEMENT DU DOGME ECCLÉSIASTIQUE

———

LIVRE PREMIER

LE DOGME SE DÉVELOPPE COMME DOCTRINE DU DIEU-HOMME, SUR LA BASE DE LA THÉOLOGIE NATURELLE

———

CHAPITRE PREMIER

APERÇU HISTORIQUE

Walch, *Entw. einer vollst. Historie der Ketzereien*, 1762 ss. — Hefele, *Conciliengeschichte*, 2ᵉ édit. vol. I-IV. — *Histoires de l'empire romain*, par Tillemont, Gibbon et Ranke (Weltgeschichte, vol. IV et V). — Réville, *La religion à Rome sous les Sévères*. — Dorner, *Histoire de la doctrine de la personne de Christ* (traduit par Paumier). — H. Schultz, *Die Lehre von der Gottheit Christi*, 1881. — Gass, *Symbolik der griechischen Kirche*, 1872. — Denzinger, *Ritus Orientalium*, 2 vol. 1863 ss.

Au troisième siècle, la religion chrétienne n'a conclu aucun compromis avec n'importe quelle religion païenne, elle s'est tenue à l'écart des nombreux croisements qui furent opérés entre ces religions, et qui, sous l'influence de la philosophie religieuse monothéiste, furent la source de préoccupations religieuses nouvelles. L'esprit de ce mouvement religieux a cependant pénétré dans l'Eglise et y a marqué son empreinte dans des formes de doctrine et de culte qui lui étaient appropriées. Le legs du christianisme primitif, — les saintes Ecritures, — et le legs de l'antiquité, — la spéculation néoplatonicienne, — furent intimement, et en apparence inséparablement unis dans les grandes Eglises d'Orient à la fin du troisième siècle.

Quand la christologie du Logos fut adoptée comme dogme central *de l'Eglise*, la doctrine ecclésiastique fut rivée par des chaînes au sol de l'hellénisme, même pour les laïques. Elle devint ainsi un mystère pour la très grande majorité des chrétiens. Or, c'était là précisément ce que l'on cherchait, car ce n'étaient pas la nouveauté et la clarté d'une religion qui attiraient ; pour contenter les gens, la religion devait avoir quelque chose de raffiné et de compliqué, elle devait être un édifice en style baroque.

Les hommes voulaient y trouver la satisfaction de toutes les aspirations idéalistes de leur nature. A cela s'ajoutait un sentiment de très grande vénération à l'égard de toute tradition, ce qui est un caractère propre aux époques de restauration. Mais comme toujours, en voulant conserver ce qui était ancien, on en fit quelque chose de nouveau, et ce qui était nouveau fut mis sous le couvert de l'ancien. Toutes les prescriptions sur la doctrine, le culte, la constitution, nécessaires à l'Eglise, eurent un caractère « apostolique » ou bien provinrent des Saintes Ecritures, du moins à ce qu'on prétendit. En réalité l'Eglise reconnut pour légitime la présence dans son sein de la spéculation hellénique, des idées et des usages superstitieux des mystères païens, et des institutions d'un état qui tombait en décadence ; elle s'y accommoda et leur prêta ainsi une force nouvelle. Monothéiste en théorie, l'Eglise menaçait de devenir polythéiste en pratique, et de faire une place à tout l'appareil des religions inférieures ou des religions défigurées. Après avoir été représenté par les apologètes comme la religion de la pure raison et de la morale la plus sévère, le christianisme devint la *religion des initiations les plus efficaces, des rites mystérieux et d'une sainteté saisis-*

sable par les sens. Le courant qui portait à inventer des sacrements à l'action purificatrice mécanique, se dessina toujours plus nettement ; et les païens sérieux en furent eux-mêmes scandalisés.

L'adaptation aux habitudes, mœurs et cultes locaux, devait à la longue et nécessairement aboutir à une complète mondanisation de l'Eglise et à son fractionnement en Eglises nationales ; mais les éléments communs se montrèrent d'abord plus puissants que les éléments de division. Le fait de reconnaître les mêmes autorités et les mêmes symboles, de tenir également en haute estime les initiations sacramentelles, l'horreur que l'on nourrissait pour le polythéisme grossier, et la *tendance ascétique* à laquelle on se livrait en regard de la vie de l'au delà, — tout cela, avec une constitution épiscopale solidement et uniformément organisée, formait le fondement commun aux Eglises.

Pourtant cela n'eût pas suffi pour conserver à l'Eglise son unité, si Constantin ne l'eût pas entourée d'un lien nouveau en l'élevant au rang d'Eglise impériale. Sans cela, le fractionnement que l'on observe à partir du cinquième siècle aurait commencé beaucoup plus tôt, car la constitution épiscopale métropolitaine renferme dans son sein un élément centrifuge, et l'ascétisme dans lequel tous les penseurs sérieux se rencontraient, devait nécessairement dissoudre les bases historiques sur lesquelles repose la religion, et détruire l'adoration de Dieu en commun. En outre, dans l'énoncé des autorités et des formules doctrinales, se glissèrent aussi des différences toujours plus nombreuses qui mettaient en question l'unité de l'Eglise. Si l'on prend la fin du troisième siècle comme point observation, on ne peut se défendre de l'impression que le christianisme ecclésiastique a été menacé alors d'une mondanisation complète et d'une dissolution tout à la fois extérieure et intérieure. Eusèbe lui-même a constaté le danger à l'intérieur, immédiatement avant la persécution de Dioclétien (H. E. VIII). Il avoue que les Eglises, — au moins celles d'Orient — étaient menacées de se fondre avec le monde, et que le pur paganisme s'installait au large dans leur sein. — La persécution de Dioclétien ajouta encore le danger extérieur. On ne peut pas dire que ce soit grâce à ses seules forces que l'Eglise ait victorieusement affronté le danger. Elle était alors déjà l'Eglise des évêques et des théologiens. Dans une pareille situation la *théologie* était la seule puissance qui pût maintenir énergiquement le ca-ractère propre de la religion, malheureusement elle était alors bien près de la dissoudre et de la livrer au monde.

Nous avons montré à la fin de la première partie com-ment la théologie philosophique a remporté la victoire dans l'Eglise et a *fait recevoir ses propositions dans les formules de foi.* Sans doute l'ébionitisme et le sabellianisme étaient vaincus, mais bien qu'on se fût débarrassé du gnosticisme, on avait arboré le drapeau de la philosophie néoplatoni-cienne.

Tous les penseurs subissaient l'influence d'Origène, et, comme son système était déjà lui-même hétérodoxe, la théologie alexandrine en se développant ultérieurement de-vait aggraver encore les dangers qu'elle faisait courir à l'Eglise. Origène avait gardé la foi et la gnose sans les mêler, avec son esprit conservateur il avait su admettre tous les éléments de valeur et établir une sorte d'équilibre entre les différents facteurs de la cosmologie et de la sété-riologie ; enfin il avait su donner à sa théologie un ca-ractère biblique en s'attachant rigoureusement aux textes sacrés et en exigeant partout et toujours l'appui de la preuve scripturaire.

Mais ses imitateurs amenèrent des changements.

1° Ses disciples comme aussi ses adversaires s'efforcèrent de mettre la foi et la gnose sur le même plan, d'ajouter un élément philosophique à la règle de foi, et d'ôter quelque chose à la gnose. Or, c'était ainsi justement que la corrup-tion et la confusion contre lesquelles Origène avait eu soin de se défendre, menaçaient de s'introduire : la foi elle-même devint obscure et incompréhensible pour les laïques.

2° Dans la théologie les préoccupations de cosmologie et

de pure philosophie l'emportèrent sur les préoccupations sotériologiques; aussi la christologie redevint-elle, dans une plus grande mesure encore, une doctrine philosophique du Logos, comme chez les apologètes. En outre, l'idée du Dieu cosmique qui est le Dieu inférieur à côté du Dieu suprême, menaça directement le monothéisme. En divers endroits déjà on établissait contre le sabellianisme *des formules de foi* où il n'était plus du tout question du Christ, mais seulement du Logos. On donnait à celui-ci un vrai déluge de prédicats philosophiques et on le glorifiait comme le Dieu manifesté, mais subordonné. Déjà on se mettait à célébrer l'incarnation comme le soleil qui se lève et *éclaire* tous les hommes, déjà on paraissait vouloir s'accommoder à l'idée néoplatonicienne de l'être *unique*, innommable et de sa hiérarchie plus ou moins nombreuse de puissances, de manifestations, de ministres, et on enguirlandait le tout d'une profusion d'expressions techniques philosophiques.

3° Pendant ce temps on laissait quelque peu dans l'ombre l'Écriture Sainte, même prise simplement comme exemple, sans cependant qu'on lui ôtât sa valeur. La théologie composée de ces éléments accepta tout ce qui se tenait dans les lignes de l'origénisme.

Ses représentants, comme Eusèbe de Césarée, se donnèrent pour les *conservateurs*, ils ne voulaient pas que l'on précisât davantage la doctrine de Dieu (la doctrine de la Trinité), et la doctrine de Christ, car pour eux c'eût été innover. Mais, par amour de la science et de la « foi » uniquement, ils s'efforcèrent d'achever la doctrine du Logos en la formulant dans un sens cosmologique, et de subordonner tous les éléments intimes et moraux à l'idée du libre arbitre. Comme eux, la majorité de l'Eglise a toujours éprouvé de la répugnance à préciser les dogmes jusqu'alors laissés dans le vague, car préciser, cela signifie innover.

Ni l'ascétisme héroïque, ni le mysticisme réaliste dans le sens de Méthodius, ni la suppression des hétérodoxies d'Origène ne pouvaient être d'aucun secours.

La théologie, et l'Eglise aussi semblaient emportées par le courant de l'époque sans aucun espoir de salut, quand, au commencement du quatrième siècle, un homme parut, Constantin, qui sauva l'Eglise profondément menacée par des querelles intestines et par la persécution à l'extérieur ; à la même époque, également, parut un autre homme, Athanase, qui préserva l'Eglise d'une complète mondanisation des fondements de sa foi.

Il faut le reconnaître, il y a toujours eu en Orient des réactions contre le développement de la doctrine du Logos qui tend à rendre le Fils complètement étranger à l'égard du Père ; mais Athanase, le premier, a assuré à la religion chrétienne la possession de son domaine propre sur le fondement reçu de la spéculation grecque ; il a tout ramené à la pensée de la rédemption accomplie par Dieu lui-même, c'est-à-dire par le Dieu-Homme qui *par essence est un* avec Dieu.

Les évêques d'Occident appuyèrent Athanase, bien qu'à l'origine ils n'aient pas su voir où était le nœud de la question.

Pour Athanase il ne s'agissait pas d'une formule, mais d'une pensée décisive pour la foi, la pensée de la rédemption à une vie divine accomplie par le Dieu-Homme. La loi ne puise sa force, la vie n'a sa loi, et la théologie ne trouve sa direction que dans la certitude que le divin a paru en Christ. La nature de Christ lui-même est celle de la divinité, et ainsi seulement il est capable de nous élever à une vie divine.

En plaçant ainsi au sommet de la théologie la foi au Dieu-Homme qui seul nous délivre de la mort et du péché, Athanase offrait un mobile des plus élevés à la piété pratique qui vivait alors presque uniquement dans l'ascétisme monacal.

Il établit une union étroite entre le « consubstantialisme », garantie de la divinisation de la nature humaine, et l'ascétisme monacal. Il élève ce dernier de la sphère encore infra-terrestre ou tout au moins incertaine où il demeurait, à une sphère plus élevée, en le mêlant à la vie publique de l'Eglise. En combattant la formule du λόγος κτίσμα et la doctrine néo-platonicienne d'une trinité graduée comme entachées de paganisme et comme niant l'essence du christianisme, il combattit en même temps tout aussi énergiquement le mouvement d'absorption du christianisme dans le monde. Athanase est devenu le père de l'orthodoxie et du monachisme ecclésiastique. Son enseignement n'est pas *nouveau*, seulement *le fait* même de l'existence de cet enseignement, l'exclusivisme de ses vues et de son action étaient choses nouvelles dans un temps où tout menaçait de se dissoudre. Athanase n'a pas été non plus un théologien scientifique au sens strict du terme, mais il est descendu du domaine de la théologie dans celui de la piété et il a trouvé le mot vrai. Il honorait la science, même celle d'Origène, mais il s'écartait de la pensée rationnelle de son époque. Il a accepté les prémisses de cette pensée, mais il ajoute à la spéculation un élément qui n'a jamais pu complètement épuiser le travail de celle-ci, car il n'y avait pour elle rien qui fût plus incompréhensible que cette unité d'essence entre le Dieu au repos et le Dieu agissant. Athanase assura l'existence d'un abîme entre le Logos auquel pensaient les philosophes, et le Logos dont il proclamait le pouvoir rédempteur. Comme il appuyait fortement sur le mystère et ne se complaisait aucunement dans des distinctions nouvelles, ce qu'il dit du Logos parut aux Grecs un scandale et une folie. Athanase n'était pas homme à craindre ce reproche, car il a su dans la spéculation elle même circonscrire à la foi chrétienne le domaine qui lui est propre, et il a ainsi trouvé le moyen d'empêcher l'hellénisation et la mondanisation complètes du christianisme.

En Orient l'histoire des dogmes depuis le concile de Nicée présente deux séries de développement entrelacées l'une dans l'autre. D'abord de tous côtés on précisa l'idée du Dieu-homme au point de vue de la rédemption de la race humaine à une vie divine, — ce qui était la foi d'Athanase. — (C'est l'histoire des dogmes au sens propre du terme.)

Ensuite on dut décider dans quelle mesure le système spéculatif d'Origène, c'est-à dire l'Ελληνικὴ παιδεία devait être tolérée dans l'Eglise ; en d'autres termes, dans quelle mesure la Sainte Ecriture et la règle de foi pouvaient supporter d'être expliquées et spiritualisées par la spéculation. Mille circonstances, même politiques, vinrent augmenter les difficultés que rencontrait la tractation de ces deux problèmes. Cette tractation fut troublée et envenimée parce que l'Eglise ne pouvait jamais permettre que devant ses yeux la théologie retravaillât le dogme, et aussi parce que la grande majorité des chrétiens nourrissait une profonde horreur pour tout travail aboutissant à des formules nouvelles : elle y voyait une innovation et une déchéance de la foi. Il fallait toujours qu'on conservât l'apparence du « semper idem », puisque dans l'héritage apostolique l'Eglise possède tout sous une forme fixe et achevée. Or on mettait ainsi la théologie et les théologiens (et les meilleurs d'entre eux) dans la plus déplorable des situations pendant leur vie, et même après leur mort. Pendant leur vie on les regardait comme des novateurs, et après leur mort, si le dogme avait dépassé leur point de vue, ils tombaient assez souvent dans le discrédit, car le dogme — dont la forme était devenue plus précise, était la mesure employée pour juger même la théologie de l'époque antérieure.

L'Eglise n'arriva au repos que lorsque la formation des dogmes eut cessé. Alors, à côté du dogme achevé vint se placer une théologie à la fois scolastique et mystique, ainsi qu'une inoffensive science de l'antiquité. Ni l'une ni l'autre ne touchèrent plus au dogme, mais, ou bien elles le prirent comme une donnée fixe et en firent l'explication, ou bien elles le considérèrent comme indifférent et le laissèrent de côté. — On avait enfin obtenu ce qui avait toujours été l'objet des soupirs des « conservateurs ». Mais pendant ce temps la piété vivante s'était retirée du dogme, et au fond ne le considérait plus comme la sphère dans laquelle elle vivait, comme son expression propre, primitive et vivante — elle y voyait plutôt le *legs sacré* de l'antiquité et la *condition préalable* qui permet de goûter les bienfaits du christianisme.

Les périodes de l'histoire des dogmes en Orient.

Constantin rendit possible l'unité du développement dogmatique de l'église. Grâce aux synodes œcuméniques, véritables forums publics, une confession dogmatique unique remplaça les symboles des provinces ecclésiastiques. A parler rigoureusement, l'unification des églises ne fut jamais parfaite, et le particularisme national ecclésiastique se fortifia même par le fait qu'il s'opposait au byzantinisme. Mais il fut vaincu en Occident et l'ancien empire romain sauva son existence en se transportant dans l'Eglise romaine. Tandis que l'Orient tombait en décadence et que finalement l'islam démolissait complètement l'œuvre d'Alexandre le Grand, divisant les Sémites et les Grecs, la séparation entre l'Occident et l'Orient devint plus profonde. Cependant jusqu'à la fin de la période de construction dogmatique en Orient, l'Occident a pris à la détermination des dogmes une part très active, souvent décisive.

Ire période. 313 à 381 (383). On précise la complète divinité du rédempteur. Les principaux acteurs de cette période sont Athanase, Constantin, les Cappadociens et Théodose. La victoire est remportée par l'orthodoxie, les causes en sont : la fermeté d'Athanase et de quelques Occidentaux, les circonstances (fin soudaine d'Arius, et des règnes de Julia et de Valens ; avènement en Orient d'un Occidental, Théodose) et enfin le fait que les Cappadociens purent mettre la foi d'Athanase sous le couvert de la science d'Origène, non sans doute sans retrancher quelque chose de cette dernière.

IIe période. 383-451. La science théologique indépendante (Ἑλληνικὴ παιδεία, Origène) est déjà violemment combattue ; les chefs de l'Eglise l'abandonnent et se jettent toujours

plus dans les bras de l'orthodoxie des communautés et
des moines. Entre Antiochiens et Alexandrins s'élèvent
les plus violentes disputes sous lesquelles se cache la
lutte pour le pouvoir. La doctrine correcte l'emporte à
Ephèse en 449 ; seulement comme elle est liée à la domination
des patriarches alexandrins, elle est obligée de partager
leur sort et de triompher sur l'empereur et sur l'Etat.
L'empereur n'a plus autre chose à faire qu'à proclamer
orthodoxe la formule de l'Occident (synode de Chalcédoine), or cette formule est en première ligne étrangère à
l'Orient ; on la trouva hérétique, ce qui ne manquait pas
d'un certain fonds de vérité.

IIIᵉ Période. 451-553. Soulèvement et schisme en Orient
causés par le synode de Chalcédoine ; le monophysisme
s'agite violemment et l'orthodoxie est avant tout perplexe.
Mais le temps où le platonisme spéculatif avait la direction du ménage est passé, la place a été prise soit par la
dialectique et la scolastique aristotéliciennes, même dans
le domaine de la science générale, soit par une mystériosophie qui sait tirer parti de toutes les formules et de tous
les rites. Ces puissances réussirent à s'accommoder la formule imposée (ainsi Léonce de Byzance et l'Aréopagite).
Justinien qui portait l'achèvement dans tous les domaines,
codifie le dogme tout comme le droit, et ferme non seulement l'école d'Athènes, mais aussi celles d'Alexandrie et
d'Antioche. Origène et les théologiens d'Antioche sont
condamnés. Comme science théologique il ne reste plus
qu'une science de deuxième ordre : la scolastique et le mysticisme du culte, lequel est hétérodoxe dans son fond,
comme dans son but, mais extérieurement correct. —
L'Eglise ne réagit pas, car elle a voulu toujours la tranquillité et depuis longtemps la piété s'était jetée dans le
monachisme et les mystères (le culte).

IVᵉ Période. 553-680. Controverse monothélite. Elle est
au fond en partie un épilogue, en partie une répétition de
l'ancienne controverse. Ce n'est pas une conviction qui lui
donne naissance, c'est la politique qui l'engendre. Ici

aussi l'Occident dut venir en aide en apportant une formule anémique.

V⁰ Période. 726-842. En réalité les luttes de cette période
(dispute sur les images) montrent que l'histoire des
dogmes est déjà terminée ; elles portent sur ce qui
est le résultat pratique de cette histoire. On lutte pour
avoir le droit de vénérer mille objets sensibles dans
lesquels on trouve la divinisation du terrestre et l'identification du céleste et du terrestre. Enfin on voit aussi apparaître clairement ce qui dans toute l'histoire des dogmes
semble n'être qu'un facteur secondaire — mais n'en est pas
un en réalité — savoir la lutte pour la suprématie : l'Etat
(l'empereur) et l'Eglise (les évêques et les moines) se la
disputent.

Les formes reçues du dogme et du culte ont en effet une
importance capitale pour cette suprématie. Finalement l'Etat
devra renoncer à établir sa religion d'état, mais moyennant cette concession, il demeurera le maître. L'Eglise conserve son culte et les fruits pratiques du dogme; mais en
définitive elle perd son indépendance, et devient selon les
circonstances, l'appui, le jouet ou même le palladium de
l'état et de la nation.

CHAPITRE II

LA CONCEPTION DU SALUT ET LES TRAITS GÉNÉRAUX DE LA DOGMATIQUE.

Hermann, *Greg.rii Nyss. sententiae de salute adipisc.*, 1875. Schultz, *Lehre von der Gottheit Christi*, 1881. Ritschl, *Die christliche Lehre von der Rechfertigung und Versöhnung*, 2ᵉ édit., vol. I, p. 3 ss.

I. Un fait ressort des controverses dogmatiques du quatrième au septième siècle, c'est qu'on a combattu alors pour la christologie en ayant la conscience qu'elle contenait l'essence même de la religion chrétienne. Sur tout le reste les affirmations furent empreintes d'un caractère d'indécision et n'eurent par conséquent pas la valeur de propositions dogmatiques proprement dites. Il en résulta que l'orthodoxie conçut le salut de la façon suivante : le salut offert dans le christianisme consiste en ce que la race humaine a été rachetée à la vie divine, de l'état de perdition où elle se trouvait et du péché qui y est attaché. Autrement dit : le salut est à la fois une déification et une bienheureuse communion avec Dieu. Cette rédemption s'est déjà accomplie dans l'incarnation du Fils de Dieu, et l'humanité en goûte les bénéfices en s'unissant à lui dans une indissoluble union.

Le christianisme est la religion qui affranchit de la mort et amène l'homme à participer par adoption à la vie et à l'*essence* divines. La rédemption est donc la suppression de l'état naturel par le moyen d'une transformation miraculeuse. (La pensée centrale est celle de la déification). Le bien religieux, — le salut, — est expressément distingué du bien moral, aussi *la pensée de la réconciliation* demeure-t-elle à l'état rudimentaire. On n'admet dans l'économie actuelle qu'une possession provisoire du salut, dont les éléments sont constitués par la vocation, la connaissance de Dieu et du salut, la victoire remportée sur les démons, l'assistance qu'offrent les communications de Dieu, et enfin la participation aux mystères.

Le principe fondamental est donc celui d'Irénée : « Nous devenons divins pour l'amour de Dieu, puisque lui aussi s'est fait homme pour l'amour de nous. » Si on approfondit correctement cette affirmation, on voit qu'elle exige deux dogmes principaux, ni plus, ni moins : Christ est le θεὸς ὁμοούσιος, et ce Dieu consubstantiel a pris dans sa propre *essence* la nature humaine et l'a faite *une* avec lui.

Il a fallu de rudes combats pour établir ces dogmes et jamais ils ne sont parvenus à recevoir une empreinte parfaitement pure ; ils n'ont pas non plus atteint à la domination exclusive qu'ils réclament. Voici pourquoi :

1) Le sentiment de l'Eglise s'opposait à l'établissement des formules dont on avait besoin, car elles étaient *nouvelles*, et les nouveautés même les meilleures étaient regardées comme suspectes.

2) Une des tâches les plus difficiles a toujours été de chercher à exprimer avec pureté la foi de l'Eglise ; or ce travail fut entravé alors par des considérations apologétiques et par d'autres préoccupations également étrangères à son objet.

3) Les formules orthodoxes étaient en lutte avec toute philosophie, elles étaient même une pierre d'achoppement pour la pensée des gens cultivés. Il en fut ainsi longtemps jusqu'à ce que l'on fût arrivé à trouver dans l'incompréhensible le caractère de la sainteté et du divin.

4) La conception du salut accompli par le Dieu-Homme était ajoutée au schéma de la « théologie naturelle » (ou du moralisme), c'est-à-dire entée sur lui. La théologie natu-

relle cherchait toujours à achever le dogme et à le fa-
çonner sur son modèle.

5) Non seulement la doctrine mystique de la rédemption
et ses nouvelles formules n'avaient en leur faveur aucune
parole de l'Écriture, mais encore elles étaient en opposition avec l'image de Jésus-Christ dans les évangiles ; or,
c'est un fait que les idées et les réminiscences du Nouveau-
Testament, et en général toute espèce de données de la
théologie biblique, ont toujours baigné le dogme pendant
ou après sa formation, et ont empêché sa domination exclusive.

6) La christologie occidentale, avec son schéma particulier, est intervenue dans l'histoire des dogmes en Orient et
l'a troublée. Laissé à lui-même, l'Orient eût nécessairement accepté la légitimité du monophysisme ; les évangiles,
l'Occident et les empereurs l'en ont empêché. Une formule
incorrecte l'emporta, mais elle fut correctement développée ;
au contraire, à la fin du quatrième siècle, la formule correcte d'Athanase l'emporta, mais on la développa sous l'influence de la science profane des Cappadociens. Ces deux
décisions eurent une conséquence qui a marqué dans l'histoire du monde : l'Eglise orthodoxe est restée en contact
avec la théologie biblique et avec la science (la scolastique).

2. La doctrine du salut étant rigoureusement maintenue
dans le cadre de la notion mystique réaliste de la rédemption, elle fut en elle-même indifférente à l'égard de la morale ; toutefois il fut universellement admis que le christianisme renferme la vie morale la plus haute. L'homme moralement bon fut donc seul mis en possession du salut, et le
bien moral fut conçu comme un produit de la détermination propre de l'homme, et comme la *condition* qu'il doit
remplir pour entrer dans la félicité. (Ceci concerne la morale positive ; la morale négative, savoir l'ascétisme, fut
envisagée comme le moyen *direct* de la déification). —
L'expression dogmatique de la religion chrétienne fut
ainsi contrebalancée par l'idée du libre arbitre. (Déjà Clément d'Alexandrie avait dit, Protrept. I, 7 : τὸ εὖ ζῆν ἐδίδαξεν

ἐπιφανεὶς ὡς διδάσκαλος, ἵνα τὸ ἀεὶ ζῆν ὕστερον ὡς θεὸς χορηγήσῃ). Or, cette idée est simplement le résumé de toute la théologie naturelle ; l'Église l'a héritée de la philosophie antique, elle l'a envisagée comme présupposée par sa doctrine propre, et elle comptait qu'elle serait généralement admise. Le christianisme grec se meut donc entre deux pôles qui sont seulement placés l'un à côté de l'autre. Il n'y a de *dogmes* proprement dits qu'au sein de la doctrine de la ré-demption ; et d'autre part, il n'y a que des *hypothèses* et des *conceptions*, car sur les points particuliers les divergences ne sont pas interdites. Comme la théologie grecque natu-relle se trouve en conflit sur un grand nombre d'articles avec la lettre et l'esprit de la sainte Ecriture, et avec la règle de foi, — ainsi que le montre surtout la théologie d'Origène, — une foule de questions durent se poser sur *les points secondaires* ; on les résolut toujours plus dans le sens du réalisme biblique et de la lettre de la Bible, contrairement à la raison et aux opinions idéalistes, mais dans son en-semble le schéma du moralisme rationaliste demeura intact (voir la dogmatique de Jean Damascène ; Sophronius de Jé-rusalem : θεωθῶμεν θείαις μεταβολαῖς καὶ μιμήσεσιν). — L'eschato-logie chrétienne primitive ne joua qu'un rôle tout à fait se-condaire à côté du mysticisme sotériologique, du rationa-lisme et du biblicisme. Le biblicisme en vint cependant à la favoriser aussi peu à peu.

Ceci nous est montré par l'histoire de l'Apocalypse dans l'Eglise grecque, et par le fait qu'on recommença à mettre des images apocalyptiques dans la dogmatique ; — il est vrai de dire qu'elles restèrent sans influence réelle. La perspective du *jugement* qui faisait la valeur de l'ancienne eschatologie, n'a donc jamais joué dans la *théologie* grec-que le rôle qui appartient à cet élément d'une haute impor-tance. Bien qu'elle abandonnât l'eschatologie d'Origène, la dogmatique conserva un reste caché de la conception de l'histoire envisagée comme une *évolution*.

3. De ce qui précède, il ressort qu'après avoir mis en lumière les autorités et les sources de la connaissance (A),

nous avons à traiter la théologie naturelle comme la base
de la théorie de la Rédemption. Puis comme celle-ci se réduit à la doctrine de *Dieu* et de l'*homme*, il faudra la traiter
elle-même dans son développement historique comme
christologie (B).

La doctrine des mystères (C) servira de conclusion, car
les mystères peuvent déjà dans l'existence présente nous
faire voir et posséder la divinisation future du fini. Enfin
nous terminerons par une esquisse de l'histoire du système orthodoxe.

Appendice. — Seul l'aristotélisme a permis à l'Eglise
grecque après Origène de retrouver avec Jean Damascène
un nouveau système dogmatique. Mais il faut reconnaître
que ce système manque d'unité.

On puisera l'histoire des dogmes grecs dans les actes et
décisions des synodes, puis :

1) Dans les nombreux ouvrages sur l'incarnation du
Fils de Dieu.

2) Dans les écrits catéchétiques.

3) Dans les écrits apologétiques.

4) Dans les monographies traitant de l'œuvre des six
jours de la création, dans des ouvrages analogues, et dans
les œuvres éxégétiques.

5) Dans les monographies sur les sujets de la virginité,
du monachisme, de la perfection, des vertus et de la résurrection.

6) Dans les monographies sur les mystères, le culte et le
sacerdoce.

7) Dans les sermons.

En utilisant ces sources il faut ne pas perdre de vue
en particulier que les pères ont souvent écrit διαλεκτικῶς, et
que la littérature officielle — littérature synodale — four-
mille de falsifications toujours plus nombreuses, et est sa-
turée d'incorrections voulues.

CHAPITRE III

LES AUTORITÉS ET LES SOURCES DE LA CONNAISSANCE :
L'ÉCRITURE, LA TRADITION ET L'ÉGLISE.

Introductions à l'Ancien et au Nouveau Testament. Jacobi, *Die kirch-liche Lehre von der Tradition und heiliger Schrift*, 1re partie, 1847, Holtzmann, *Canon und Tradition*, 1859. Söder, *Der Begriff der Catholicität der Kirche*, 1881. Seeberg, *Studien zur Geschichte des Begriffs der Kirche*, 1885. Reuter, *Augustin. Studien*, 1888.

L'étendue et la valeur des autorités catholiques étaient déjà essentiellement fixées au commencement du quatrième siécle, bien que leurs rapports réciproques et la façon de les appliquer ne le fussent pas. Au fond de la grande opposition entre la théologie libre et le traditionalisme pur, se trouvait aussi une différence dans la manière de comprendre les autorités, mais on n'en vint jamais à une explication sur ce point.

Pendant l'époque qui sépare Eusèbe de Jean Damascène, des changements survinrent par suite de la recrudescence du traditionalisme, mais personne n'a entrepris d'en dresser l'inventaire. Cela nous prouve que la méthode de mettre la situation de l'Eglise d'alors sous l'autorité de la tradition (des apôtres), n'a pas rencontré d'adversaires sérieux. Seules les sectes protestèrent et réagirent.

1. L'*Ecriture sainte*. Elle a une autorité unique. En se fondant sur elle uniquement, on n'usait pas réellement d'une méthode contraire au catholicisme, car il était admis qu'on pouvait toujours exiger la preuve scripturaire. Mais

jamais on ne s'est entendu d'une façon complètement certaine sur ce qu'il fallait faire entrer dans l'Ecriture sainte
(comparer l'école d'Antioche et sa critique du Canon).

Pour ce qui concerne l'Ancien Testament, le canon hébraï-
que fut longtemps seul reçu en Orient comme faisant
règle ; mais cependant en pratique on admettait les écrits
ajoutés par les LXX et on les copiait aussi avec les autres.
Ce n'est qu'au dix-septième siècle, sous l'influence de
Rome, qu'on mit en Orient sur un pied d'égalité les écrits
canoniques et deutérocanoniques, mais on ne le fit pas
sous forme d'une déclaration officielle.

En Occident l'opinion non critique d'Augustin l'emporta
sur l'opinion critique de Jérôme, dans les synodes d'Hippone 393 et de Carthage 397. Les idées de Jérôme n'exercèrent plus qu'une faible influence. Au canon alexandrin
s'ajoutèrent aussi des apocalypses telles que Hermas et
Esdras.

Quant au Nouveau Testament, Eusèbe s'est borné à mettre fin dans une certaine mesure à un état de grande incertitude. On ne fut même pas satisfait des trois catégories
qu'il admit, et les Eglises provinciales, surtout à l Est,
conservèrent encore leurs anciennes définitions. Cependant l'accord à l'endroit du Nouveau Testament régna
essentiellement en Orient à partir du quatrième siècle,
exception faite pour les Eglises syriennes. Seule l'apocalypse de Jean resta encore longtemps exclue du Canon, et
on peut noter aussi des hésitations sur des matières de peu
d'importance.

La question de savoir comment les épitres de Jacques, II
Pierre et III Jean sont parvenues en Occident, demeure tout
à fait obscure. L'épître aux Hébreux y fut reçue au quatrième siècle, grâce aux fameux médiateurs dont elle parle.

Les opinions d'Augustin sur l'étendue du Nouveau Testament firent règle pour l'Occident tout entier (voir aussi
le soi-disant décret de Gélase). Le Concile de Trente lui
non plus n'a pas pris sur ce point une décision de nature à
dissiper tous les doutes.

Tous les prédicats de l'Ecriture sainte disparurent derrière celui de sa *divinité*. Elle est l'œuvre du Saint Esprit. On lui dévolut exclusivement l'inspiration au sens le plus élevé du terme ; et au nom de cette inspiration on réclama l'exégèse *pneumatique* — allégorique, — on voulut *harmoniser* les textes entre eux, puis leur contenu avec la dogmatique. On envisageait cependant aussi la lettre de l'Écriture comme sainte et renfermant l'élément le plus sacré. (Ceci était dirigé contre Origène). Les laïques et les critiques, avides de miracles comme les Antiochiens, prirent fait et cause pour la lettre et pour l'histoire.

Comme on manquait d'une méthode sûre, on vit s'opposer les uns aux autres l'exégèse pneumatique des Alexandrins, l'exégèse historique et critique des Antiochiens avec sa recherche du type ; et enfin l'exégèse littéraliste réaliste de moines barbares et de théologiens robustes tels qu'Epiphane.

Il se forma peu à peu en Orient un compromis relativement aux passages les plus importants des Ecritures et aux principales opinions sur la Bible.

On repoussa l'exégèse d Origène et encore bien plus celle d'Antioche, — mais sans les réfuter. Par contre on mit en avant l'exégèse réaliste et littéraliste en en relevant le goût par des épisodes mystiques. (Voir Jean Damascène et son exposé de Genèse I-III).

Hilaire, Ambroise, Jérôme et Rufin firent connaître à l Occident la méthode pneumatique-scientifique des Cappadociens. Avant et après, ce fut l'absence de système qui régna. Le respect pour la lettre s'associait à des incursions faites sur le domaine de l'allégorie et à des préoccupations chiliastes. Jérôme était trop paresseux pour enseigner à ses contemporains des notions meilleures ; Augustin s'est bien instruit auprès des Grecs, mais il ne s'est pas élevé au-dessus d'eux, il ne s'est pas même élevé à leur niveau. Il a donné droit de cité en Occident à la théologie scripturaire avec les hésitations de sa triple ou quadruple interprétation, et avant tout au biblicisme strict. Il savait cependant

lui-même que la vérité religieuse est un état d'esprit déterminé, auquel l'Ecriture peut seulement vous *conduire*, et
qu'il y a une liberté chrétienne qui est libre même à l'égard
de l'Ecriture sainte. *(De doctrinâ christianâ).*

L'exégèse d'Antioche, plus méthodique, a exercé une
action sur l'Occident, en particulier par Junilius, sans
qu'elle pût remédier à l'absence de méthode et aux digres-
sions tendencielles des exégètes. En fait, l'Ecriture Sainte
a reçu dans la vie de l'Eglise en Occident une place autre
qu'en Orient; elle se tient davantage au premier plan.
(Auparavant il en était autrement en Orient. Voir par
exemple Cyrille de Jérusalem). Ceci s'explique surtout
par l'influence d'Augustin et par le fait que la dogmatique
ecclésiastique en Occident n'a pas été aussi envahissante
qu'en Orient.

Comme l'étendue de l'Ecriture ne fut jamais déterminée
avec certitude, ses attributs ne le furent pas non plus. On
dut nécessairement apporter quelques faibles restrictions
à l'attribut de l'infaillibilité, mais jamais on ne parvint à
une conception pleine et complète de la suffisance de
l'Ecriture. On demeura aussi, comme auparavant, dans
les mêmes incertitudes sur les rapports réciproques des
deux Testaments. L'Ancien Testament est un livre chrétien comme le Nouveau. Il est toujours, en tout et partout,
le témoignage de la prophétie, il est le livre qui contient la
vérité de la foi enfermée entre certaines barrières et char-
gée de certains fardeaux ; il a été et il est encore le péda-
gogue qui conduit à Christ.

2. *La tradition.* L'Ecriture ne réussit pas — au moins
en Occident — à se dégager des conditions qui lui ont
donné naissance et à devenir une autorité complètement
indépendante.

L'Eglise avec ses doctrines et ses institutions était en
elle-même et par elle-même une source de connaissances
et une autorité garantissant la vérité. Au fond, tout en
elle est *apostolique*, parce qu'elle est la création des apôtres.
— Ceci nous fait voir pourquoi on ne put arriver à dres-

ser l'inventaire de la tradition. — En fait, la tradition demeura toujours élastique. On affirme que ce qui doit appartenir à l'Eglise apostolique, a le caractère apostolique, donc est ancien. Seulement au premier abord on ne renonça pas à établir des distinctions et à donner des preuves.

La tradition était avant tout la *foi* de l'Eglise. Les symboles étaient reçus comme apostoliques. Cependant l'Eglise romaine a été seule à donner son symbole comme apostolique au sens strict du mot, c'est-à-dire comme rédigé par les apôtres. Le *contenu* des symboles de Nicée et de Chalcédoine fut aussi accepté comme apostolique, et même comme l'héritage apostolique « par excellence » et comme la quintessence de l'Ecriture Sainte. Néanmoins la relation entre l'Ecriture et le symbole demeura amphibologique. En Orient, le symbole de Constantinople devint le symbole principal. En Occident ce fut le symbole apostolique : on dut l'expliquer d'après celui de Constantinople.

On mit aussi les ordonnances de la constitution et du culte sous la protection de la tradition apostolique, en donnant comme preuve à l'appui les légendes sur les apôtres et le fait que ces ordonnances étaient généralement répandues.

En outre, sous l'influence de Clément et d'Origène, on commença à introduire l'idée d'une tradition non écrite, apostolique dont le contenu, complètement indéterminé, comprenait aussi des enseignements dogmatiques, ainsi que — mais extrêmement rarement — les expressions relatives à la Trinité et à la christologie. L'intelligence de ces enseignements n'était pas accessible à tout le monde. Ces idées furent partagées en particulier par les Cappadociens.

Bien que cette conception gnostique d'une tradition secrète eût acquis de plus en plus droit de cité, elle fut pourtant trouvée dangereuse ; on n'en fit usage dans les questions dogmatiques que dans les cas d'extrême nécessité, par exemple pour la doctrine du Saint-Esprit ; d'ordinaire on l'appliqua aux mystères et aux rites qui leur sont attachés.

Comme c'était chose reçue que l'autorité appartient à l'Eglise en vertu de son union avec le Saint-Esprit (Augustin : *Ego evangelio non crederem nisi me catholicae ecclesiae commoveret auctoritas)*, les questions suivantes durent nécessairement se poser :

1° Par qui et quand l'Eglise parle-t-elle ?

2° Comment expliquer les innovations dans l'Eglise, spécialement dans le domaine de la doctrine, alors que l'autorité de l'Eglise a bel et bien ses racines dans son apostolicité, c'est à-dire dans sa stabilité.

Ces deux questions ne furent malheureusement jamais réellement posées, aussi les réponses qu'on leur donna furent-elles toujours très variables. Bien que la théorie avancée de Cyprien soit restée longtemps sans être généralement admise, et que l'opinion d'après laquelle chaque évêque est infaillible n'ait jamais surgi, on s'accorda à penser que c'est l'épiscopat qui représente l'Eglise (Voir Eusèbe, *Hist. Eccles.*). Cependant on attribuait aux synodes provinciaux une certaine inspiration. Constantin a convoqué le premier synode œcuménique et on a déclaré les décisions infaillibles. L'idée que le concile de Nicée du quatrième siècle a une autorité infaillible reçut lentement droit de cité, elle fut ensuite appliquée aux conciles suivants, mais cependant il y eut un synode (le 3e) qui reçut seulement après coup la gratification d'œcuménique, et enfin la différence entre ces synodes œcuméniques et les synodes provinciaux demeura longtemps flottante.

On peut se demander, par exemple, si le synode d'Arles fut œcuménique. C'est Justinien qui a placé les quatre conciles à une hauteur inaccessible. Après le IIIe concile on admit fermement en Orient que les sources de la vérité chrétienne sont l'Ecriture et les décisions du IIIe synode œcuménique. On prétend souvent encore en Orient, jusqu'à nos jours, que ces sources sont les seules que possède l'Eglise et dont elle ait besoin.

Tout cela paraissait simple et logique, mais au fond ne résolvait aucunement les difficultés ; on n'avait pas toujours des conciles à sa disposition et il y avait cependant d'autres autorités dont il fallait aussi tenir compte. On se demandait : Comment faut-il se comporter quand l'Eglise n'a pas encore parlé ; et : les grands sièges épiscopaux apostoliques ou les évêques des capitales n'ont-ils pas droit à une autorité particulière ?

1. L'Eglise parle aussi par le moyen d'anciens témoignages unanimes. Le témoignage des Pères est important, il est même décisif. Ce qui a, en sa faveur, la qualité d'être général et antique — est vrai.

Cette idée de « l'antiquité » devint toujours plus élastique. A l'origine, les « anciens » furent les disciples des apôtres, ensuite on compta également la troisième et la quatrième générations parmi les anciens ; puis Origène et ses disciples devinrent eux aussi les « anciens » et finalement toute l'époque avant Constantin fut envisagée comme l'antiquité classique. — Comme il n'y avait que peu de matériaux utilisables datant de cette époque-là, on s'appuya sur Athanase et les pères du quatrième siècle, par ce qu'ils étaient les « anciens », et sur de nombreuses falsifications que l'on mit sous le nom des pères du deuxième et du troisième siècles. Dans les conciles, on se borna toujours plus volontiers à ne compter que les voix des « anciens », et on apporta de vastes chrestomathies à l'appui des formules et propositions nouvelles. Les décisions furent donc prises de plus en plus d'après des autorités, et il faut bien le dire, ces autorités on commençait souvent par se les forger ! — Si le concile était infaillible, c'était donc en raison de ce que, et pour autant qu'il n'enseignait rien de contraire aux « pères ». Son infaillibilité n'est donc absolument pas directe.

2) Dans la question de l'étendue des Ecritures, Augustin a tenu compte encore de la considération particulière dont jouissaient les sièges apostoliques, même en Orient.

Mais cette autorité fut détruite en Orient au profit des sièges des capitales, et Constantinople arriva au premier rang, non sans qu'une vive opposition ne fût faite par l'évêque de Rome. Celui-ci était seul capable non seulement de maintenir son ancienne autorité en Occident, mais encore de l'élever plus haut, car son siège était l'unique siège apostolique en Occident, celui de Pierre et de Paul, et après la chute de l'empire romain, il devint le centre des restes du romanisme en Occident.

A la faveur des circonstances politiques et ecclésiastiques, l'évêque de Rome put même affermir son autorité en Orient, bien qu'elle y fût sujette à de grandes variations.

L'évêque de Rome a été toujours entouré d'une considération particulière, bien qu'on ne puisse pas la définir exactement.

Elle n'a cessé en Orient qu'au jour où l'Orient et l'Occident n'ont en réalité plus rien eu de commun. Mais avant la fin de son autorité en Orient, l'évêque de Rome, en s'alliant avec l'empereur, était arrivé à réprimer toutes les tendances à la primauté qui se manifestaient chez certains évêques, et surtout chez celui d'Alexandrie. Les controverses christologiques aidèrent à cette répression.

Les grands sièges patriarcaux d'Orient, affaiblis par les schismes, partiellement réduits à leur importance réelle, se trouvaient alors en général dans une situation d'égalité. Les hommes qui les occupaient firent montre dans leurs actes d'une sorte d'autorité dogmatique, sans qu'elle fût définie, ni dans sa nature, ni dans ses rapports avec les synodes œcuméniques. En effet ces sièges ne constituent en réalité qu'une *partie* de l'antiquité.

De ce qui précède, il ressort que les conciles n'ont pas le pouvoir de donner à l'Eglise de nouvelles révélations, leur rôle légitime se borne à conserver l'héritage apostolique. Voilà pourquoi on a eu tant de difficultés à faire recevoir de nouvelles formules telles que l'*homoousios*, l'unité essentielle de la trinité et les deux natures, etc.

Si à la fin la doctrine de Nicée put être établie, c'est qu'elle était arrivée elle-même à faire partie de l'antiquité. Après cela on se donna beaucoup de mal pour faire dériver du symbole de Nicée toutes les formules nouvelles. On fit ce qu'Irénée avait fait autrefois : on donna comme prescrite une explication précise que l'on ajoutait au texte lui-même. On n'a pas même pleinement affirmé en Orient le pouvoir des conciles *de donner l'explication* authentique des doctrines. Aussi fut-il bien rare que l'on excusât les pères, en concédant qu'à l'époque où ils vivaient le dogme n'était pas encore expliqué, ni nettement formulé.

Par contre un Occidental, Vincent de Lerins, a dit dans son *Commonitorium* que le critère de la vraie tradition est : ce qui est l'objet de la foi partout et depuis l'antiquité. Il a aussi mis en garde contre les hérésies des pères qui d'ailleurs sont en général orthodoxes, puis il a pourtant reconnu qu'il y a un progrès « organique » qui va de l'indéterminé au déterminé, et il a désigné les conciles comme les facteurs de ce progrès (*excitata hæreticorum novitatibus*). Augustin a fait cette déclaration expresse : aussi longtemps que dans une question il n'est pas survenu une décision qui dissipe toute équivoque, on doit conserver le lien de l'unité entre évêques d'opinions divergentes. L'évêque de Rome a toujours agi d'après cette règle, seulement il s'est réservé le droit de prendre les décisions et de choisir le moment propice.

L'idée de la tradition n'est donc pas claire. En *théorie*, l'élément de la hiérarchie n'y joue pas le premier rôle. En thèse générale, la succession apostolique n'a pas eu du tout une grande place dans la preuve tirée de la tradition, même en Occident. A partir de l'époque des conciles, l'autorité des évêques, en tant que porteurs de la tradition, disparaît pour faire place à celle des conciles. Peut-être même est-ce trop s'avancer que d'affirmer cela ; tout étant également rempli d'incertitude. — L'Eglise grecque ne s'étant pas modifiée depuis Jean Damascène, les Grecs ont très clairement conscience de ce qui est le fondement de la religion : c'est l'Ecriture Sainte et l'Eglise elle-même, non comme puissance vivante, mais à cause de ses doctrines et de ses ordonnances immuables et vieilles de mille ans.

L'Ecriture elle aussi doit être expliquée d'après la tradition. Au fond celle-ci est encore toujours double : tradition publique des conciles et des pères, et tradition secrète qui confirme les mystères, leur rituel et leur explication.

3. *L'Eglise.* — Elle fut regardée avant tout comme la garantie de la vérité de la foi et la dispensatrice des mystères.

On ne réfléchit davantage à son sujet que lorsqu'on s'occupa de l'Ancien Testament, de la fausse Eglise des Juifs, de l'hérésie, de l'organisation de la chrétienté, ainsi que des prétentions de l'évêque de Rome. (Christ, dit-on, est seul le chef de l'Eglise).

Dans la suite, l'instruction catéchétique représenta l'Eglise comme la communauté de la vraie foi et de la vertu : il peut difficilement se rencontrer des hommes sages et pieux en dehors d'elle.

On répéta les déclarations bibliques : elle est unique et sainte, gouvernée par le Saint-Esprit, l'Eglise catholique, par opposition aux associations nombreuses et impies des hérétiques. On identifia, cela va sans dire, l'Eglise empirique, visible, avec l'Eglise de la foi et de la vertu, sans entrer pourtant dans des considérations plus complètes sur le *corpus verum* et *permixtum*, et sans tirer en une fois toutes les conclusions qu'exigeait cette identification.

Au fond, malgré tout, l'Eglise ne fut pas une conception dogmatique, elle n'a pas formé un anneau de la chaîne des doctrines du salut, ou bien cela n'arriva que lorsqu'on vit en elle l'institution des mystères, dont au reste le moine pouvait s'émanciper.

Ce fait s'explique par les idées étroites des Grecs sur la tâche de l'Eglise et par la théologie naturelle. L'Eglise, c'est la race humaine, la somme des individus qui acceptent le salut. La doctrine du salut est renfermée tout entière dans les notions de Dieu, de Christ, des mystères, des individus. On n'exploita pas dans le domaine dogmatique les idées de l'Eglise mère des croyants, création divine, corps de Christ. La doctrine mystique de la rédemption et la doctrine de l'eucharistie n'ont pas contribué à faire assigner à l'Eglise une place dans la dogmatique. (Jean Damascène par exemple ne lui fait pas de place). Bien qu'essentielle, son organisation n'a pas été développée au delà de l'épiscopat, et on la traita rarement comme un dogme. L'Eglise n'est pas le legs des apôtres, mais du Christ, et son importance comme institution du culte passe au premier plan.

Tout ceci concerne l'Eglise d'Orient. En Occident, la controverse donatiste posa la base de nouvelles et riches conceptions de l'Eglise, mais à la fin de la période ancienne, l'Eglise fut divisée en grandes fractions : l'Occident, l'Eglise de Byzance, et l'Orient sémitique, lequel fut lui-même bien des fois morcelé. Chacune de ces parties se considéra comme la seule Eglise, comme catholique et se vanta de la possession de ses palladiums particuliers.

A. Les présuppositions de la doctrine de la Rédemption; la théologie naturelle.

La théologie naturelle est essentiellement la même chez tous les pères, mais elle offre des nuances suivant que le platonicisme ou l'aristotélisme l'emportent, et suivant le plus ou moins d'influence que la lettre de la Bible a exercé sur elle.

———

CHAPITRE IV

DIEU LE CRÉATEUR CONSIDÉRÉ COMME L'AUTEUR DU DON DU SALUT.

Les traits fondamentaux de la doctrine de Dieu demeurèrent tels que les apologètes et les Pères adversaires du gnosticisme les avaient fixés. On les opposa en particulier aux doctrines manichéennes, et c'est à peine s'ils furent modifiés par le développement de la doctrine de la Trinité: le Père fut alors considéré comme la racine de la divinité. Cependant, avec la tendance biblique grandissante, se glissèrent toujours plus dans la théologie des conceptions anthropomorphiques. Sur la question de la possibilité de connaître Dieu, il y eut dispute entre les Platoniciens et les Aristotéliciens (Eunomius, Diodore de Tarse, surtout depuis le commencement du sixième siècle). Cependant au fond on était d'accord. On dit bien que Dieu ne peut être connu que par la révélation, et plus exactement par Christ, et cependant en règle générale on ne tire pas les conséquences renfermées dans cette thèse, mais on s'élève du monde à Dieu en s'en tenant toujours aux anciennes démonstrations et en les complétant par la preuve ontologique (Augustin). Des théologiens néoplatoniciens admirent une perception de Dieu immédiate, intuitive au suprême degré, mais néanmoins ce sont eux précisément qui ont développé la forme scolastique de la connaissance de Dieu. (Le soi-disant aréopagite dit : négation, éminence, causalité).

La plus haute affirmation sur l'essence de Dieu, c'était toujours qu'il est le Non-monde, la substance pneumatique, immortelle, apathique (l'ὄν), qui seule existe. Les Aristotéliciens faisaient place à l'idée de cause et de finalité, sans cependant corriger effectivement le schéma platonicien. La bonté de Dieu est dans sa perfection, son absence d'envie et sa volonté créatrice. (Augustin tend à une conception meilleure : Dieu est l'amour qui délivre les hommes de l'égoïsme). Les attributs de Dieu furent également traités comme l'expression de la causalité et de la puissance : on faisait abstraction de l'idée du salut. (La conception d'Origène fut tempérée, c'est-à-dire corrigée). A côté de la conception naturaliste de Dieu conçu comme l'Etre, se place le moralisme qui envisage Dieu comme le rémunérateur et le juge. Ici encore, c'est à peine si l'idée de la rédemption a exercé une influence sensible, (cette influence est moindre que chez Origène), car on accorda une valeur égale aux idées de « récompense » et de punition. Augustin cependant a reconnu l'inanité d'une doctrine de Dieu qui place Dieu au commencement et à la fin, et fait l'homme indépendant vis-à-vis de Dieu, au lieu de reconnaître en lui la puissance du bien et la source d'une vie personnelle sainte.

La cosmologie des Pères peut donc se formuler ainsi : l'idée du monde a été en Dieu lui-même de toute éternité. Dieu s'est librement décidé à créer ce monde par le moyen du Logos, lequel renferme toutes les idées. Le monde a eu un commencement et aura une fin ; il a été créé en six jours, de rien sur le modèle d'un monde supérieur conçu par Dieu ; l'homme en est le sommet. Si Dieu a créé, c'est pour donner une marque de sa bonté et pour faire participer les créatures à sa vie bienheureuse.

Cette thèse écartait les hérésies d'Origène, entre autres son pessimisme. Cependant on ne réussit pas partout à se mettre d'accord avec le sens textuel de Genèse Ià III, et en concevant un monde supérieur (κόσμος νοερός), dont le monde terrestre n'est qu'une image affaiblie, on conserva une part considérable de la doctrine néoplatonicienne d'Origène, sur laquelle ensuite les mystiques platonisants, depuis le faux Denys l'Aréopagite, élevèrent leurs constructions dogmatiques étendues. Du moment où l'on réussissait en quelque façon à paraître conserver Genèse I-III, on ne s'apercevait plus guère des hérésies panthéistes. La théodicée, rendue toujours nécessaire à cause du manichéisme et du fatalisme, chercha à se maintenir par des considérations empiriques ; mais comme elle devait être aussi une théologie naturelle, ses incertitudes, et sa casuistique souvent fort singulière, font bien voir quelles étaient ses anciennes racines. On en appela à la nécessité et à l'utilité pour la créature de posséder une liberté dont les conséquences nécessaires devaient être le mal et le péché ; on invoqua l'innocence du mal pour l'âme. la non-réalité du mal et son utilité comme moyen de purification.

Quant aux esprits célestes, ils sont créés par Dieu, ils sont libres et privés de corps matériel ; ils ont traversé une crise dans laquelle une partie d'entre eux est tombée. Dieu emploie les bons comme instruments de sa royauté sur le monde. L'existence du mal dans le monde doit être attribuée aux mauvais esprits. Dieu les laisse faire, car ils sont incorrigibles et leur pouvoir presque illimité sur le monde peut seulement briser la croix ; ils marchent au-devant de leur damnation. (Ceci est contraire à l'opinion d'Origène.)

Depuis le quatrième siècle, la tendance polythéiste se

tourna toujours plus décidément vers les anges et les démons, et déjà vers 400 les moines et les laïques eurent
pour ceux-ci une piété plus vivante que pour Dieu. Bien
qu'en 360 le synode de Laodicée eût déclaré le culte des
anges une idolâtrie, leur adoration fut toujours mieux
acceptée : on croyait à des anges protecteurs et on avait foi
en leur intercession. Au septième concile en 787, l'adoration (προσκύνησις) des anges fut instituée par l'Eglise. Le fait
suivant contribua fortement à amener ce résultat : à partir
environ de l'an 500, la théologie scientifique sous la forme
du mysticisme néoplatonicien fournit un prétexte pour
accepter l'autorité des anges, car elle leur donne dans son
système une place très importante, ainsi du reste qu'avaient
déjà fait les théologiens d'Alexandrie : la hiérarchie des
anges est le déploiement du divin, dont d'autre part ils
sont les médiateurs pour les hommes. La hiérarchie terrestre avec ses degrés, ses compétences, ses consécrations,
correspond à une hiérarchie céleste avec des degrés, des
sacrifices célestes, des intercessions, etc.; les deux s'unissent dans le culte. (Voir l'Aréopagite et ses commenta-
teurs.) Ainsi naquit une nouvelle théosophie ecclésiastique.
Elle avait été préparée depuis longtemps ; n'importe : elle
était purement et simplement païenne. En définitive, cette
théosophie montre clairement que les idées de la création
et de la rédemption avaient été honteusement escamotées,
et qu'on réintroduisait les fantaisies du panthéisme formé
par la théosophie baroque de l'antiquité mourante : Tout
ce qui est, dérive de Dieu par des rayonnements multiples,
et comme tout est éloigné de Dieu, tout doit être purifié et
ramené à lui.

Cela se fait dans des *procès nécessaires* arrangés de manière à tenir compte de tous les besoins, même les plus
grossiers, et à respecter toutes les autorités et toutes les
formules. — On menaçait ainsi de faire disparaître le Dieu
vivant en dehors duquel l'âme ne possède aucun bien.

CHAPITRE V

On peut dire que les points suivants furent généralement admis par les pères orthodoxes : l'homme créé à l'image de Dieu est un être libre qui se détermine lui-même. Il a été doué de raison, afin qu'il se décide en faveur du bien et qu'il jouisse d'une vie immortelle. Il s'est volontairement laissé séduire et a manqué sa destinée en se livrant au péché et en continuant à s'y livrer toujours plus, sans cependant qu'il ait perdu la possibilité et le pouvoir de vivre d'une vie vertueuse, et la capacité de devenir immortel. La révélation chrétienne, qui donne la pleine connaissance de Dieu, vient au secours de la raison obscurcie, elle offre, elle rétablit, et accroît la possibilité d'arriver à l'immortalité. La connaissance décide donc du bien et du mal. En réalité, la volonté n'appartient pas au domaine moral.

Dans le détail les opinions varièrent considérablement et l'on se posa les problèmes suivants :

1) Que possédait l'homme à l'origine et quelle était sa destination ?

2) Jusqu'où va la nature et où commence le don de la grâce ?

3) Quelle est l'étendue des suites du péché ?

4) La volonté pure constitue-t-elle l'être de l'homme, ou bien est-il conforme à la nature de l'homme d'être bon ?

5) De combien de parties se compose l'être humain ?

6) En quoi consiste l'image de Dieu ? etc.

Les réponses diverses données à ces questions sont dans leur généralité des compromis : 1) Entre la théorie religieuse et scientifique. (doctrine d'Origène) et Genèse, I à III; 3) Entre les préoccupations du moralisme et les préoccupations de la rédemption par Christ; 3) Entre le dualisme et l'idée du corps organe nécessaire et bon.

1. — L'idée centrale est celle de la liberté innée dans laquelle la raison est comprise. Elle constitue l'image divine et implique l'indépendance vis-à-vis de Dieu. Quant à savoir si l'élément matériel et créé appartient seul à la nature de l'homme, c'était un point discuté. Cependant cette controverse était assez indifférente, car la nature glorieuse de l'homme était toujours considérée comme un don de la grâce et la plupart envisageaient ce don de la grâce comme une nature. L'être de l'homme fut représenté comme divisé en trois, par d'autres comme divisé en deux. La conception hellénico-origéniste d'après laquelle le corps est une prison fut en définitive officiellement écartée. L'homme est bien plutôt un esprit doué d'un corps, il est un microcosme, et le corps est aussi chose voulue de Dieu.

Cependant l'idée grecque et origéniste n'a jamais cessé de faire sentir son influence, puisque la morale positive devait toujours céder le pas à la morale négative (ascétique); elle reçut même un couronnement ascétique dans la notion des œuvres surérogatoires. — Sans doute, les mystérosophes platoniciens postérieurs ont bien su faire valoir l'idée de la glorification du corps, mais ils se figurent trop l'élément corporel comme une chose absorbante; — on ne pouvait cependant plus être tracassé au sujet du sens littéral de la formule « Résurrection de la chair. »

Au sujet de l'origine de chacune des âmes, on dit que l'âme n'est pas une partie de Dieu; mais telle était pourtant au fond la pensée de beaucoup de théosophes En 553, la *préexistence* enseignée par Origène fut expressément condamnée, mais le *traducianisme* ne put pas être adopté, au contraire l'opinion *créatienne* prédomina, d'après laquelle il y a création continuelle d'âmes individuelles.

Quant à la notion de l'image de Dieu, on se mouvait dans une antinomie. La bonté et la pureté ne pouvant être que le produit de la liberté humaine, cette image innée ne doit pas consister dans la possibilité d'atteindre l'une ou l'autre de ces deux vertus, mais dans une *détermination* de la raison et de la liberté, qui a été partiellement perdue. Les idées sur l'état primitif étaient donc aussi amphibologiques que chez Irénée.

D'un côté la perfection rationnelle de l'homme aurait été réalisée au commencement, puis restaurée par Christ, d'un autre côté l'état primitif aurait été un état d'enfance à partir duquel l'homme se développe et parvient à la perfection ; l'homme ne pouvait par conséquent jamais perdre cet état, mais seulement l'améliorer. (Les Antiochiens affirment cela avec une énergie toute particulière). L'enseignement des Cappadociens sur l'état primitif est essentiellement semblable à celui d'Origène. Dans la suite on fut contraint de suivre de près la Genèse, ce qui eut pour résultat d'émonder les spéculations des Cappadociens aussi bien que les opinions rationalistes des Antiochiens.

Des doutes relativement à l'état primitif surgirent aussi des incertitudes qui régnaient sur la notion de l'ascétisme. Ces incertitudes ne furent jamais levées dans l'Eglise grecque : les uns voyaient dans l'ascétisme l'état naturel de l'homme conforme à sa destinée ; les autres, en particulier les Antiochiens, y voyaient un état supra-terrestre et supra humain.

2. — Au sixième siècle on repoussa expressément la doctrine d'Origène sur une chute préhistorique. On reconnut que dès son origine, c'est-à-dire depuis Adam, la race humaine s'est détournée du bien. La cause de ce fait, ce n'est ni une puissance de péché innée à l'homme, ni la matière, ni Dieu, ni l'hérédité du péché d'Adam (car Adam est pour la plupart le type et non l'auteur de la race des pécheurs), mais la cause, c'est un abus de la liberté provenant d'une séduction démoniaque et de la transmission d'habitudes mauvaises. Il y avait en outre chez la plupart, à l'arrière-

plan et à l'état latent, une pensée dont ils ne savaient pas s'affranchir, savoir que la nature matérielle et la faiblesse innée de l'homme sont plus ou moins nécessairement la source de l'attrait qu'il éprouve à s'éloigner de Dieu. Cet attrait est donc la conséquence du fait que l'homme est soumis à la mortalité, celle-ci étant naturelle (Antiochiens), ou héritée, ou bien acquise par la faute de l'homme. On trouve par conséquent chez les mêmes pères ces affirmations contradictoires que le bien est naturel à l'homme et que le péché lui est aussi naturel. Les déclarations de la Genèse et de Romains V obligèrent toujours plus les Grecs — malgré leurs théories empiristes et rationalistes, — à attribuer à la chute d'Adam une importance dans l'histoire universelle.

Mais pendant des siècles ils ont refusé d'accepter la doctrine d'Augustin sur le péché originel, ils l'ont même déclarée une doctrine manichéenne. Comme ils ne pouvaient plus conserver intacte la doctrine d'Origène, et comme la Bible condamnait le rationalisme logique des théologiens d'Alexandrie, ils restèrent embourbés dans de pures incertitudes. La plupart faisaient dériver de la chute d'Adam la mortalité universelle, l hérédité de la mort, l'obscurcissement de la connaissance, donc le polythéisme et un certain affaiblissement de la liberté dont ils faisaient une perte presque complète, quand ils pensaient à l'œuvre de Christ, mais qu'ils mentionnaient à peine quand ils écrivaient contre les manichéens. Comme ils ne se décidaient pas à remplacer la notion religieuse du péché par la notion morale, comme l'idée philosophique que le mal est le non-être ne s'effaçait pas entièrement de leur esprit, comme ils ressentaient toujours plus vivement les conséquences du péché que le péché lui-même (c'est aussi leur conception de l'œuvre de Christ, qui les amena à cette idée), — ils ne purent jamais exprimer complètement l'idée de la gravité du péché, de la *coulpe* : pour eux le péché est un acte isolé, mauvais, un accident, et d'autre part aussi une fatalité, la conséquence de la mortalité : il n'est pas la puissance redoutable qui anéantit la communion avec Dieu.

L'influence de la théologie naturelle (du rationalisme et de son proche parent le mysticisme), qui est saillante dans la doctrine de Dieu et de l'homme, s'est trouvée à la base de la dogmatique proprement dite.

1) L'homme est amené à sa destination par la Rédemption, et il peut auss il'atteindre en vertu de sa liberté.

Il y a ici un danger, celui de concevoir la rédemption seulement comme un moyen de secours.

2) L'homme étant l'image de Dieu, et étant en même temps indépendant vis-à-vis de lui, ne peut entretenir de rapports avec Dieu que parce que Dieu est le créateur et le juge.

Ce n'est pas Dieu lui-même qui est sa vie, mais la loi de Dieu qui est sa règle. (Il y a ici le danger de considérer l'Evangile et le salut comme une connaissance et comme une loi, la punition comme le malheur suprême, et la repentance comme la cause du pardon).

3) Les doctrines relatives à Dieu comme Rédempteur, sont aussi forcément traitées d'après le modèle rationaliste (les doctrines de la Trinité, de la résurrection de la chair, etc., sont conformes à la raison).

4) En dernière analyse, l'histoire ne peut rien donner à l'homme. Mais comme le Logos incarné appartient aussi à l'histoire, on ne se débarrasse pas complètement de l'idée que le Christ historique peut n'être qu'un docteur auxiliaire et n'a pas une place importante : l'homme qui par la gnose et l'ascétisme est devenu un héros moral, se tient librement près de Dieu et Dieu l'aime, un Christ naît en lui.

On voit que c'est précisément l'élément le plus vivant de la piété des Pères grecs et leurs efforts énergiques pour se mettre à l'aise au sein de la religion, qui ont été les moins bien gardés contre le danger de perdre de vue le Christ historique. Mais ce danger n'a été qu'une menace. La divinité est descendue, Dieu s'est fait homme dans la personne du Jésus de l'histoire : c'est là un fait immense, « ce qui est le plus nouveau dans toutes les choses nouvelles,

et même la seule chose nouvelle sous le soleil » (Jean Damascène). — La foi à ce fait, ainsi que le problème et la
crainte de la mort, ont mis une limite à tout rationalisme :
Il faut que l'homme soit racheté, et il est racheté.

B. Développement historique de la Rédemption accomplie dans la personne du Dieu-homme.

————

CHAPITRE VI

LA DOCTRINE DE LA NÉCESSITÉ ET DE LA RÉALITÉ DE LA
RÉDEMPTION PAR L'INCARNATION DU FILS DE DIEU.

Seule l'incarnation de Dieu mettait l'équilibre dans le système de la théologie naturelle. Comme on croyait cette incarnation réelle, on l'affirma comme nécessaire, et on tira cette nécessité des faits de la mort, de la domination des démons, du péché et de l'erreur. On arriva ainsi à parler souvent de la perversité de l'homme dans des termes qui rappellent Augustin. Seulement dès qu'on donnait une théorie rigoureuse, l'idée que l'incarnation supprime la corruptibilité et l'aiguillon de la mort, avait seule une valeur, car la doctrine de la liberté empêchait de songer à l'abolition des péchés et suggérait la pensée que la repentance sincère délivre des péchés devant Dieu. (C'est ce que dit Athanase, *de incarnatione*, 7). Après Irénée, Athanase a, le premier, donné une théorie précise de l'incarnation. Il la fonde d'une part sur la bonté de Dieu, c'est-à-dire sur son affirmation de lui-même et sur son honneur, et d'autre part, sur la *conséquence* du péché : la mortalité. Seul le Logos, qui à l'origine avait créé tout de rien, pouvait abolir la mort. Pour décrire les moyens par lesquels

cette œuvre a été accomplie, Athanase eut recours aux
idées bibliques de mort expiatoire, d'abolition des péchés,
etc.; seulement il ne développa solidement que la seule
idée que l'acte même de l'incarnation renferme le changement de la mort fatale en incorruptibilité, car l'union physique de l'être humain avec le divin, l'habitation de Dieu
dans la chair, élève l'humanité à la sphère du bonheur et
de l'incorruptibilité. La première conséquence de l'incarnation est donc de rendre l'homme impérissable, de renouveler l'image divine en lui. La seconde conséquence,
c'est que l'incarnation restaure la connaissance de Dieu,
car l'apparition de la divinité *sur la terre* en Christ rend la
divinité visible même à l'homme dont la vue est la plus
faible ; le polythéisme est aussi anéanti.

En affirmant cette double conséquence de l'incarnation,
Athanase put expliquer la conséquence particulière à laquelle elle aboutit, savoir qu'elle profite à ceux-là seulement qui connaissent Dieu et règlent leur vie d'après cette
connaissance. Ce n'était pas la connaissance, mais la déification de l'être humain, la participation à la divinité par
la filialité, qui était pour Athanase la chose principale. C'est
pourquoi tout revenait pour lui à déterminer exactement
cette question : comment le divin qui s'est fait homme a-t-il
été créé, et dans quelles relations est-il entré avec l'humanité ?

Au contraire les Ariens, et plus tard les Antiochiens,
mirent l'accent principalement sur la connaissance et per-
sistèrent dans les vues rationalistes. Voilà précisément
pourquoi en général ils n'éprouvaient pas un intérêt bien
puissant pour ces deux questions, et pourquoi lorsqu'ils
s'en occupaient, leurs réponses étaient conçues dans un
sens différent. On voit que les grandes luttes dogmatiques
ont ici leurs racines : il s'agissait de choisir entre les alternatives suivantes : entre la participation à l'essence divine,
ou la participation à une connaissance de Dieu qui fortifie
la liberté — entre le Christ divin, ou le Christ raison universelle ou encore, docteur divin, — entre Christ Dieu-

Homme indivisible, ou Christ l'homme inspiré et doué d'une double nature.

Athanase avait pour lui la piété grecque la plus élevée, tandis que ses adversaires avaient en leur faveur les formules les plus rationnelles et en partie aussi la lettre de la Bible.

Aucun père grec n'a répondu avec une aussi grande clarté qu'Athanase à la question : « Pourquoi Dieu s'est-il fait homme? » Celui qui se rapproche le plus d'Athanase, Grégoire de Nysse (voir son grand catéchisme), est un platonicien. En effet, d'une manière générale cette conception doctrinale n'est   possible que si on se place sur le terrain du platonisme. Sur quelques points, Grégoire a fortifié cette théorie, et d'ailleurs il s'est rangé à bien des égards du côté de Méthodius. Contre les juifs et les païens il montre que l'incarnation a été la *meilleure* forme qu'ait pu revêtir la rédemption ; il conçoit l'état de péché tout entier comme une mort ; il en élargit la notion : la mort consiste dans le fait de s'éloigner de Dieu pour se tourner vers la matière qui est sans existence. Pour lui, l'incarnation n'est achevée que dans la résurrection du Christ, il pense avec Origène que la rédemption présuppose le détachement du corps. Il a expressément enseigné que le Christ n'a pas pris, revêtu une existence humaine particulière, mais a pris sur lui la nature humaine, en qualité de second Adam ; en sorte que d'après cette notion mystique et platonicienne, tout ce qui est humain en Christ s'est développé simultanément avec ce qui est divin.

Grégoire a fait, de tout le système un procès physique-pharmacologique rigoureux : l'humanité est pénétrée comme une pâte par le levain de la divinité (l'exigence de l'accomplissement spontané de la loi sert de contrepoids à cette affirmation) Il a rattaché étroitement les sacrements à l'incarnation. Enfin, il a donné une tournure panthéiste à cette théorie réaliste et en apparence hostile à tout rationalisme. Mais cette tendance panthéiste détruit l'originalité du système, et du reste elle est parfaitement compatible avec un système rationaliste : l'incarnation du Christ est un acte d'importance cosmique, une réconciliation et une restitution qui s'étend sur le monde tout entier, depuis les anges les plus élevés, jusqu'aux profondeurs les plus basses. Avec cela, l'incarnation se résoud, comme chez Origène, dans un procès cosmique nécessaire, elle devient un cas spécial de l'universelle toute-présence du divin dans la création. Le monde s'éloigne de Dieu de la même manière qu'il est ramené à lui. Grégoire a aidé à faire passer à la postérité cette idée panthéiste que du reste il n'a jamais connue dans sa pureté ni séparée de l'histoire. La doctrine panthéiste de la rédemption apparaît dans la suite chez les monophysites panthéistes, l'Aréopagite et ses élèves, etc., sous une double forme :

1° L'œuvre du Christ historique apparaît comme un cas spécial, autrement dit comme un symbole de l'action universelle de purification et de sanctification accomplie par le Logos allié avec la hiérarchie des êtres élevés au-dessus de la matière ; pour ceux-ci cette action se poursuit au moyen d'intermédiaires sacrés.

2° Lorsqu'on traite de l'incarnation, on pense de suite à l'union de chaque âme individuelle avec le Logos, et à la répétition chez elle de ce qui s'est passé en Christ.

3° L'humanité du Christ a été une humanité céleste : le Logos a toujours porté en soi l'humanité. On trouve même de plus le panthéisme dépouillé de tout voile, et l'affirmation que la nature entière est en soi essentiellement une avec la divinité.

Tout cela cependant restait à l'arrière-plan ; par contre, en Orient et en Occident se répandait l'opinion que Christ a pris en lui l'idée générale de l'humanité ; et cette opinion supplanta la conception d'une unité morale entre la divinité et un individu humain, car on ne pouvait vraiment pas déduire de cette idée la certitude de notre déification. Dans la règle, ceux qui enseignaient cette unité morale — les Antiochiens — ne concevaient pas en même temps la Rédemption comme une restauration : ils n'en sentaient

pas la nécessité, mais pour eux la rédemption était un
nouveau rétablissement final, la conclusion de la pédagogie divine. A la suite d'Athanase et de Grégoire, les
théologiens ont au contraire toujours conçu l'incarnation
comme une restitution nécessaire, et l'ont aussi mise en
rapport avec le péché et la mort. Par conséquent, lorsqu'ils
ne furent pas séduits par le panthéisme, ils tinrent fermement à ce que l'incarnation fût un acte historique dicté
par la miséricorde insondable de Dieu, acte par lequel une
vie divine a été rendue à l'humanité.

Appendice. — On a tenté de faire une place aux faits
de la vie de Jésus dans l'œuvre de la rédemption ; on y
réussit pour la résurrection, mais pas du tout pour les
autres faits. En particulier la mort sur la croix resta incom-
prise, bien qu'on ne cessât de répéter les idées pauliniennes : A dire vrai, l'incarnation avait déjà tout donné, et
la mort sur la croix ne pouvait plus guère être qu'une
conclusion. Cependant, depuis Origène, l'idée d'un sacrifice, suggérée par les mystères grecs, est souvent men-
tionnée. Il faut pourtant reconnaître qu'on voyait dans
cette mort un mystère sacré devant lequel on s'inclinait ;
et nous pouvons nous demander si la réserve de la dogmatique des Grecs sur ce point ne doit vraiment pas être
préférée aux calculs et aux marchandages hardis des Occidentaux.

Ceux-ci déjà, depuis Tertullien et Cyprien, ont considéré
la Passion comme une prestation dont on peut fixer la valeur dans des formules juridiques, ils ont regardé la mort
du Christ comme une satisfaction et comme apaisant Dieu,
ils lui ont appliqué la théorie juridique à laquelle ils étaient
arrivés en considérant les souffrances du Christ. Par le
moyen de la réconciliation, c'est-à-dire par le mérite de la
mort du Christ qui apaise le Dieu irrité, les souffrances, les
offenses et la punition sont supprimées. Ambroise, Augustin, les grands papes, ont calculé la valeur qu'a la mort
du Christ aux yeux de Dieu.

En outre, depuis Ambroise, les Occidentaux sont allés

logiquement jusqu'à admettre que la réconciliation (le mérite) a été accompli par Christ comme homme, car l'humanité est la coupable. L'œuvre qu'il a accomplie ne peut être appréciée que chez l'homme, et du reste l'homme chez lui reçoit toute sa valeur de la divinité. L'Occident s'éloignait ainsi de l'Orient. Pour l'Orient, le Dieu qui a pris l'humanité dans l'unité de son être devient ainsi le rédempteur; pour l'Occident, l'auteur de la réconciliation est l'homme dont la mort a une valeur divine.

En vérité l'Occident n'était pas encore en possession d'une théorie fermement établie, il acceptait encore les notions gnostiques de l'Orient d'après lesquelles une rançon a été payée au diable tandis que celui-ci était trompé.

CHAPITRE VII

LA DOCTRINE DE LA CONSUBSTANTIALITÉ DU FILS DE DIEU A DIEU LUI-MÊME.

Sources principales : *Historiens de l'Eglise des quatrième et cinquième siècles*, œuvres des Pères du quatrième siècle. — Gwatkin, *Studies of Arianism*, 1882 — Möhler. *Athanasius*, 1827. — Zahn, *Marcell* 1867. — Hahn, *Bibliothek der Symbole*, 2e éd.

Le divin qui a paru sur la terre et qui a uni de nouveau les hommes avec Dieu, est-il identique avec la divinité suprême qui règne dans les cieux et sur la terre, ou bien est-il une demi-divinité? Telle fut la grande question qui se posa dans la querelle arienne.

I. *Depuis le commencement de la querelle jusqu'au concile de Nicée.* — La doctrine du Logos avait été acceptée à Antioche en 268, mais l'*Homoousios* rejeté.

Toutefois, l'héritage laissé par Paul de Samosate ne se perdit pas. Lucien, le plus savant exégète de l'époque le recueillit et fonda une école théologique-exégétique très courue et très influente, qui longtemps demeura en dehors de l'Eglise, mais conclut ensuite la paix avec elle et devint le sein maternel qui a nourri de son lait l'arianisme. Lucien est parti de l'adoptianisme comme nous le prouve la haute valeur qu'il attribuait au *développement* de Christ (προκοπή). Il s'est arrangé à faire place à l'hypostase du Logos, mais comme λόγος-κτίσμα, Logos créé, qui doit se développer et qu'il faut nettement distinguer du Logos de Dieu éternel et impersonnel.

Le sujet qui est en Christ est donc un être céleste préexistant, ce n'est plus l'homme comme chez Paul de Samosate.

Grâce à cette concession, Lucien conclut la paix avec le dogme et les origénistes.

Il attribua au Christ des qualités humaines, l'incarnation devint pour lui une simple adoption de la chair, puis au moyen de la dialectique *aristotélicienne* et de l'exégèse biblique, il exposa une doctrine nouvelle dans laquelle le Créateur incréé (l'élément qui n'a pas été fait) fut mis en opposition tranchée avec tout, même avec le Logos-Christ. Sa théologie devint une « technologie », c'est-à-dire une doctrine disposée en syllogismes, fondée sur le codex sacré, une doctrine de l'incréé et du créé, sans préoccupation manifeste de la rédemption, mais ne manquant pas d'énergie morale. Des disciples zélés et formés à sa dialectique et à son habile exégèse la répandirent.

Parmi eux se trouvait Arius. A un âge déjà mûr il devint diacre et presbytre à Alexandrie. Il y avait alors dans cette ville une tendance à laquelle appartenait l'épiscopat : elle se défiait des « enseignements de la philosophie grecque » et repoussait l'idée d'une distinction du Père et du Logos. Bien que pendant longtemps Arius ait combattu des erreurs christologiques en commun avec son évêque Alexandre, il se sépara cependant de lui en 318, et en 320 dans un synode tenu à Alexandrie l'évêque se vit obligé de le condamner et de le destituer avec d'autres ecclésiastiques. C'était mettre le doigt dans un nid de guêpes ! Les disciples de Lucien et surtout l'influent Eusèbe de Nicomédie prirent parti pour Arius. Il trouva des amis chez la majorité des évêques orientaux, entre autres chez Eusèbe de Césarée.

Des deux côtés on écrivit des lettres, on chercha de l'appui et on tint des synodes.

Malgré toutes les protestations, Arius put reprendre ses fonctions à Alexandrie. Lorsqu'en 323 Constantin devint maître de l'Orient, la dispute s'était déjà emparée de toutes

les provinces de la côte de l'Est, et excitait les railleries
des Juifs et des païens. Arius avait publié sa « Thalia ».
L'empereur chercha d'abord à réconcilier les deux partis
par le moyen d'un écrit que lui présenta Hosius de Cordoue, évêque de la cour. A ses yeux, la querelle était
oiseuse et indécente. Malheureusement cette lettre ne produisit aucun résultat. Hosius, partisan de la doctrine trinitaire, tertullienne et novatienne, s'est entendu probablement
déjà alors avec Alexandre. Il gagna l'empereur et prépara
la décision du concile de Nicée. C'est lui qui donna à
Constantin le conseil de convoquer un concile dans cette
ville.

La doctrine d'Alexandre (voir ses deux lettres et les
ep. Arii ad Eusebium) était en fait essentiellement identique avec la doctrine postérieure d'Athanase, mais elle
n'était pas clairement formulée ; ainsi il a eu de la peine
à faire d' « Homoousios » le mot caractéristique, parce
que c'était un mot prohibé en Orient. Il est probable
que « Homoousios » fut réintroduit par Hosius, pour tra-
duire le « *unius substantiae* » de l'Occident. Les formules
d'Alexandre étaient : ἀεὶ θεός, ἀεὶ υἱός, ἅμα πατήρ, ἅμα υἱός,
συνυπάρχει ὁ υἱὸς ἀγεννήτως τῷ θεῷ, ἀειγενής, ἀγενητογενής, οὔτ' ἐπινοίᾳ
οὔτ' ἀτόμῳ τινὶ προάγει ὁ θεὸς τοῦ υἱοῦ, ἀεὶ θεός, ἀεὶ υἱός, ἐξ αὐτοῦ τοῦ
θεοῦ ὁ υἱός. — Alexandre affirmait la coexistence du Père et
du Fils, éternelle et sans commencement. (On se demande
s'il a subi l'influence d'Irénée ?) Le Fils est compris dans
l'essence du Père dont il constitue une partie nécessaire.
Alexandre réfutait l'affirmation que le Fils n'est pas éternel,
qu'il a été créé du non-être, qu'il n'est pas Dieu « par nature », qu'il est sujet au changement, qu'il a passé par un
développement moral, qu'il n'est que Fils adoptif. — Il
sent qu'il lutte pour la divinité du Christ, foi universelle
de l'Eglise, et il repousse avant tout la dialectique sur le
sujet de l'engendré et du non engendré. Il cite comme
preuves scripturaires en faveur de son opinion les passages suivants : Jean i, 1-3, i, 18, x, 30, xiv, 8, 9, 28,
Matthieu iii, 17, xi, 27, i, Jean v, 1, Colossiens i, 15, 16,

Romains viii, 32, Hébreux i, 2, ss., Proverbes viii, 30, Psaumes ii,˙7, cx, 3, xxxv, 10, Esaïe liii, 8.

Il emploie avec prédilection l'expression préférée d'Origène : le Fils est le rayonnement parfait, mais cette expression ne lui suffit pas : ἐν αὐτῷ χαρακτηρίζεται ὁ πατήρ. Il s'approche du Sabellianisme, mais veut le repousser énergiquement et affirme que le Père est pourtant plus grand que le Fils qui fait partie de son être. Il veut qu'on respecte comme un mystère le problème de la procession de ce Fils du Père : c'est affaire de foi et non de spéculation. Et pourtant il use à maintes reprises de formules embrouillées, contradictoires, entre autres de celle de la πατριχὴ θεογονία. Ces formules formaient un contraste fâcheux avec les thèses clairement formulées d'Arius. Celui-ci avait beau jeu de prouver que la doctrine d'Alexandre n'était gardée ni contre le dualisme (deux ἀγένητα), ni contre l'émanatisme gnostique προβολή, ἀπόρροια), ni contre le Sabellianisme (υἱοπάτωρ), ni enfin contre la conception d'une corporalité de Dieu. Il déclarait que la forme de la doctrine d'Alexandre est aussi changeante que la couleur du caméléon et ne peut être défendue à l'aide de la Bible.

Doctrine d'Arius. (Voir ses lettres et celles de ses amis, les fragments de la Thalia, et la caractéristique de ses idées donnée par Alexandre et Athanase, ainsi que les écrits des Ariens postérieurs).

Les points principaux de son enseignement étaient les suivants :

1) Le Dieu unique, à côté duquel il n'y en a pas d'autre, est seul incréé, sans commencement, éternel ; il est inexprimable et inconcevable, puis cause et créateur de toutes choses. Tels sont les caractères de son essence : il est le créateur incréé. Son activité c'est de *créer.* (engendrer est le synonyme de créer). Tout ce qui existe, est créé, non pas de l'essence de Dieu — autrement celui-ci ne serait pas simple et spirituel —, mais de sa volonté libre. En conséquence Dieu n'a pas été toujours Père, autrement ce qui est créé serait éternel ; en outre l'élément créé ne peut ja-

mais recevoir l'essence de Dieu puisque celle-ci est précisément incréée.

2) La sagesse et le Logos sont en Dieu comme des *puissances* inséparables ; il y a en outre un grand nombre de *puissances* créées.

3) Avant l'époque du monde, Dieu a créé par un libre acte de volonté un être indépendant (οὐσία, ὑπόστασις) pour être l'instrument de la création des autres créatures. L'Ecriture le nomme Sagesse, Fils, Image même de Dieu, Verbe. Il est comme toutes les créatures, créé de rien et a eu un commencement. Il y a eu donc eu un temps où le Fils n'était pas. On use d'un terme impropre en l'appelant « Fils », car les autres créatures sont nommées ainsi par l'Ecriture.

4) Ce « Fils » est par sa nature une grandeur indépendante, complètement différente du Père ; il ne forme pas *un seul* être avec le Père, et la constitution de sa nature n'est pas la même, autrement il y aurait deux dieux. Il a au contraire une volonté libre et il est susceptible de changement, mais il s'est constamment décidé pour le bien, et est ainsi devenu immuable en vertu de sa propre volonté.

5) Le Fils n'est donc pas véritablement Dieu, il ne possède les qualités divines qu'en partie, et pour les avoir acquises. Puisqu'il n'est pas éternel, sa connaissance n'est pas non plus parfaite, il n'a donc pas droit aux mêmes honneurs que le Père.

6) Il se distingue cependant de toutes les créatures, il est la « créature parfaite » ; par lui tout a été créé, il est placé vis-à-vis de Dieu dans une relation particulière de grâce. Il est devenu Dieu par ce que Dieu lui a communiqué et par ses propres progrès, en sorte qu'on peut l'*appeler* Dieu par nature. »

7) Ce Fils a pris réellement un *corps* humain. Les sentiments que nous voyons chez le Christ historique et qui appartiennent au Logos, nous enseignent que celui-ci est un être imparfait et susceptible de souffrir.

8) A côté et au-dessous du Fils est le Saint-Esprit, car

le chrétien croit à trois οὐσίαι (ὑποστάσεις) séparées et différentes ; le Saint-Esprit est créé par le Fils.

9) Les preuves scripturaires invoquées en faveur de ces
doctrines étaient : Deutéronome vi, 4, xxxii, 39, Proverbes
viii, 22, Psaumes xlv, 8, Mathieu xii, 28, Marc xiii, 32, Mathieu xxvi, 41, xxviii, 18, Luc ii, 52, xviii, 19, Jean xi, 34,
xiv, 28, xvii, 3, Actes ii, 36, i Corinthiens i, 24, xv, 28,
Colossiens i, 15, Philippiens ii, 6 ss., Hébreux i, 4, iii, 2,
Jean xii, 27, xiii, 21, Matthieu xxvi, 39, xxvii, 46, etc.

On trouve le développement dialectique de cette théorie
surtout chez le sophiste Asterius. Dans l'arianisme strict,
la tradition de Paul de Samosate et de Lucien l'emporte ;
dans l'arianisme adouci (Eusèbe de Césarée) c'est la doctrine subordinatienne d'Origène.

L'importance de la doctrine d'Athanase ne vient pas de
ce qu'elle a le caractère d'une dogmatique scientifique,
mais elle est grande par la fermeté victorieuse de la foi.
A vrai dire, elle ne renferme qu'*une seule* thèse : *Dieu lui-
même est entré dans l'humanité*. Elle plonge par ses racines
jusqu'au fond de l'idée de la rédemption. Le judaïsme et le
paganisme n'ont pas ramené l'humanité à la communion
avec Dieu. Dieu seul pouvait nous déifier, c'est-à-dire nous
adopter pour ses enfants. Celui qui nie que le Christ soit
pleinement Dieu, est encore juif ou païen.

Au fond il n'y a plus pour Athanase de doctrine du Logos,
mais une christologie. Partout il ne pense qu'au *Christ*
qui est Dieu. Il ne s'agissait pas pour lui d'une question
de formule ; l'expression d'*homoousios* n'est même pas employée aussi souvent qu'on serait tenté de se l'imaginer.
Ses principes sont les suivants :

1) Si le Christ est Dieu — et comme Rédempteur il faut
qu'il le soit, — il n'y a en lui aucun élément créé et il n'appartient en aucune manière à la création.

Athanase distingue avec autant de précision qu'Arius
entre le créé et l'incréé, mais en face du monde il place le
Fils comme appartenant à Dieu.

Comme le divin en Christ n'est aucunement créé, il ne

peut pas non plus être un postulat du monde ni de la création. Dieu n'a donc besoin d'aucune médiation pour la création du monde. L'idée du divin qui a racheté les hommes doit ainsi être séparée de l'idée du monde ; l'ancienne doctrine du Logos est mise de côté, nature et révélation ne sont plus regardées comme identiques. Le Logos-Fils est le principe du salut, et non le principe du monde.

3) La divinité étant une unité (μονάς) et le Fils n'appartenant pas au monde, il faut bien qu'il fasse partie de cette unité du principe incréé qui est le Père.

4) Le nom même de Père indique qu'il y a un second élément dans la divinité. Dieu a toujours été Père. Le nommer ainsi, c'est nommer en même temps le Fils, car le Père est le Père du Fils, et n'est qu'improprement le Père du monde, car celui-ci est créé, tandis que la triade divine qui demeure dans l'unité est incréée.

5) Le Fils est par conséquent γέννημα τοῦ πατρός, engendré par l'être de Dieu comme la lumière par le soleil, et par le fait d'une nécessité intime. Il est l'image qui procède de son être. « Être engendré », ce n'est autre chose que participer parfaitement par nature à toute la nature du Père, sans que le Père en souffre aucunement.

6) Les affirmations des Ariens sont donc fausses ; le Fils est bien plutôt : a) coéternel au Père ; b) de l'essence du Père, c) dans toutes les parties de sa nature constitué comme le Père, car *il a en commun avec le Père la même essence unique et forme avec lui une rigoureuse unité.* L'essence, quand on parle de Dieu, ne signifie pas autre chose que « l'être ». Il n'en résulte pas que le Père soit un être à part et le Fils un autre être à part, et que ces deux êtres soient constitués de la même façon — cela supprimerait l'unité de la divinité, — mais le Père est la divinité ; seulement cette divinité renferme en elle une manifestation qui est créée indépendante et avec une activité propre. Cette manifestation possède aussi la même nature divine, non que celle-ci lui ait été communiquée, mais parce qu'elle l'a de toute éternité. C'est son propre fils, son

image même qui procède de son être. Père et Fils sont une seule essence qui comprend en soi la distinction de ἀρχή et de γέννημα, c'est-à-dire de principe et de dérivé; dans ce sens-là il y a bien subordination, mais elle n'a rien de commun avec la subordination des choses créées. Tel est le sens de l'ὁμοούσιος chez Athanase.

7) Tout ce qui est en Christ, et que l'Ecriture atteste être créé, se rapporte à sa nature humaine seule. Son élévation aussi est l'élévation de cette nature, c'est-à-dire notre propre élévation, car l'union du Dieu-Logos avec la nature humaine a été dès le commencement une union essentielle et parfaite (Marie est θεοτόκος) : le corps humain est devenu *son* corps. Proverbes VIII, 22 doit aussi être rapporté au Logos incarné.

Les deux doctrines sont extérieurement identiques en ce que la théologie et la religion y sont fondues très intimement, et que la doctrine du Logos est mise à la base.

L'arianisme unit l'adoptianisme avec la doctrine origéniste néoplatonicienne du Logos subordonné qui est le principe spirituel du monde. Cette union est accomplie au moyen de la dialectique aristotélicienne. La doctrine orthodoxe est l'union de la thèse religieuse presque teintée de modalisme que Jésus-Christ est Dieu par nature, — avec la doctrine origéniste du Logos image parfaite du Père. L'arianisme met l'accent principalement sur l'élément cosmologique et sur l'élément rationnel et moral (trinité décroissante, illumination et affermissement de la liberté); la doctrine orthodoxe accentue l'idée de la rédemption et une conception physique. Chez les Ariens, les formules sont apparemment unies et dégagées de contradictions, mais si l'on y regarde de près, leur théorie renferme une mythologie aussi mauvaise que possible. Les Ariens ne sont monothéistes que dans leur cosmologie; en théologie et en religion ils sont polythéistes; enfin il y a chez eux à l'arrière plan des contradictions profondes : un Fils qui n'est pas Fils, un Logos qui n'est pas Logos, un monothéisme qui n'exclut pas le polythéisme, deux ou trois *ousies* qui doivent être

respectées tandis qu'il n'y en a cependant qu'une qui se
distingue réellement des créatures, un être indéfinissable
qui ne devient Dieu qu'en devenant homme et qui cependant n'est ni Dieu ni homme. En outre, point de puissante
préoccupation religieuse et aucune préoccupation des faits
et de la philosophie ; tout est vide et superficiel, les Ariens
sont comme des enfants ravis de s'amuser avec des
gousses et des coquilles, ils montrent une suffisance pué-
rile dans l'emploi qu'ils font de syllogismes creux, vides.

Leurs adversaires avaient parfaitement raison : cette
doctrine ramenait au paganisme. Elle eut un mérite relatif
là seulement où en présence de gens incultes et de peuples
barbares, elle dut se dépouiller de son manteau philosophique et se présenter essentiellement comme adoptianisme, enseignant à côté de l'adoration de Dieu l'adoration
du Christ fondée sur des paroles bibliques.

La doctrine orthodoxe, par contre, a une valeur permanente, car elle maintient la croyance qu'en Christ, Dieu
lui-même a racheté l'homme et l'a ramené à la communion
avec lui. Seulement le Dieu en Christ étant conçu comme
alter ego du Père, et la conception de la Rédemption étant
à la fois mystique et physique, il en résulta : 1) des formules
dont les contradictions (un-trois) sont patentes, et des
conceptions qu'on ne peut raisonner, mais seulement affirmer en paroles. Au lieu de la *connaissance* de Dieu que
Christ avait promise, on eut le mystère dans lequel il fallait
découvrir la connaissance la plus profonde. Le miracle
devint le caractère de la religion, et la pensée miraculeuse
le caractère de la vraie théologie.

2) L'affirmation qu'en Christ la personne est le Logos
essentiellement un avec Dieu ne pouvait se soutenir qu'à
la condition de changer le sens des récits évangéliques qui
se rapportent à lui, et de comprendre son histoire à la manière des docètes. Ainsi la doctrine orthodoxe eut pour
conséquence l'abandon des traits les plus précieux de
l'image du Christ historique, tandis qu'elle conservait
cependant dans son intégrité la pensée que Jésus-Christ a

ramené les hommes à Dieu et leur a fait don d'une vie divine.

Athanase a sauvé cette conviction de la foi en s'opposant à une doctrine qui au fond ne comprenait pas l'essence intime de la religion, qui dans celle-ci cherchait uniquement l'instruction, et finalement trouvait sa satisfaction dans une dialectique vide. Il est facile de s'apercevoir que chez Arius aussi bien que chez Athanase, les contradictions et les points faibles viennent de ce qu'ils acceptent l'origénisme, c'est-à-dire la théologie scientifique. Sans elle, sans la doctrine du Logos hypostase préexistante, l'arianisme fût devenu l'adoptianisme ou un pur rationalisme, et Athanase, de son côté, eût été forcé de se tourner vers le modalisme ou de renoncer à l'idée de la nature divine du Christ.

Au concile de Nicée (325) le consubstantialisme (Hosius) l'emporta finalement grâce à la tactique maladroite des partisans d'Arius et d'Eusèbe (ces derniers formaient le parti intermédiaire origéniste), grâce aussi à la fermeté que montrèrent les orthodoxes et à la résolution de l'empereur. On introduisit dans le symbole de Césarée les mots caractéristiques γεννηθέντα οὐ ποιηθέντα, ἐκ τῆς οὐσίας τοῦ πατρός, ὁμοούσιον τῷ πατρί, on condamna expressément les formules ariennes, et le symbole devint loi de l'Eglise. Les évêques au nombre de 300 (?) ou 318 (?) se soumirent presque tous ensemble; Arius et quelques-uns de ses collègues furent destitués et leurs partisans furent persécutés.

Athanase assistait au synode comme diacre et y prit probablement une part considérable.

2. *Jusqu'à la mort de Constance.*

La victoire avait été trop rapide. Elle n'était préparée ni pour le fond ni pour la forme ; c'est pourquoi la lutte ne commença vraiment qu'à ce moment. On dit que l'Homoousios était une formule nouvelle, non biblique, on y vit le dithéisme ou l'introduction du sabellianisme, et on trouva également que c'était la mort de la pure science.

Parmi les adversaires, deux partis se dessinèrent nettement, les Ariens et les Origénistes (Eusébiens). Tous les deux se donnaient pour conservateurs. Les indifférents les suivirent. Ils étaient d'accord pour combattre l'orthodoxie. Le principal champion qui lutta contre celle-ci fut Eusèbe de Nicomédie.

Constantin s'aperçut bien vite qu'il lui fallait conclure un pacte avec la coalition antinicénienne, qui depuis l'an 328 devint antiathanasienne, le jeune évêque étant le partisan le plus décidé du symbole de Nicée. Des rivalités personnelles vinrent se mêler à la lutte, car à cette époque les hommes d'Eglise pouvaient être sûrs de finir par voir un jour la satisfaction de leurs désirs ambitieux de puissance.

En 335, à Tyr, Athanase fut destitué et en 336 banni à Trèves par l'empereur. Arius devait faire une rentrée solennelle dans l'Eglise quand il fut surpris par la mort. Constantin mourut en 337. En fait, il avait approuvé que sous le couvert du symbole de Nicée on prêchât des doctrines qui étaient hostiles au symbole.

Les fils se partagèrent l'empire. Athanase revint (337). Seulement Constance, le monarque de l'Orient, comprit bientôt qu'il ne pouvait pas gouverner avec l'orthodoxie, et il ne se sentait pas lié comme son père par le symbole de Nicée. L'évêque orthodoxe de la capitale fut destitué et Eusèbe de Nicomédie promu à son siège. A Césarée, un arien, Akacius, succéda à Eusèbe ; Athanase fut destitué et s'enfuit à Rome sans attendre d'être banni (335). Il laissait derrière lui l'Egypte en proie à une violente agitation. Les Eusébiens étaient maintenant les maîtres de la situation ; mais l'Occident, partisan résolu du symbole de Nicée, offrait un asile aux orthodoxes d'Orient. Comme les Eusébiens ne voulaient pas se brouiller avec l'Occident, il leur fallait essayer de mettre doucement de côté le symbole de Nicée en prétendant vouloir simplement remplacer l'Homoousios par des formules bibliques meilleures, chercher à obtenir que la sentence de destitution prononcée contre Athanase fût mise à exécution. Fort à propos pour les

Orientaux, il arriva qu'un Nicénien décidé, et ami d'Athanase, *Marcel d'Ancyre*, ne voulut pas accepter la base doctrinale commune, la doctrine philosophique origéniste du
Logos, et présenta le Logos comme la puissance de Dieu,
laquelle n'est devenue personne divine et « Fils » qu'à
l'incarnation, pour retourner de nouveau dans le Père après
l'accomplissement de son œuvre.

Les Orientaux taxèrent cette doctrine de sabellianisme,
tandis que Jules de Rome et Athanase déclarèrent Marcel
orthodoxe. Ces deux hommes prouvaient ainsi que pour eux,
il s'agissait uniquement de la foi en la rédemption ;
ils ne voulurent pas des formules que les Orientaux propo-
sèrent à Antioche, bien que ces formules s'écartassent positivement de l'arianisme et présentassent une doctrine
que l'on *pouvait* interpréter dans le sens du symbole de
Nicée.

Des raisons politiques forcèrent Constance à se montrer
complaisant envers son frère le monarque d'Occident. Le
grand concile de Sardique (343) devait rétablir l'unité de
la foi dans l'empire. Mais les Occidentaux refusèrent les
conditions préliminaires exigées par les Orientaux. Ces
conditions étaient que l'on reconnût les destitutions d'Athanase et de Marcel. Les Orientaux s'étant retirés à Philippo-
polis, virent la destitution de leurs chefs prononcée par les
autres membres du concile qui se placèrent résolument sur
le terrain du symbole de Nicée. Eux-mêmes renouvelèrent
l'adhésion à la quatrième formule d'Antioche. Il semblerait
que Constance se soit alors défié d'eux pendant un certain
temps ; en tous cas il redouta d'irriter son frère, car celui-ci
visait à la suprématie.

Les Orientaux affirmèrent de nouveau leur orthodoxie
dans une longue formule à Antioche en 344 et répétèrent
aussi quel était le minimum de leurs exigences. L'Occident
rejeta au synode de Milan (345-347) la doctrine de *Photin
de Sirmium.* Celui-ci avait fait de la doctrine de son maître
Marcel un dogme purement adoptien : « Le Logos ne devient jamais personne. » Du reste l'Occident persista avec

fermeté dans l'attitude qu'il avait prise, tandis qu'en Orient, des évêques politiques pensaient déjà à faire la paix avec Athanase. Constance, serré de près par les Perses, fut obligé de rétablir Athanase qui rentra à Alexandrie au milieu de grandes démonstrations de joie (346). Il semblait donc, vers 348, que l'orthodoxie l'eût emporté et que les seuls obstacles encore debout fussent Marcel et le mot d'ὁμοούσιος.

Mais la mort de Constance en 350 et la défaite de l'usurpateur Magnence en 353 changèrent tout. Si dans les dernières années Constance avait dû plier devant quelques évêques, ses sujets, qui avaient dominé sur son frère, maintenant qu'il se trouvait seul maître, il était bien décidé à prendre en mains le gouvernement de l'Eglise et à tirer vengeance des humiliations qu'il avait subies. Déjà en 351, au second synode de Sirmium, les évêques orientaux étaient revenus à la charge. Aux synodes d'Arles (353) et de Milan (355) les évêques occidentaux durent plier; on alla jusqu'à exiger d'eux en première ligne la condamnation d'Athanase; or s'ils acceptaient, cela signifiait qu'ils changeaient d'avis dans la question de doctrine.

Ils cédèrent à la contrainte. Il n'y eut qu'un petit nombre d'exceptions; Paulin de Trèves, Lucifer de Cagliari, Eusèbe de Vercelli, et même Hosius, Libérius, Hilaire durent prendre le chemin de l'exil. Athanase prévint sa destitution en fuyant dans le désert (356). L'unité parut rétablie, mais c'était l'unité d'une Eglise d'état dont les évêques occidentaux orthodoxes se séparèrent avec indignation, se rappelant alors seulement qu'il n'est pas permis à l'empereur et à l'État de s'immiscer dans les affaires de la religion.

L'unité n'était qu'apparente chez les vainqueurs : elle ne s'étendait pas au-delà de la négation. Le pur arianisme agressif reparut chez Aetius et Eunomius, et chercha à établir la doctrine de l'ἀνόμιος καὶ κατὰ πάντα καὶ κατ'οὐσίαν.

Le semi-arianisme prit une position franchement distincte et enseigna « l'image immuable » et le ὅμοιος κατὰ πάντα

καὶ κατὰ τήν οὐσίαν. Ces consubstantialistes, tels que George
de Laodicée, Eutathius de Sébaste, Eusèbe d'Emèse, Basile
d'Ancyre, avaient enseigné que le Fils doit être par essence
conformé comme le Père; seulement en qualité d'hommes
de science (Kosmologues) ils ne voulaient pas renoncer à
la puissance cosmique du Logos et à la Trinité décroissante. Ils surent développer leur doctrine sur la base de
l'Ecriture sainte et la coordonner avec la théologie; de
cette façon ils firent impression même sur des Occidentaux nicéniens lesquels, il faut bien le dire, étaient encore
à moitié idiots dans tout ce qui touchait à la théologie
scientifique.

Le troisième parti était celui des politiques. Il donnait
son approbation à la formule et se proposait avant tout
d'apaiser la querelle. Ursacius et Valens firent cette déclaration : Christ est ὅμοιος κατὰ τὰς γραφάς. Entre 357 et 361,
l'empereur abandonna ouvertement le symbole de Nicée, et
chercha une formule christologique impériale, étant fermement décidé à la faire adopter par les synodes. Finalement
le « ὅμοιος κατὰ τὰς γραφάς » était la seule formule qui pût s'offrir; elle ne voulait rien dire et pouvait servir à rallier autour
d'elle l'arien, le semi-arien et même l'orthodoxe, car elle
ne contredisait directement aucune doctrine. Les synodes
de Sirmium ne donnèrent pas les résultats qu'on en attendait, ils montrèrent même une tendance passagère à favoriser l'arianisme proprement dit. A Ancyre (358) les semi-
ariens se relevèrent vigoureusement. Deux grands synodes
tenus simultanément dans l'Est et dans l'Ouest, à Séleucie
et à Rimini, devaient proclamer la 4e formule de Sirmium,
chef-d'œuvre de la dogmatique politique de l'empereur.
L'un ayant adopté une formule consubstantialiste et l'autre
ayant pu se prononcer en faveur de l'orthodoxie, on les
suspendit et on usa d'intimidation pour leur imposer, et
finalement leur arracher l'acceptation de la confession
« homoïque » impériale, à Nicée et à Constantinople (360).
Ensuite cependant tous les consubstantialistes furent bannis des postes influents, car malgré l'expulsion d'Aetius,

un arianisme adouci et incolore s'établit effectivement dans l'Eglise comme religion de l'empire.

3. *Jusqu'aux conciles de Constantinople*, 381, 383. Constance mourut en 361 et Julien lui succéda. Ce fut la fin d'une unité artificiellement établie ; les partis se rétablirent tels qu'ils étaient naturellement constitués.

Les consubstantialistes n'étaient plus le parti du milieu, les « conservateurs », dans l'ancien sens de ces termes, car dans leur opposition à l'arianisme ils avaient approfondi et affermi leurs opinions. C'était donc le conservatisme qui faisait preuve d'élasticité. Les « Homoiens » arianisants étaient conservateurs et conciliants. Ce fut la cause de la conversion de l'Orient, mais celle-ci ne s'effectua d'abord que dans la tête des théologiens les plus en vue.

Disciples distingués d'Origène, à la fois par leur esprit ecclésiastique, *leur ascétisme et une science très élevée*, les *consubstantialistes abandonnèrent l'Homousios* et firent ainsi une concession dont Hilaire avait été l'ardent promoteur.

Julien permit le retour des évêques bannis, par conséquent aussi d'Athanase. Le synode d'Alexandrie (362) nous montre combien les choses ont changé : Athanase y concède que le symbole de Nicée doit être accepté sans phrases, autrement dit il renonce expressément à la formule « *une seule essence* », il accorde la liberté d'interpréter l'Homoousios dans le sens d' « essence essentiellement *la même* », au lieu de l'interpréter dans le sens d' « essence essentiellement *une* », il permet par conséquent d'admettre *trois* hypostases.

Cette concession, et la grande douceur dont on usa à l'égard de ceux qui jadis avaient signé la formule de Sirmium, excitèrent le déplaisir de quelques Occidentaux éminents, de Lucifer entre autres, et de martyrs de la foi. En Occident on sentait bien que la base de l'ancienne doctrine était déplacée : auparavant le rocher qui constituait cette base c'était l'unité substantielle de la divinité, et le mystère résidait dans le fait de la pluralité ; maintenant, au contraire, le rocher c'était la trinité et le problème

consistait dans le fait de l'unité. Athanase n'excita aucun
sentiment de vraie joie chez ses nouveaux amis, les hommes de science d'Asie-Mineure, de Cappadoce et d'Antioche, car la science d'Origène était maintenant sauvée au
bénéfice de l'orthodoxie. Les grands théologiens Apollinaire de Laodicée et les trois Cappadociens avaient abandonné l'origénisme et le consubstantialisme, mais ils
acceptaient l'homoousios qui leur permettait de poursuivre leurs spéculations philosophiques : il était permis de
dire qu'il y a trois hypostases tout en étant orthodoxe. En
créant une terminologie définie, ils réussirent à présenter
des formules qui paraissaient claires. Οὐσία reçut alors le
sens moyen entre l'abstrait « être » et le concret « individu », mais avec une très forte tendance à incliner vers le
premier de ces sens ; ὑπόστασις reçut le sens moyen entre
personne et qualité (accident ou modalité), mais c'était
l'idée de personne qui l'emportait. Le terme πρόσωπον fut
évité parce qu'il avait un air de Sabellianisme, cependant
on ne le rejeta pas. L'unité de la divinité comme se la fi-
guraient les Cappadociens, n'était pas la même que celle
d'Athanase et des Occidentaux. Sa formule devint μία οὐσία
ἐν τρισὶν ὑποστάσεσιν. Pour exprimer a diversité réelle des
personnes dans l'unité de la divinité, Grégoire de Nysse
adjoignit aux personnes des τρόποι ὑπάρξεως (ἰδιότητάς χαρακ-
τηρίζουσαι, ἐξαίρετα ἰδιώματα). Au Père il attribua l'ἀγεννησία, non
comme essence, mais comme manière d'être (σχέσις), au
Fils la γεννησία (a cet égard les anciens consubstantialistes
eux-mêmes avaient montré plus de réserve que Grégoire),
enfin au Saint-Esprit l'ἐκπόρευσις. La spéculation trinitaire à la
fois origéniste et néo-platonicienne fut réhabilitée. L'idée
du Logos revint au premier plan. La preuve de l'unité de
la divinité fut de nouveau tirée de la monarchie du Père et
non de l'Homoousios. Telle fut l'alliance de la science
avec le symbole de Nicée.

Les hommes de science — même parmi les païens —
qui au début avaient donné raison à Arius, se rangèrent
maintenant parmi les partisans du symbole de Nicée, et il

se trouva même un Libanius pour leur tendre la main. Ils
se tenaient sur le terrain de la conception scientifique du
monde, s'alliaient avec Platon, Origène et Libanius et
réfutaient Eunomius avec l'approbation des philosophes.
C'était également une victoire du néoplatonisme sur la
dialectique aristotélicienne.

L'orthodoxie alliée à la science a pu jouir de l'an 370
à l'an 384 environ d'un beau printemps, mais après le printemps sont venus les orages destructeurs ou plutôt la pluie
de farine du traditionalisme. On rêva le rêve d'une alliance
éternelle entre la foi et la science ; mais ce rêve ne laissa
pas que d'être troublé. Les vieux orthodoxes d'Occident et
d'Antioche gardèrent une attitude défiante et même hostile. A Antioche il se produisit même un schisme entre
l'ancienne orthodoxie et la nouvelle orthodoxie scientifique. La seconde accusait la première d'être pour le sabellianisme, tandis qu'elle-même pouvait bien difficilement
détourner le soupçon d'enseigner une doctrine consubstantialiste. La science ne fut pas seule à préparer la victoire de
l'Homoousios, la marche des événements y contribua aussi
pour sa part. L'Orient eut dans la personne de Valence un
empereur arien rempli d'énergie. Orthodoxes et homoousiens furent obligés de prendre le chemin de l'exil : cela
les rapprocha. On retourna chercher un appui auprès de
l'Occident orthodoxe. Liberius de Rome et depuis 370 Basile de Césarée furent assez disposés à entreprendre une
action énergique. Seulement Damase de Rome embrassa
de nouveau l'ancien point de vue dans toute sa raideur ; il
fallut plusieurs synodes pour lui faire admettre à l'âge
de soixante-dix ans que l'orthodoxie des Orientaux de la
nouvelle école était digne de foi. A la fin ces derniers signè-
rent à Antioche en 375 les formules dogmatiques de Damase
sans pouvoir cependant mettre fin au schisme d'Antioche.

Le fait de cette signature était lui-même une conséquence
des événements de l'histoire générale.

En 375 le jeune Gratien entièrement dévoué à l'Eglise et

à l'orthodoxie représentée par Damase et Ambroise, avait succédé au tolérant empereur Valentinien ; et depuis 378 il était devenu seul maître, Valens étant mort près d'Adrianopolis en combattant les Goths. En 379 Théodose, un Espagnol orthodoxe, fut élevé à la dignité de co-régent et d'empereur d'Orient. Il était décidé à gouverner l'Église à la façon de Constantin, mais dans le sens de l'orthodoxie *stricte* de l'Occident. C'est ce que montra bien le fameux édit de Thessalonique en 380 : « *Cunctos populos... in tali volumus religione versari, quam divinum Petrum apostolum tradidisse Romanis religio usque ad nunc ab ipso insinuata declarat quamque pontificem Damasum sequi claret et Petrum Alexandriae episcopum virum apostolicae sanctitalis, hoc est, ut secundum apostolicam disciplinam evangelicamque doctrinam patris et filii et spiritus sancti unam deitatem sub pari majestate et sub pia trinitate credamus. Hanc legem sequentes Christianorum catholicorum nomen iubemus amplecti, reliquos vero dementes vesanosque iudicantes haeretici dogmatis infamiam sustinere, divina primum vindicta, post etiam motus nostri, quem ex caelesti arbitrio sumpserimus, ultione plectendos,* » que Théodose publia aussitôt après son baptême. Il enleva aux Ariens toutes les Églises de Constantinople et interdit en général aux hérétiques de célébrer leur culte dans les villes. Seulement il s'aperçut bien vite qu'il ne pouvait gouverner en Orient qu'avec l'orthodoxie *orientale,* qu'il ne pouvait pas appliquer la règle sévère de l'Occident et qu'il lui fallait absolument gagner les semi-ariens. Il convoqua donc en 381 dans la capitale un concile oriental et nomma pour président Meletius chef du parti néo-orthodoxe à Antioche. En faisant cela il offensa bien les Occidentaux et les Egyptiens, mais il s'assura l'appui de Cappadociens et des gens de l'Asie-Mineure. L'opposition s'exprima au synode avec tant de force qu'on fut bien près d'en venir à une rupture. Le nouveau président Grégoire de Nazianze dut donner sa démission. Mais, en définitive, le synode, qui comptait cent cinquante évêques, proclama le symbole de Nicée sans

explications ainsi que la pleine homoousie des trois personnes, et exclut les Macédoniens. En fait, la communauté
d'essence l'emporta, dans le sens de *l'égalité* et non dans le
sens de *l'unité*. Le symbole qui depuis 450 environ en
Orient, et 530 environ en Occident a été considéré à tort
comme le symbole de ce synode, a obtenu une très haute
considération dans l'Église, et il a même supplanté le symbole
de Nicée dont il était supposé n'être qu'un développement.
Le synode de Constantinople reçut la qualité d'œcuménique seulement après coup, et par le fait d'un *qui pro quo*.
Quant au soi-disant symbole de Constantinople, il est bien
plus ancien ; c'est le symbole baptismal de Jérusalem rédigé
selon toute vraisemblance par Cyrille peu après 362, lorsque
Cyrille passa du sémiarianisme au consubstantialisme. Il
y manque le « Ἐκ τῆς οὐσίας τοῦ πατρός » et la formule sur le
Saint-Esprit n'expose pas la doctrine orthodoxe, mais
tourne le point controversé. (Τὸ κύριον, τὸ ζωοποιόν, τὸ ἐκ τοῦ
πατρὸς ἐκπορευόμενον, τὸ σὺν πατρὶ καὶ υἱῷ συνπροσκυνούμενον καὶ συν-
δοξαζόμενον, τὸ λαλῆσαν διὰ τῶν προφητῶν). On ignore absolument
comment ce symbole a pris place dans les actes du synode
(serait-ce le fait de Cyrille, d'Epiphane??) et comment ensuite il est devenu *le* symbole du concile. Seulement la lé-
gende fait ici preuve d'une justice remarquable, car elle
attribue au synode des évêques néo-orthodoxes un symbole
où font défaut les anathèmes contre les ariens ainsi qu'un
mot nicéen caractéristique. En fait, sous le voile de l'Homoousios, on en était en Orient à une sorte de consubstantialisme qui est resté orthodoxe dans toutes les Eglises
jusqu'à nos jours (1).

L'Occident fut extrêmement mécontent de la marche du
synode, en particulier de ce qu'on eût reconnu l'orthodoxie
d'hommes qu'à Rome on envisageait comme très suspects. On fit des représentations, on menaça de faire schisme,
mais l'Orient se refusait à se courber davantage sous
la domination dogmatique de Rome. Théodose maintint la

(1) Sur ce symbole, voir l'article de Harnack dans l'Encyclopédie
Herzog, 2ᵉ édition.

séparation des deux parties de l'empire et agit avec fermeté et prudence, évitant de consentir à la convocation d'un concile œcuménique désiré par Gratien (c'est-à-dire par Ambroise). Il se fit un rapprochement en 382 : des synodes siégèrent alors simultanément à Rome et à Constantinople et se montrèrent plus conciliants sur les questions de personnes ; or c'était là-dessus que la controverse s'était aigrie, car le schisme d'Antioche durait toujours. Une chose contribua surtout à la réconciliation, c'est que le chef spirituel de l'Occident, Ambroise, entra dans l'école des Cappadociens à cause de leur science, et subit son influence dans une forte mesure.

En 381 les neuf dizièmes peut-être de l'Orient étaient Ariens. Théodose chercha à les effrayer, mais ensuite à les gagner, comme le montre le synode de 383 à Constantinople où Eunomius lui-même fut invité. Cependant il renonça bientôt à la manière douce. Ambroise le seconda en Occident. On peut admettre que la plupart des évêques grecs ariens ou semi-ariens firent leur soumission ; l'extrême gauche seule (Eunomius) demeura ferme.

L'arianisme s'est éteint chez les Grecs encore plus rapidement que l'hellénisme. A vrai dire, les laïques orthodoxes toujours conservateurs ont considéré la formule orthodoxe plutôt comme un mal nécessaire que comme l'expression de leur foi.

La victoire de l'orthodoxie fut une victoire remportée par les prêtres et les théologiens sur la foi du peuple ; or, cette foi — il faut bien l'avouer — était fort peu relevée ; mais elle n'en fut pas pour cela purifiée.

Appendice. La doctrine du Saint-Esprit et de la Trinité.

1. Dès les temps anciens on crut au Saint-Esprit à côté du Père et du Fils, mais, bien qu'on eût repoussé le montanisme et qu'on eût rejeté l'égalité *spiritus-ecclesia*, on ne savait pas du tout ce qu'était le Saint-Esprit ni quel était son rôle. En général la théologie scientifique des apologètes ne

sut pas s'en occuper, et au troisième siècle encore la plupart voyaient en lui une force. Cependant Irénée et Tertullien déjà ont cherché à l'apprécier comme puissance divine dans le sein de la divinité. Tertullien a admis le Saint-Esprit comme « Dieu » et comme « personne » dans sa trinité décroissante mais une dans son essence (*filio subjectus*). Puis la spéculation néoplatonicienne, la science, trouva nécessaire qu'il y eût trois hypostases divines. En conséquence, et en conformité avec la Bible, Origène a admis l'Esprit dans sa théologie comme la troisième personne constante, mais il l'a d'ailleurs admis aussi comme une créature subordonnée au Fils, qui domine sur le cercle très restreint des sanctifiés. La tractation de la doctrine du Saint-Esprit chez Tertullien et chez Origène, tout à fait analogue à celle du Logos, nous montre qu'il n'y avait pas d'intérêt proprement chrétien qui s'attachât à ce point de doctrine. Le fait aussi que Sabellius dut prendre en considération le Saint-Esprit prouve seulement que les affirmations de la doctrine générale et scientifique de la trinité, et des formules bibliques, ne pouvaient plus être passées sous silence.

Cependant les communautés et la majorité des évêques, même au commencement du quatrième siècle ne firent pas attention à ces progrès de la science ; le symbole de Nicée lui-même se contenta de l'affirmation de la foi au Saint-Esprit sans explications ni additions. Pendant quelques dizaines d'années, Athanase n'a jamais pensé au Saint-Esprit. Ceux qui le tenaient pour divin dans la pleine acception du terme, voyaient en lui une force, et ceux qui le regardaient comme personnel, le considéraient comme réellement subordonné. A proprement parler, le Saint-Esprit n'était qu'un mot, et tel il demeura encore dans la suite au sein de la trinité.

Les Ariens ont poussé au développement ultérieur de la doctrine, parce qu'ils pouvaient très bien se fonder sur le fait qu'on admettait l'infériorité de l'Esprit pour appuyer la subordination du Fils. C'est précisément ce qui amena les orthodoxes à réfléchir. Depuis 358 environ, Athanase donna son attention au Saint-Esprit, et n'hésita pas un instant sur la formule à adopter : puisqu'il doit être invoqué, le Saint-Esprit est Dieu consubstantiel comme le Fils, et il n'appartient aucunement au monde (*epp. ad Serap.*). Au synode d'Alexandrie cette doctrine fut mise sous le couvert du symbole de Nicée : quiconque la nie est un arien hypocrite. — Toutefois les essais tentés pour distinguer l'activité de l'Esprit de celle du Fils demeurèrent à l'état de phrases vides.

Bien que l'Occident eût accepté cette formule avec tant d'assurance, les Ariens ne se trouvèrent pas seuls Orient en à y voir une flagrante innovation, car les semiariens, et même ceux qui acceptaient Homoousios dans la doctrine du Fils, se refusèrent à admettre cette nouveauté. Sous Macédonius, évêque de Constantinople, ils prirent une position décidée. Bien plus, les Cappadociens, quoique partisans de la formule, avouèrent que toute tradition palpable faisait défaut, ils exhortèrent à user des plus grandes précautions, et pensèrent qu'il était nécessaire avant tout de garder la formule comme doctrine secrète. Ils s'appuyaient sur le fait que cette doctrine n'était soutenue que par une tradition non écrite.

Embarrassé comme on l'était de donner à l'Esprit une existence propre en relation avec le Père, on en arriva à lui attribuer d'après Jean l'ἔκπεμψις et l'ἐκπόρευσις *éternelles*. A partir de 362, l'Occident se montra infatigable dans ses efforts pour imposer à ces frères orientaux déjà à demi gagnés le Saint-Esprit comme θεὸς homoousios; il y réussit en s'alliant avec les Cappadociens. — Cependant en 381 encore on invita au synode les Macédoniens (Pneumatomaches), mais c'était pour leur faire entendre leur condamnation et pour qu'ils s'y voient expulsés. Les anathèmes de Damase donnèrent plus de force au résultat. Dès lors il ne fut plus permis d'enseigner que l'Esprit est subordonné au Fils, et comme pour les Grecs le Père demeurait la racine même de la divinité, il leur sembla que l'homoousie de l'Esprit ne fut assurée que lorsqu'on eut fait dériver l'Esprit du Père, et qu'on l'eut ainsi complètement séparé du Fils.

2. Les Cappadociens, et avant eux leur grand docteur Apollinaire, ont fixé la doctrine orthodoxe de la trinité, (voir page 191) : *une* essence divine en *trois* sujets dont l'égalité de nature renfermée dans une unité d'essence, est indiquée par ses qualités et ses activités, et dont la distinction se montre dans la marque caractéristique de leur manière d'être; cependant le Père seul est αἴτιον, les deux autres sont αἰτιατά, mais non pas comme le monde.

On rencontre bien chez Tertullien les formules : nature et personne, mais pour lui la trinité est encore entièrement une trinité de révélation, non une trinité immanente. La trinité, — c'est ainsi qu'on dit maintenant — distingue le christianisme du polythéisme païen et du *rude* monothéisme juif.

En Orient, la préoccupation de la christologie a exercé une influence sur la détermination de la doctrine de la trinité dès l'entrée en scène des consubstantialistes (on y parle aussi de nature et de personne; et c'est de là que vint le mot ὁμοίωμα, et l'application à l'individu de l'analogie qui existe entre les notions « d'humanité » et « d'Adam »).

Il reste un élément subordinatien et aristotélicien dans la doctrine trinitaire des orthodoxes orientaux.

Dans les luttes subséquentes, cette doctrine eut à souffrir les mêmes vicissitudes que la christologie, mais non pas à un degré très fort, car elle était déjà devenue trop rigide. Depuis 530 quelques monophysites apollinaristes traitèrent à la façon d'Aristote les idées de nature et de personne dans la christologie, et arrivèrent ainsi, dans la doctrine même de la trinité, au trithéisme ou au modalisme ; φύσις= ὑπόστασις : telle est la manière de voir d'Askunages, de Jean Philoponus, de Pierrre de Kallinico; ils eurent pour adversaires Léonce de Byzance et Jean Damascène. Ce dernier, pour s'opposer au trithéisme, donna au dogme trinitaire une forme qui se rapprochait de celle qu'il avait reçue en Occident : l'ἀγεννησία est formellement égalée à la γεννησία, le ἐν ἀλλήλοις des trois personnes est fortement accentué, ainsi que la περιχώρησις, mais ce n'est cependant pas encore la συναλοιφή et la σύμφυρσις; la distinction n'existe que pour les ἐπίνοια.

Seulement cette conception demeura stérile, parce que sur le point le plus décisif elle laisse subsister un subordinatianisme subtil. Jean enseignait aussi que l'Esprit procède *du Père seul*, mais *par le moyen* du Fils. Le Père demeure donc l'ἀρχή de la divinité.

Ainsi l'esprit oriental et l'esprit occidental se sont toujours représenté la trinité sous des formes différentes. En Orient, le Père demeura la racine des deux αἰτιατά, car aux yeux des Orientaux la complète réciprocité des trois personnes portait atteinte à la monarchie ; ils pensaient surtout que si l'on faisait procéder l'Esprit du Fils, l'homoousie était en danger. Cette position fut celle que prit Photius en 867 quand, cherchant matière à querelle dogmatique, il adressa aux Occidentaux le reproche d'avoir innové en enseignant la procession immanente de l'Esprit du Père *et du Fils*, et il augmenta encore la gravité de ce reproche, en les accusant encore plus vivement d'avoir falsifié le saint symbole de Constantinople par l'addition de « *filioque* ». Or ce mot était bien en effet une innovation introduite en Espagne. Il sortit de là une querelle qui ne fut jamais apaisée, et le « διὰ τοῦ υἱοῦ » devint également suspect aux Grecs. Les Occidentaux s'en tinrent avec fermeté à leur doctrine parce que, d'après la façon dont ils concevaient la trinité, ils ne trouvaient l'expression de la vraie foi que dans l'unité complète des personnes, et par conséquent aussi seulement dans leur complète réciprocité. Les Grecs ne comprenaient pas cela, parce qu'ils gardaient encore des préoccupations cosmologiques secrètes. Ainsi la doctrine de la trinité, incessamment travaillée scientifiquement, est demeurée le véhicule qui a transmis aux peuples slaves et germains la philosophie de l'antiquité; elle contient un mélange singulier de ces deux éléments : la pensée chrétienne de la révélation de Dieu en Jésus, et le legs de la philosophie antique.

L'Occident, en règle générale, n'a pas traité la doctrine de la trinité comme objet de la spéculation. Pour lui l'élément certain est l'*unité*, tandis que la distinction d'essence et de personne a plutôt le sens d'une distinction *formelle* courante faite par la jurisprudence.

Augustin a voulu exprimer *cette* conception de la trinité dans son grand ouvrage *de trinitate* (sur l'attitude d'Augustin vis-à-vis des formules trinitaires d'Orient, voir Reuter, *Zeitschrift für Kirchengeschichte*, V p. 375 ss. ; VI p. 155 ss.) en se servant des moyens offerts par la science néoplatonicienne, et en se laissant diriger aussi par sa conscience religieuse, laquelle ne connaissait qu'*un* seul Dieu. Il aboutit à supprimer complètement tout reste de subordinatianisme, à transformer les personnes en des relations (ce qui est bien l'ancien modalisme occidental, mais couvert d'un voile). Il aboutit en même temps à une telle armée de formules contradictoires et absurdes, que lui qui s'enivrait d'incompréhensible prit peur et retomba ensuite dans le scepticisme.

(Voici ses formules : les trois ensemble sont égaux à un ; l'unique absolu doit être compris comme triple ; le Fils prend une part active à sa propre création ; *sunt semper invicem, neuter solus ;* on ne doit pas non plus concevoir les fonctions économiques comme séparées, aussi a-t-il été dit « *tres personae* » *non ut illud diceretur sed ne taceretur.*)

Cet aveu d'Augustin et les analogies qu'il applique à la trinité (elles sont toutes dans le sens du modalisme), nous montrent que, laissé à lui-même, il n'aurait jamais pensé à la trinité, s'il n'avait été lié par la tradition. Il appuie naturellement aussi sur la procession de l'Esprit du Père et du Fils, car dans tout acte tous les trois ont une part.

Son grand ouvrage est devenu au moyen âge une école supérieure pour la formation technique et logique de l'esprit, et la source à laquelle a puisé la scolastique. C'est grâce à Augustin que l'Église espagnole d'abord, et d'autres ensuite, en sont venues à proclamer le *filioque*.

Les formules paradoxales du dogme augustinien de la trinité ne s'accordent ni avec l'histoire de la révélation, ni avec la raison, elles ont cependant leur élément de vérité dans l'effort qu'Augustin a tenté pour maintenir le mono-théisme complet. Elles se répandirent en Occident, et on les réunit dans le soi-disant symbole d'Anathase dont la formation date des premiers temps du moyen âge. (Sur le symbole d'Athanase, voir Köllner, *Symbolik*, I pp. 53 ss. et les travaux anglais de Ffoulkes (1871), Swainson (1875), Ommaney (1875), Lumby (1887). Une fois ce symbole adopté, ces formules furent publiées comme la sainte doctrine de l'Église : « Quiconque veut être sauvé doit les croire », c'est-à-dire s'y soumettre. Dans le symbole d'Atha-nase, le dogme de la trinité, pensée religieuse dont le contenu doit être accepté, est transformé en une ordonnance de l'Église, dont l'observation est obligatoire pour être sauvé. L'Homoousios était chez Athanase la pensée religieuse décisive, pour les Cappadociens c'était une thèse théologique que la science doit s'efforcer de pénétrer, à l'époque suivante, ce fut chez les Grecs une relique sacrée et chez les Occidentaux une ordonnance légale de l'Église à laquelle il faut obéir.

CHAPITRE VIII

LA DOCTRINE QUE LA NATURE DU FILS DE DIEU INCARNÉ EST
PARFAITEMENT CONSUBSTANTIELLE A CELLE DE L'HUMANITÉ:

Sources : Fragments d'Apollinaire, (Dräseke, dans *Texte u. Untersu-chungen*, VII 3, 4.) écrits d'Athanase, des docteurs de Cappadoce et d'Antioche.

La question de la divinité de Christ n'était que la préface du problème de l'*union* du divin et de l'humain en lui. Toute dogmatique aboutissait à ce problème. Irénée déjà, puis Athanase ont établi la divinité du rédempteur en vue de la rédemption, c'est-à-dire en vue de l'union du divin et de l'humain.

Or, pour aborder la question de cette *union*, il fallait d'abord se faire non seulement une conception précise de la divinité du rédempteur, mais aussi une conception de son *humanité*. Dans la controverse gnostique, on avait bien affirmé la réalité de la chair du Christ (Tertullien, *de carne Christi*), mais un docétisme subtil s'était néanmoins perpétué, non seulement chez les docteurs alexandrins, mais chez *tous*. C'est à peine si l'on eût trouvé une personne qui pensât que Christ avait une conscience de soi humaine et parfaite, et pas une âme n'admettait que la nature humaine du Christ participât à toutes les limites qui bornent la nôtre. Sans doute Origène — après d'autres — a attribué à Christ une *âme* humaine et une volonté libre, mais c'était afin d'établir la liaison entre le Dieu-Logos et la matière, et dans sa christologie il a montré comment on tombe dans le docétisme le plus manifeste, quand on prétend que parce qu'elle était matérielle, la « sarx » était sans qualité et pouvait prendre n'importe quelle propriété. Au commencement du quatrième siècle, les idées les plus diverses régnaient chez les théologiens origénistes et dans le peuple chrétien, au sujet de l'incarnation et de l'humanité du Christ. Un petit nombre seulement pensaient à lui attribuer une âme humaine, et beaucoup regardaient la chair du Christ comme céleste, comme une transformation du Logos ou comme un habit qu'il avait revêtu. Les conceptions docétiques grossières furent adoucies par les conceptions néoplatoniciennes spéculatives : « La limitation est une phase du déploiement de la divinité. » Au fond personne en Orient ne songeait à deux natures, et les idées régnantes étaient : une nature divine-humaine éternelle ou bien une nature qui est devenue divine-humaine, ou bien une nature divine temporairement transformée en nature humaine, ou bien enfin une nature divine habitant dans l'humain, c'est-à-dire ayant revêtu l'humain comme une enveloppe.

Les réponses que l'on donnait aux questions particulières avaient le même caractère de confusion : On se demandait si ce qui est né de Marie, c'est la chair ou le Logos avec la chair, si Christ s'est fait homme ou s'il a pris sur lui la nature humaine, quelles sont les qualités qui peuvent manquer à cette nature pour qu'on puisse encore la regarder comme humaine.

Il en était de même pour les questions que posait la Bible. Qui est-ce qui souffre, qui a faim, qui meurt, qui est-ce qui avoue son ignorance, est-ce le Dieu ou l'homme, ou le Dieu-Homme, ou bien est-ce que ces affections sont seulement une apparence, c'est-à-dire ne sont qu'économiques ?

En Occident on enseigna précisément *in concreto* un docétisme plus ou moins subtil. Mais on eut en outre depuis Tertullien et Novatien cette formule juridique : deux subs-

tances, une personne. Conception tout à la fois protectrice
et limitative. Cette formule ne fut pas davantage approfondie, mais elle devait être un jour au sein des luttes de
l'Orient la parole de salut.

On partait de l'*unité* de la personne supranaturelle du
Christ comme du principe généralement reconnu. Comment
pouvait-on y joindre son humanité, tel fut le problème
qu'Apollinaire de Laodicée a démêlé le premier dans toute
sa netteté et dans toute sa difficulté. Les Ariens avaient
donné le branle en concevant l'humanité du Christ seulement comme σάρξ. Leur désir était d'exprimer ainsi la complète unité de la personne du rédempteur, et de pouvoir en
même temps attribuer à leur Logos à demi divin la connaissance limitée et la faculté de souffrir qui sont en
Christ. Ils objectaient donc aux orthodoxes que leur doctrine conduit à admettre deux Fils de Dieu ou deux natures
(les deux alternatives étaient encore regardées comme
identiques). Apollinaire reconnut que ce reproche était
fondé. Il se proposa dans sa théologie :

1) D'arriver à une unité de la personne du Christ aussi
stricte que celle de l'arianisme où le Logos est seulement
revêtu de la chair.

2) D'unir avec cela la *pleine* humanité du Christ. — Tel est
le problème dont s'est occupé l'Église du troisième siècle.
Apollinaire a su y voir le problème chrétien principal, le
noyau de toutes les affirmations religieuses, il en a saisi
toute la portée, et l'a traité en déployant la plus grande
pénétration et une dialectique qui est une anticipation sur
toutes les terminologies de l'avenir. Il blâmait les orthodoxes — autrement dit Athanase — de ce que pour échapper aux objections des Ariens, ils distinguaient toujours en
Christ, malgré toutes leurs bonnes intentions, ce qui était
l'œuvre de l'homme et ce qui était celle du Dieu. C'était
établir une dualité, et le bienfait consolateur de la rédemption était perdu, car il faut que Christ soit devenu homme
de telle sorte que tout ce qui appartient à son humanité
s'applique aussi à sa divinité et vice-versà.

(A dire vrai, Athanase n'a jamais employé le terme δύο φύσεις, comme Origène, mais il fut obligé malgré lui de diviser dans la pratique l'unité du Logos incarné).

Apollinaire reprochait aux Ariens de détruire eux aussi le bienfait consolateur de la rédemption, en admettant que Christ n'a pas revêtu l'humanité complète, mais seulement la chair. Lui-même maintient avec fermeté l'idée de l'unité comme idée directrice, mais étant disciple d'Aristote, il ne se contenta pas du mystère de la foi, et présenta une doctrine d'après laquelle le Dieu-Logos a adopté la chair et l'âme de l'homme. Cette chair et cette âme constituent en lui la nature humaine en tant que nature, mais ne constituent pas un Logos humain Aujourd'hui nous dirions la chose ainsi : Le Dieu-Logos n'a pas adopté ce qui chez l'homme constitue la personnalité (l'individu), par conséquent n'a pas adopté non plus une volonté libre. Le Logos a pu se fondre en une unité *complète* avec une nature humaine ainsi faite, parce qu'il n'y a jamais eu deux sujets en présence.

Apollinaire envisagea comme des écueils dangereux :

1) L'opinion qui admettait deux fils, c'est-à-dire séparait l'homme et le Dieu, Jésus et le Christ. (Deux natures sont deux fils).

2) La conception que Jésus a été un « homme ἔνθεος ».

3) L'opinion que Jésus a eu une existence libre, sujette au changement. Il faut, disait-il, écarter le sujet de la nature humaine en Christ, autrement on arriverait à une nature hybride semblable à celle du bouc-cerf ou du minotaure. Par contre il exposait clairement sa conception de la μία φύσις τοῦ λόγου σεσαρκωμένη.

Apollinaire fondait sa doctrine sur la sotériologie : Il faut que Dieu ait pratiqué et souffert ce que l'homme a pratiqué, autrement il n'y a pas de puissance de salut : « la mort d'un homme n'abolit pas la mort ». Par Christ la divinité est devenue le *nous* et le *logos* de l'humanité entière, et la nature humaine est devenue la *sarx* de la divinité.

Excellent exégète, il appuyait aussi ses idées sur la

Bible et sur la spéculation : le divin est le moteur, et la nature humaine est toujours l'élément mis en mouvement. Cette relation entre le divin et l'humain, atteint sa manifestation et son développement parfait dans le « Logos incarné : » Christ est l'Adam céleste. Il a donc virtuellement adopté en lui la nature humaine, il a été toujours νοῦς ἔνσαρχος d'une façon cachée, et puisqu'il s'est incarné, il est consubstantiel à sa divinité. L'incarnation n'est donc pas du tout fortuite, et elle se distingue de tout ce qui serait simple inspiration ; le Logos est toujours le médiateur (μεσότης) entre la divinité et l'humanité. (Sur ce dernier point il serait difficile de dire jusqu'où Apollinaire s'est avancé.)

— En somme s'il s'agissait de décrire le mystère deux= un, ce qui est le pendant du mystère trois=un, et si on la jugeait d'après les hypothèses et les fins de la conception grecque de la religion chrétienne, la doctrine d'Apollinaire serait *parfaite*.

Grâce à cette conformité avec les idées grecques, il a trouvé des disciples convaincus ; au fond tous les monophysites et même les pieux orthodoxes grecs sont apollinaristes. En effet, si on admet une personne humaine unique en Christ, on suspend son pouvoir rédempteur, tandis que, d'autre part, la doctrine de deux natures non mélangées détruit aussi les effets de l'incarnation. Apollinaire a donc effacé le νοῦς humain comme tous les croyants grecs avant et après lui, mais il l'a fait ouvertement et avec énergie.

Une fois qu'on eut réclamé une essence humaine *complète* en Christ, on ne put plus ignorer cette demande. Si l'on pouvait dire que chez Apollinaire le νοῦς humain n'est pas sauvegardé, on pouvait penser aussi que le dogme de la divinité est menacé, si Dieu doit avoir souffert. C'est pourquoi déjà au Synode d'Alexandrie en 362, on reconnut la complète humanité du Christ, et les Cappadociens prirent parti contre leur maître vénéré. Apollinaire ayant dû sortir de l'Église en 375, il fonda une Église nouvelle. — L'Occident le condamna également de son côté. La consubstantialité complète du Christ ainsi que son humanité furent élevées au rang d'un dogme. Certainement les récits évangéliques ont contribué à ce résultat, et cependant les Cappadociens ne surent opposer à Apollinaire que des formules pitoyables et pleines de contradictions : il y a deux natures et cependant seulement une ; il n'y a pas deux fils, mais autre est l'action de la divinité en Christ, autre l'action de son humanité; Christ avait la liberté humaine mais agissait avec la détermination divine. Au fond les Cappadociens pensaient comme Apollinaire, mais ils durent tenir compte de la pensée de « l'homme parfait », tandis que la *piété grecque* ne nous présente aucune considération du même genre. La doctrine d'Apollinaire avait été dictée par la souveraineté de la foi, il a ajouté à l'Homoousios athanasien une christologie correspondante, et comme Athanase, il n'a reculé devant aucun sacrifice pour sa foi. Ses adversaires ont rendu un grand service à l'Eglise de l'avenir, car ils ont maintenu en Christ la *complète* humanité, le sujet humain. Il s'agissait maintenant pour eux de ramener à l'unité cette contradiction : il n'y a pas deux fils, mais il y a cependant deux essences indépendantes. Nul ne savait encore quelle serait la formule capable d'atteindre ce résultat.

CHAPITRE IX

SUITE. — DOCTRINE DE L'UNION DE LA NATURE HUMAINE ET DE
LA NATURE DIVINE DANS LA PERSONNE DU FILS DE DIEU IN-
CARNÉ.

Sources : Ecrits de Cyrille et des Antiochiens, Théodore de Mopsueste, éd. Swete 2v. 1880 ; Theodoret ; actes des conciles, Mansi,
t. IV ss. Hefele, *Conciliengeschichte*, vol. II et III.

1. *La controverse nestorienne.* — Comment le Dieu
parfait et l'homme parfait peuvent-ils former une unité?

Les plus ardents adversaires d'Apollinaire furent ses
compatriotes, et en partie aussi ses coreligionnaires en
philosophie, les Antiochiens. De la formule « parfaitement
Dieu et parfaitement homme », ils concluaient à deux natures différentes. Diodore de Tarse, et surtout Théodore de
Mopsueste, hommes remarquables par leur saine philosophie, leur exégèse excellente et leur ascétisme sévère,
étaient des Nicéens convaincus ; mais ils reconnurent en
même temps avec raison que l'humanité parfaite sans la
liberté ni la mutabilité, est une absurdité, et que, par conséquent, la divinité et l'humanité — l'incapacité et la susceptibilité de souffrir, — sont des antinomies qui décidément
ne peuvent pas être réduites. Ils établirent leur christologie
d'après ces principes-là. La christologie n'est donc pas
déterminée chez eux par la sotériologie, mais par l'image du
Christ dans les Evangiles. Il y a en Christ deux natures

distinctes, (pas d'ἕνωσις φυσική) le Dieu Logos a adopté un homme particulier, c'est-à-dire a demeuré en lui. Cette habitation n'a pas été du tout substantielle, elle n'a pas consisté non plus seulement dans une inspiration, elle a été κατὰ χάριν. Cela veut dire que Dieu s'est placé dans une relation particulière avec l'homme Jésus, et s'est uni à lui d'une manière analogue à celle dont il s'unit avec les âmes pieuses (συνάφεια). Le Logos demeurait en Christ comme dans un temple; la nature humaine demeurait dans sa substance ce qu'elle est, mais elle s'est peu à peu développée jusqu'à parvenir à une stabilité et une constance parfaites. L'union est donc seulement relative (ἕνωσις σχετική) et au commencement elle n'a été que relativement parfaite; en soi elle est d'ordre moral, mais ayant été maintenue et élevée, elle a abouti à la fin et pour toujours à produire un sujet adorable. (Χωρίζω τὰς φύσεις, ἑνῶ τὴν προσκύνησιν).

Théodore a la formule des temps postérieurs : « deux natures, *une* personne », mais chez lui l'unité de la personne est seulement l'unité dans les noms, dans la dignité et dans l'adoration, elle n'est pas du tout unité substantielle. Il a très clairement admis deux *personnes*, parce qu'il a admis deux natures (personne—nature), et à côté de cela pour les croyants, une « face » adorable. On ne peut pas, au fond, parler d'une incarnation, mais seulement d'une adoption de l'homme de la part du Logos. Les fonctions accomplies par Jésus-Christ doivent être nettement partagées entre sa divinité et son humanité. Dire que Marie est mère de Dieu, c'est une absurdité.

Cette doctrine ne se distingue de celle de Paul de Samosate que par ce qu'*elle affirme* la personnalité du Dieu-Logos en Christ. En réalité, quoiqu'y fasse Théodore, Jésus est pourtant un ἄνθρωπος ἔνθεος Si les Antiochiens se contentaient de cet ἄνθρωπος ἔνθεος, c'était à cause de leur rationalisme. Leur conception spirituelle du problème est digne de louanges; mais ils étaient encore plus éloignés de la conception de la rédemption comme nouvelle naissance et comme pardon des péchés, que les représentants de la notion réaliste de la rédemption. Les Antiochiens voyaient en Christ celui qui a accompli la destinée de l'humanité, et qui a conduit cette humanité à un état de choses nouveau au moyen de la connaissance et de l'ascétisme, mais ils ne voyaient pas en lui celui qui restaure l'humanité.

Ils ne volatilisaient pas ainsi que les docètes, les traits qui montrent l'humanité du Christ, et ne les expliquaient pas non plus comme des accommodations. Ils ont présenté à l'Eglise l'image du Christ historique à une époque où l'Eglise devait nécessairement s'en éloigner toujours davantage dans ses formules dogmatiques. Toutefois cette image ne pouvait pas exercer une influence bien puissante, car les traits que l'on faisait ressortir en Christ, étaient la liberté formelle, la faculté de souffrir, la sagesse et l'ascétisme.

La tradition embarrassait l'école d'Antioche. Sa rivale, l'école d'Alexandrie, se fonda sur elle pour dire que Christ a possédé la nature divine et qu'il est réellement devenu homme. Jusqu'en 431 et même plus tard ses théories manquèrent de clarté : il ne pouvait en être autrement ; mais cela ne faisait que rendre sa foi encore plus sûre d'elle-même. Cyrille d'Alexandrie, homme à bien des égards peu estimable, a combattu comme Athanase pour l'idée fondamentale de la piété, et il a eu pour lui la tradition. La piété demandait seulement l'affirmation forte et assurée du mystère, rien de plus (σιωπῇ προσκυνείσθω τὸ ἄρρητον). Cyrille n'a pas employé beaucoup de paroles à faire l'exposé positif de sa foi, mais dès qu'il a voulu éclaircir le mystère, il a couru le danger de dépasser les bornes de sa pensée doctrinale ; en outre sa terminologie était incertaine. Sa foi ne partait pas du Christ historique, mais du Dieu qui s'est fait homme, s'incorporant la *nature* humaine, *et cependant demeurant le même* : il ne s'est pas transformé, mais il a fait entrer l'humanité dans l'unité de son être, sans que cette unité en perdît quoi que ce soit. Il est après le même qu'avant, le sujet *un*. Ce que le corps souffre, il l'a souffert. Aussi Cyrille usait-il avec prédilection de ces mots caractéristiques : εἷς καὶ ὁ αὐτός, savoir le Dieu-Logos, ἰδίαν ποιεῖν τὴν σάρκα οἰκονομικῶς, μεμένηκεν ὅπερ ἦν, ἐκ δύο φύσεων εἷς, συνέλευσις δύο φύσεων καθ'ἕνωσιν ἀδιάσπαστον ἀσυγχύτως καὶ ἀτρέπτως. De là : ἕνωσις φυσική καθ'ὑπόστασιν et μιά φύσις τοῦ θεοῦ λόγου σεσαρκωμένη.

Cyrille a à peine effleuré la distinction de φύσις et de ὑπόστασις. Cependant il n'a jamais dit : ἐκ δύο ὑποστάσεων ou ἕνωσις κατὰ φύσιν. Pour lui « nature » et « hypostase » coïncident en ce qui concerne la nature divine, mais non en ce qui concerne la nature humaine. Bien qu'il attribue à Christ tous les éléments qui composent l'être humain, *il rejette cependant l'opinion que Christ aurait été individuellement homme.* Christ est le Logos qui a pris sur lui la *nature humaine* : c'est ainsi seulement qu'il peut être le rédempteur. D'après Cyrille, il y avait *deux* natures avant l'incarnation, et après seulement *une,* savoir la nature divine-humaine qui n'est divisée qu'en « théorie seulement. » L'unité n'entraîne cependant pas comme conséquence la susceptibilité de souffrir de la part de la divinité, c'est le Logos qui souffre *dans sa chair.*

Le Logos est donc tout de même θεὸς σταυρωθείς, et Marie est θεοτόκος. Voilà pourquoi la σάρξ Christi peut aussi donner la vie divine dans la Cène : elle est remplie par la divinité.

Au fond, cette conception est du monophysisme pur, mais elle se refuse à l'être. Tout en affirmant que l'humanité du Christ n'est pas volatilisée, elle protège cette humanité contre la formule monophysite logique. Cyrille est réellement orthodoxe, car il a enseigné ce qui était le corollaire du dogme christologique orthodoxe. Mais il y a contradiction patente : Les natures doivent être là toutes deux non amoindries et non mélangées, comprises dans un Logos humain, et cependant il doit n'y avoir qu'*une seule* nature divine-humaine, et la nature humaine n'a pas de sujet. Il est évident aussi que l'image du Christ réel ne subsiste pas avec une telle manière de voir : on est nécessairement amené aux interprétations des docètes et à admettre l'accommodation. Cette doctrine a cependant une plus grande valeur que celle du symbole de Chalcédoine,

parce que la foi peut y contempler clairement le fait que
Christ a adopté toute la nature humaine, l'a unie avec lui
dans son essence, et l'a ainsi élevée jusqu'au divin.

— La controverse éclata à Constantinople, grâce à Nestorius, évêque vaniteux et tapageur (428). En butte à la
haine et à la jalousie du patriarche d'Alexandrie, parce
qu'il appartenait à l'école d'Antioche, et à cause du siège
qu'il occupait, il eut l'imprudence d'attiser cette haine par
des prédications et des attaques contre les partisans des
idées de Cyrille. Il s'éleva en particulier contre le mot de
θεοτόχος et d'autres analogues, les qualifiant de fables
païennes. Il chercha ensuite à extirper « la pourriture
d'Arius et d'Apollinaire. » Quant à la christologie, il ne se
rangeait pas du tout à l'extrême gauche de l'orthodoxie
comme Théodore. Il jeta la capitale dans une grande agitation ; les moines et les dames de la cour impériale furent
contre lui. Cyrille vint alors se mêler à la discussion. Les
formules des deux adversaires ne peuvent pas être com-
parées à des cloches qui donneraient un son très différent :
Nestorius était même prêt à consentir au *theotokos* moyennant certaines réserves ; mais derrière l'antagonisme des
formules se cachait un antagonisme plus profond dont les
racines étaient dans la dogmatique et la politique ecclésiastique. Cyrille combattait pour la nature divine-humaine
unique et pour la suprématie en Orient. Il sut gagner à son
parti l'évêque de Rome, car celui-ci regardait alors l'évêque
de Constantinople comme un rival plus dangereux que
l'évêque d'Alexandrie. Le pape Célestin était aussi personnellement irrité contre Nestorius ; il renia donc ses propres
vues christologiques très voisines de celles de Nestorius,
donna son adhésion aux anathèmes de Cyrille, et exigea
de Nestorius une rétractation. Nestorius fulmina à son
tour des contre-anathèmes contre Cyrille, et grâce à la
faveur dont il jouissait auprès de l'empereur, il obtint la
convocation d'un concile général. Or, dans ce concile qui
se réunit à Éphèse en 431, Cyrille sut manœuvrer de telle
façon qu'on en vint dès le début à une scission. Ensuite

les décisions du parti égyptien et romain furent adoptées
comme décisions du concile. L'empereur ne reconnut ni
ces décisions, ni celles du parti antiochien. Cyrille ne fit
point établir de symbole nouveau, mais il fit destituer
Nestorius et déclarer que sa propre doctrine était orthodoxe.

D'autre part, le concile tenu par les adhérents du parti
d'Antioche destitua Cyrille. L'empereur ratifia la déposition de Cyrille et aussi celle de Nestorius. La déposition
de Nestorius fut seule maintenue ; il mourut en exil. Cyrille,
qui était influent à la cour, réussit à se maintenir dans
sa charge. En 433, afin de ne pas perdre son influence,
il conclut même une alliance avec ceux des Antiochiens
dont le symbole équivoque se rapprochait par sa lettre de
la théologie d'Antioche. Cela fit justement de lui le maître
de la situation, et il continua à consolider la doctrine et
la suprématie ecclésiastiques d'Alexandrie.

2. *La controverse eutychienne.* — Cyrille mourut en
444. Dans son propre parti certaines personnes n'avaient
jamais pu oublier l'union de 433 conclue par soif de domination. Dioscure lui succéda. Il n'était pas à la hauteur de
Cyrille, mais on pourrait cependant le lui comparer.
Dioscure chercha à achever ce que ses prédécesseurs sur
le siège d'Alexandrie avaient entrepris, savoir : faire de
l'Égypte leur domaine, gouverner l'Église d'Orient comme
des papes, et arriver à se soumettre en fait l'empereur et
l'état. Déjà Théophile et Cyrille avaient cherché dans ce
but l'appui des moines, des masses et aussi de l'évêque de
Rome, qui avait le même puissant intérêt à l'abaisse-
ment de l'évêque de Constantinople. Ensuite ils avaient
relâché le lien qui les attachait à la science grecque, en
luttant contre l'origénisme, et cela afin de ne choquer en
rien les barbares pieux, la grande puissance de l'époque.
Dioscure sembla parvenir réellement à son but sous le
règne du faible empereur Théodose II, seulement la catastrophe suivit de près sa plus grande victoire. Elle fut
amenée par l'impératrice Pulchérie, femme énergique, et

par son époux Marcien. Ils se rappelèrent que l'idée de
l'état byzantin, c'était d'avoir la domination sur l'Eglise.
Puis au moment critique, Léon 1er renonça à la politique
traditionnelle de la curie romaine, fit cause commune avec
l'empereur, et amena la chute de Dioscure. Toutefois à ce
moment même, l'opposition entre les deux puissances qui
s'étaient alliées pour produire cette chute, dut nécessairement éclater à nouveau. L'empereur et le pape voulurent
tous deux s'attribuer le bénéfice de la victoire. L'empereur,
après l'avoir appelé à son aide, n'était pas disposé à livrer
au pape l'Eglise d'Orient, bien qu'il prescrivit ses formules
dogmatiques comme l'unique source d'informations de
cette Eglise. Le pape, de son côté, ne pouvait pas souffrir
que le patriarche de la capitale supplantât les autres patriarches d'Orient, gouvernât l'Eglise comme une créature qui agit sur un signe de l'empereur, ni enfin que le
siège de Constantinople fût mis sur le même rang que
celui de Saint-Pierre.

Après le concile de Chalcédoine, l'Etat triompha momen-
tanément sur l'Eglise, mais lorsqu'il imposa à celle-ci ses
formules dogmatiques qui avaient contre elles plus de la
moitié des fidèles, il sema la division dans l'Empire, il prépara la perte de grandes provinces au sud et au nord, il
fortifia la position de son plus violent adversaire, l'évêque
de Rome, au moment même où celui-ci, par la chute de
l'Empire romain occidental, se voyait placé à la tête de
l'Occident. Il prépara ainsi les événements qui limitèrent
la domination byzantine sur les provinces de la côte de la
Méditerranée orientale.

Telles sont les circonstances générales au milieu desquelles la controverse eutychienne s'est déroulée ; on
voit quel rôle important la politique y a joué.

Grâce à l'alliance de 433, la question christologique
avait déjà dégénéré. Suivant l'explication que chacun
donnait de la formule, il pouvait être trouvé hérétique. En
fait, la doctrine d'Alexandrie correspondait bien réellement à la foi des orientaux, elle fit donc des progrès tou-

jours plus considérables, malgré une réaction suscitée par Théodoret, homme vaillant, mais cordialement détesté. Dioscure se conduisit comme s'il avait été l'évêque supérieur de la Palestine et de la Syrie. L'empereur lui livra tout bonnement l'Eglise ; il en profita pour persécuter les membres du parti d'Antioche, chercha à extirper la formule « deux natures » et fit même approuver des symboles dont la teneur était sérieusement apollinariste. Seulement le vieil archimandrite Eutychès à Constantinople, partisan de la christologie de Cyrille, exposa ses idées dans des thèses telles que celles-ci : mon Dieu n'est pas de même essence que nous, il n'a pas le corps d'un homme, mais un corps humain. Alors ses ennemis personnels, Domnus d'Antioche, puis Eusèbe de Dorylée, en prirent occasion pour le dénoncer auprès du patriarche Flavien. Celui-ci ne s'était pas personnellement décidé au point de vue christologique ni dans un sens ni dans l'autre, mais il saisit volontiers cette occasion de se détacher du parti de l'ecclésiastique préféré de la cour. Au synode de Constantinople en 448, Eutychès fut condamné comme valentinien et appolinariste, bien qu'après des hésitations il eût accepté la formule : « un Christ en deux natures ».

Les deux partis se remuèrent auprès de la cour, dans la capitale et auprès du pape. Dioscure comprit que le moment critique était venu dans la lutte pour le pouvoir. De son côté, Léon I l'avait également compris tout aussi clairement. Dioscure réussit à obtenir de l'empereur qu'il convoquât un concile. Ce concile l'arma d'un pouvoir entier et inouï, comme un véritable pape. Alors, bien que son prédécesseur Célestin eût pris le parti de Cyrille, Léon I envisagea Eutychès comme un cher ami qu'on attaquait, chercha à mettre des bâtons dans les roues du concile, adressa dans ce but de nombreuses lettres aux gens influents, et écrivit à Flavien l'épître fameuse où il faisait volte-face et retournait aux idées christologiques de Tertullien et d'Augustin. Il expose dans cette lettre la stricte doctrine des deux natures, (agit utraque forma cum alterius com-

munione, quod proprium est, verbo scilicet operante quod verbi est et carne exsequente quod carnis est), ainsi que l'ancienne idée juridique de l'occident : on doit croire à une seule personne disposant de deux natures (substances) distinctes. Cette idée n'est certainement ni monophysite, ni nestorienne, puisqu'elle établit une distinction si tranchée entre la personne et les deux natures, — en réalité elle introduit ainsi trois puissances, — cependant elle se rapproche en tous cas du nestorianisme. On peut lui reprocher de ne pas faire droit à la préoccupation décisive pour la foi, d'exclure toute opinion concrète, et en outre de ne satisfaire ni la piété, ni la raison. Léon ne connaît à côté de sa doctrine que les hérésies du docétisme et du samosaténisme. Dans son écrit, Léon a bien reconnu la place qui revient à l'idée de *notre* rédemption, mais il a exposé des idées que Cyrille eût énergiquement reniées.

Le grand concile s'assembla en août 449 à Ephèse sous la présidence de Dioscure. On commença par envisager Rome comme absente, puis ensuite on l'humilia dans la personne de ses légats. Ceux-ci du reste manquèrent de décision dans leurs actes. Dioscure fit voter qu'on devait s'en tenir aux symboles des synodes de Nicée et d'Ephèse, (431) qui renferment la foi ancienne en ces termes : « après l'incarnation il y a une nature qui s'est faite chair. » On ne rédigea pas de symbole, on rétablit Eutychès, puis on décida la destitution des chefs des Antiochiens, et aussi de Flavien, d'Eusèbe de Dorylée, de Théodoret, de Domnus d'Antioche, en se fondant sur le symbole de Nicée. En un mot l'Eglise fut purifiée à fond du nestorianisme. Toutes ces décisions furent prises à la presqu'unanimité, et cependant deux ans après, plusieurs évêques qui avaient pris part au concile, déclarèrent qu'elles avaient été imposées par la force ; Léon parle du *latrocinium Ephesinum*, du concile des brigands. Dioscure a certainement terrorisé le concile, mais plus tard, à Chalcédoine, une pression autrement plus forte encore fut nécessaire.

En réalité Dioscure avait élevé la foi de l'Orient à la hau-

teur d'une décision dogmatique. Sa victoire incomparable
avait la certitude d'être durable, pourvu que les puissances
étrangères, l'Etat et Rome, n'intervinssent pas. Or, il souleva contre lui le pape et l'idée byzantine de l'Etat ; il
n'avait pas compté avec la répulsion que l'on nourrissait en
général contre l'aile droite de son armée, contre les disciples déguisés d'Apollinaire. Il a réhabilité Eutychès sans
condamner expressément les thèses inquiétantes de cet
homme et de ses partisans.

Le 28 juillet 450, Pulchérie et Marcien succédèrent à Théodose. Jusqu'alors Léon s'était efforcé en vain de faire
opposition au concile. Maintenant Marcien avait besoin de
lui, car il était décidé à briser l'indépendance de l'évêque
d'Alexandrie. Léon désirait la condamnation de Dioscure,
et l'adoption de sa lettre doctrinale sans la convocation
d'un concile, seulement l'empereur fut obligé d'exiger le
concile, afin qu'une ordonnance nouvelle fût introduite selon
toutes les formes. On ne pouvait réussir que si l'on créait
une nouvelle formule dogmatique qui mît les Egyptiens
dans leur tort, et qui pourtant ne donnât pas raison aux
Antiochiens. La politique conseillait comme seul expédient
l'adoption de la formule de l'Occident, celle de Léon.
Le concile eut donc lieu en 451, à Chalcédoine ; le siège
d'honneur fut dévolu aux légats du pape, car Léon leur
avait donné pour instructions de ne rien céder des honneurs qui appartiennent à Rome. La grande majorité des
cinq ou six cents évêques présents partageait les opinions
de Cyrille et Dioscure, ils étaient donc tout à fait opposés
à tout ce qui se rapprochait des idées nestoriennes, et hostiles à Théodoret ; mais l'empereur était maître de l'assemblée. Il était entendu que Dioscure devait être déposé, et
qu'on adopterait une formule dogmatique dans le sens indiqué par Léon, après qu'on aurait annulé la décision
de 449 comme ayant été arrachée par force. En même
temps, il était évident qu'on ne pouvait renier la mémoire
et la doctrine de Cyrille. Aussi, après une procédure des
plus honteuses, Dioscure fut-il déposé, non comme héré-

tique, mais pour s'être rendu coupable de désobéissances
et d'irrégularités. La majorité des évêques renia son passé
sous les yeux des commissaires impériaux, abandonnant
Dioscure et la décision de 449. Il fallut user de représentations mensongères et de menaces pour obtenir des
évêques la reconnaissance de la lettre doctrinale de Léon, à
laquelle tout oriental devait trouver un sens nestorien, et
pour leur arracher la ratification de la doctrine que même
après l'incarnation il y a deux natures en Christ. A la dernière heure encore, on chercha à élever à la hauteur d'un
dogme une distinction purement abstraite entre les natures,
— mais ce fut en vain.

Dans la cinquième session, les décisions de 325, 381 et
431 furent confirmées et leur suffisance proclamée. Mais
on reconnut qu'il était nécessaire d'adopter les lettres de
de Cyrille à Nestorius et aux Orientaux, aussi bien que la
lettre de Léon, car, dit-on, il y a des hérétiques qui rejettent le θεοτόκος et qui veulent d'autre part introduire une
σύγχυσις et une κρᾶσις des natures, « imaginant sans raison que
la chair et la divinité forment une nature unique, et tenant
la nature divine pour capable de souffrir. » La déclaration
fut faite en ces termes :

Τοὺς δύο μὲν πρὸ τῆς ἑνώσεως φύσεις τοῦ κυρίου μυθεύοντας, μίαν δὲ
μετὰ τὴν ἕνωσιν ἀναπλάττοντας, ἀναθεματίζει (c'était sacrifier la pensée de la foi). Ἑπόμενοι τοίνυν τοῖς ἁγίοις πατράσιν ἕνα καὶ τὸν αὐτὸν
ὁμολογεῖν υἱὸν τὸν κύριον ἡμῶν Ἰησοῦν Χριστὸν συμφώνως ἅπαντες
ἐκδιδάσκομεν, τέλειον τὸν αὐτὸν ἐν θεότητι καὶ τέλειον τὸν αὐτὸν ἐν
ἀνθρωπότητι, θεὸν ἀληθῶς καὶ ἄνθρωπον ἀληθῶς τὸν αὐτόν, puis ensuite : ἕνα καὶ τὸν αὐτὸν Χριστόν... ἐν δύο φύσεσιν (ἐκ δύο φύσεων
est une correction postérieure favorable au monophysisme)
ἀσυγχύτως, ἀτρέπτως, ἀδιαιρέτως, ἀχωρίστως γνωρίζομεν, οὐδαμοῦ τῆς τῶν
φύσεων διαφορᾶς ἀνῃρημένης διὰ τὴν ἕνωσιν, σῳζομένης δὲ μᾶλλον τῆς
ἰδιότητος ἑκατέρας φύσεως, καὶ εἰς ἓν πρόσωπον καὶ μίαν ὑπόστασιν συντρε-
χούσης. οὐκ εἰς δύο πρόσωπα μεριζόμενον ἢ διαιρούμενον, ἀλλὰ ἕνα καὶ τὸν
αὐτὸν υἱὸν καὶ μονογενῆ, θεὸν λόγον.

Cette distinction de nature et de personne paralysait la
puissance du mystère de la foi : on établissait un mystère

abstrait, sans cependant qu'on parvînt à la clarté de l'idée antiochienne de l'humanité de Jésus. La formule est négative et froide, les gens pieux virent s'évanouir ce qui faisait leur consolation : l'ἕνωσις φυσική

Comment ce qui ne s'est passé que dans ̦la *personne* du Christ peut-il être d'aucun profit pour *notre nature ?*

Il semblait qu'on arrivait comme conséquence au « moralisme » détesté, ou à l'union mystique du Logos avec chaque âme humaine. En outre, on devait croire à une φύσις ἀνυπόστατος dont jusqu'alors peu de gens en Orient avaient su quelque chose ! C'était acheter trop cher l'avantage d'avoir assuré la pleine humanité de Jésus comme article de foi irrévocable.

La paix n'était pas non plus rétablie. L'empereur et le pape se divisèrent sur le vingt-huitième canon, sans en aller cependant jusqu'à une rupture, et l'Eglise d'Orient tomba dans un état de désorganisation.

3. *Les controverses monophysites et le cinquième concile.* (Mansi, tomes VII-IX ; Krüger, Monophys, Streitigkeiten, 1884 ; Loofs, Leontius von Byzanz, dans « Texte u. Untersuchungen III, 1. 2. », 1887). Le siècle qui sépare le quatrième et le cinquième conciles présente comme caractères une extrême complication et une extrême confusion ; les positions dogmatiques changent constamment, en sorte qu'on ne peut donner qu'un aperçu rapide. Nous nous bornerons ici à citer quelques points principaux.

1) Les adversaires du concile de Chalcédoine, les monophysites étaient supérieurs aux orthodoxes en puissance et en activité intellectuelles. Ils conservaient la suprématie en Egypte, dans certaines parties de la Syrie et de l'Arménie. Les empereurs ne réussirent pas à les gagner d'une façon durable, ni par des menaces, ni par des concessions. Au contraire, ces provinces devinrent de plus en plus étrangères à l'empire, elles firent du symbole monophysite un des éléments de leur nationalité et préparèrent la formation d'églises nationales indépendantes, hostiles aux Grecs. Au fond, les monophysites tenaient fermement à la doctrine

de Cyrille, ils rejetèrent les formules plus avancées, apollinaristes et eutychiennes, et par leur activité intellectuelle
montrèrent que c'était au milieu d'eux seuls que la
dogmatique héritée de l'Eglise était demeurée vivante.
L'aristotélisme récemment ressuscité prit dans la scolastique la place du platonisme, et trouva chez les monophysites de savants représentants; mais il faut bien le dire,
ceux-ci, dans leurs spéculations, s'approchèrent de bien
près du trithéisme (voir Jean Philiponus).

Dans la christologie, deux tendances principales étaient
en présence. (Gieseler. *Comment.*, *qua Mononoph. opin.
illust.* 2 Part. 1835 s.)

Les uns, comme Sévère, les Sévériens, les « Agnoètes »,
les « Phtartolâtres », ne s'opposèrent au fond qu'au symbole de Chalcédoine, parce qu'ils y voyaient une innovation
formelle, mais ils souscrivirent eux-mêmes à une distinction abstraite des deux natures en Christ. Ils firent même
plus : étant vivement préoccupés de conserver les natures
mélangées, ils accentuèrent le fait que le corps du Christ a
été créé, qu'il est d'une nature corruptible, (*in thesi*) et qu'il
y a des limites à la connaissance dont son âme est susceptible. Ils froissèrent ainsi même les orthodoxes. On aurait
pu les gagner en sacrifiant la formule de Chalcédoine,
c'est-à-dire la lettre doctrinale de Léon.

Les autres par contre, — Julien d'Halicarnasse, « Aktistètes », « Aphtartodocètes, » — repoussant décidément
toute transformation d'une nature dans l'autre, tiraient
toutes les conséquences de l'ἕνωσις φυσική.

Depuis le moment de l'*assumptio*, le corps doit être considéré comme impérissable, et même comme incréé, tous les
attributs de la divinité ont passé à la nature humaine. En
conséquence toutes les affections et les limitations que l'on
peut remarquer dans l'image du Christ telle que la présentent les évangiles, Christ les a acceptées librement κατὰ
χάριν, elles n'ont pas été des conséquences nécessaires
de son être. Cette conception déterminée uniquement par
la pensée de la rédemption, correspond seulement à l'an-

cienne tradition d'Irénée, d'Athanase, de Grégoire de Nysse.

Enfin, il y eut aussi des monophysites, mais en petit nombre, qui allèrent jusqu'au panthéisme dans leurs spéculations (Adiaphorites). Pour eux, la créature est en somme d'une façon mystérieuse essentiellement une avec Dieu, l'ἕνωσις φυσική en Christ n'est que l'expression de l'unité essentielle et universelle de la nature et de la divinité. (Stephen bar Sudaili, les mystiques eurent une influence sur l'Occident : Scot Erigène.)

Depuis le cinquième concile, et surtout depuis l'invasion de l'islam, les églises monophysites dépérirent dans l'isolement, leur sauvage fanatisme national et religieux, et l'imagination inculte des moines les rapprochèrent de la barbarie.

2). Les moyens violents ne portant pas de fruits, quelques empereurs voulant maintenir l'unité de l'empire, firent de temps en temps des essais de supprimer la formule de Chalcédoine (Encyclique de Basilikus 476), ou de l'éluder (Hénotikon de Zénon 482).

Seulement cette politique aboutit toujours à ne gagner qu'une partie des monophysites et à amener une rupture avec Rome et l'Occident. Ainsi l'Hénotikon suscita un schisme avec Rome. Le schisme dura 35 ans (de 484 à 519), et ne servit qu'à fortifier davantage l'indépendance du pape. Les empereurs ne voulaient pas se décider à abandonner Rome ni l'Orient, et finalement ils les perdirent tous deux. En 519 la formule de Chalcédoine fut complètement rétablie par l'empereur Justin qui était allié de Rome et dirigé par son neveu Justinien. Mais après 518, la controverse théopaschite montra que l'Occident envisageait avec défiance l'explication de la formule de Chalcédoine dans le sens de Cyrille, tandis que les orthodoxes d'Orient ne consentaient à admettre le symbole de Chalcédoine qu'avec une interprétation favorable à cette tendance, espérant toujours amener ainsi une réconciliation avec les monophysites.

Le Trishagion fut accru par l'adjonction de ὁ σταυρωθεὶς δι, ἡμᾶς, et on adopta la formule « une des personnes de la trinité est crucifiée. » Les deux formules ne sont pas identiques, car la première était une innovation dans le culte et ne pouvait être interprétée dans le sens du sabellianisme, tandis que la seconde était bien orthodoxe.

3). Au cinquième siècle, l'orthodoxie chalcédonienne n'a en somme été représentée en Orient par aucun dogmaticien de marque, c'est la plus forte preuve que cette orthodoxie était étrangère à l'esprit oriental. Mais depuis le commencement du sixième siècle elle eut des défenseurs distingués. Non seulement la formule était devenue vénérable avec le temps, mais surtout l'étude d'Aristote fournissait des armes pour la défendre. La scolastique permettait de conserver la distinction établie par le symbole de Chalcédoine entre la nature et la personne, et même de la saluer comme bienvenue tout en expliquant la formule *entièrement dans le sens de Cyrille*. C'est là ce que fit le moine scythe Léonce de Byzance, le dogmaticien le plus considérable du sixième siècle, précurseur de Jean Damascène et maître de Justinien. Il a rétabli le calme dans l'Eglise par son interprétation philosophique abstraite du symbole de Chalcédoine, et il a livré le dogme au travail de la technique scolastique. Il est le père de la nouvelle orthodoxie christologique, de même que les Cappadociens furent les pères de la nouvelle orthodoxie trinitaire.

Dans sa doctrine de l'*Enhypostasie* de la nature humaine, et avec sa tendance subtile vers les idées d'Apollinaire, il a parfaitement su tenir compte de la pensée de la rédemption.

4). Ceci permet de comprendre la politique religieuse de Justinien, l'empereur dogmaticien.

Ayant soumis à son autorité l'empire tout entier avec un bonheur sans exemple, il voulut aussi fixer définitivement le droit et la dogmatique de l'empire. Ses actes furent inspirés par ces pensées-ci :

a) S'en tenir strictement *à la lettre* du symbole de

Chalcédoine, comme à l'autorité décisive suprême dont la valeur égale celle des symboles de Nicée, Constantinople et Ephèse.

b) Interpréter rigoureusement le symbole dans le sens de Cyrille, afin de gagner les monophysites et de suivre leur tendance propre. L'empereur était même disposé à aller jusqu'à l'apthartodocétisme.

Les moyens qu'il employa pour atteindre ce but furent :

a) De nombreux édits religieux impériaux dans le sens de la christologie de Léonce.

b) Des conférences religieuses publiques.

c) La proclamation de la formule théopaschite.

d) La répression de toute théologie plus libre, plus indépendante, par conséquent en première ligne la répression de l'origénisme dont les partisans parmi les moines monophysites étaient nombreux particulièrement en Palestine, puis ensuite la répression de la théologie d'Antioche qui comptait encore de nombreux admirateurs.

L'empereur ayant fermé l'Ecole d'Athènes, voulut fermer aussi toutes les écoles scientifiques chrétiennes ; seule la scolastique devait survivre.

e) L'introduction violente de la nouvelle orthodoxie en occident.

Mais l'exécution de ces plans fut entravée. La cause en est :

(1) L'influence de l'impératrice Théodora qui était secrètement monophysite.

(2) Le fait que l'Occident résista quand on lui demanda de consentir à la condamnation des Antiochiens, c'est-à-dire à la condamnation des trois chapitres, ce qui signifie la personne et les écrits de Théodore, les écrits de Théodoret contre Cyrille, et la lettre d'Ibas à Maris.

L'Occident sut bien voir avec Facundus d'Hermiane que la condamnation après coup des docteurs d'Antioche était une tentative de supprimer la doctrine des deux natures, telle que Léon l'avait comprise, afin de la remplacer par un léger monophysisme. Justinien trouva à Rome un pape

sans caractère, Vigile, qui se couvrit de honte et risqua sa
situation en Occident en condescendant aux désirs de l'empereur. De grands schismes éclatèrent en Occident. Justinien fit accepter la condamnation d'Origène et des « trois
chapitres », il rétablit la pensée dogmatique des deux conciles d'Ephèse de 431 et 449 sans toucher au symbole de
Chalcédoine, et en 553, au concile de Constantinople, fit
sanctionner le tout par des évêques obéissants.

Il fallut alors parler avec Cyrille d'*une* nature divine-
humaine (outre la doctrine des deux natures), ce qui était
une victoire de l'esprit de la dogmatique orientale. Avec
tout cela les monophysites ne se laissèrent pas gagner : la
formule de Chalcédoine était pour eux l'objet d'une trop
forte haine, et leur opposition était depuis longtemps devenue une affaire de nationalités.

4. — *Les controverses monergistes et monothélites*, le
VIᵉ concile et Jean Damascène (Mansi, t. X et XI). — Les
doctrines d'*une seule* volonté ou de *deux* volontés en Christ
pouvaient s'accorder l'une aussi bien que l'autre avec les
décisions des IVᵉ et Vᵉ conciles. En fait, avant le sixième
siècle, personne n'a parlé de deux volontés en Christ, car
les Antiochiens, comme autrefois Paul de Samosate, disaient aussi que la volonté humaine s'était complètement
identifiée avec la volonté divine, en sorte qu'il y a une volonté une, et non pas une volonté unique. Mais la théologie
de Léonce tendait certainement à la doctrine des deux
volontés. On n'en serait pourtant venu que difficilement à
une controverse, si la politique ne s'était emparée de la
question. Déjà depuis 553, le dogme était livré à la science
théologique (la scolastique) et au culte (au mysticisme).

Sergius, patriarche de la capitale, conseilla au puissant
empereur Héraclius (610-641) d'assurer ce qu'il avait re-
conquis dans le Sud et l'Ouest en allant au devant des
monophysites, avec la formule que le Dieu-homme, composé de deux natures, a agi dans tous ses actes avec *une
seule* énergie divine-humaine. En 633, une union fut effectivement conclue sur cette base avec beaucoup de mono-

physites. Seulement il y eut une résistance, surtout de la part de Sophronius, plus tard évêque de Jérusalem. Sergius, allié avec Honorius de Rome, voulut alors contenter tout le monde en proposant d'imposer le silence sur la question des énergies. On pensait encore que c'était chose allant de soi, que Christ n'a qu'*une* volonté. C'est ce que dit aussi un décret de l'empereur, l'*Ekthesis*, en 638.

Mais en Occident on se rappela les conséquences de la lettre doctrinale de Léon, et en Orient les théologiens les plus considérables, comme Maxime le Confesseur, avaient été familiarisés par la scolastique aristotélicienne avec la formule de Chalcédoine; aussi le résultat fut-il qu'on rejeta la volonté du côté des natures et non de la personne; on exigea deux volontés.

Le *monothélisme* fut même condamné au synode de Rome en 641, sous le pontificat de Jean IV. Les Orientaux qui rejetaient l'Ekthesis s'enfuirent à Carthage et à Rome, et préparèrent une véritable révolution avec l'appui du pape. (Au fond, la question débattue était celle de la liberté de l'Eglise vis-à-vis de l'Etat; plus tard la lutte se continua dans la dispute sur les images). La tentative échoua en fait, mais l empereur se vit cependant obligé d'abandonner l'Ekthésis. Il la remplaça par le *Typos ;* cet édit, sous peine de châtiments sévères, défendait de discuter sur l'unité ou la dualité de la volonté. Mais Rome n'entra pas dans ces vues.

Le synode de Latran, tenu en 649 sous le pontificat de Martin Ier, synode auquel beaucoup d'Orientaux participèrent, poursuivit la conjuration contre un empereur qui avait l'audace de donner des prescriptions à l'Eglise.

La doctrine des deux volontés fut rigoureusement formulée, mais chose curieuse, on accorda la légitimité de la formule μία φύσις τοῦ θεοῦ λόγου σεσαρκωμένη, pourvu qu'elle fût bien comprise.

Toute une série de patriarches de Constantinople de l'époque récente furent condamnés.

Martin fit mine de vouloir gouverner et soulever les

églises de l'Orient comme un second Dioscure, mais l'empereur Constant, suzerain du pape, réussit à s'emparer de lui (653) et il mourut en Chersonnèse deshonoré et outragé. Maxime le Confesseur eut à souffrir lui aussi. Constant trouva bientôt à Rome des papes plus dociles, et jusqu'à sa mort, en 668, il demeura maître de la situation, faisant respecter le Typos, et donnant son appui à l'explication rationnelle d'après laquelle les deux volontés naturelles deviennent *une seule* volonté hypostatique en vertu de l'union hypostatique.

On ne s'explique pas très clairement le revirement qui se produisit alors à Constantinople. L'empereur Constantin Pogonat changea de ton et chercha à décider le pape Agathon, homme énergique, à ouvrir de nouvelles négociations. Peut-être n'avait-on plus besoin d'user d'égards envers les monophysites, ou bien la « science » était-elle favorable à la doctrine des deux volontés, peut-être aussi voulait-on rattacher plus solidement à la capitale les possessions peu assurées de l'Occident, en faisant des avances dogmatiques. Comme auparavant Léon Ier, le pape envoya alors une lettre doctrinale proclamant l'infaillibilité du siège de Rome et le diothélisme. Au VIe concile de Constantinople, en 680, cette doctrine fut acceptée, après qu'on eut écarté plusieurs propositions intermédiaires et que l'opposition eut finit par céder. On tira donc les conséquences logiques du décret de 451, en admettant que deux volontés naturelles et deux énergies sont ἀδιαιρέτως, ἀτρέπτως, ἀμερίστως, ἀσυγχύτως, dans le Christ *un*. On ne doit pas se figurer ces volontés comme opposées, mais la volonté humaine suit la volonté divine et toute puissante, elle ne lui résiste pas et ne la contredit pas. au contraire elle lui est soumise. D'autre part la volonté humaine n'est pas suspendue ; il y a communication réciproque : la volonté humaine est la volonté du Dieu-Logos, de même que la nature humaine n'est pas non plus suspendue, mais est devenue la nature du Dieu-Logos. On condamnait ainsi un grand nombre de patriarches de Constantinople et le pape

Honorius. Ainsi Rome avait de nouveau dicté sa formule, avait contrebalancé l'œuvre du Ve concile par celle du VIe et s'était insinuée en Orient. Seulement l'accord fut de courte durée. Déjà en 692, au concile de Trullanum, l'Orient prit position brusquement contre Rome sur des matières de culte, or c'étaient déjà les matières décisives.

Les *formules* de la dogmatique byzantine sont celles de l'Occident, mais l'esprit qui s'est manifesté en 431 et 533 conserva la suprématie dans l'*explication* des formules. Le culte, c'est-à-dire son organisation et le mysticisme qui lui est propre, ont gardé la marque du monophysisme. On vit cela, d'une part dans la querelle des images, et d'autre part dans le dogme christologique de Jean Damascène.

Dans ce dogme, malgré la présence de la formule diophysite et diothélite, et malgré la distinction tranchée qu'il établit entre *nature* et *personne*, il laisse un reste d'apollinarisme ou de monophysisme, car il enseigne que le Dieu-Logos a pris la nature humaine (et non un homme), de telle sorte que cette nature n'a été rendue individuelle que par le Dieu-Logos. C'est une nature intermédiaire déjà admise par Léonce; elle n'a pas d'hypostase propre, et pourtant elle n'en est pas privée, mais elle tire son indépendance de l'hypostase du Logos. En outre la distinction des natures est effacée par la doctrine de la περιχώρησις et de la communication des idiômes. Jean Damascène veut saisir si parfaitement la μετάδοσις (οἰκείωσις, ἀντίδοσις) des propriétés des deux natures, qu'il parle d'une εἰς ἀλληλα τῶν μέρων περιχώρησις. La chair est indirectement Dieu, et la divinité pénètre la chair divinisée.

C. La participation provisoire à la Rédemption

CHAPITRE X

LES MYSTÈRES ET LE MYSTICISME

Le développement dogmatique de l'Eglise grecque a été déjà achevé au troisième siècle. Déjà auparavant, tous les progrès qui s'accomplirent eurent à triompher de l'antipathie et de la défiance qu'ils inspiraient. La cause en est dans le traditionalisme, et plus précisément dans le ritualisme qui gagnait de plus en plus la haute main.

— Le ritualisme lui aussi a pour racine une préoccupation délicate et religieuse, même chrétienne. Il naît d'un effort tenté pour montrer et conserver une possession actuelle du salut. Cette possession du salut découle de la même source dont provient la délivrance à venir, savoir la personne divine-humaine de Christ ; et elle est par conséquent de même nature.

A l'origine, quand on pensait à la possession actuelle du salut, on songeait surtout à des biens d'*ordre spirituel* : à la connaissance, à l'affermissement de la liberté par de bonnes œuvres, etc. On représentait la rédemption future comme une déification mystérieuse ; c'était donc simplement faire preuve de logique, que de considérer aussi la connaissance comme un mystère qui peut être communiqué par de saintes consécrations, et l'on s'efforça de constater dans le présent la préparation et l'avant-goût de cette déification. On concevait celle-ci comme devant être dans le futur une union *physique* avec la divinité.

Une pareille tendance conduit tout droit à l'ethnisation du christianisme, ou plutôt elle en est déjà un symptôme. La μάθησις devient mystagogie, et celle-ci qui était à l'origine une union risquée du spirituel et du sensible, tombe de plus en plus dans la magie et la sorcellerie. Là le *rituel* est l'affaire importante, et comme rien n'est plus délicat que les cérémonies, elles ne supportent pas la moindre altération. Aussi maintenant les formules de foi perdent toujours plus leur importance comme μάθησις, elles deviennent toujours davantage des parties intégrantes du rituel, elles en constituent le sens et le but comme étant l'expression de la déification, elles ne souffrent donc aucune modification.

Or, quand le dogme ne sert plus qu'à un usage rituel, ou qu'il n'a plus que la valeur d'une relique de l'antiquité, l'histoire des dogmes a pris fin, elle est remplacée par la *théologie mystagogique*. En effet celle-ci, étroitement unie avec la *scolastique*, a déjà, au cinquième siècle, signifié son congé à l'histoire des dogmes.

Cependant la théologie mystagogique a un côté double. D'abord on créant sur la terre un monde nouveau et en prenant les choses, les personnes et le temps, comme des symboles et des véhicules, elle conduit à une religion magique, c'est-à-dire ramène aux degrés les plus inférieurs de la religion, car pour les masses et finalement pour les théologiens eux-mêmes, l'esprit disparaît et il ne reste plus que le phlegme, la matière faite sainte. De même que la philosophie néoplatonicienne a dégénéré en une religion barbare, de même aussi le christianisme grec est devenu le culte des images sous l'influence de l'antiquité mourante qui lui a légué ses pensées les plus hautes, et aussi ses idoles.

D'un autre côté, la théologie mystagogique conserve pour les *savants* son antique noyau panthéiste, la pensée

qu'au fond Dieu et la nature sont profondément *un*, que
la nature est le déploiement de la divinité. Les théologiens
mystagogiques chrétiens ont aussi conservé cette idée et
l'ont plus clairement approfondie. Par la spéculation et
l'ascétisme on peut s'émanciper de tous les intermédiaires
et de tous les véhicules. La sagesse des mystères remplace
les mystères, ceux-ci, comme tout ce qui est concret et
historique, deviennent en réalité pour l'initié de purs symboles, et la rédemption historique par Christ, en particulier, est volatilisée.

Nous n'avons pas à nous étonner que deux produits aussi
différents que le panthéisme et le fétichisme se rencontrent
sur un pied d'égalité dans le ritualisme, et soient le produit
final du développement dogmatique. En effet le panthéisme
et le fétichisme sont déjà présents tous les deux au
début du mouvement, en outre ils sont proches parents,
puisqu'ils ont leur racine dans la notion de l'unité substantielle de Dieu et de la nature. L'histoire du développement des mystères et de leur théologie ne rentrant pas
proprement dans notre champ d'études, nous nous bornerons à quelques indications sommaires.

1. — Au commencement du cinquième siècle, l'Eglise
possédait déjà une longue série de mystères, mais leur
nombre et leurs limites n'étaient pas fixés avec certitude.
Le baptême avec l'onction qui l'accompagnait, et la Cène,
étaient entre autres ceux que l'on tenait dans la plus haute
estime. Ils ont amené le développement d'une partie des
autres mystères. Des pratiques symboliques qui à l'origine
devaient accompagner ces mystères, devinrent indépendantes. Ainsi fut instituée la confirmation. Cyprien la
compte déjà comme un « sacrement » particulier, Augustin
la désigne comme *sacramentum chrismatis*, et l'Aréopagite
la nomme μυστήριον τελετῆς μύρου. On parla plus tard aussi des
mystères du signe de la croix, des reliques, de l'exorcisme,
du mariage, etc. L'Aréopagite compte six mystères : φωτίσ-
ματος, συνάξεως εἶτ᾽ οὖν κοινωνίας, τελετῆς μύρου, ἱερατικῶν τηλειώσεων,
μοναχικῆς τελειώσεως et μυστήρια ἐπὶ τῶν ἱερῶς κεκοιμημένων.

Cette liste était dressée avec beaucoup d'arbitraire, car tout ce qui était sensible, et faisait penser ou participer à quelque chose de sacré, était un mystère. Les mystères correspondent aux mystères célestes, lesquels ont leur source dans la trinité et dans l'incarnation. De même que tout fait de révélation est un mystère, puisque par lui le divin est entré dans le sensible, de même et vice-versà tout élément sensible, même la parole ou l'action, est un mystère dès que le sensible est le symbole ou le porteur du divin. (On n'a jamais nettement distingué entre symbole et véhicule). Les expressions les plus fortes servent à exalter l'action exercée par les mystères, car ils réalisent l'union avec la divinité. La dogmatique proprement dite ne peut pas dire grand chose sur eux, car le Christ et la liberté peuvent seuls restaurer la perte de la communion avec Dieu : les mystères ne le peuvent pas. L'action véritable du mystère dépend entièrement du sentiment qu'on y apporte, on en sent la réalité par l'imagination : on a vu, entendu, respiré, senti le divin. — Quant à donner la consolation à une *conscience* tourmentée, les mystères en étaient incapables, et en vérité, c'est à peine si on cherchait cette consolation.

La sagesse des mystères se développa sur la base des mystères ; l'instinct des masses incultes courait à sa rencontre. Les racines en sont aussi anciennes que l'Eglise pagano-chrétienne, et on peut distinguer deux mouvements convergeants : le mouvement antiochien et le mouvement alexandrin.

Le premier, représenté par Ignace, les Constitutions apostoliques, Chrysostome, se rattache au culte et aux prêtres, le second se rattache au vrai gnostique, c'est-à-dire au moine.

Le premier voit dans le service divin et dans le prêtre (évêque) le vrai héritage de la vie divine-humaine du Christ, qui vous confère l'immortalité ; il enchaîne le laïque au système du culte et de la hiérarchie, et le considère comme complètement passif.

Le second veut former des hommes qui pratiquent la religion avec distinction et d'une façon indépendante.

La mystériosophie alexandrine est hétérodoxe, mais elle n'a pas négligé un seul des modèles de la religion positive, au contraire, elle leur a donné une place à tous à côté de la connaissance qui progresse par degrés. Elle parle de sacrifice, de sang, de réconciliation, d'expiation, de purification, d'accomplissement, de moyens de grâce, de médiateurs du salut. A vrai dire, elle considère tout cela comme des lieux de passage que l'on traverse pour arriver, par la spéculation et l'ascétisme, à un état où tout véhicule et sacrement, où tout ce qui est sacré et qui paraît dans une enveloppe sensible, devient chose profane, parce que l'âme vit dans le lieu très saint, et parce qu'un Christ doit naître en chacun : παρούσης τῆς ἀληθείας τὰ τῆς ἀληθειάς δεῖ ποιεῖν, οὐ τὰ τῆς εἰκόνος.

Les deux mystériosophies, la mystériosophie gnostique et la mystériosophie hiérarchique, convergent dans le mysticisme du grand inconnu, Denys l'Aréopagite. C'est là un fait dont Methodius, Grégoire de Nysse, Makarius offrent les degrés préparatoires.

Pour Denys, le culte et le sacerdoce sont les parallèles terrestres de la hiérarchie céleste, autrement dit de la hiérarchie du monde des esprits, laquelle est le déploiement de la divinité. D'autre part, il a adopté l'individualisme du mysticisme néoplatonicien. Maxime le Confesseur fit de cette combinaison des deux mystériosophies, la puissance qui domina l'Eglise, il chercha à lui donner un caractère monastique et à lui inoculer la résistance que le monachisme opposait à l'Etat. C'était en effet la seule forme sous laquelle l'Eglise grecque pût affirmer son indépendance.

Le caractère particulier de la mystériosophie, savoir une spéculation sur le divin matérialisé et sur les choses sensibles divinisées, ne pouvait nulle part être plus profondément marqué que dans la Cène (1). Ce mystère était

(1) Steitz, Abendmahlslehre der griech. Kirche, dans les Jahrbücher für deutsche Théol. vol IX-XIII

depuis longtemps reconnu comme le terrain sur lequel le spiritualisme le plus élevé pouvait tendre la main au matérialisme le plus grossier; il reçut une forme telle que le dogme fondamental, la formule christologique, y parut vivante et saisissable. On ne donna pas à la spéculation sur la Cène une forme proprement doctrinale, mais cependant, et surtout depuis Cyrille d'Alexandrie, on la considéra comme le mystère qui repose immédiatement sur l'incarnation, et qui continue le secret de la deification (θέωσις). Tous les autres mystères qui renferment aussi l'identification du céleste et du terrestre, ne subsistent en droit que sur la base de la Cène.

Dans la Cène seule la matière est formellement *transformée* dans le corps divin du Christ : cette opinion l'emporta toujours plus, elle extirpa le symbolisme et finit par prédominer entièrement. La transformation du pain consacré dans le corps du Christ, est la continuation du procès de l'incarnation. En outre, fait tout à fait caractéristique, dans tout ce qui concernait la Cène, on se servit de formules toutes *monophysites* et même on admit peu à peu l'idée que le corps dans lequel le pain se transforme est « *per assumptionem* » le corps même du Christ, né de la Vierge. Auparavant, personne n'avait songé à cette idée, car les anciens envisageaient aussi la σάρξ Christi comme quelque chose de pneumatique. Mais la Cène, en tant que sacrement, ayant été mise en rapport étroit avec le dogme de l'incarnation et la formule christologique, — ce qui explique la sensibilité de cette formule — elle fut aussi rattachée comme sacrifice à la mort sur la croix et fut une répétition du sacrifice de la croix. (Il faut noter cependant que la conception de l'Eglise grecque n'est pas marquée d'une empreinte aussi nette que celle de l'Occident).

Ainsi la Cène présente les faits historiques les plus importants, non parce qu'elle les rappelle, mais parce qu'elle les continue et même les répète. On détruisit ainsi le sens et la signification de ces faits. En même temps, le besoin des « réalités » qui est un besoin immoral et irréligieux, transforma l'acte sacré en un repas où l'on mange la divinité avec les dents. C'est ce que Chrysostome a déjà dit, et c'est la conclusion de la doctrine de la Cène chez Jean Damascène.

2. — On peut aussi concevoir toute la marche du christianisme grec vers le culte des images, vers la superstition et un polythéisme à peine déguisé, comme une victoire remportée sur la religion spirituelle par la religion de deuxième ordre toujours présente dans l'Eglise. Cette religion inférieure fut légitimée et fondue avec la *doctrina publica*, alors même que les théologiens y mirent quelques précautions. De même que les temples païens furent consacrés comme églises chrétiennes, de même aussi l'ancien paganisme fut conservé comme culte des anges, des saints, des images, des reliques, des amulettes. La force de la religion a été autrefois son horreur des idoles, mais maintenant elle a finalement déchu jusqu'à l'idolâtrie, et dans une mesure égale elle s'est affaiblie. Mais il faut bien le dire, les points d'attache de ce mouvement se trouvent dans la *doctrina publica* elle-même, car :

1) Celle-ci était construite avec les matériaux de la philosophie grecque, et la philosophie était reliée par mille fils avec la mythologie et la superstition.

2) Elle sanctionnait l'Ancien Testament. Elle voulait bien à l'origine qu'on en donnât une explication spirituelle, mais néanmoins la lettre de l'Ancien Testament, expression d'un degré inférieur de la religion, acquit toujours plus de puissance, se rencontra avec des tendances inférieures de l'Eglise, et parut ensuite leur conférer un caractère de légitimité.

3) Les actes du baptême et de la Cène étant représentés comme des mystères, la porte fut ouverte toute grande à une irruption abusive de mystères.

4) La croyance aux anges et aux démons étant de tradition ancienne et protégée par la *doctrina publica*, devint toujours plus puissante. Elle fut entretenue sous sa

forme grossière par les moines, et sous sa forme spirituelle
par la théologie néoplatonicienne, et menaça ainsi de devenir toujours plus la sphère vraie dans laquelle se mouvait la piété, en sorte qu'elle refoulait dans l'ombre Dieu
qui était inconcevable, et le Christ que la doctrine ecclésiastique rendait également incompréhensible.

5) L'ancienne idée qu'il y a des « saints » parmi les
apôtres, prophètes, docteurs spirituels et martyrs, fut de
très bonne heure développée dans ce sens que ces saints
interviennent en faveur des hommes en intercédant et en
offrant satisfaction pour eux. Ces saints prirent de plus en
plus la place des dieux détrônés et furent rangés parmi les
armées des anges. Dans leur nombre, Marie fut mise à la
première place, et pour ce qui la concerne le développement du dogme fut couronné de succès, — mais ce fut
pour elle seulement — : On vit paraître une femme, une
mère auprès de Dieu.

On put ainsi enfin faire accepter un élément entièrement
étranger au christianisme primitif, savoir le saint, le divin
sous forme féminine. Marie devint la mère de Dieu, celle
qui a donné naissance à Dieu (1).

(1) Sur le culte des anges comme médiateurs qui communiquent
aux hommes les bienfaits du salut, voir l'Aréopagite ; sur le développement du culte des anges protecteurs, déjà à partir du quatrième
siècle, voir Didyme, *de trinitate*, II, 7.

Le culte des saints était déjà très répandu vers l'an 300, les églises
étaient consacrées à un saint particulier ; au quatrième siècle, il y eut
des mouvements d'opposition, mais ils ne se tournèrent pas contre le
culte des anges (voir le synode de Laodicée). Le prêtre gaulois Vigilantius a combattu le culte des saints et l'adoration des reliques.
Mais les docteurs les plus considérés (Jérôme entre autres) se déclarèrent contre Vigilantius et élaborèrent une « théologie des saints », ré-
servant pour Dieu la λατρεία, mais accordant aux saints la τιμὴ σχετική
(προσκύνησις). Le culte des reliques également florissant au quatrième
siècle n'atteignit son point culminant qu'à l'époque du monophysisme. Finalement, il fallut que chaque Eglise eût ses reliques. Le
septième canon du septième concile approuva cela, et sanctionna so-
lennellement l'usage ecclésiastique des reliques.

C'est Marie qui joue le rôle principal dans cette religion de deuxième

6) Depuis les temps les plus anciens, la mort avait été sainte aux yeux des chrétiens comme l'heure de la naissance à la vie véritable, aussi attribua-t-on peu à peu une sainteté réelle à tout ce qui touchait à la mort des héros chrétiens. Les idoles et amulettes antiques reçurent droit de cité et sous la forme la plus odieuse : on eut des reliques et on vénéra des os! Le contraste entre la valeur religieuse d'un objet et son peu d'apparence, ou même sa forme repoussante, marqua aux yeux des chrétiens le caractère élevé de leur foi. Plus une relique parut affreuse, plus elle dut avoir de prix pour ceux qui reconnaissaient la garantie de ce qui est saint, dans le détachement du corps et dans l'extinction de tous les désirs des sens.

7) Enfin l'Eglise donna libre cours au désir illimité de vivre dans un monde de miracles, de goûter le sacré avec les cinq sens et de recevoir de la divinité des signes magiques. Même les Pères de l'Eglise les plus cultivés de l'époque postérieure ne savent plus distinguer entre le réel et l'imaginaire, ils vivent dans le monde de la magie et relâchent complètement le lien qui unit la religion à la morale, (abstraction faite de l'ascétisme), en resserrant d'autant plus le lien qui unit la religion à la matière.

On vit surgir de nouveau les procédés de la religion des temps reculés avec très peu de modifications : on eut

ordre ; elle seule parvint à être une grandeur *dogmatique* et le mot θεοτόκος fut un drapeau comme le ὁμοούσιος : « Le nom de mère de Dieu présente tout le mystère de l'incarnation, » dit Jean Damascène dans ses homélies sur Marie. C'est à elle qu'on rapporta Genèse, III, 3, et on enseigna qu'elle participe activement à l'œuvre de la Rédemption ; (cela se fit tout particulièrement depuis Cyrille d'Alexandrie ; cependant Irénée et Athanase, Ambroise. Jérôme, ont déjà parlé dans ce sens). On fit l'histoire sainte de Marie depuis sa conception jusqu'à son ascension, et ce fut une doublure de l'histoire de Christ (légendes et fêtes de Marie); on regarda son intercession comme indispensable. Cependant chez les Grecs. elle n'est pas devenue « reine du ciel » et « mère de douleurs » comme chez les latins. (Benrath, *Zur geschichte der Marienverehrung*, dans les *Studien und Kritiken*, 1886. Gass., *Symbolik der griechischen Kirche*, p. 183).

des consultations d'oracles de tous genres, des jugements
de Dieu, des prodiges, etc. Les synodes, d'abord hostiles à
ce mouvement, finirent par s'y prêter.

Ce caractère de l'Eglise grecque, nouvellement acquis
s'est exprimé de la façon la plus manifeste dans le *culte* et
la *querelle des images*. Le culte des images s'étant lentement insinué dans l'Eglise, fut puissamment consolidé
depuis le cinquième siècle, et reçut dans le dogme de
l'incarnation et les idées correspondantes sur l'eucharistie,
un fondement anciennement inconnu. Christ est l'image
(εἰκών) de Dieu, et pourtant il est un être vivant, même un
esprit vivifiant (πνεῦμα ζωοποιόν); par l'incarnation Christ a
permis au sens de saisir le divin : les éléments consacrés
sont des images (εἰκόνες) de Christ, et pourtant ils sont en
même temps le corps même de Christ.

Ces pensées firent surgir tout un monde nouveau d'idées.
Tout élément matériel que l'Eglise touche, ne devient pas
seulement un symbole, mais encore un véhicule du sacré.
Tel fut le sentiment des moines ou des laïques, tel fut
aussi l'enseignement des théologiens. Mais parmi les choses
sensibles, c'est l'*image* qui montre le mieux l'union du
sacré et de la matière. Des images de Christ, de Marie et
des saints furent déjà adorées à la manière antique depuis
le cinquième et le sixième siècles, et l'on eut la naïveté de
croire que l'on était assuré contre le paganisme. On trans-
porta tout particulièrement aux images la conception de la
matière divinisée. Les images — la scolastique aristotélicienne fut aussi appelée au secours sur ce point — per-
mettaient de voir corporellement le mariage de la *matière*
terrestre avec la *forme* céleste (sainte). Ce fut l'origine de
la croyance superstitieuse aux images qui n'ont pas été
peintes avec les mains. Le monachisme alimenta le culte
des images et en fit son affaire ; les scolastiques et les
mystiques le développèrent au point de vue dogmatique.

— Le monachisme entendait aussi lutter pour l'indépendance de l'Eglise contre le système d'état de Justinien, lequel consistait à tenir l'Eglise enchaînée. Au septième siècle

la résistance des moines contre Byzance s'abrita derrière la doctrine diothéliste, comme au cinquième et au
sixième siècles elle s'était réfugiée derrière le monophysisme. Cette résistance s'accrut constamment et elle chercha à obtenir pour l'Eglise la liberté dont l'Occident jouissait déjà en partie. Des empereurs pleins d'énergie, mais
barbares, tentèrent de mettre une fin à ces efforts, de mettre
l'armée à la place des prêtres et des moines, et de briser
l'indépendance de l'Eglise en la frappant dans son caractère
propre, dans le *culte des images*.

Ainsi s'alluma la terrible *querelle* qui a duré plus d'un
siècle. Les empereurs combattaient pour l'absolutisme
de l'Etat, et n'avaient pour allié qu'une seule puissance,
le militaire, car leurs autres auxiliaires hostiles aux
images, savoir l'idée d'un progrès religieux et l'idée de
la tradition plus ancienne de l'Eglise, étaient frappés d'impuissance.

Les moines et évêques avaient pour eux la culture du
temps, l'art et la science, — cette dernière représentée par
J. Damascène, Théodore Studite, — l'évêque de Rome,
puis la piété et la tradition vivantes. Ils luttaient pour le
dogme central dont ils croyaient voir l'empreinte dans le
culte des images, et pour la liberté de l'Eglise. Ils ne purent
obtenir cette liberté. Le résultat de la querelle fut que
l'Eglise conserva son caractère propre, mais perdit définitivement son indépendance au profit de l'Etat. Le VIIe concile de Nicée, en 787, sanctionna le culte des images.
(ἀσπασμὸν καὶ τιμητικὴν προσκύνησιν ἀπονέμειν, οὐ μὴν τὴν κατὰ πίστιν
ἡμῶν ἀληθινὴν λατρείαν, ἣ πρέπει μόνῃ, τῇ θείᾳ φύσει... ἡ τῆς εἰκόνος τιμὴ
ἐπὶ τὸ πρωτότυπον διαβαίνει).

Nous sommes ici au terme d'un développement logique
dans ses traits principaux. Le divin et le saint qui sont des-
cendus dans le sensible par l'incarnation, se sont créé
dans l'Eglise un système d'objets matériels transcendants
qui sont offerts à la participation des fidèles. La théosophie
des images correspond à une idée platonicienne — celle
de l'être *un* qui se déploie dans une hiérarchie multiple la-

quelle décroît jusqu'au terrestre — unie à la pensée de l'incarnation. Pour Théodore Studite, l'image est presque plus importante que la formule dogmatique, car dans l'image *authentique* on a le Christ *réel* et les saints *réels*, — la matière seule est autre.

CHAPITRE XI

1) Origène a fait un système du christianisme sur la base des quatre principes : Dieu, le monde, la liberté et l'Ecriture sainte, en s'appuyant sur la *doctrina publica*. Il a employé pour cela l'ensemble des données de la παιδεία ἑλληνική. — Dans bien des détails, son système est hétérodoxe, puis il prétend s'élever au-dessus même de la foi, à la science de la foi. Enfin la pensée de la rédemption historique par le vrai Dieu, Jésus-Christ, n'est pas chez lui celle qui domine tout.

2) L'Eglise ne put acquiescer à ce système, elle réclama :

a) L'identité des affirmations de la foi et de la science de la foi (en particulier depuis Méthodius).

b) Elle voulut que l'usage de la παιδεία hellénique fût restreint, de telle sorte que les thèses réalistes de la règle de foi et de la Bible demeurassent intactes. C'est ce que demandèrent les adversaires d'Origène : Epiphane, Apollinaire, les moines, Théophile, Jérôme.

c) Elle exigea qu'on fît place à la pensée de la rédemption réelle et historique par le Dieu-Homme, comme à la pensée centrale. Ce fut l'œuvre d'Athanase et de ses partisans. — Or ces exigences logiquement présentées brisèrent le système d'Origène, lequel était au fond un système philosophique.

Au premier abord, aucun des chrétiens cultivés ne voulut

ni ne put rompre avec ce système, car on le jugeait être *la science*, et il n'était pas permis de l'abandonner parce que la foi chrétienne en avait besoin pour sa défense.

3. — La conséquence de tout ceci fut que l'obscurité et la liberté régnèrent jusqu'à la fin du quatrième siècle dans l'Eglise d'Orient, celle dans laquelle entra l'ancien monde depuis Constantin. Sans doute, grâce à Arius et à Athanase, la pensée de la rédemption devint le problème *critique*, et réussit ensuite à triompher dans son essence, et formulée comme la foi chrétienne l'exigeait alors, mais tout ce qui était autour de cette pensée et à la périphérie resta dans une complète incertitude : on trouvait une explication de la Bible entièrement spiritualiste et philosophique à côté d'une explication d'un réalisme grossier, on rencontrait un lourd anthropomorphisme à côté d'un néoplatonisme teinté de christianisme, et la règle de foi interprétée à côté de la lettre de la règle de foi. Il y avait en outre des nuances intermédiaires innombrables : la barque manquait d'un gouvernail et d'un pilote, la religion de second ordre, c'est-à-dire un paganisme à peine déguisé, se précipitait avec impétuosité non seulement dans l'Eglise, mais aussi dans la doctrine. Cependant les Cappadociens, et surtout Grégoire de Nysse, ont maintenu avec fermeté la science d'Origène au milieu des attaques de la droite et de la gauche, et ont vécu dans la conviction qu'il était possible de réconcilier la foi de l'Eglise avec la libre science. Des laïques animés de l'esprit ecclésiastique, comme Socrate, leur ont donné raison, puis la théologie grecque a pénétré en Occident et y est devenue un ferment puissant. Malgré cela il se forma, particulièrement depuis la chute de l'arianisme, une orthodoxie des moines et des communautés qui fraternisait avec les barbares. Or cette orthodoxie était absolument hostile à la science ecclésiastique indépendante, et celle-ci du reste ne disposait d'aucun moyen qui lui permît de se garantir contre l'hellénisme hétérodoxe. Il y eut même des évêques (Synesius) qui changèrent le sens des dogmes principaux, ou bien les nièrent.

4. — Dans des conjonctures pareilles, on aboutit à une
lutte contre Origène. Son nom eut la signification d'un
principe et désigna un usage conscient de l'Ἑλληνικὴ παιδεία
dans la science ecclésiastique. En Palestine, un homme à
la fois passionné, savant et borné, Epiphane, jeta, avec
l'évêque Jean de Jérusalem, le trouble parmi les cercles
des moines admirateurs d'Origène.

En Egypte, l'évêque Théophile se vit forcé d'abandonner
Origène aux moines et de le condamner, afin de conserver
son influence. Ce fait est dans l'histoire de la théologie un
de ceux qui ont été les plus gros de conséquences. Mais ce
qui eut des suites non moins graves, c'est que le plus grand
théologien de l'Occident, Jérôme, qui vivait en Orient et
avait été autrefois admirateur d'Origène, fit cause commune avec Théophile, afin de ne pas perdre l'autorité dont
il jouissait dans l'Eglise; il déclara donc Origène hérétique.
Ce fut la cause de la querelle qui s'éleva entre lui et son
ancien ami Rufin. L'évêque de Rome prit parti pour Jérôme. Origène fut aussi condamné à Rome en 399 et Rufin
fut blâmé. L'Eglise n'alla cependant pas jusqu'à prendre
une mesure générale contre Origène. La controverse s'absorba dans la lutte de Théophile contre Chrysostome. Au
cinquième et au sixième siècles, Origène eut encore de
nombreux admirateurs parmi les moines et les laïques: ils
masquèrent une partie de ses hétérodoxies et ils approu-
vèrent l'autro.

5. — La grande lutte au sujet du dogme christologique
au cinquième siècle fit d'abord taire toutes les autres controverses; mais l'opposition entre les Alexandrins et les
Antiochiens était en somme une opposition scientifique.
Les Alexandrins se plaçaient sur le terrain de la tradition
et de la spéculation, et quand ils traitaient l'idée de la rédemption ils s'en faisaient une conception réaliste. Ils
comptaient toujours dans leur aile gauche des gens qui
penchaient vers la philosophie origéniste-néoplatonicienne,
et qu'on toléra, pourvu qu'ils cachassent leur hétérodoxie
derrière le mysticisme du culte.

Les Antiochiens étaient des exégètes sensés à tendance critique. Ils se servaient de la philosophie d'Aristote et repoussaient la méthode spiritualisante d'Origène. Ceux des Alexandrins qui ne s'étaient pas complètement jetés dans les bras du traditionalisme, avaient toujours un élément hétérodoxe dans leur tendance constante au panthéisme (ils changeaient le sens de la règle de foi), tandis que l'hétérodoxie des Antiochiens était dans leur conception des dogmes centraux. Forcés de se garder contre les anciennes hérésies qui toutes avaient pénétré dans l'est, les Antiochiens demeurèrent les théologiens «antignostiques». Ils s'acquirent une grande autorité parce qu'ils combattaient pour le Seigneur. Le dernier d'entre eux, Théodoret, a ajouté à son compendium des fables hérétiques un cinquième livre « θείων δογμάτων ἐπιτομή », ouvrage que l'on doit désigner comme le premier essai de dogmatique systématique depuis Origène, et qui a visiblement exercé une grande influence sur Jean Damascène. Cet *épitome* a une grande importance, car il relie le dogme trinitaire et chrystologique à tout le cercle des doctrines rattachées au symbole. La position qu'il prend est aussi décidément biblique que conforme à l'enseignement de l'Eglise et à la raison. Il observe partout le juste « milieu. » Il est presque complet et fait de nouveau une place à l'eschatologie réaliste. Il n'adopte aucune des doctrines choquantes d'Origène, et pourtant il ne le traite pas comme un hérétique. Cet « épitome » n'est pas un système, mais le bon sens et la clarté dont l'auteur fait constamment preuve dans ses développements, et le fondement biblique sur lequel il s'appuie soigneusement, confèrent au tout un caractère d'unité. Cependant cela ne pouvait suffire encore, d'abord à cause de la personne de l'auteur, puis ensuite parce que tout élément mystique et néoplatonicien manque à ce système.

6. — Après le concile de Chalcédoine, il n'y eut d'abord plus de science dans l'Eglise orthodoxe. Il n'y eut plus ni Antiochiens, ni Alexandrins, le libre travail théologique disparut presque entièrement. Mais le siècle qui précède le

V⁰ concile présente deux phénomènes remarquables. Le premier, c'est une mystériosophie qui s'enracina toujours plus solidement dans l'Eglise ; elle n'était pas façonnée par les dogmes, mais elle se fondait sur la religion de deuxième ordre, la superstition et le culte, et d'autre part sur le néoplatonisme représenté par le pseudo-aréopagite. Le second phénomène remarquable, c'est le développement de la scolastique. La scolastique supposait que le dogme était donné, et elle se l'appropriait au moyen de distinctions abstraites (Léonce de Byzance).

C'est dans l'esprit de ces deux tendances que Justinien a poursuivi sa politique religieuse. S'appuyant sur la mystériosophie et sur la scolastique, l'homme qui ferma l'école d'Athènes ferma aussi les anciennes écoles origéniste et antiochienne. Le V⁰ concile sanctionna la condamnation d'Origène en rejetant dans quinze anathèmes les thèses hétérodoxes du maître, et approuva la condamnation des « trois chapitres. » Dès lors il n'y eut plus de science théologique remontant jusqu'aux principes, il n'y eut plus que la scolastique et le mysticisme religieux, lequel a pourtant une tendance hétérodoxe cachée. Les deux étaient en partie étroitement liés (Maxime le Confesseur). On était ainsi parvenu à l'état de choses après lequel ont soupiré les « conservateurs » de tous les temps. Seulement, en condamnant Origène et les Antiochiens, on se trouva sans défense contre un biblicisme grossier et contre un réalisme superstitieux. C'était là un résultat qu'on n'avait pas prévu à l'origine.

La chute de la science théologique se voit d'une part dans le culte des images, et d'autre part dans l'interprétation scrupuleusement littéraliste des trois premiers chapitres de la Genèse.

7. — Pour la science (μάθησις) les Cappadociens surtout furent envisagés comme faisant autorité à côté d'Athanase et de Cyrille ; pour la mystagogie, ce furent l'Aréopagite et Maxime ; pour la philosophie, Aristote ; pour l'homélie, Chrysostome. Jean Damascène fut l'homme qui

résuma le tout. Il a appliqué à tout l'ensemble des dogmes
chrétiens — tel que Théodoret l'avait fixé — la méthode
scolastico-didactique déjà appliquée par Léonce au dogme
de l'incarnation. Grâce à lui, l'Eglise grecque parvint à la
possession du système orthodoxe. Celui-ci ne fut pas seulement réservé à l'Eglise grecque, mais fut reçu aussi par
l'Occident, car l'œuvre de Jean n'a pas une importance
moindre pour ce dernier. L'œuvre de Jean Damascène est
devenue le fondement de la théologie du moyen âge. Jean
a été en première ligne un scolastique. Pour lui toute difficulté est une simple invite à diviser ingénieusement les idées
et à trouver une conception nouvelle qui ne répond à rien
dans le monde, sauf précisément à la difficulté qu'elle doit
résoudre. Il pose déjà la grande question de la science du
moyen âge, la question du nominalisme et du réalisme, et
la résoud au moyen d'un aristotélisme modifié. Pour lui,
toutes les doctrines sont déjà données, il les prend dans
les décisions des conciles et les œuvres des pères généralement reconnus, et considère que la tâche de la science est
de les travailler. En outre il place les deux dogmes principaux dans le cercle des doctrines du symbole ancien, interprété dans un sens antignostique. Il fait un usage très
modeste de l'explication allégorique de l'Ecriture Sainte. La
lettre de l'Ecriture règne en tout et partout, en tous cas
bien plus absolument que chez les Cappadociens. La
théologie naturelle est ainsi dans une grande mesure
voilée et cachée sous les récits très réalistes de l'Ecriture
que l'on accepte avec foi. Mais ce qui est le plus sensible,
c'est qu'il défait complètement le lien très ferme qui chez
Athanase, Apollinaire et Cyrille relie la trinité, l'incarnation et le dogme en général, à la pensée de la possession
du salut.

Jean a une infinité de dogmes qu'il faut croire, mais ces
dogmes ne sont plus clairement rangés derrière une pensée
finale unique. Autrefois le dogme était un moyen servant
à un but ; le but est bien demeuré, mais le moyen est devenu autre, c'est maintenant le culte, les mystères. C'est à

cela qu'aboutit aussi son quatrième livre. — Ainsi le système manque d'une unité vivante et intime. Au fond, il n'est pas l'exposition de la foi, mais l'exposition de ce que la foi présuppose. Son unité réside dans la forme de la tractation, dans la haute antiquité des doctrines, et dans l'usage fait de l'Ecriture Sainte.

Les dogmes sont devenus un héritage sacré légué par l'antiquité classique de l'Eglise, mais ils sont pour ainsi dire tombés à terre. Le culte des images, le mysticisme et la scolastique dominent l'Eglise.

Le développement subséquent de la théologie n'est plus un développement de la doctrine et ne rentre plus dans le cadre de l'histoire des dogmes.

LIVRE DEUXIÈME

LE DOGME EST ÉLARGI ET REFONDU, IL DEVIENT DOCTRINE DU PÉCHÉ, DE LA GRACE ET DES MOYENS DE GRACE, AVEC L'ÉGLISE COMME BASE

CHAPITRE PREMIER

APERÇU HISTORIQUE

Baur, *Vorlesungen über die christliche Dogmengeschichte*, 2 vol. 1866. Bach, *Die Dogmengeschichte des Mittelalters*, 2 vol. 1873 et ss. Schwane, *Die Dogmengeschichte der mittleren Zeit*, 1882. Thomasius-Seeberg, *Die Christliche Dogmengeschichte*, 2 vol. 1ʳᵉ partie 1888.

1. Les facteurs du développement de l'histoire des dogmes pendant la période qui sépare l'invasion des barbares de la Réformation furent : 1° Le christianisme occidental avec les caractères qui lui sont propres et ses principaux représentants qui sont Tertullien, Cyprien, Lactance, etc. ; 2° La théologie grecque importée par les théologiens du quatrième siècle ; 3° L'augustinisme, autrement dit le christianisme d'Augustin ; 4° Subsidiairement les besoins nouveaux particuliers aux peuples romains et germains.

L'évêque de Rome devint dans une mesure croissante l'autorité prépondérante. L'histoire des dogmes du moyen âge, c'est l'histoire des dogmes de l'Eglise *romaine*, quoique la patrie de la théologie soit non pas l'Italie, mais le nord de l'Afrique et la France.

2. C'est à Augustin, élève des néoplatoniciens et de saint Paul, qu'il appartient d'avoir établi le monothéisme spirituel, d'avoir découvert l'individualisme et d'avoir décrit les procès intimes de la vie chrétienne : le péché et la grâce. Mais Augustin a été également un partisan de l'ancien dogme, il a assigné à l'Eglise, en tant que royaume de Dieu sur la terre, des tâches nouvelles et des buts nouveaux, et c'est ainsi que tous les ressorts puissants et actifs qui ont déterminé la marche de l'histoire des dogmes en Occident se sont trouvés rassemblés en lui. Même le moralisme et la superstition à l'endroit des sacrements, qui dans la suite ont presque résorbé l'augustinisme, ont eu une place dans l'appendice de la doctrine religieuse d'Augustin.

3. Le domaine dans lequel la piété d'Augustin vivait, n'était pas celui de l'ancien dogme, mais Augustin respectait ce dogme comme faisant autorité, et il s'en servit comme de matériaux pour la construction de sa doctrine religieuse. Par conséquent le dogme devint en Occident une *ordonnance ecclésiastique et juridique*, et d'autre part *il fut l'objet d'une profonde transformation au sein de la théologie*. Il en résulta que malgré tous les changements survenus, le moyen âge se berça de l'illusion qu'il s'en tenait simplement au dogme du cinquième siècle : les éléments nouveaux ne furent pas reconnus comme tels, ou bien on y vit une pure ordonnance administrative que l'on attribua à l'autorité de l'évêque de Rome (bien que cette autorité fût encore discutée). Seule la Réformation, puis le concile de Trente mirent fin à cet état de choses. C'est seulement à partir du seizième siècle qu'on peut écrire une histoire des dogmes du moyen âge et la distinguer de l'histoire de la *théologie*.

4. Dans la reconstruction du dogme, notons : 1) La place particulière qui revient à Augustin, à saint Bernard, à saint François, à ceux qu'on appelle les réformateurs avant

la Réforme et enfin à l'histoire de la piété. 2) La doctrine
des sacrements. 3) L'influence de la théologie scientifique,
d'Augustin et d'Aristote, de la foi et de la raison, sur la
formation de la doctrine officielle.

Derrière ces développements se cache dans la période
postérieure du moyen âge la question de *la certitude per-*
sonnelle de la foi et d'un *christianisme personnel,* mais
l'Eglise visible en arrêta positivement l'essor. Cette question a été le coefficient tacite de tout le mouvement spirituel et théologique jusqu'à ce qu'elle se fut posée ouvertement dans la controverse au sujet des droits de la papauté.

5. Nous aurons les divisions suivantes :

1. Le christianisme et la théologie de l'Occident avant
Augustin. 2. Augustin. 3. Comparaison entre le christianisme avant Augustin et le christianisme augustinien jusqu'à Grégoire I\ :sup:`er`. 4. La renaissance carolingienne. 5. L'é-
poque de Cluny et de Bernard. 6. L'époque des ordres
mendiants, de la scolastique et des réformateurs avant la
réforme.

CHAPITRE II

LE CHRISTIANISME ET LES THÉOLOGIENS EN OCCIDENT
AVANT AUGUSTIN.

Nöldechen, *Tertullian*, 1890. O. Ritschl, *Cyprian*, 1885, Förster, *Ambrosius*, 1884. Reinkens, *Hilarius*, 1864. Zöckler, *Hieronymus*, 1876. Völter, *Donatismus*, 1882. Nitzsch, *Boetius*, 1860. Deutsch, *Des Ambrosius Lehre von der Sünde*, 1876. Harnack, dans *Zeittch. f. théol. u. Kirche*, I, p. 82, ss. G. Boissier, *La fin du paganisme*, 2 vol., 1891.

1. Contrairement à ce qui est arrivé pour le christianisme oriental, le christianisme occidental a subi l'ascendant de deux *personnalités*, celles de Tertullien et d'Augustin. A cela est venue s'ajouter la politique de la communauté romaine et de ses évêques, politique qui poursuivait un but précis au travers de ses triomphes, comme au travers de ses défaites.

2. Les caractères du christianisme de Tertullien sont : la foi ancienne enthousiaste et stricte, et d'autre part la règle de foi opposée au gnosticisme.

Conformément à sa culture juridique, Tertullien cherche constamment à trouver dans la religion des formules et des *thèses juridiques*, et il conçoit la relation entre Dieu et l'homme comme un rapport *de droit privé*. Ensuite sa théologie porte l'empreinte d'une *dialectique abondante en syllogismes*, elle ne philosophe pas, mais elle raisonne et fait appel tour à tour à l'argument de l'autorité et à l'argument de la raison. Nous sommes frappés aussi de rencontrer souvent chez Tertullien des observations *psychologiques* et même une *psychologie expérimentale*. Enfin, il y a dans ses écrits une tendance *évangélique et pratique* qui prend sa source dans la crainte du jugement de Dieu. Il fait appel aussi à la *volonté* et à *l'action*, ce qui manque chez les Grecs, gens portés à la spéculation. Par tous ces caractères, et par leur mélange même, le christianisme de Tertullien est devenu typique pour l'Occident.

3. Cyprien, la grande autorité de l'Eglise latine, a fait adopter le christianisme de Tertullien, mais il l'a émoussé, il l'a aplati au point de vue moral (*de opere et eleemosynis*) et il l'a développé dans le sens du cléricalisme (*de unitate ecclesiae*). Parallèlement à ce cléricalisme, on conserva la théologie cicéronienne additionnée d'éléments apocalyptiques, dont Minutius et Lactance furent les représentants. La religion, ce fut « la loi » ; seulement lorsque l'Eglise eut été forcée par la crise novatienne de déclarer *tous* les péchés rémissibles, la religion ce fut aussi l'Eglise, institution de pénitence.

Cependant, avant Augustin, aucun théologien n'a pu accorder réellement la « loi » et le «pardon » (*venia*).

A Rome et à Carthage, on travailla à fortifier l'organisation de l'Eglise, à rédiger une règle de discipline ecclésiastique praticable, et à faire l'éducation de la communauté avec le culte divin et les prescriptions de pénitence. Le christianisme des masses a amené la création du clergé et des sacrements, et le clergé a fait que les laïques ont envisagé comme sacrée la religion ainsi à moitié sacrifiée Les formules adoptées furent presque entièrement celles de Tertullien, et cependant on avait écarté l'esprit dont Tertullien avait été animé.

4. L'Occident et l'Orient étaient déjà séparés au temps de Constantin, mais la controverse arienne les réunit de nouveau. L'Occident soutint l'orthodoxie orientale, et reçut d'elle en retour deux cadeaux considérables : *la théologie scientifique* ou origéniste, et le *monachisme*. Dans le fond c'était un seul cadeau, car le monachisme, l'idéal d'une

virginité consacrée à Dieu, n'est que l'application pratique de cette « science ». Ainsi, la théologie occidentale de la seconde moitié du quatrième siècle nous présente deux tendances qui convergent chez Augustin : la tendance des disciples des Grecs, représentée par Hilaire, Victorin le Rhéteur, Rufin, Jérôme, et la tendance des purs latins représentée par Optatus, Pacian, Prudence. Dans les deux tendances à la fois Ambroise est le plus considérable des précurseurs d'Augustin.

5. Les disciples des Grecs ont transplanté en Occident l'exégèse scientifique, pneumatique de Philon, Origène et Grégoire de Nysse, et la théologie spéculative orthodoxe des Cappadociens. Grâce à cette exégèse, ils ont réduit au silence ceux qui émettaient des doutes à l'endroit de l'Ancien-Testament, et ont essuyé les attaques des Manichéens ; grâce à cette théologie ils ont pu — Ambroise en particulier — lever le désaccord qui a subsisté jusqu'au delà de l'an 381 entre l'orthodoxie de l'Orient et celle de l'Occident.

La spéculation grecque a été transvasée dans la théologie occidentale à trois reprises successives : 1° par Ambroise, Victorin et Augustin ; 2° par Boëce qui, au sixième siècle, introduisit l'aristotélisme ; 3° par le faux Denys l'aréopagite au neuvième siècle. Chez Victorin, on trouve déjà la combinaison du néoplatonisme et du paulinisme qui forme la base de la théologie d'Augustin. Chez Ambroise, on voit déjà briller l'union de la spéculation et de l'individualisme religieux qui sont caractéristiques du grand Africain.

6. Le problème propre à l'Eglise latine et qu'elle chercha à résoudre fut : « Comment mettre en pratique la loi chrétienne, et comment l'Eglise doit-elle traiter les pécheurs ? » En Orient, on attachait davantage d'importance aux effets produits par le culte comme institution collective, et à ceux produits par l'éducation individuelle poursuivie dans la retraite au moyen de l'ascétisme et de la prière.

En Occident, on eut davantage le sentiment que la reli-

gion nous place dans des relations juridiques : l'individu
est responsable vis-à-vis de l'Eglise, mais, par contre, il
attend de l'Eglise qu'elle lui offre, de son côté, le secours
de ses sacrements et de ses prières. Le sentiment du péché
comme coulpe publique fut aussi plus fortement développé.
Tout cela réagit sur la notion de l'Eglise. Les précurseurs
d'Augustin furent : Optatus (*de schismate Donatistarum*)
pour le développement de la notion d'Eglise, et Ambroise
pour la notion plus sévère du péché.

La *controverse donatiste* est un mélange singulier et une
continuation des controverses montaniste et novatienne.
Des querelles de personnes lui ont donné naissance, mais
elle eut bientôt l'importance d'une question de principes.
Dans le cours de son développement, le parti donatiste devint le parti national africain, il prit, vis-à-vis de l'État
qui l'opprimait, la position d'une Eglise indépendante, et
engendra même une explosion d'enthousiasme révolutionnaire. Les donatistes nièrent la validité d'une ordination
conférée par un *traditor*, et par conséquent nièrent aussi la
validité des sacrements administrés par un évêque consacré par un *traditor*. Ils exigèrent donc le renouvellement
du baptême. C'était le dernier reste de l'ancienne exigence
de l'Eglise, qui réclamait autrefois la sainteté, non seulement des institutions, mais surtout des personnes. Les donatistes purent invoquer en faveur de leur thèse l'autorité
du grand Cyprien. Il fallait nécessairement, — disaient-ils,
— que le clergé eût au moins un minimum de dignité personnelle pour que l'Eglise demeurât la vraie Eglise. C'est
en s'opposant à ces idées que les catholiques ont tiré les
conséquences de la notion « objective » de l'Eglise. Optatus
surtout a déclaré que la vérité et la sainteté de l'Eglise reposent sur les *sacrements*, et que par conséquent les qualités personnelles de celui qui les confère sont chose indifférente. *Ecclesia una est, cujus sanctitas de sacramentis col-
ligitur, non de superbia personarum ponderatur*. Il a ensuite
montré qu'en face du petit bout d'Eglise des donatistes,
l'Eglise trouve la garantie de sa vérité dans sa *catholicité*.

Remarquons qu'il y avait là aussi une tendance évangélique en ce qu'on mettait l'accent sur *la foi*, qui est dans le
sacrement et qui doit l'accompagner, en opposant cette foi
à la sainteté personnelle. — Ainsi déjà, avant Augustin,
Optatus a posé la base de la doctrine catholique romaine
de l'Eglise et des sacrements.

Quant à Ambroise, il a mis l'accent sur la foi, parce qu'il
avait une conception plus profonde du péché. Depuis Tertullien, on connut en Occident la conception du péché
comme vice originel (*vitium originis*) et comme péché
contre Dieu. Ambroise a fait progresser cette opinion dans
ces deux directions, et par conséquent il a su apprécier
aussi l'importance des idées pauliniennes de la grâce,
de la justification, et de la rémission des péchés : *Illud mihi*
prodest, quod non justificamur ex operibus legis... gloriabor
in Christo ; non gloriabor, quia justus sum, sed gloriabor
quia redemptus sum.

Un fait dont l'importance est capitale, c'est qu'au moment même où en Occident on se fit une notion objective de
l'Eglise, l'attention fut attirée sur les idées pauliniennes de
péché et de grâce, de loi et d'Evangile. Cependant Ambroise lui-même a fortement subi l'influence des vues catholiques vulgaires sur les sujets de la loi, de la vertu et
du mérite.

Les caractères propres au christianisme avant Augustin
sont : une conception de Dieu plus vivante, un sentiment
profond de la responsabilité de l'homme vis-à-vis du juge,
le sentiment que Dieu est la puissance morale, sentiment
qui n'était ni arrêté ni dissous par aucune spéculation naturaliste. Ensuite Christ est conçu comme l'homme dont
l'œuvre accomplie pour nous a une valeur infinie devant
Dieu. Dieu est apaisé, satisfait par sa mort. L'Eglise est
une institution pédagogique dont les sûrs fondements sont
les moyens de grâce, les sacrements ; l'Ecriture sainte est
la loi de Dieu, le symbole est le contenu certain de la doctrine. Enfin la vie chrétienne est conçue au point de vue
de la coulpe, des expiations et des mérites ; mais cette con-

ception est faite plutôt à un point de vue ecclésiastique qu'à un point de vue religieux.

Tous ces divers articles, Augustin les a affirmés, et pourtant il les a transformés. La question sotériologique surtout attendait impatiemment une solution. A côté des conceptions manichéennes, origénistes et néoplatoniciennes, stoïciennes et rationalistes, du mal et de la rédemption, on voyait aussi çà et là en Occident, vers l'an 400, des idées pauliniennes vacillantes. Ces idées couvraient en règle générale une morale relâchée ; toutefois, chez quelques-uns de ceux qui les partageaient, elles étaient l'expression de convictions évangéliques que malheureusement l'époque ne comprenait pas ; ces convictions devinrent ainsi nécessairement un adversaire mortel pour l'Eglise catholique (Jovinien). Ajoutons que vers 400, le paganisme était encore une puissance, et nous comprendrons quelle tâche immense était réservée à Augustin. Il n'aurait pu l'accomplir pour l'Eglise occidentale tout entière, si cette Eglise n'eût encore formé une *unité*.

L'empire romain se maintenait encore à l'Occident, et il semblerait presque que son existence misérable n'ait été prolongée que pour permettre l'action exercée par Augustin sur l'histoire universelle.

CHAPITRE III

LE RÔLE UNIVERSEL D'AUGUSTIN COMME RÉFORMATEUR DE LA PIÉTÉ
CHRÉTIENNE.

Bindemann, *Der heilige Augustinus*, 3 vol., 1844-69. — Böhringer,
Augustin, 2ᵉ édit., 1877 ss. — Reuter, *Augustinische Studien*,
1887. — Harnack, *Augustin's Confessionen*, 1888. — Bigg, *The christian Platonists of Alexandria*, 1886. — A. Dorner, *Augustinus*, 1873.

On pourrait essayer de construire le christianisme d'Augustin, soit d'après les prémisses du christianisme occidental, soit aussi d'après le cours des événements de sa vie, en
parlant de son père païen, de sa pieuse mère chrétienne,
de sa lecture de l'Hortensius de Cicéron, de son attachement successif aux doctrines manichéennes, aristotéliciennes, néoplatoniciennes, de son mysticisme et de ses
doutes, de l'impression produite sur lui par Ambroise et
par le monachisme. Mais ces deux voies ne nous méne-
raient pas entièrement au but.

Augustin a découvert la religion au sein de la religion, il
a envisagé son propre cœur comme ce qu'il y a de pire et
Dieu comme le bien suprême. Il possédait une facilité entraînante pour exprimer ses observations intimes; et ce
talent est le secret tout à la fois de son originalité et de sa
grandeur. Il a trouvé dans l'amour de Dieu et dans la dou-
leur imposée à l'âme le sentiment sublime qui élève l'âme
au-dessus du monde et qui fait de l'homme un *autre* homme.
Avant lui, les théologiens avaient rêvé que l'homme doit

devenir *autre chose* pour pouvoir être sauvé, ou bien ils s'étaient contentés de demander à l'homme la recherche de la vertu. Augustin a séparé la nature et la grâce, mais il a réuni la religion et la morale, et a donné à la notion du bien un contenu nouveau. Il a détruit cette image trompeuse du bien que présentaient la psychologie et la morale populaires antiques, il a signifié leur congé à l'intellectualisme et à l'optimisme de l'antiquité. Malheureusement il a été lui-même le premier à ressusciter cet intellectualisme dans la pensée pieuse que l'homme a trouvé le vrai dans le Dieu vivant. Augustin a poussé jusqu'au bout le pessimisme chrétien, mais en même temps il en a triomphé par la certitude de la *grâce*. Augustin surtout a montré à chaque âme sa grandeur et sa responsabilité : son principe c'est Dieu et l'âme, l'âme et son Dieu. Il a dégagé la religion embarrassée dans les formes du gouvernement et du culte, pour la transplanter dans les cœurs, car il en a fait un don et une mission. L'amour, une humilité sincère, et le pouvoir de triompher du monde, tels sont les éléments de la religion ou du salut que la religion procure ; ils viennent de la possession du Dieu vivant. « Heureux les hommes qui voient en toi leur force et qui te suivent de tout leur cœur. » Voilà le texte que la prédication d'Augustin a fait entendre à son époque et qu'il a adressée à tous les temps.

1. — La piété avant Augustin vacillait entre la crainte et l'espérance. *Elle ne vivait pas dans la foi.* Elle enseignait que si l'on connaît et si l'on fait le bien, on obtient la félicité après qu'on a reçu au baptême la rémission des péchés antérieurs. Or cette félicité on ne l'éprouvait pas. Ni le baptême, ni l'ascétisme ne délivraient de la crainte ; on ne se sentait pas la force de puiser la confiance dans sa propre vertu, et l'on ne se sentait ni assez coupable, ni assez croyant pour trouver sa consolation dans la grâce de Dieu en Christ. La crainte et l'espérance demeurèrent donc. C'étaient d'immenses puissances. Elles ont ébranlé le monde et édifié l'Église, mais elles ne pouvaient pas créer dans l'individu

une vie heureuse. Augustin, lui, est allé des péchés au péché et à la *coulpe*, du baptême à la *grâce*. L'élément nouveau qui le distingue de tous ses prédécesseurs, c'est la relation unique et étroite qu'il établit entre l'homme coupable et le Dieu vivant : « C'est contre toi seul que j'ai péché. » « Toi, Seigneur, tu nous as créés pour toi, et notre cœur est tourmenté jusqu'à ce qu'il trouve le repos en toi. » — *Da quod jubes, et jube quod vis — eo, quod quisque novit, non fruitur, nisi et id diligit, neque quisquam in eo, quod percipit, permanet nisi dilectione.*

Tel est l'accord puissant qu'il a entendu vibrer dans l'Ecriture sainte, lorsqu'il est descendu jusqu'au plus profond de l'être humain et de la spéculation sur les choses premières et dernières. Chez l'esprit qui vit sans Dieu, *tout* est vanité et péché, seul le fait *d'exister* est ce qu'il y a de bon en lui. Le péché est la forme que revêt la vie intérieure de tout homme naturel, ainsi que la sphère dans laquelle cette vie se meut. Tout péché est ensuite un péché contre Dieu, car pour l'esprit créé il n'y a qu'une seule relation permanente : celle qui l'unit à Dieu. Le péché consiste à se vouloir soi-même (*superbia*) ; par conséquent il prend la forme de la convoitise et de l'inquiétude. L'inquiétude est la révélation d'un *désir* jamais assouvi et de la *crainte*. La crainte est l'élément mauvais, quant au désir il est bon en tant que poursuite des choses bonnes et du bonheur, mais il est mauvais en tant que poursuite des biens périssables. *Il faut que nous nous efforcions d'être heureux (infelices esse nolumus sed nec velle possumus);* — cet effort c'est la vie inamissible que Dieu nous a donnée, — mais il n'y a qu'*un seul bien*, qu'*une seule félicité*, qu'*un seul repos*. « Pour moi m'attacher à Dieu c'est mon bien. » (*Mihi adhaerere Deo bonum est.*)

L'âme ne trouve la vie et le repos que dans une seule chose : en Dieu. Or, Dieu qui nous a créés, nous a rachetés aussi. Par la grâce et l'amour qui ont été révélés en Jésus-Christ, il nous invite à quitter l'état de dissipation où nous nous trouvons et à revenir à lui, il nous fait *ex nolentibus vo-*

lentes, il fait que nous qui ne voulions pas, nous voulions, et nous donne ainsi une existence nouvelle et incompréhensible qui se meut dans la foi et dans l'amour.

La foi et l'amour proviennent de Dieu, ils sont le moyen par lequel le Dieu vivant se donne à nous. La foi est foi à la grâce gratuitement donnée (*gratia gratis data*), et l'amour est le désir de Dieu uni à l'humilité, au renoncement à tout égoïsme. Ces biens, l'âme les considère comme un don éternel et permanent et comme un mystère sacré, ils lui procurent tout ce que Dieu exige d'elle, car un cœur armé de foi et d'amour reçoit la justice valable aux yeux de Dieu, et possède la paix qui élève au-dessus des tourments et de la crainte. Sans doute ce cœur ne peut oublier un moment qu'il est encore attaché au monde et au péché, mais il ne pense pas au péché sans penser en même temps à la grâce. La piété chrétienne, c'est la misère du péché vaincue par la foi, l'humilité et l'amour. L'âme a son repos dans la plénitude de ces pensées de foi, et pourtant elle ne cesse de tendre plus haut dans ses efforts.

Ces sentiments et ces pensées ont ouvert à la religion des régions plus profondes, et le type augustinien de la piété a fait règle en Occident jusqu'à la Réformation et jusqu'à aujourd'hui. Seulement il ne faut pas se dissimuler que cette piété cache un élément *quiétiste*, on pourrait presque dire *narcotique*, lequel ne se trouve pas dans l'Evangile.

2. — Avec ce que nous venons de dire, nous n'avons caractérisé qu'une des faces de la piété d'Augustin. Il se trouvait aussi de l'*esprit catholique* dans cette piété, et même Augustin a été le premier à instituer comme un moyen de grâce l'abandon à la divinité le plus personnel et le plus libre, mêlé et confondu avec la soumission constante et l'obéissance à l'Eglise. Ce mélange est en effet le caractère propre du christianisme en Occident.

Les points suivants méritent spécialement d'être relevés, parce qu'Augustin y affirme l' « idée catholique » et même la renforce. 1º Il a été le premier à transformer l'autorité de l'Eglise en une puissance religieuse, et à faire à la religion pratique le cadeau d'une doctrine de l'Eglise. Il fut amené à cela par deux considérations : ses doutes, et le fait qu'il envisagea la communauté ecclésiastique comme une puissance historique. Il était persuadé d'abord que l'individu isolé ne peut absolument pas arriver à la connaissance complète et sûre de la vérité de la doctrine révélée, car celle-ci offre trop de difficultés. Cette persuasion l'ayant amené à se jeter dans les bras de l'autorité de l'Eglise, il enseigna d'une façon générale que l'*Eglise garantit la vérité de la foi là où l'individu est incapable de la reconnaître,* et que par conséquent les actes de foi sont en même temps des actes d'obéissance. Sur le second point, en brisant avec le moralisme, il avait reconnu que la grâce agit dans l'histoire et a fait de l'Eglise son organe. La vue de la position occupée par l'Eglise dans la décadence de l'empire romain fortifia en lui ce sentiment.

Mais si Augustin a su pénétrer l'importance de l'Eglise, il ne l'a pas fait seulement en qualité de douteur et d'historien, mais aussi à cause de sa puissante piété. Cette piété avait besoin d'une autorité *extérieure,* car dans tous les temps ce besoin a été le partage de toute foi religieuse vivante. Augustin trouva cette autorité si désirée dans le témoignage de l'Eglise.

2° Bien que dans ses *Confessions* il ait indubitablement reconnu que la religion c'est la possession du Dieu vivant, il a cependant, dans le développement de sa théologie, substitué au Dieu vivant, la « grâce », et à la grâce, les sacrements. Il a fait ainsi rentrer ce qu'il y avait de plus vivant et de plus libre dans un bien pour ainsi dire matériel et confié à l'Eglise. Etant en outre poussé dans cette direction par des controverses brûlantes comme la controverse donatiste, il a payé un bien lourd tribut aux idées de son temps et il a posé le fondement de l'Eglise des sacrements, c'est-à-dire de l'Eglise du moyen âge. Ensuite, quand Augustin remonte plus haut que les sacrements, jusqu'à Dieu lui-même, il tombe toujours dans le danger d'effacer le rôle de

Christ et de se perdre dans l'abîme de la pensée de l'activité unique de Dieu (doctrine de la prédestination).

3° Il a bien énergiquement reconnu que la grâce est gratuitement donnée, donc que la foi est souveraine, mais il y a cependant rattaché ensuite l'idée ancienne que le sort final des individus dépend de « mérites » et se trouve entièrement entre leurs propres mains. Pour lui, le but de tout le développement chrétien, c'est donc les mérites qui découlent de la foi formée par l'amour, et sont en réalité des dons de Dieu. Par là, Augustin n'a pas seulement permis à la postérité de rester commodément attachée aux idées augustiniennes en se couvrant de ses paroles, mais il a même méconnu que le don suprême de Dieu c'est l'essence de la foi, c'est-à-dire cette confiance constante en Dieu que procure la certitude du pardon des péchés. Quant à sa doctrine de l'amour infusé, elle était indifférente vis-à-vis de la personne du Christ historique.

4° Bien qu'Augustin ait su témoigner de la joie du salut que le chrétien possède déjà dans la foi et dans l'amour, il n'a cependant pas pu assigner à la vie présente un but précis. En somme, sur ce point, il partageait les idées catholiques traditionnelles, et il n'a donné aucune impulsion nouvelle à l'*activité* chrétienne. Si son ouvrage *de civitate Dei* a pu produire une impulsion pareille, c'est au fond sans qu'Augustin en ait eu l'intention.

La nature de la piété d'Augustin permet de comprendre sa théologie. Ses théories religieuses ne sont en partie pas autre autre chose que l'expression théorique de ses impressions et de ses expériences. Mais en même temps Augustin a rassemblé dans ses expériences les expériences religieuses multiples et les réflexions morales de l'ancien monde : chez lui on retrouve les Psaumes et Paul, Platon et les Néoplatoniciens, les moralistes, Tertullien et Ambroise.

CHAPITRE IV

L'ancienne Eglise avait ébauché sa théologie en partant de la christologie et de la doctrine de la liberté (doctrine des vertus) comme de deux centres. Augustin a su réunir ces deux centres en un seul. *Pour lui le bien devint le pôle qui sert à juger les biens.* Le bien moral et la possession du salut doivent se couvrir (*ipsa virtus et praemium virtutis*). Il a fait descendre du ciel la dogmatique, mais en réalité il n'a pas aboli l'ancienne conception, il l'a au contraire fondue avec la nouvelle. On voit cela de la façon la plus claire dans son exposition du symbole. Le développement d'Augustin antérieur à sa conversion au catholicisme, puis sa lutte contre le donatisme et le pélagianisme, lui ont fait voir le christianisme sous une forme nouvelle, et pourtant Augustin tient le symbole pour la substance même de la doctrine. Sa conception doctrinale dut ainsi nécessairement être compliquée puisqu'elle était l'ancienne théologie catholique et l'ancien modèle doctrinal ecclésiastique alliés à la pensée nouvelle de la doctrine de la grâce, le tout enfermé dans le cadre du symbole. Ce mélange disparate a été conservé jusqu'ici par l'Eglise occidentale, mais il en est résulté des contradictions, et l'ancien dogme en a perdu son effet. Voici quelques-unes des contradictions que l'on remarque dans la théologie d'Augustin :

1. — Contradiction entre le symbole et l'Ecriture. Ceux qui placent l'Ecriture au-dessus du symbole, tout comme les partisans de l'idée contraire peuvent se réclamer du nom d'Augustin, car il a fortifié la tendance bibliciste, tout en fortifiant également la position des hommes d'Eglise qui, avec Tertullien, démolissent les biblicistes.

2. Contradiction entre le principe de l'Ecriture et le principe du salut. Augustin enseignait que dans l'Ecriture, il ne s'agit que des faits (c'est-à-dire du salut), et il s'est même avancé à plus d'une reprise jusqu'à un spiritualisme qui s'envole au-dessus de l'Ecriture ; mais d'autre part pouvait se dégager de la pensée que chaque parole de l'Ecriture est une révélation.

3. Contradiction dans les conceptions relatives à l'essence de la religion. D'une part, cette essence réside dans la foi, l'amour, l'espérance ; d'autre part elle réside dans la connaissance et dans une vie supra-terrestre, immortelle. Le but de la religion, c'est de rendre heureux au moyen de la grâce, puis d'autre part aussi au moyen de l'*amor intellectualis*. La foi au sens de saint Paul et le mysticisme acosmitique luttent chez lui pour la première place.

4. Contradiction entre la doctrine de la grâce prédestinatienne et une doctrine de la grâce qui est essentiellement une doctrine de l'Eglise et des sacrements.

5. Contradictions dans le sein des principales doctrines. Ainsi dans la doctrine de la grâce, la pensée de la grâce *per (propter) Christum* se heurte fréquemment contre la conception d'une grâce indépendante de Christ, et découlant de l'essence fondamentale de Dieu comme du souverain bien et de l'Etre suprême. Ainsi, même dans sa doctrine de l'Eglise, l'élément hiérarchique et sacramentel n'est pas accordé avec les vues libérales, universalistes, qui chez lui proviennent des apologètes.

On peut distinguer trois couches différentes dans la théologie d'Augustin : première couche, doctrine prédestinatienne, deuxième couche, doctrine sotériologique, troisième couche, doctrine de l'autorité et des sacrements de l'Eglise.

Cependant ce serait être injuste pour Augustin que de vouloir décrire séparément ces diverses positions doctrinales, car si l'on considère l'ensemble de ses idées, on voit qu'elles étaient reliées entre elles.

Si Augustin est devenu le père de l'Eglise d'Occident, c'est parce que son esprit fécond embrassait toutes ces contradictions et qu'il les exposait avec une grande puissance comme des expériences qu'il avait faites. Il est le père de l'Eglise romaine et de la réformation, le père des biblicistes et des mystiques, et il n'y a pas jusqu'à la renaissance et la philosophie moderne expérimentale qui ne lui soient redevables. Il n'a pas introduit des *dogmes* nouveaux, à prendre ce mot dans son sens strict. Il était réservé à des temps bien postérieurs de former des dogmes solidement définis, au moyen de l'ancienne matière dogmatique qu'Augustin avait transformée en condamnant le pélagianisme et présentant une nouvelle doctrine des sacrements.

1. *La doctrine d'Augustin sur le commencement et la fin des choses.*

Siebeck, dans la *Zeitschrift für Philosophie und philosophische Kritik*, 1888, p. 161 et ss. — Gangauf, *Metaphys. Psychologie des h. Augustinus*, 1852. — Stortz, *Die Philosophie des h. Aug.*, 1882. — Scipio, *Des Aurelius Augustinus Metaphysik*, 1886. — Kahl, *Primat d. Willens bei Aug.*, 1886. — Kühner, *Augustin's Auschauung v. der erlösenden Bedeutung Christi*, 1890.

La crainte du Seigneur est le commencement de la sagesse : Augustin a allié à une vie de prière une contemplation intérieure qui le conduisit lui, élève des néoplatoniciens et de saint Paul, à une psychologie et à une théologie nouvelles. Il est devenu « l'ancien Aristote », car il a fait de la vie intérieure le point de départ de la réflexion sur le monde. C'est lui, le premier, qui a complètement aboli les tendances naïves et objectives, et par la même occasion les idées classiques antiques et les restes des vues polythéistes. Parmi les pères de l'Eglise, il est le premier théologien monothéiste au sens strict du terme, car il a élevé la philosophie néoplatonicienne au-dessus de son niveau propre. Versé dans tout ce qui est connaissance objective du monde, il n'a cependant voulu admettre que deux objets, *Dieu* et l'*âme*. Son scepticisme avait en effet dissous le monde phénoménal. Mais tandis que les phénomènes s'évanouissaient pour lui, les faits de la vie intérieure demeuraient debout dans sa pensée comme des faits.

Il arriva là après des luttes douloureuses. Supposez que le mal et que Dieu n'existent pas, la crainte du mal existe pourtant sans aucun doute. En partant de là, autrement dit en usant de l'analyse psychologique, on peut trouver l'âme et Dieu, et l'on peut esquisser une image du monde. Le douteur peut ainsi arriver à la connaissance de la vérité après laquelle soupire la moelle même de l'âme.

La forme fondamentale de la vie de l'âme, c'est la poursuite du plaisir (*cupido, amor*) en tant que recherche des biens. Tous les penchants, en tant que sentiments et activité, ne sont que des variétés de cette forme fondamentale, et ils ont une valeur, aussi bien dans le domaine de la vie spirituelle, que dans celui de la vie des sens. La volonté est liée à ces penchants, mais elle est cependant une force supérieure à la nature. (Augustin n'est pas déterministe). En fait, la volonté est vraiment liée aux penchants des sens, c'est-à-dire n'est pas libre. Le libre arbitre théorique ne devient liberté réelle que lorsque la *cupiditas* (*amor*) *boni* est devenue le motif dominant pour la volonté, en d'autres termes : *la volonté bonne est seule libre.* La bonté morale et la liberté de la volonté vont ensemble. La volonté véritablement libre trouve sa liberté dans le motif du bien (*beata necessitas boni*). Ce bien est la liberté, parce qu'il soustrait la volonté à la domination des penchants inférieurs et réalise la destinée et la disposition de l'homme qui est de se douer d'une existence et d'une vie véritables. S'il est attaché au bien, l'homme réalise son penchant (*appetitus*) le plus élevé, l'instinct qu'il a de se conserver véritablement, tandis que s'il cède à ses penchants inférieurs, l'homme prépare graduellement sa propre ruine.

A toutes ces considérations, Augustin attribua une valeur absolument générale, car il savait que tout homme qui réfléchit sur lui-même est obligé de les affirmer. Il y ajouta les résultats de la spéculation cosmologique néoplatonicienne, mais la simple grandeur de sa notion vivante de Dieu pénétra avec force dans cette spéculation, et eut pour effet de constamment réduire les éléments artificiels de la doctrine de Dieu, à cette confession bien simple : « Le Seigneur des cieux et de la terre est l'amour, il est le salut de l'âme, de qui auriez-vous de la crainte ? »

En suivant la voie de la spéculation néoplatonicienne, en montrant le non-être des phénomènes et l'élimination progressive des sphères inférieures du sensible et de l'abstrait, Augustin arriva à l'idée de l'être unique, immuable, éternel (*incorporea veritas, spiritalis substantia, lex incommutabilis*). Cette existence souveraine répond aussi seule aux désirs suprêmes de l'âme. Au fond, cet être souverain *existe seul ;* car tout autre être renferme aussi en soi le non-être, peut également ne pas être, et va réellement au devant de sa ruine.

Néanmoins, les autres êtres peuvent aussi être conçus comme le déploiement de la substance unique, comme son œuvre d'art. — Avec cette manière de voir, Augustin ramène sous le couvert de l'esthétique la préoccupation du phénomène qu'il avait écartée dans la métaphysique. Seulement le sentiment de la nature ne reste qu'à l'état de principe chez lui : il ne s'y abandonne pas, mais au contraire il observe aussitôt que l'âme aspire à cette existence suprême et la cherche avec un noble et indestructible désir dans les choses inférieures, *mais a peur de la saisir*. — Alors se présente aux yeux d'Augustin une contradiction terrible qu'il appelle monstrueuse : c'est qu'*en fait la volonté ne veut pas ce qu'elle veut, ou du moins ce qu'elle paraît vouloir.*

Augustin sentit tout le poids de la responsabilité de cet état de choses, et il n'adoucit cette responsabilité par aucune de ces considérations esthétiques qui lui étaient familières et qui lui faisaient envisager le monde avec ses côtés lumineux et ses ombres comme le « beau », comme la similitude de la plénitude de la vie du Tout-Un. *Ainsi pour lui la métaphysique se transforma en éthique.* Avec ce sentiment de la responsabilité, le *souverain bien,* ce fut Dieu qui est le *summum esse,* et *le mal* ce fut la vie égoïste qui détermine la volonté. Ce souverain bien ne procure pas seulement le repos au penseur inquiet, ni seulement la possession enivrante de la vie au mortel qui recherche la vie ; ce souverain bien est l'expression de *ce qui doit être,* de ce qui doit devenir le motif fondamental des décisions de la volonté, c'est lui qui doit donner à cette volonté sa liberté, par conséquent il peut seul lui conférer la puissance sur le domaine de la nature; il doit affranchir de la misérable nécessité de pécher le penchant indestructible de l'homme vers le bien, — c'est l'expression *du bien.*

Ainsi tombèrent de l'idée du bien toutes les additions intellectualistes qu'on y avait faites et toutes les enveloppes eudémonistiques qu'on y avait mises. En faveur de toutes ces considérations, Augustin réclama aussi une autorité générale.

Mais il y avait encore une autre expérience, et celle-là défiait toute analyse. Ce bien ne se présentait pas seulement à Augustin comme ce qui doit être, mais il se sentait saisi par lui comme par l'amour, et il avait conscience de sortir ainsi de la malheureuse et monstrueuse contradiction de l'existence. Ceci donna à l'idée de Dieu un contenu tout autre : le bien, qui a ce pouvoir, c'est le tout puissant, c'est une personne, c'est l'amour. L'être suprême, c'est le bien sacré qui, dans une personne, agit sur la volonté comme l'amour tout-puissant. *La métaphysique et*

l'éthique se changent en religion. Le mal n'est pas seulement privation de substance, ni seulement privation du
bien, mais il est privation de Dieu.

L'imperfection ontologique de l'être créé, l'imperfection
morale du bien, viennent de l'absence de la relation
d'amour avec Dieu, tandis que posséder Dieu c'est tout :
c'est être bon, c'est avoir une volonté libre et goûter la
paix. — Ce principe donna naissance chez Augustin à tout
un flot de pensées sur Dieu. Il est aussi essentiel à Dieu
d'être la grâce qui se communique dans l'amour, que d'être
la cause efficiente et elle-même sans cause (*causa causa-
trix non causata*); *quant à l'homme, il vit de la grâce de
l'amour.* On peut encore montrer clairement que l'homme
ne peut vivre que par grâce, car il est prisonnier dans une
existence anormale provenant d'une chute terrible causée
par le péché — mais la *réalité* de la grâce de l'amour est
un fait inépuisable. L'homme arrive à la liberté, non pas
dans l'indépendance vis-à-vis de Dieu, mais dans la dépendance à l'égard de lui : seul l'amour qui est donné à
l'homme par Dieu, le rend heureux et bon.

Dans les déclarations d'Augustin sur Dieu et l'âme, on
entend vibrer à la fois les sons des diverses cloches de la
métaphysique, de l'éthique et d'une expérience chrétienne
des plus profondes. Dieu est l'unique *res* qu'il soit permis
de goûter, les autres peuvent seulement être utilisées.
(*frui—alicui rei amore inhaerere propter ipsam*). Cette idée
sent le néoplatonisme, mais elle se résoud en une idée
chrétienne dans la pensée que Dieu doit être servi par la
foi, l'espérance et la charité. Dieu est une *personne* en qui
on peut se confier et que l'on doit aimer plus que toutes
choses.

La foi agissante par la charité devient ainsi l'expression
souveraine de la religion. L'optimisme à base esthétique,
la subtile doctrine de l'émanation, l'idée de l'activité unique
de Dieu ou doctrine de la prédestination, la notion du mal
comme le « rien » qui limite le bien, tout cela ne disparaît
pas entièrement, mais est relié d'une manière singulière

avec la conception que Dieu est le créateur de l'humanité, — laquelle est devenue par sa propre faute une *massa perditionis* — qu'il est le rédempteur et l'*ordinator* des pécheurs. Et même la poursuite d'un savoir absolu et la conception rationaliste de la religion, d'après le modèle fourni par les apologètes, n'ont pas disparu chez Augustin. En effet, pour lui cet amour de Dieu qu'il ressentait était assuré seulement grâce à l'autorité de la révélation extérieure à laquelle il s'était soumis avec obéissance. L'esprit chrétien régnait cependant dans ses vues religieuses, bien que sa faculté de comprendre la signification de l'histoire ne fût certainement pas aussi développée que son talent d'observation psychologique.

Christ a été, dès la jeunesse d'Augustin, le point d'orientation de son âme. Ainsi les développements qui chez lui semblent être de la philosophie pure, sont bien souvent influencés par le fait qu'il pense à Christ. Toutes ses velléités de briser le schéma de fer de l'immutabilité de Dieu, et de distinguer Dieu, le monde et le moi, doivent être expliquées par l'impression que produisit sur lui l'histoire, c'est-à-dire le Christ. Aussi le Christ se présenta-t-il plus distinctement à Augustin, philosophe de la religion, comme le *chemin, la force et l'autorité*. Que de fois Augustin a parlé de la révélation en général, alors qu'il n'avait que Christ à l'esprit, et que de fois aussi il a parlé de Christ là où ses prédécesseurs parlaient de révélation en général !

L'idée du bien, et l'activité du bien conçues par la spéculation comme amour, ne revêtirent à ses yeux le caractère de la certitude que par la contemplation du Christ et par l'autorité de ce que l'Eglise annonçait sur lui. Or, il faut remarquer que cette *contemplation du Christ* était un élément nouveau, et qu'Augustin a été le premier à le réintroduire après Paul et Ignace. De même qu'à la suite d'une expérience qui l'avait convaincu de l'unité de Dieu, sa doctrine de la trinité reçut une forme nouvelle, bien qu'il acceptât les formules anciennes, — de même aussi sa christologie a reçu un contenu nouveau, grâce à la prédication d'Ambroise, et grâce à sa propre expérience, bien qu'il se rattachât tout à fait à la tradition en combattant énergiquement Apollinaire.

1) A ses yeux, ce qui en Christ est d'une importance majeure, c'est l'image qu'il nous offre de la grandeur dans l'humilité, et le fait qu'il pratique effectivement le précepte *omne bonum in humilitate perficitur*. C'est à ce point de vue aussi qu'Augustin a traité l'incarnation. Il a ainsi commencé à dessiner les traits de ce qui sera la christologie du moyen âge.

2) Il appuyait de toute sa force sur le fait que l'homme gisant dans la poussière a maintenant la possibilité de saisir Dieu, car Dieu s'est approché de nous dans notre bassesse. (Le Grec au contraire attend une élévation qui lui permette de saisir Dieu en Christ.)

3) Augustin construisait fréquemment l'édifice de la personnalité du Christ en prenant comme base l'âme humaine du rédempteur. Il voyait dans les dons possédés par cette âme le grand exemple de la grâce prévenante qui a fait que l'homme Jésus est devenu ce qu'il a été.

4) Il concevait l'*homme* Jésus comme le médiateur, comme la victime et le prêtre par le moyen duquel nous sommes rachetés et réconciliés avec la divinité. Sa mort, ainsi que le prêche l'Eglise, est le sûr fondement de notre foi en la rédemption.

A tous ces égards, Augustin a mis des idées neuves dans l'édifice de l'ancien dogme, mais il ne les y a rattachées que d'une manière incertaine ou artificielle. Il n'a pas créé une formule christologique nouvelle, mais Christ était devenu pour lui le rocher de la foi, car il savait que cette personne avait produit sur lui une impression telle que son orgueil en avait été brisé et qu'il en avait reçu la force de croire à l'amour de Dieu et de se laisser trouver par lui. Le Christ vivant est la vérité, et le Christ prêché par l'Église est le chemin et l'autorité.

L'âme est conduite à la félicité par la foi agissante par la charité (*fides quae per dilectionem operatur*). Cette vie

c'est la paix bienheureuse dans la *contemplation* de Dieu.
Ainsi la *connaissance* reste après tout le but proposé à
l'homme. La primauté n'appartient pas à la volonté, mais
à l'intelligence. Finalement Augustin a conservé l'opinion
catholique commune qui fait entrevoir à l'homme une
connaissance glorieuse dans l'au-delà, tandis qu'ici-bas
l'ascétisme et la contemplation conduisent à cette connaissance. C'est pourquoi Augustin a pris le parti du monachisme contre Jovinien.

Le règne de Dieu, lui aussi, est passager en tant qu'il
est terrestre. Il faut que l'âme soit affranchie du monde de
l'apparence, de la similitude, et de la vie de contrainte. Cependant, dans ses tendances secondaires, Augustin a exercé
une action puissante sur les idées eschatologiques reçues :

1) Le bien suprême ce n'est pas la vertu, mais la dépendance vis-à-vis de Dieu. — Notons cependant que ce point
de vue est de nouveau abandonné dans la notion de l'importance décisive des mérites.

2) La vie ascétique ecclésiastique doit être une vie *spirituelle*. — Ainsi les éléments magiques et naturalistes du
mysticisme grec passent tout à fait à l'arrière-plan. (Pas
de mysticisme du culte.)

3) La pensée « pour moi m'attacher à Dieu c'est le bien »
(*mihi adhaerere Deo bonum est*), brise l'intellectualisme et
assigne à la volonté la place qui lui revient.

4) L'amour demeure dans l'éternité tel que nous pouvons déjà le posséder dans le temps. — L'au-delà et
l'existence terrestre sont ainsi intimement rattachés l'un à
l'autre.

5) Si l'amour demeure dans l'au-delà, c'est de nouveau
une modification de l'intellectualisme.

6) Ce n'est pas le monde terrestre, mais bien l'Eglise terrestre, qui a une importance supérieure, car elle est aussi le
lieu saint précédant le lieu très saint, et c'est un devoir de
l'édifier. Ce qui précède la religion, ce n'est pas une religion de second ordre, mais le service de l'Eglise, car
l'Eglise est la puissance morale active, celle qui perfec-

tionne la société, l'organe des puissances de l'amour con-
tenues dans les sacrements, l'organe du bien et de la justice, celui dans lequel agit Christ.

7) Plus haut que tout monachisme il y a la foi, l'espérance et la charité. — Augustin abolit ainsi la notion d'une
contemplation stérile et égoïste.

Bien qu'il ait versé dans des contradictions, Augustin a
certainement réussi dans toutes ces directions différentes à
rattacher ses idées nouvelles aux idées anciennes.

2. — *La controverse donatiste. L'ouvrage « la Cité de Dieu ». La doctrine de l'Eglise et des moyens de grâce.*

Reuter, *op. cit.* — Reinkens, *Gesch. philos. d. h. Aug.*, 1866. —
Ginzel, *Lehre Aug. v. d. Kirche* (dans la *Tübinger Theologische
Quartalschrift*, 1849.) — Köstlin, *Die Katholische Auffassung v. d.
Kirche* (dans la *Deutsche Zeitschrift für Christliche Wissenschaft*,
1856, n° 14). — Schmidt, *Augustin's Lehre v. d. Kirche* (dans les
Jahrbücher f. deutsche Theologie, 1861.) — Seeberg, *Begriff der
christlichen Kirche*, première partie, 1885. — Ribbeck, *Donatus und
Augustinus*, 1888.

Dans sa lutte contre le manichéisme et le donatisme, Augustin marchant sur les traces d'Optatus a construit sa
doctrine de l'Eglise en se plaçant sur le terrain de la conception de Cyprien, seulement il en a laissé de côté les éléments donatistes et il en a adouci les tendances hiérarchiques. Lorsqu'il a défini l'Eglise l'*autorité* et l'*institution indestructible du salut*, il a cru seulement décrire un fait
historique, œuvre de Dieu, et lorsqu'il l'a représentée
comme la communion des saints, il a suivi les indications
de sa propre connaissance religieuse. Ainsi en premier
lieu, il s'opposait au subjectivisme critique des manichéens et au puritanisme des donatistes, lesquels voulaient
que la vérité de l'Eglise dépendît de la pureté des prêtres.
Puis en second lieu, en définissant l'Eglise comme la com-

munion des saints, il appliquait sa doctrine du salut à la définition de l'Eglise. Il en résulta des notions compliquées. Non seulement l'Eglise paraît être tantôt le but de la religion, tantôt le chemin qui mène au but, mais elle est aussi conçue comme un composé d'idées différentes. Et finalement la doctrine de la prédestination met tout simplement en question la notion de l'Eglise.

I

1. L'*unité* est le caractère le plus important de l'Eglise. Elle se rencontre dans la foi, l'espérance et la charité d'une part, et dans la catholicité de l'autre. Cette unité est l'œuvre du même esprit qui fait l'union de la trinité. Cette unité de l'Eglise au milieu de l'humanité morcelée est une preuve de sa divinité. L'unité ne découlant que de l'*amour*, l'Eglise est fondée sur l'action de l'esprit divin d'amour, car la communauté de la foi seule ne suffirait pas. De cette manière de voir résulte que « la charité chrétienne ne peut être conservée que dans le sein de l'unité de l'Eglise, lors même qu'on garderait le baptême et la foi (1). » En d'autres termes : *l'unité n'existe que là où il y a l'amour, et l'amour là seulement où il y a l'unité.*

En appliquant ce principe, on arrive aux conséquences suivantes : Les hérétiques n'appartiennent pas à l'Eglise, puisqu'ils renient l'unité de la foi. Ensuite, les schismatiques sont également en dehors de l'Eglise, car s'ils sont séparés de l'unité, cela prouve justement qu'il leur manque l'amour, c'est-à-dire l'œuvre du Saint-Esprit. Donc, la grande Eglise *une* est la seule Eglise ; en dehors d'elle, il peut sans doute y avoir de la foi, des actes d'héroïsme, et même des moyens de grâce, mais il n'y a point de salut.

2. Le second caractère de l'Eglise est la *sainteté*. L'Eglise

---

(1) *Caritas christiana nisi in unitate ecclesiae non potest custodiri, et si baptismum et fidem teneatis.*

est sainte en tant que lieu de l'activité de Christ et du Saint-Esprit, et en tant qu'elle possède les moyens qui sanctifient les individus. Si elle ne réussit pas auprès de tous, cela ne peut rien lui dérober de sa sainteté, et quand même elle renfermerait une majorité de méchants et d'hypocrites, cette sainteté ne serait même pas compromise, autrement la présence d'un seul membre indigne la mettrait en question. L'Eglise use des punitions et de l'excommunication, non pas tant pour conserver sa sainteté, que pour faire œuvre d'éducation. Elle est déjà assurée contre le danger d'être entremêlée avec les impurs, car c'est dans son sein, et là seulement, que surgissent de véritables saints ; partout du reste elle relève et sanctifie les mœurs. A rigoureusement parler les hommes bons et les gens spirituels seuls lui appartiennent, mais dans un sens plus large les impurs lui appartiennent également, car ils peuvent encore devenir spirituels et sont placés sous l'influence des sacrements (*vasa in contumeliam in domo dei*). Ils ne sont pas la maison de Dieu, mais ils sont « dans la maison » (*in domo*), ils ne sont pas « dans la communion des saints », mais ils sont « dans la communion des sacrements ».

L'Eglise est ainsi « un corps mélangé » (*corpus permixtum*) ; en définitive, les hérétiques et les schismatiques eux-mêmes lui appartiennent, car ils se sont approprié les moyens de grâce et ils sont placés sous la discipline de l'Eglise. Néanmoins, la sainteté de l'Eglise implique la pure communion des saints (*communio fidelium*) comme son but, car cette communion possède tous les attributs religieux de l'Eglise.

3. Troisième caractère de l'Eglise : la *catholicité* ou universalité de son extension dans l'espace. C'est la preuve externe la plus puissante en faveur de la vérité de l'Eglise, car la catholicité est à la fois un miracle et un fait qui tombe sous les sens ; les donatistes ne peuvent rien y opposer. La grande Eglise, à Carthage prouve qu'elle est bien la vraie Eglise car elle est unie avec Rome, avec les anciennes églises d'Orient, et avec les églises du monde entier.

Mais à cela les donatistes répondaient avec raison : *Quantum ad totius mundi pertinet partes, modica pars est in compensatione totius mundi, in quâ fides Christiana nominatur.*

4. Quatrième caractère : *l'apostolicité.* Elle se montre :

1) Dans la possession des écrits et de la doctrine des apôtres.

2) Dans le fait que l'Eglise peut faire remonter son existence jusqu'aux communautés apostoliques, grâce à la filière de la succession apostolique. (Cyprien a très fort appuyé sur cette idée-là.) Parmi ces communautés apostoliques, celle de Rome est la plus importante à cause de son premier évêque, Pierre. Pierre est en effet le représentant des apôtres, de l'Eglise, des chrétiens faibles et du ministère doctrinal des évêques. Augustin a conservé l'ancienne théorie qu'il faut être en communion avec le siège apostolique et la *cathedra Petri.* Sur la question de l'infaillibilité du siège de Rome, Augustin s'est exprimé avec aussi peu de clarté, et avec autant de contradictions que lorsqu'il traite des conciles et de l'épiscopat. Il envisageait naturellement un concile comme supérieur à l'évêque de Rome.

5. Augustin affirme l'*infaillibilité* de l'Eglise, mais il n'a pu produire qu'avec une assurance relative les raisons sur lesquelles il fonde cet attribut. De même aussi il était convaincu de la *nécessité absolue* de l'Eglise, et cependant ses doctrines de la prédestination et de l'immutabilité de l'action primitive de Dieu, entraînaient la suppression de l'Eglise.

6. L'Eglise est le *royaume de Dieu* sur la terre. — Il est vrai qu'en règle générale, lorsqu'Augustin pense à cette idée, il ne s'applique pas à l'Eglise, mais entend par là le succès de l'ensemble de l'activité de Dieu dans le monde, opposée à l'activité du diable.

Cependant, lorsqu'il identifie l'Eglise et le règne de Dieu, il entend par l'Eglise la communion des fidèles (*corpus verum*). Comme il y a qu'*une seule* Eglise, Augustin ne put faire autrement que de considérer dans certains cas aussi le *corpus permixtum* comme le royaume de Dieu. Ensuite, comme il supprimait toutes les conceptions eschatologiques et voyait la réalisation du règne de mille ans dans l'Eglise dressée en face de l'état universel pécheur qui penchait vers sa ruine, — il fut poussé presque involontairement à conclure que l'Eglise visible, avec ses prêtres investis de l'autorité de juges, et avec ses ordonnances, est le royaume de Dieu (*de civitate dei*, xx, 9-13). La pensée du royaume de Dieu est donc présente à toutes les phases de sa conception de l'Eglise. Nous la trouvons dans l'idée historique et théologique que le royaume de Dieu est dans le ciel, et s'édifie sur la terre pour le ciel depuis Abel — pensée qui est indifférente à l'égard de la conception de l'Eglise, — puis nous découvrons encore cette pensée dans l'Eglise des prêtres, mais elle se montre l'idée centrale dans la conception de l'Eglise comme « la communion céleste des saints qui voyagent sur la terre » (*communio sanctorum in terris peregrinans*).

Le parallèle de cette conception, c'est la conception de la société des athées et des réprouvés où sont compris aussi les démons. Une telle notion aboutit en définitive à confondre cette société mauvaise avec le royaume universel, avec l'état qui est le *magnum latrocinium*. A la communauté sortie de péché, est opposée la cité de Dieu comme le seul lien légitime entre les hommes. — Augustin n'est cependant pas allé jusqu'aux dernières extrémités de cette doctrine qui aboutit à une théocratie positive de l'Eglise et à la condamnation de l'état. Quand il parle de puissance et de lutte, il songe presque uniquement à une puissance et à une lutte d'ordre spirituel ; et ce sont seulement les papes du moyen âge qui ont tiré de sa doctrine des conséquences théocratiques.

Augustin a aussi donné une autre forme à sa conception de l'état : Alors même qu'elle est un bien particulier, la paix terrestre est un bienfait ; la communauté (l'état) qui maintient ce bienfait est bonne. Cependant la paix terrestre ne peut être établie que grâce à la justice, or il est hors de doute que seule l'Eglise possède la justice, puisque fondée sur la charité elle vient de Dieu, donc l'état ne peut obtenir des droits relatifs qu'en étant subordonné à la cité de Dieu.

Cette opinion accorde une certaine indépendance à l'état terrestre pour un but particulier, mais il est évident qu'elle permet d'introduire facilement le système théocratique. Augustin lui-même n'a tiré de sa doctrine qu'un petit nombre de conséquences, mais il en a conclu que l'état doit se mettre au service de l'Eglise en prenant des mesures coercitives contre le culte des idoles, contre les hérétiques et les schismatiques, et que l'Eglise, de son côté, doit exercer un contrôle général sur le droit pénal de l'état.

II

1. La controverse donatiste obligea Augustin à s'occuper plus particulièrement des sacrements, ainsi que l'avait fait Optatus. Tout d'abord Augustin reconnut la parole comme un moyen de grâce, et ce fut là un très grand progrès. La formule « parole et sacrement » vient de lui. Il accorde une si haute valeur à la parole, qu'il nomme aussi le sacrement « verbe visible » (*verbum visibile*) et s'oppose à toute œuvre de mystère au nom de ce principe : *crede et manducasti*. Il fait même la notion du sacrement si large, qu'il pense que ce nom de sacrement peut être donné à tout signe sensible auquel est liée une parole qui apporte le salut. *Accedit verbum ad elementum et fit sacramentum.*

Ce n'est pas avec ces idées-là qu'Augustin a pu arriver à une doctrine spéciale des sacrements. Souvent même il va encore plus loin dans le sens du spiritualisme, et admet que le signe matériel et la parole perceptible n'ont de valeur que comme signes et comme images de l'élément invisible qui les accompagne (c'est-à-dire comme images du pardon des péchés et de l'esprit de charité).

2. Cependant les sacrements sont dans la pensée d'Augustin quelque chose de plus élevé. (Par sacrement, il entend en règle générale seulement le baptême et la Cène.) Dieu a institué les sacrements comme les signes d'un objet sacré avec lequel ils ont déjà un certain rapport de parenté

en vertu de l'ordre de leur création ; ceux qui goûtent ces signes ont réellement communication de la grâce. Le sacrement renferme la certitude de la miséricorde de Christ, et d'autre part, il est un *actus medicinalis*. Cette communication de la grâce est attachée à l'exécution, à la célébration des sacrements, (c'est là le côté objectif) mais cette célébration ne produit un effet salutaire que là où existe l'esprit d'amour, dans la vraie Eglise.

De là chez Augustin une double contradiction : les sacrements ont une action partout, et cependant seulement dans l'Eglise, ils ne dépendent pas des hommes, et pourtant ils sont liés à l'Eglise dans leur action salutaire. Augustin résolvait cette contradiction en distinguant entre le *caractère* que conférait les sacrements, caractère pareil à une empreinte, — et la *communication réelle de la grâce*. Les sacrements *sancta per se ipsa* (saints par eux-mêmes) peuvent être pris à l'Eglise, et ils conservent leur effet, mais ils n'aboutissent au salut que dans l'Eglise (*non considerandum, quis det, sed quid det ;* mais d'autre part *habere*, ce n'est pas encore *utiliter habere*).

3. Cette manière de voir ne fut acceptable que pour le baptême et l'ordination. Le caractère du baptême est en effet d'établir une relation inamissible avec Dieu et avec son Eglise ; quant à l'ordination, son caractère est de conférer la faculté inamissible d'offrir le sacrifice et d'administrer les sacrements. Cette opinion ne put s'appliquer à la Cène où la *res sacramenti*, c'est l'incorporation invisible au corps de Christ (la doctrine d'Augustin sur les sacrements est symboliste), et le sacrifice de la Cène est un sacrifice d'amour. Ainsi, dans l'essence même de la Cène (*sacramentum unitatis*) est déjà comprise l'Eglise catholique, et la Cène ne peut avoir de « caractère » en dehors de cette Eglise, comme pour le baptême et l'ordination. — Augustin passe légèrement sur cette difficulté. Il arrive à sa doctrine générale des sacrements en partant du baptême. S'il a fait ces distinctions si subtiles, c'est dans le but : 1° de mettre les donatistes dans leurs torts ; 2° d'affir-

mer le caractère de la sainteté de l'Eglise ; 3° de donner un élément fixe à la foi, un élément sur lequel elle puisse se reposer indépendamment des hommes. Plus tard, cette distinction a été utilisée essentiellement dans un sens hiérarchique ; mais cependant l'accent qu'Augustin met sur la parole, et son spiritualisme, ont donné l'impulsion à une tendance opposée chez Luther et les réformateurs d'avant la Réforme.

Les conceptions d'Augustin sur l'Eglise fourmillent de contradictions : les méchants, les hypocrites et même les hérétiques appartiennent à l'Eglise visible, et néanmoins la vraie Eglise doit aussi être l'Eglise visible.

L'Eglise est société extérieure des sacrements, elle est la communion des fidèles et des saints, et finalement aussi l'assemblée des prédestinés (*numerus praedestinatorum*), et cependant elle est *une seule* et même Eglise !

Le *In ecclesia esse* a ainsi un triple sens : l'Eglise renferme seulement les prédestinés, y compris ceux qui ne sont pas encore convertis, ensuite l'Eglise renferme les croyants y compris ceux qui retombent, et enfin l'Eglise renferme ceux qui participent aux sacrements. L'Eglise est proprement dans le ciel, et pourtant elle est visible en tant que cité terrestre ! Ses origines remontent aux commencements et néanmoins elle n'a été fondée que par Christ ! Elle repose sur la prédestination, — non, elle repose sur la foi, l'amour et l'espérance, — non, elle repose sur les sacrements !

Nous constatons ainsi qu'Augustin a pris des positions diverses et qu'il a abouti à des contradictions, puisqu'en somme il ne doit y avoir qu'une seule Eglise. Mais nous ne devons pas oublier qu'Augustin était un chrétien humble : il vivait dans la pensée que l'Eglise est la communion des fidèles et des saints, qu'elle est fondée par la foi, l'amour et l'espérance, et qu'elle est dressée sur la terre par le moyen de la rémission des péchés dans la charité (*in terris stat per remissionem peccatorum in caritate*).

La notion prédestinatienne de l'Eglise — en réalité, c'est la dissolution de l'Eglise — appartient à Augustin, théologien et théosophe, tandis que la notion empirique est celle d'Augustin, polémiste catholique.

Il ne faut pas non plus méconnaître l'importance de ce fait qu'Augustin a été le premier à abandonner la notion magique des sacrements, d'après laquelle ils doivent servir de compensations aux déficits des sentiments moraux. Il a su ajouter la foi aux sacrements et lui subordonner ceux-ci. Il a eu le mérite d'avoir rendu possible une réforme de la doctrine des sacrements.

3. *Controverse pélagienne. Doctrine de la grâce et du péché.*

Reuter, *op. cit.* — Jacobi, *Lehre des Pelagius*, 1842. — Wörter, *der Pelagianismus*, 1866. — Klasen, *Die innere Entwickelung des Pelagianismus*, 1882. — Wiggers, *Augustinismus und Pelagianismus*, 2 vol., 1831 et ss. — Dieckhoff, *Augustin's Lehre von der Gnade* (*Mecklemburger Theologische Zeitschrift*, I, 1860.) — Luthardt, *Lehre von dem freien Willen*, 1863. — Hefele, *Conciliengeschichte*, vol. II.

Augustin n'était pas encore arrivé à sa doctrine de la grâce et du péché lorsqu'il se fit baptiser catholique (voir ses écrits contre les Manichéens), mais il l'avait déjà formulée lorsqu'il entra en lutte avec le pélagianisme. Pélage, lui non plus, n'a pas commencé à élaborer sa doctrine dans la lutte, mais il la possédait déjà lorsqu'il se scandalisa de la parole d'Augustin : *De quod jubes et jube quod vis.* Les deux grandes opinions adverses : — la grâce doit-elle être ramenée à la nature, ou bien affranchit-elle la nature, — se rencontrèrent donc tout armées. L'Occident avait été préparé par Ambroise à adopter l'augustinisme avec une étonnante rapidité. Augustin, nature religieuse distinguée, eut pour adversaire Pélage, moine sérieux aux mœurs austères, Celestius, un eunuque, et Julien, un enfant du monde plein de vie, de même qu'ami décidé des lumières et dialecticien inflexible.

Le pélagianisme est un développement logique du rationalisme chrétien sous l'influence du monachisme grec, il est une philosophie populaire de l'Occident avec des bases stoïciennes et aristotéliciennes (Lactance), et il essaie de triompher de la doctrine traditionnelle de la rédemption afin de se la subordonner. On peut prouver qu'il y a chez lui une influence de la théologie de l'école d'Antioche. — Les sources où nous puisons sont les écrits et les lettres de Celestius, de Pélage, de Julien (nous les trouvons pour la plupart dans les écrits de Jérôme); les œuvres d'Augustin, de Jérôme, d'Orose, de Marius Mercator, les lettres des papes et les décisions synodales. — Pélage était plus prudent, moins agressif et moins sincère que Celestius et Julien. Ce dernier a achevé la doctrine ; « sans lui », — dit Augustin, *Pelagiani dogmatis machina sine architecto necessario remansisset.*

Vis-à-vis des opinions jusqu'alors reçues, l'augustinisme et le pélagianisme ont des traits communs de parenté et des traits communs d'opposition :

1) Tous deux recherchent au fond l'unité des connaissances religieuses et des connaissances morales.

2) Tous deux expulsent de la tradition l'élément dramatique et eschatologique.

3) Ni l'un ni l'autre ne se préoccupe du mysticisme du culte, mais ils maintiennent le problème dans la sphère de l'esprit.

Et 4) ni l'un ni l'autre n'appuie surtout sur la preuve tirée de la tradition; Augustin a même ouvertement avoué qu'il serait difficile de trouver la preuve de sa doctrine dans les écrits connus des pères.

Pélage était anxieux et soucieux de prouver que dans toute la querelle il ne s'agissait pas du dogme, mais d'une question pratique. Augustin, de son côté, poursuivait la lutte avec le sentiment que si sa doctrine de la grâce demeurait debout, l'essence et la puissance de la religion chrétienne subsistaient, et que si, au contraire, sa doctrine tombait, l'essence et la puissance du christianisme tombaient avec elle. Celestius était surtout préoccupé de renverser la doctrine du péché originel. Julien, enfin, avait la conscience de défendre la cause de la raison et de la liberté contre un dogme « stupide et athée », qui plongeait l'Eglise dans la barbarie et asservissait la minorité, les gens cultivés, à des masses qui ne comprennent pas Aristote!

I. Pélage vint à Rome. Il y prêcha aux chrétiens mondains le monachisme et la possibilité pour chaque homme de s'élever par lui même à la vertu. Il évita les polémiques théologiques, mais il combattit le quiétisme des Confessions d'Augustin. Son ami de Rome, Celestius, le seconda. Tous deux se rendirent dans le nord de l'Afrique. Pélage en repartit au bout de peu de temps. Celestius postula une place de prêtre à Carthage. En 412 ou 411, il fut accusé par le diacre milanais Paulin de tenir la mortalité pour chose naturelle chez Adam et chez tous les hommes, de nier les suites universelles du péché d'Adam, d'enseigner la complète innocence des nouveau-nés, de ne pas admettre la nécessité d'une participation de tous aux fruits de la résurrection du Christ, de méconnaître la distinction entre la loi et l'Evangile, de parler d'hommes sans péché avant la venue du Christ, de considérer enfin l'anamartésie et l'observation des commandements du Seigneur comme chose généralement facile, pourvu qu'on y mît seulement de la bonne volonté.

Bien qu'il affirmât conserver le baptême des enfants, — mais non pas en tant que pardon des péchés, — et être ainsi orthodoxe, Celestius fut excommunié. Il se rendit à Ephèse et à Constantinople. Pélage était en Palestine et cherchait à conserver la paix avec Augustin et Jérôme. La polémique mordante de son ami Celestius contre la transmission du péché et contre le baptême des enfants pour la rémission des péchés, ne laissait pas que de le gêner, et ses nouveaux amis d'Orient, Jean de Jérusalem surtout, lui étaient plus précieux que Celestius. Jean de Jérusalem et d'autres déclarèrent Pélage innocent (synodes de Jérusalem

et de Diospolis, 415); mais Orose, disciple d'Augustin, et
Jérôme l'accusèrent de méconnaître la grâce divine. Pélage
ne répudia les thèses incriminées de Celestius que moyennant une réserve mentale; ces thèses restèrent donc condamnées en Orient. Pélage se contenta de garder une plus
grande réserve dans ses écrits, mais il ne rentra pas dans
le droit chemin. L'Eglise du Nord de l'Afrique, aux synodes
de Carthage et de Milève (416), et Augustin s'adressèrent à
Rome, à Innocent Ier, pour qu'il condamnât les deux hérétiques. Le pape, enchanté de ce que l'Afrique septentrionale
en appelait à lui, accéda à ce vœu en 417, mais il se réserva cependant une ligne de retraite. Son successeur,
Zosime, se laissa persuader par une confession de foi de
Pélage, remplie de prudence, et se laissa gagner aussi par
Celestius, qui montra également une plus grande réserve. Il
les réhabilita tous les deux et resta sourd aux représentations que lui firent les Africains. Toutefois, un synode général, à Carthage (418), et un édit impérial ordonnèrent que
les deux hérétiques et leurs adhérents fussent expulsés de
Rome. Ces mesures firent impression sur le pape, et, dans
une *epistula tractoria*, il s'associa à la condamnation de
Pélage et de Celestius, et exigea que les évêques d'Occident donnassent leur signature. Cette exigence eut pour
effet de consolider le parti opposé. Dix-huit évêques refusèrent. Julien d'Eclanum était leur chef. Cet homme jeune,
rempli d'assurance, saisit alors sa plume mordante et infatigable. Il écrivit des lettres hardies à Zosime et à Rufus
de Thessalonique, lettres auxquelles Augustin répondit
(420). Ce fut entre ces deux hommes le début d'un tournoi
littéraire de dix années. (Nous avons des fragments des
écrits de Julien dans *Augustini de nuptiis et concupiscentiâ,
libri sex contra Julianum*, et dans *opus imperfectum contra
Julianum*.) Dans ce tournoi, Augustin fut souvent mis au
pied du mur par Julien, mais la dispute venait après l'issue (*post festum*). Augustin était déjà vainqueur. Julien
écrivait comme un homme à qui il ne reste plus rien à
perdre.

De la royauté de la raison il déduisait le rationalisme et le moralisme avec un libéralisme élevé, écartant toute espèce de monachisme, mais sans faire preuve d'aucune intelligence des besoins et des droits de la religion. Finalement il fut obligé de s'enfuir en Orient avec ses compagnons et trouva un protecteur chez Théodore de Mopsueste. Le concile d'Ephèse, c'est-à-dire Cyrille, fit à l'évêque de Rome le plaisir de condamner les Pélagiens (431). En Orient on ne comprenait pas la querelle, et sur le sujet du libre arbitre on partageait au fond les idées de Pélage. D'autre part en Occident on n'admettait unanimement que les points suivants : Tout baptême est pour la rémission des péchés, depuis la chute d'Adam il y a une transmission du péché qui livre les enfants d'Adam à la mort et à la condamnation, la grâce de Dieu est nécessaire au bonheur de tout homme en tant que force pour le bien.

II. Pélage ne voulait pas entendre parler de nouveaux dogmes, ni d'un système. Quant à Julien, son système est stoïcien avec une dialectique aristotélicienne, une étiquette chrétienne et une tendance au naturalisme. — Les doctrines pélagiennes rentrent dans le champ de la théologie, cependant il est important d'en connaître les traits principaux, car elles ont toujours reparu sous une forme subtile. La tendance monachale n'est pas essentielle au système, même chez Pélage, mais elle est subordonnée au but de la détermination spontanée du caractère dans le sens du bien, et à l'idée antique de la modération. Cela nous permet de mettre ensemble Pélage et Julien. Ils ont en commun une foi résolue en la capacité de l'homme de faire le bien, et le manque de clarté dans la pensée sur les questions religieuses et morales.

Puisqu'il y a une justice, il y a un Dieu. Dieu est le créateur bon et le gouverneur juste. Tout ce qu'il a créé est bon, donc aussi la créature, la loi, la volonté libre. Si la nature est bonne, elle ne peut pas être convertible, puis il ne peut pas y avoir des péchés naturels, mais seulement des péchés par accident. La nature humaine ne peut être modifiée qu'accidentellement. La volonté libre (*motus animi cogente nullo*) est le don le plus précieux accordé à cette nature humaine; elle comprend la raison. La volonté libre et la raison font que l'homme n'est pas placé sous l'empire de la nécessité et n'a besoin d'aucun secours. La première grâce magnifique du Dieu créateur, c'est que nous puissions choisir dans nos actions entre deux alternatives. La possibilité de faire le bien vient de Dieu, la volonté et l'action sont notre affaire. Le mal est une décision personnelle momentanée et fausse, sans conséquence pour notre nature, et causée par notre sensualité. D'après Pélage, la sensualité elle-même est mauvaise et doit être vaincue; pour Julien elle n'est pas mauvaise en elle-même, mais seulement excessive (*in excessu*.) S'il en était autrement, il serait nécessaire que le baptême anéantît la concupiscence, et si la concupiscence était mauvaise, le Dieu créateur lui-même ne serait pas bon. L'homme peut et doit offrir une résistance à chaque péché. Il y a eu des hommes sans péché. Selon Pélage tout homme qui aurait pu agir mieux qu'il n'agit, va en enfer.

Ce fut une tentative difficile que d'accorder ces doctrines avec l'Ecriture et la tradition ecclésiastique. On admet qu'Adam doué du libre arbitre est tombé, mais son péché n'a pas entraîné comme conséquence la mort naturelle — puisque précisément cette mort est naturelle, il a entraîné la mort spirituelle. Si la mort n'est pas un héritage venant d'Adam, le péché l'est encore moins, car accepter une transmission du péché, c'est être assez absurde pour admettre la création des âmes et même l'idée manichéenne de la nature mauvaise, c'est anéantir la justice divine, envisager le mariage comme une chose impure, par conséquent comme une chose défendue, et supprimer toute possibilité d'une rédemption; en effet comment un message libérateur ou une loi pourraient-ils agir sur une nature? Le péché demeure toujours une affaire de volonté, et chacun n'est puni que pour ses péchés.

Tous les hommes sont dans l'état où se trouvait Adam

avant la chute, *liberum arbitium et postpeccata tam plenum est quam fuit ante peccata*, seulement l'habitude de pécher empêche les hommes de s'élever plus haut, et il faut en reconnaître la puissance. Pour la même raison il faut envisager la grâce comme une aide. — Parmi les pélagiens, les uns ont déclaré que la grâce est absolument nécessaire, d'autres ont dit que c'est un moyen qui facilite l'accomplissement du bien, d'autres enfin l'ont crue superflue. Au fond elle n'était pour eux que des béquilles dont l'usage est commode pour les chrétiens ; en effet la grâce est exclue en principe dès qu'on affirme que Dieu émancipe l'homme par le libre arbitre, — *homo libero arbitrio emancipatus est a deo.* — Au fond il n'y a qu'*une seule* grâce, la loi qui éclaire, qui effraie, et fait entrevoir la rémunération ; mais cependant on peut distinguer : 1) la grâce de la création ou dotation ; 2) la loi ; 3) la grâce par Christ — *per Christum* — c'est à dire : *a*) son exemple ; *b*) le fruit de son œuvre qui nous est appliqué dans le baptême, et qui est le pardon des péchés : — Ce dernier point les pélagiens n'osaient pas l'attaquer, mais ils niaient la grâce prévenante, ils n'envisageaient pas le baptême des enfants comme un baptême pour la rémission des péchés, et ne reconnaissaient pas l'absolue nécessité du pardon. Les enfants morts sans baptême entrent eux aussi dans la félicité, mais ils n'arrivent pas dans le royaume des cieux. Les pélagiens affirmaient que la grâce chrétienne n'est accordée à l'homme que selon ses mérites ; or cette thèse supprime la grâce aussi bien que cette autre thèse que la grâce a une influence aussi essentielle que la loi.

Tout en taxant la doctrine d'Augustin tantôt d'innovation, tantôt de manichéisme, et en l'accusant de se contredire elle-même, les pélagiens tombèrent eux aussi dans les plus grandes contradictions, bien qu'ils les cachassent sous leur dialectique. En outre ils étaient des novateurs, car ils maintenaient la doctrine de la liberté, celle de l'ancienne Eglise, sans maintenir également ce qui en constituait le pôle opposé, savoir la doctrine mystique de la rédemption. En outre ils vendaient la religion à une raison irrationnelle et à une morale dont le dernier fond était immoral.

III. Augustin ne partait pas du libre arbitre, il partait de Dieu et de l'âme. Cette âme se sent coupable envers Dieu, mais elle a fait l'expérience de la grâce qui est en lui.

Augustin a voulu expliquer la nature, l'histoire du monde et l'histoire des individus en partant de là, et il a versé dans des contradictions et des opinions qui ne sont que trop faciles à réfuter.

Mais il y a des affirmations qui, considérées du dehors, manquent totalement de vérité, et qui, regardées du dedans, sont vraies. C'est ainsi qu'il faut juger la doctrine de la grâce et du péché. Comme expression d'une expérience psychologique religieuse, cette doctrine est vraie, mais projetée sur le terrain de l'histoire, elle est fausse. En outre elle n'a pas une signification unique, car elle est dominée aussi bien par cette pensée « Dieu en Christ crée la foi », que par cette autre pensée « Dieu est la causalité unique », et ces deux idées ne sont ramenées à l'unité qu'en apparence dans la déclaration que la grâce est gratuitement donnée. Il est également impossible de méconnaître des restes de manichéisme chez Augustin. Puis, la lettre biblique — qu'il comprenait généralement mal, — exerça sur son enseignement une influence obscurcissante; et enfin son point de vue religieux est accompagné d'un point de vue *moralistique* (préoccupation des mérites) lequel finit en définitive par l'emporter.

Comme le montre l'expérience, l'humanité est une *massa peccati*, c'est dire qu'elle est sans Dieu. Mais le Dieu-homme, le Christ — et lui seul — a procuré par sa mort les puissances nécessaires pour rendre une vie divine à l'humanité qui en était privée ; c'est la grâce gratuitement donnée, le commencement, le milieu et la fin de notre salut. Le but de la grâce, c'est qu'un nombre fixe d'élus soit sauvé de la masse de perdition. Ce nombre est sauvé par ce que Dieu l'a prédestiné, élu, appelé, justifié, sanctifié et conservé en vertu de son décret éternel. (Augustin est infralapsaire). Dieu fait cela dans l'Eglise par le moyen de la grâce.

1° La grâce est prévenante, c'est-à-dire retire l'homme de l'état de péché et crée en lui la volonté bonne. C'est la vocation. Néanmoins les actes de la grâce, et d'autres encore, s'accomplissent également chez des gens qui finalement ne sont pas sauvés parce qu'ils ne sont pas des élus.

2° La grâce est coopérante et se déploie dans une série de degrés qui vont jusqu'à la régénération complète et effective de l'homme, et lorsque celui-ci est rempli d'amour, la grâce lui fournit la possibilité d'acquérir des mérites. La foi vient après la vocation, elle grandit en s'élevant aux divers degrés de la persuasion de la vérité, de l'obéissance, de la confiance, et de l'amour. Parallèlement à ces divers degrés il y a les actes effectifs, visibles, de l'Eglise, en commençant par la rémission des péchés, c'est-à-dire par le baptême qui détruit la participation au péché originel et efface les péchés précédemment commis.

La grâce s'achève dans la justification, laquelle n'est pas une sentence portée sur le pécheur, mais le terme du procès en vertu duquel un impie est devenu effectivement un juste. Cette justification s'opère grâce à un esprit d'amour qui est insufflé dans le cœur du croyant, et aussi par le moyen de la Cène. Une fois le croyant reçu dans l'unité de la communion avec Christ, dans l'Eglise, il est saint et spirituel, et reçoit des dispositions nouvelles et des désirs nouveaux (*mihi adhaerere des bonum est*) ; il possède alors la capacité d'accomplir de bonnes œuvres (*fides impetrat, quod lex imperat*). La justification repose sur la foi ; au point de vue de l'éternité elle est un acte accompli, mais au point de vue de l'expérience, au point de vue de ce monde, elle est un procès toujours inachevé. On témoigne que l'on est rempli de foi, d'espérance et de charité en demeurant dans la charité et en se tenant à l'écart du monde par l'ascétisme. La persévérance se manifeste par de bonnes œuvres ; celles-ci acquièrent alors une valeur devant Dieu, bien qu'elles soient des dons, puisqu'elles sont nées de la grâce. Les œuvres de la perfection (*consilia evangelica*) ne sont pas données à chacun, mais tout homme justifié possède les œuvres de la foi, de l'espérance et de l'amour.

3° Le dernier don de la grâce et le plus élevé, est irrésistible chez les élus ; c'est le don de la persévérance. Les *vocati*, appelés (*et sanctificati?*) qui ne la possèdent pas, vont à leur perte. Si quelques-uns seulement conservent la persévérance bien qu'elle ne soit pourtant pas accordée selon les mérites, c'est là un secret de Dieu. Mais une chose est certaine, en dépit de la prédestination et de la grâce souveraine, c'est qu'au jugement dernier, ce qui décidera, ce ne sera pas le *adhaerere deo*, mais l'état moral (*habitus*). Celui-là seul qui peut produire des mérites est sauvé (et cependant ce sont des dons de Dieu).

Ainsi Augustin méconnaît après tout l'importance du pardon des péchés et de la foi. Voici sa thèse : « Là où il y a l'amour, il y a aussi une félicité correspondante au degré de l'amour. »

Augustin est parti de ce principe pour élaborer ses doctrines du péché, de la chute et de l'état primitif. Le péché est une privation du bien, un manque d'être et d'être bon, c'est l'homme se tournant vers lui-même, c'est l'orgueil, c'est la concupiscence, la sensualité, c'est une malheureuse nécessité de ne pouvoir autrement que de pécher (*misera necessitas non posse non peccare*), bien que la liberté formelle demeure ; c'est enfin la domination du diable (d'où la nécessité de la rédemption forensique). Augustin veut maintenir l'amour de soi comme la notion principale du péché, mais en fait il lui préfère la concupiscence. Celle-ci se révèle surtout dans les désirs sexuels, car ils se manifestent spontanément, indépendamment de la volonté, et prouvent que la nature est corrompue (*natura vitiata*). Ainsi se propage le péché, et l'acte de la génération accompli avec concupiscence témoigne que l'humanité est devenue une *massa peccati*. Augustin ayant fait difficulté d'enseigner l'opinion traducienne sur l'origine de l'âme, le corps devint pour lui — contrairement à sa manière de voir originelle — le véhicule du péché et le corrupteur de l'âme. Le péché transmis (*tradux peccati*) pénètre l'humanité comme un vice originel (*vitium originis*). Ce péché originel est à la fois péché, châtiment du péché, et coulpe ; il anéanti la vie vraie de l'homme, et après avoir taché toutes ses actions, les meilleures n'étant plus que des *vitia splendida*, elle livre l'homme à l'obligation de mourir (*non posse non mori*) ; même les enfants qui meurent sans baptême ne font pas exception, mais leur peine est la plus douce (*mitissima poena*).

Voilà ce que témoignent l'Ecriture, la pratique de l'Eglise dans le baptême des enfants, et la conscience du pécheur. Depuis Adam ce péché originel domine en tant que nature viciée. La chute d'Adam fut terrible, car elle a été un assemblage de tous les graves péchés, un assemblage d'orgueil et de concupiscence, et elle a été d'autant plus épouvantable qu'Adam n'avait pas seulement été créé bon, mais possédait encore la grâce de Dieu pour l'aider (*adjutorium*). (En effet il n'y a pas de vie bonne sans cette grâce). Par sa légèreté, il a perdu cette grâce. Cette perte a été si grande que la race humaine tout entière s'est corrompue on lui, non seulement parce que tous étaient cet Adam, mais aussi parce que c'est de lui que s'est répandue la contagion du mal. Le baptême lui-même n'a pas le pouvoir d'anéantir le péché originel (la convoitise sexuelle) ; il peut seulement en enlever la culpabilité (*reatus*).

L'opinion d'Augustin sur l'état primitif, sur la possibilité de ne pas pécher et sur la grâce auxiliaire, est en contradiction flagrante avec sa doctrine de la grâce. En effet, la grâce auxiliaire dans l'état primitif est absolument différente de la grâce de la rédemption, elle laisse la volonté libre et en réalité ne procure rien, elle est seulement la *condition* d'une libre décision pour le bien, par conséquent n'est pas irrésistible. Cet auxiliaire (*adjutorium*) est en vérité une idée pélagienne, et on ne peut pas accorder la doctrine de l'état primitif avec celle des mesures qui présideront au jugement dernier. Quant à la doctrine de la nature viciée dont la convoitise sexuelle est le caractère, elle ne laisse plus aucune place à la sainteté du mariage, c'est par conséquent du manichéisme.

Toutes ces lourdes pierres d'achoppement ne doivent cependant pas nous empêcher de reconnaître la grandeur de la confession d'Augustin lorsqu'il dit : Dieu produit le vouloir et l'accomplissement, nous n'avons rien que nous n'ayions reçu, nous attacher à Dieu, cela nous est bon et c'est notre bien.

4. *L'explication du symbole par Augustin. La nouvelle doctrine de la religion.*

Si l'on veut se rendre compte de la transformation qu'Augustin a fait subir à la doctrine traditionnelle de la religion et savoir quelles sont parmi ses idées celles que l'Eglise s'est appropriée, il faut étudier son explication du symbole, son *Enchiridion*. On aperçoit tout d'abord les traits de sa doctrine qui appartiennent au catholicisme ordinaire. Ainsi, à propos du symbole il expose la doctrine de la trinité et celles des deux natures, et maintient rigoureusement le rôle de l'Eglise catholique. Il met ensuite le baptême au premier rang, parce que c'est le mystère le plus important, et il le fait dériver de la mort de Christ, mort dans laquelle le diable a reçu la satisfaction de ses droits, mais où sa domination a été brisée. La foi est fréquemment présentée comme une chose provisoire ; la vie éternelle n'est donnée qu'en considération de mérites qui consistent dans les œuvres de charité et finalement aussi dans l'ascétisme. Tous cependant n'ont pas besoin d'être des ascètes, car il faut distinguer entre les préceptes et les conseils. Augustin traite longuement le sujet des aumônes ; elles constituent la pénitence. Au sein

de l'Eglise il y a pardon pour tous les péchés moyennant
la condition préalable qu'on offre la satisfaction convenable. Il y a une échelle des péchés, qui va des péchés
légers de chaque jour jusqu'au crime. De même aussi il y a
une échelle des hommes bons et des hommes mauvais, et
les bons eux-mêmes (*sancti, perfecti*) ne sont pas exempts
de petits péchés. Enfin il y a aussi une échelle de félicité
d'après la mesure plus ou moins grande des mérites. Les
sacrifices de la messe, les aumônes et les prières profitent
aux âmes qui ont quitté ce monde et qui ne sont pas parfaites. Ces âmes se trouvent pour leur punition dans un
feu qui les purifie.

Augustin a souvent renchéri sur les idées superstitieuses
communément répandues. Nous constatons cela pour les
idées du feu, du purgatoire, de l'adoucissement temporaire de la peine des réprouvés, des anges, qui viennent au
secours de l'Eglise actuelle, de l'Eglise céleste qui, dimi-
nuée à la suite de la chute des anges est complétée par les
hommes rachetés. Ce n'est pas tout : il a renchéri sur l'idée
de la virginité de Marie dans son accouchement même,
sur l'idée de sa pureté et de sa conception uniques en leur
genre, sur l'habitude naissante de supputer le prix du sacrifice de la mort de Christ, enfin sur la notion qui perce
partout du salut considéré comme une *visio et fruitio dei*,
et sur l'idée que des forces spirituelles sont attachées à
l'action mystérieuse des sacrements.

Néanmoins et d'autre part, la doctrine religieuse de
l'Enchiridion est nouvelle. A l'ancien symbole s'ajoute ici
une doctrine qui ne peut y être rattachée que dans une très
faible mesure, et qui en modifie en même temps les éléments primitifs. Dans les trois articles, ce sont les sujets
du péché, du pardon des péchés et de la perfection dans
l'amour qui sont l'affaire principale (§ 10 ss., 25 ss., 41 s., 64-
83). Tout est présenté comme un procès intérieur auquel
l'ancienne matière dogmatique semble subordonnée. *Voilà
pourquoi le troisième article est traité le plus longuement.*
Ce caractère de nouveauté se voit déjà dans le plan qu'Au-

gustin suit : il rapporte tout à la foi, l'espérance et l'amour ;
la religion est une affaire intérieure (3-8). Il n'expose dans
le premier article aucune cosmologie, il exclut même
expressément l'explication de la nature de la matière de la
dogmatique (9.-16. ss.) Nous ne trouvons par conséquent
pas non plus de doctrine du Logos. Le dogme de la trinité
de la tradition est ramené à une unité : la trinité c'est le
créateur. Au fond la trinité est une seule personne, car les
personnes sont des moments en Dieu et n'ont plus aucune
importance cosmologique. Tout dans la religion se rapporte
à Dieu, comme à la source *unique* de tout bien, et au péché
lequel est distinct de l'erreur. Augustin a donc brisé avec
l'ancien intellectualisme. Partout où il pense au péché, il
pense aussi à la grâce gratuitement donnée, à la grâce prédestinatienne qui seule affranchit la volonté enchaînée. Il
conclut son exposition du premier article en renvoyant à
la *misericordia praeveniens et subsequens*. Comme les déclarations de ce premier article eussent pu être différentes, si
Augustin eût pu les rédiger en toute liberté !

Dans le second article, il touche très brièvement au contenu réel du symbole, et traite du retour du Christ sans verser dans le chiliasme. Par contre, ce qu'il met ici au premier
plan, c'est l'unité de la personne du Christ : il est
l'homme à l'âme duquel le Verbe s'est uni ; l'homme
que la grâce prédestinatienne a amené à l'unité de personne
avec la divinité, bien qu'il ne possédât point de mérites.
Enfin Augustin insiste sur la relation intime qui existe entre
la mort du Christ et la rédemption du diable, entre la réconciliation et le baptême ; puis aussi sur sa venue et son histoire qu'il considère comme la manifestation de la grandeur
dans l'humilité, et comme le modèle de la vie chrétienne.
Pour Augustin, l'œuvre rédemptrice du Christ s'exprime
non seulement dans sa mort, mais aussi et avec autant de
puissance dans l'humilité de Jésus, dans sa grandeur,
et dans le modèle qu'il nous offre (voir saint Bernard et
saint François.) L'incarnation comme telle passe à l'arrière-
plan. autrement dit, elle est placée sous un jour qui était

totalement étranger aux Grecs. — Le second article est
ainsi entièrement modifié et la vieille dogmatique est réduite à n'être plus que des matériaux dans la construction
de l'édifice.

Dans le troisième article, l'élément nouveau et principal,
c'est l'indépendance et la sûreté avec lesquelles l'Eglise
enseigne un pardon des péchés qui dure éternellement. Le
relâchement croissant des masses a amené la formation du
sacrement inépuisable de la pénitence, mais la cause
première des vues nouvelles d'Augustin, c'est une plus
profonde conscience du péché et un sentiment plus vif de
la grâce de Dieu, telle que Paul l'a enseignée. Toutefois la
question de l'assurance personnelle du salut n'a pas empoi-
gné son âme ; sa place est donc entre l'ancienne église et
Luther. Pour Augustin la question fondamentale fut: Comment puis-je être affranchi de mes péchés et rempli de la
puissance de Dieu? » Il se rattache au catholicisme ordinaire par sa préoccupation des bonnes œuvres, mais il y
voit des produits de la grâce et de la volonté qui est soumise à la grâce, il met ainsi en garde contre toute vie extérieure. Il repousse à l'arrière-plan le culte et même les
aumônes, il sait que ce qui importe, c'est une transformation intérieure, c'est un cœur pur et un esprit nouveau. En
même temps il est certain que même après le baptême, le
chemin du pardon continue toujours à demeurer ouvert
au pénitent, et si quelqu'un ne croit pas à ce pardon, il
commet le péché contre le Saint-Esprit.

C'est là une interprétation entièrement nouvelle de la
parole évangélique. — La fin du symbole (résurrection de
la chair) est expliquée avec de longs développements. La
chose importante ici, c'est ce qui vient après une courte
interprétation du texte proprement dit, c'est la nouvelle
doctrine de la prédestination qui est la force de sa théologie, et puis une doctrine tout aussi essentielle, la conception nouvelle d'une purification des âmes dans l'au delà :
les prières et les offrandes pouvant contribuer à cette purification. Cette doctrine remplace celle d'Origène sur le

rétablissement final. — Voici donc les idées religieuses
d'Augustin. La piété c'est la *foi* et *l'amour* au lieu de la
crainte et de l'espérance ; la doctrine de la religion c'est
quelque chose de plus élevé que tout ce qui s'appelle doctrine, c'est une *vie* nouvelle avec la puissance de l'amour.
La doctrine de l'Ecriture, c'est *les faits*, l'Evangile, la foi,
l'amour, l'espérance et Dieu. La trinité c'est le Dieu vivant
unique; la christologie c'est le médiateur *unique*, l'homme
Jésus avec l'âme duquel la divinité s'est unie sans que
cette âme le méritât ; la rédemption c'est la *mort* de Jésus
au profit de l'ennemi, et *l'humilité* dans la grandeur ; la
grâce c'est *l'amour*, force incessante de création nouvelle.
Les sacrements c'est la *parole* accompagnant les signes ;
la félicité c'est la nécessité bienheureuse de faire le bien ;
le bien c'est *être dépendant de Dieu*, l'histoire c'est Dieu
qui fait tout selon son bon plaisir.

Que l'on compare ceci maintenant avec la dogmatique grecque ! — Mais il faut le reconnaître, l'ancien dogme n'en
devint pour tout cela que plus empesé à mesure qu'on le relé-
gua à l'arrière-plan sans le supprimer, et il devint même une
ordonnance juridique. Les doctrines nouvelles demeurèrent encore flottantes, on ne leur attribua par conséquent
encore ni la forme, ni la valeur de dogmes. Augustin a
rendu la doctrine de l'Eglise plus incertaine, quant à son
étendue et quant à son importance. D'une part cette doctrine fut ramenée à l'Evangile, mais d'autre part, elle fut
moins nettement délimitée en face de la théologie, car elle
n'avait pas encore été formulée avec assurance.

Tandis que l'ancien dogme affirmait son autorité avec
une raideur toujours croissante, il se forma autour de lui
un cercle de doctrines d'une étendue considérable et non
limitée ; ce cercle renfermait les pensées les plus importantes de la foi, mais cependant personne ne pouvait l'em-
brasser du regard, ni le définir fixement. Tel est l'état du
dogme au moyen âge : le dogme est immobile, mais déjà
commence le travail intérieur de la dissolution.

CHAPITRE V

HISTOIRE DU DOGME EN OCCIDENT JUSQU'AU COMMENCEMENT DU MOYEN AGE. 430-604.

Möller, *Semipelagianismus*. R. E.²; Wiggers, *loc. cit.* dans *Zeitschrift für historische Theologie*, 1854; Lau, *Gregor der Grosse*, 1845. — P. Böhringer, *Biographien Leo's I und Gregor's*, I. 1879.

L'empire romain d'Occident s'effondra. L'Eglise catholique prit la succession de l'empire et l'évêque de Rome celle de l'empereur (ce fut l'œuvre de Léon Iᵉʳ et de ses successeurs au vᵉ siècle). Mais à peine arrivée au faîte, la papauté eut à subir une chute profonde à l'époque de Justinien, et elle n'en fut relevée que par Grégoire I. Au vᵉ et au vɪᵉ siècles l'église de Rome ne se trouva pas encore en état de faire l'éducation des nations barbares, car elles étaient ariennes et Rome n'était pas libre, étant enchaînée à l'Orient depuis le vɪᵉ siècle.

Seuls les Franks devinrent catholiques, mais au premier abord ils demeurèrent indépendants de Rome.

Néanmoins c'est justement à ce moment que l'évêque de Rome a victorieusement affiché sa prétention de posséder tous les attributs de Saint-Pierre, en particulier ceux de Mathieu XVI, 17, ss. Le mouvement de la dogmatique se borna à l'acceptation et à l'adoucissement de la doctrine d'Augustin; en d'autres termes on la badigeonna de catholicisme ordinaire. Quant au vieux symbole romain, il reçut à cette époque en Gaule sa forme actuelle, et nous y distinguons comme ayant une importance particulière l'expression nouvelle « *communio sanctorum* » introduite par Faustus de Reji.

1° La lutte entre le semipélaganisme et l'augustinisme.

Tenir Augustin en haute estime, avoir pour lui une profonde reconnaissance, rejeter le pélagianisme, admettre l'état de péché universel et héréditaire, ainsi que la nécessité de l'auxiliaire de la grâce, tout cela n'entraînait pas *ipso facto* l'acceptation de la prédestination et de la grâce irrésistible. Contre ces doctrines réagirent d'abord l'instinct de propre conservation de l'Eglise, puis la justice par les œuvres à laquelle Augustin avait du reste lui-même fait une place cachée. Déjà du vivant du grand Africain, ces doctrines excitèrent de l'inquiétude et soulevèrent des doutes chez les moines d'Hadrumet (1).

Un ou deux ans plus tard, en 428 ou 429, ses amis dévoués lui rapportèrent que dans le sud de la Gaule les moines de Marseille et d'autres encore s'élevaient contre les doctrines de la prédestination et de l'absolue impuissance de la volonté, parce qu'elles paralysaient la prédication chrétienne. Dans ses écrits : « *de prædestinatione sanctorum* » et « *de dono perseverantiæ* », Augustin a rassuré ses amis et excité encore davantage ses adversaires. Après la mort d'Augustin, les « *servi dei* » dans le sud de la Gaule montrèrent plus d'audace mais ne se déclarèrent cependant pas tout à fait ouvertement, à cause de la grande autorité dont jouissait l'évêque d'Hippone.

Le Commonitorium de Vincent qui formule le point de vue ecclésiastique et traditionnel strict (voir page 157) est dirigé au moins indirectement contre la nouveauté de la doctrine d'Augustin.

Jean Cassien, le père des moines de la Gaule du sud, a formulé le *semipélagianisme* dans ses « *Collationes* », et cependant il avait beaucoup appris d'Augustin. Les doc-

---

(1) Augustin : *de gratia et libero arbitrio* et : *de correptione et gratia*.

trines caractéristiques du semipélagianisme sont : l'universalité *réelle* de la grâce, la responsabilité de l'homme capable de juger de la valeur de ses actions, — toutes ces
doctrines sont évangéliques — et enfin l'importance des
bonnes œuvres. La grâce prévenante n'est donc accordée en
somme que comme une grâce extérieure : Dieu crée d'a-
vance les conditions, l'occasion et la possibilité de notre
salut, tandis que la grâce intérieure, sanctifiante, coopère
avec la volonté libre laquelle est aussi un facteur subordonné. Ainsi la volonté libre peut prendre les devants tout
comme la grâce, mais on ne veut pas d'une grâce irrésistible, ni d'une prédestination indépendante de la prescience des actes libres par Dieu. Une telle prédestination
est un « immense sacrilège » parce qu'elle implique le fatalisme ; d'ailleurs il ne faut pas perdre de vue que les voies de
Dieu sont insaisissables.

Des idées semblables sont partagées par Hilaire d'Arles, —
il se montre du reste plus rude, mais il manque aussi de franchise, — et par l'auteur inconnu du « *Praedestinatus* », ouvrage sur l'origine duquel plane encore une énigme. Leur
conception se range à peu près avec celle de Jérôme ; en tant
que *doctrine générale* elle est plus rassurante que celle
d'Augustin, en tant qu'expression de l'examen de soi-même
au point de vue chrétien, c'est une déchéance de la vérité.
Les deux défenseurs d'Augustin, Prosper et l'auteur inconnu
des « *Libri duo de vocatione gentium* », représentant de
l'augustinisme modéré, n'arrivèrent pas à exercer une
action décisive, bien que le pape Célestin eût blâmé leurs
adversaires, leur reprochant d'être des gens d'une curiosité
intempestive. — Dans les dernières décades du ve siècle,
le semipélagianisme trouva un représentant distingué dans
la personne du docteur le plus considéré du sud de la Gaule,
Faustus de Reji, abbé et évêque doux et aimable. Faustus
se tourna à la fois contre Pélage « ce postiféré », et contre
la grave erreur de la prédestination, dans son écrit *de gratia
dei et humanae mentis libero arbitrio*. Il amena un Augustinien foncé, le presbytre Lucidus, à se rétracter, après que

la doctrine de la prédestination eut été condamnée au synode d'Arles (475). Dans sa doctrine Faustus est encore plus « monachal » et moins augustinien que Cassien. Il a déjà implicitement exposé la doctrine du « *meritum de congruo et condigno*. » D'après lui, il y a déjà un mérite apporté par la grâce primaire dans la foi envisagée comme connaissance et dans les efforts de la volonté pour s'améliorer. A ce mérite correspond la grâce rédemptrice, laquelle coopère avec la volonté pour produire des mérites parfaits.

De même qu'autrefois, le pélagianisme et le nestorianisme, qui sont intimement liés, eurent une commune destinée, ainsi aussi le semipélagianisme fut mêlé à la controverse christologique et y trouva provisoirement sa fin. Les moines scythes, à Constantinople, enseignaient les idées théopaschites (voir page 221), ils appuyaient particulièrement sur le facteur divin et se plaçaient sur le terrain augustinien ; ils accusèrent les théologiens occidentaux comme Faustus d'être des adversaires de la vraie christologie et des ennemis de la Grèce. Le pape prit une décision où il éludait la question. Les moines trouvèrent alors des alliés chez les évêques exilés d'Afrique en Sardaigne. Fulgentius de Ruspe écrivit vers 520 contre l'autorité de Faustus plusieurs ouvrages considérables où il se montre pleinement augustinien, enseignant la grâce particulière et la prédestination au châtiment. Ces ouvrages et la lecture des sermons d'Augustin exercèrent aussi une influence dans le sud de la Gaule. L'époque ne comprenait encore que ces deux alternatives : ou bien Augustin est un hérétique, ou bien il est un saint docteur. Le grand prédicateur gaulois, Césaire d'Arles († 542) qui s'était formé entièrement à l'école d'Augustin, mit fin à la résistance du sud de la Gaule, lorsque cette résistance se fut exprimée au synode de Valence. Il fut appuyé par le pape et fit triompher au petit synode d'Orange (529), les vingt-cinq « chapitres » que le pape avait tirés des écrits d'Augustin et de Prosper, et qu'il avait envoyés aux Gaulois comme exprimant la doctrine des anciens pères. Césaire

trouva peu de soutien en Gaule, il eut cependant avec lui
Avitus de Vienne († 523); il faut dire que la plupart des
évêques n'étaient plus en état de suivre la controverse.
L'approbation du pape Boniface II fortifia l'autorité des
décisions prises à Orange. Plus tard, le concile de Trente
tint compte de ces décisions et y souscrivit. Les « chapitres »
sont augustiniens, mais la prédestination y manque, en
outre ils n'accordent pas une importance suffisante au
procès intérieur de la grâce, ce qui était cependant pour
Augustin l'affaire principale. La grâce prévenante est enseignée sans aucune équivoque, parce qu'elle favorise les
vues monachales sur l'impureté du mariage, sur une conception rigoureuse du péché originel, et par conséquent sur
la doctrine de la grâce.

D'ailleurs la doctrine est en réalité un augustinisme sans
Augustin; du moins il était facile de l'interpréter ainsi. On
put donc et on dut affirmer à côté de la doctrine d'Augustin
les vues catholiques ordinaires sur la grâce extérieure et
sur les œuvres.

2. *Grégoire le Grand* (590-604).

En définitive, Rome a contribué à la victoire des formules de l'augustinisme, bien qu'au sixième siècle ses
évêques s'en soient considérablement éloignés. Le pape
Grégoire Ier avait acquis une très grande influence, grâce
à sa personnalité de moine, à ses lettres, à ses écrits (1) et
à ses réformes liturgiques. Sous le couvert de paroles
d'Augustin, il a formulé à nouveau le catholicisme du type
ordinaire, mais il l'a consolidé en y ajoutant des éléments
superstitieux ; il a aussi mis en lumière l'ancienne conception de l'Occident envisageant la religion comme une
ordonnance juridique. Le miracle devint le caractère dis-
tinctif de la religion. Celle-ci se meut dans le domaine des

(1) *Regula pastoralis, Dialogi, Expositio in Job seu Moralia, Homil.
in Ezech.*

anges, des démons, des sacrements, des sacrifices, des ordonnances de pénitence, des peines attachées au péché, et aussi dans le domaine de la crainte et de l'espérance, — elle ne vit pas dans l'amour et dans une sûre confiance en Dieu par Christ.

Si personnellement Grégoire est resté encore dans les idées d'Augustin et s'il a fait preuve dans son caractère de justice, de douceur, et d'indépendance, sa théologie est un mélange composite, et témoigne précisément du fait que même le meilleur homme ne pouvait échapper alors à la barbarie religieuse à laquelle aboutissait la décadence de l'antiquité.

Dans la suite on lut Grégoire plus qu'Augustin, et on l'estima plus haut. Pendant près de cinq cents ans, Grégoire a régné sans rival sur l'histoire des dogmes en Occident, il règne donc encore sur le catholicisme. A dire vrai, il n'a rien apporté de nouveau, mais par la façon dont il a *accentué* les diverses doctrines et les diverses pratiques de l'Eglise, par la façon dont il a transporté dans la théologie la religion de deuxième ordre, il a créé le type ordinaire du catholicisme romain.

Les points suivants sont les principaux à relever :

1° Grégoire reproduit les idées les plus précieuses d'Augustin sur l'action *intérieure* de la grâce et sur son appropriation ; il le fait même avec indépendance. Il attribue aussi une grande importance à la *parole* (*verbum fidei*), mais il a donné une tournure semi-pélagienne à tous les degrés de l'*ordo salutis* fixé par Augustin, car il conçoit le libre arbitre comme un facteur coordonné à la grâce. *Nos met ipsos liberare dicimur, quia liberanti nos domino consentimus.*

2° Il a peut-être senti plus vivement qu'Augustin l'importance de la mort du Christ ; mais parmi les différents points de vue sous lesquels il considère cette mort, ce sont ceux des apocryphes qui l'emportent : par la mort du Christ le diable a été vaincu après avoir été berné. Dans la Cène le sacrifice de Christ se renouvelle effectivement (sur ce point surtout la doctrine de Grégoire a fait règle). Un sacrifice imaginaire vient donc prendre la place du sacrifice historique. Mais ce n'est pas tout, le Christ historique est supplanté à d'autres égards encore : ainsi on sépare de lui son *mérite propre*, qui est une vie sans péché et une sainte mort, ce mérite devient un bien matériel, nécessaire à chacun pour apaiser le Dieu irrité, cependant c'est un trésor dont le prix pour l'individu est tout à fait incertain.

3° A l'aide de cette conception du pouvoir intercesseur du *mérite de Christ*, Grégoire a rassemblé les idées jusqu'alors incertaines sur le sujet de l'intercession des saints et des services des anges, et il les a placées sur les hauteurs de la « théologie ». La superstition païenne qui a besoin de demi-dieux et de séries de dieux s'était réfugiée auprès des corps des martyrs, Grégoire l'a légitimée, il a établi un lien entre les mérites de Christ et ceux des anges, il a classifié et recommandé les archanges, les anges et les anges protecteurs, consolidant ainsi par la « doctrine » une pratique mauvaise.

4° Homme de la hiérarchie, en pratique plus encore qu'en théorie, Grégoire a cependant complètement identifié l'Eglise et la cité de Dieu, il vivait en effet à une époque où il ne restait plus d'autre autorité que l'Eglise. Il a célébré l'Eglise comme la congrégation des saints, tandis qu'elle était en réalité pour lui une institution de grâces destinée à faire l'éducation des hommes et à les détourner de ce qu'il y a de plus mauvais ; on n'osait pas alors se risquer à concevoir un idéal plus élevé. Pour Grégoire, l'évêque de Rome n'est le maître que des évêques pécheurs ; — seulement ils le sont tous ! *Si qua culpa in episcopis invenitur, nescio quis Petri successori subjectus non sit ; cum vero culpa non exigit, omnes secundum rationem humilitatis æquales sunt.* Quant aux laïques, ils ne jouent en somme aucun rôle.

5° Grégoire connaît bien encore les dons intérieurs de la grâce et les vertus, mais le défunt paganisme romain lui a si complètement transmis son inventaire et ses idées religieuses, que Grégoire enferme tous les devoirs religieux et toutes les vertus dans des cérémonies prescrites et bien définies. Or que ces cérémonies étaient en partie d'*anciennes coutumes romaines* qu'on avait adoptées.

Ici encore Grégoire n'a pas effectivement ni grandement innové, mais il a élevé au rang d'ordonnances ecclésiastiques de premier ordre, en vue du salut, la *religion* romaine accompagnée de ce qui surnageait des mystères. Ces derniers d'ailleurs avaient depuis longtemps obtenu droit de cité dans l'Eglise.

6° Grégoire a le sentiment de ce qu'est la vraie humilité, mais il a fortifié la tendance qui faisait de cette vertu l'humilité monacale, l'abdication du moi et une illusion qu'on se fait à son propre esprit. Le simple sens de la vérité s'éteignit et avec lui le sens de la véracité, — la nuit vint, et le monde de la vie intérieure, qu'Augustin avait cependant éclairé, s'obscurcit de nouveau.

7° Les explications de Grégoire sur la pénitence ont eu une portée considérable ; c'est là qu'était la vie de sa théologie, et par leur moyen on pourrait reconstruire celle-ci en entier. Le Dieu insondable est le rémunérateur, il ne laisse aucun péché sans punition ; dans le baptême il a fait rémission du péché originel, mais il faut ensuite qu'on se procure le salut par le moyen de la pénitence et des bonnes œuvres, en s'appuyant sur la main secourable de la grâce. Des trois éléments de la pénitence, *conversio mentis, confessio oris, vindicta peccati*, la plus importante en fait, c'est le châtiment que l'on doit subir.

A l'origine les « *satisfactiones* » passaient pour le signe certain d'une vraie repentance, maintenant elles ont été transformées mystérieusement en des peines du péché qui ont une valeur de satisfaction, et cette transformation nous apparaît achevée pour la première fois chez Grégoire. L'œuvre de Christ et le pouvoir de l'Eglise semblent consister à transformer des peines éternelles en peines temporelles, ces dernières pouvant encore être amoindries, abrégées ou écartées, grâce à l'intercession de Christ et des saints, grâce à des messes pour les morts, des reliques, des amulettes, etc.

Nous pouvons voir ici un fait que l'on remarque dans l'histoire des religions : là où la religion emprunte son but à la morale, elle devient immorale. Ainsi, dans la proposition majeure règne la pure idée de la rétribution, puis dans la mineure cette idée est chassée dans son essence par tous les moyens de grâce possibles qui n'ont même pas toujours une étiquette chrétienne ; et enfin, dans la conclusion règnent la casuistique et la crainte. Avec ces idées-là on ne se contentait plus depuis longtemps de s'occuper de l'existence et du temps présents, mais on n'avait cependant pas la permission d'empiéter sur le domaine de l'éternité, — car alors qui devrait-on estimer être sauvé? — Grégoire a été le premier à résoudre la difficulté et à donner une place assurée au purgatoire dans la théologie. Il a ainsi conquis pour l'Eglise une nouvelle et immense province, il a repoussé l'enfer plus loin en arrière, offrant de cette façon à l'âme incertaine une consolation nouvelle, sans lui procurer le repos.

CHAPITRE VI

HISTOIRE DU DOGME A L'ÉPOQUE DE LA RENAISSANCE
CARLOVINGIENNE

Bach, *Dogmengeschichte des Mittelalters*, 2 vol. 1873; Reuter, *Geschichte der religösen Aufklärung im Mittelalter.*, 2 vol., 1875 ss.; Hauck, *Kirchengeschichte Deutschlands*, 2 vol., 1887 ss.; Schwane, *Dogmengeschichte der mittleren Zeit*, 1882; Specht, *Geschichte des Unterrichtswesen im Deutschland bis zur Mitte des 13 ten Jahrhunderts*, 1885; Hatch, *Grundlegung der Kirchenverfassung Westeuropas im frühen Mittelalter*, traduit de l'anglais par Harnack, 1888.

La conversion de Chlodwig au christianisme et les entreprises missionnaires de Grégoire chez les Anglo-saxons sont à la base de l'histoire de l'Eglise catholique romaine chez les peuples germains. Au VIIe siècle l'arianisme s'éteint, au VIIIe Rome est obligée de transporter le centre de gravité de sa politique dans l'empire romano-germain. L'Angleterre nouvellement convertie et l'Allemagne devinrent aussitôt romaines; Pepin et Charlemagne firent des avances au pape. Le nouvel état universel des Franks eut tout d'abord plus à y gagner que le pape, mais après tout celui-ci tira bientôt de cette union la plus grande somme d'avantages, non pas que l'idée de l'empereur chrétien eût en soi une importance moindre que l'idée du successeur de Saint-Pierre, mais il fallait que l'empereur chrétien s'appuyât sur un empire universel réel, et celui-ci une fois créé ne pouvait avoir qu'une existence passagère.

L'histoire n'a pas à constater de progrès dans la vie

spirituelle et dans la théologie jusqu'à l'époque de Charlemagne. Celle-ci fait l'essai grandiose d'une renaissance de
l'antiquité et de la théologie des pères, mais cet essai est
manqué à bien des égards. Tout ce que l'on a, en fait de
théologie jusque vers l'an 300, c'est les compendia et les
extraits faits par Isidore de Séville, Bède et plus tard
Raban. La théologie est plus ou moins une *institution*
comme toute la religion. Bède et Alcuin ressuscitent
Augustin. On recommença donc à le comprendre véritablement, ce qui fut déjà un immense progrès; et même à
certains égards Alcuin, Agobard et d'autres le comprirent
mieux que ne l'avait fait Grégoire. En fait de penseurs
indépendants on ne compte que Scot Erigène, (*de divisione
naturae*), mais son panthéisme mystique formé à l'école du
faux Aréopagite et d'Augustin resta sans aucune influence.
L'aspiration du ixe siècle à la culture a été fort respectable,
comme nous le prouvent les manuscrits qui nous ont été
conservés. Le mouvement représenté par Théodore de
Tarse, Bède, Alcuin, partit d'Angleterre, s'empara du continent et trouva un appui dans la civilisation qui ne s'était
jamais complètement éteinte en Italie. Ensuite tout semble
de nouveau s'engloutir dans les grandes commotions qui se
produisirent à partir du dernier quart du ixe siècle. Les
controverses dogmatiques de l'époque prennent leur
source en partie dans le fait que maintenant on affirme
clairement les conséquences des principes augustiniens,
après les avoir tenues voilées jusque-là ; d'autre part elles
proviennent de la situation où l'on est vis-à-vis de l'Orient.
La pratique et la théorie de la messe sont continuées et
méritent qu'on leur accorde une attention particulière.

1. a. La controverse adoptienne.

Hauck. *op. cit.* — Gams, *Kirchengeschichte Spaniens II.*

Il avait fallu de rudes combats pour que la christologie
du cinquième concile remportât la victoire en Occident, et

malgré le sixième concile, l'opinion mystique affublée de monophysisme supplanta l'opinion chalcédonienne pure, car elle avait en sa faveur les idées superstitieuses à l'endroit de la Cène. L'Espagne subit à un moindre degré l'influence de ces idées. Dans la liturgie mozarabique se trouvait la formule augustinienne de la « *passio filii* ADOPTIVI ». Élipand, évêque de Tolède, homme ambitieux et rempli d'orgueil national, fit valoir vers 780 l'ancienne doctrine d'après laquelle Christ est « *filius adoptivus dei* » selon sa nature humaine, et d'après laquelle par conséquent les rachetés sont dans la pleine acception du terme les frères de l'homme Jésus. Il voulait probablement une formule autre que celle de Rome, afin de montrer que l'orthodoxie ne se trouvait qu'en Espagne. L'évêque Félix d'Urgel, dont le siège était situé dans l'empire de Charlemagne, défendit cette formule avec une conviction intime, en attribuant une haute valeur à la personne humaine de Jésus. Il avait probablement lu les écrits des théologiens d'Antioche. Béatus et Eterius ayant combattu en faveur de la doctrine opposée, les théologiens franks, Alcuin surtout, intervinrent. Sous des masques nouveaux, c'étaient les monophysites et les nestoriens qui étaient encore en présence. Charlemagne saisit avec enchantement cette occasion de se montrer le protecteur de l'orthodoxie et le maître de l'Eglise. L'adoptianisme fut condamné aux synodes de Ratisbonne 792, Frankfort 794, Aix-la-Chapelle 799. A plusieurs reprises on força Félix à se rétracter et l'Espagne franke fut ramenée à l'unité de la foi mystique, à l'aide de la théologie et d'une douce violence (la roue!). — La doctrine de Jean Damascène fut victorieuse aussi en Occident; elle envisageait la nature humaine en Christ comme impersonnelle et elle en faisait une unité complète avec le Logos, la concevant comme la nature que le Logos a prise. — Toutefois, malgré la doctrine réaliste de la Cène qui écartait le Christ historique et exigeait un monophysisme subtil, les idées augustiniennes et adoptiennes se conservèrent chez les théologiens postérieurs du moyen âge.

1 B. La controverse sur la prédestination.

Wiggers, dans *Zeitschrift für historische Théologie*, 1859; Weizsäcker, dans les *Jahrbücher für deutsche Theologie*, 1859; *Monographies sur Hinkmar, de* von Norden *et* Schrörs.

Le semipélagianisme fut le système dominant dans l'Eglise; cependant au ixe siècle on étudia Augustin avec beaucoup de zèle. Nous voyons combien la pratique de l'Eglise avait de puissance dans le fait que la crise qui surgit n'aboutit pas à la restauration de la doctrine d'Augustin, nonobstant toutes les expressions réellement augustiniennes qu'on employa.

Le moine Gottschalk d'Arbois défendit la doctrine de la prédestination avec toute la vigueur d'Augustin, il y voyait la doctrine principale et fondamentale, et y trouvait la clef de l'énigme de sa propre vie. Il prêchait la double prédestination, *ad vitam* et *ad mortem*, mais il pensait que Dieu ne détermine que le bien, et a simplement connu d'avance le mal.

Ce ne sont pas ses enseignements qui lui créèrent des ennemis, car Fulgence et Isidore n'avaient pas enseigné différemment, — mais ce fut la façon dont il les présenta à l'Eglise. Il fut condamné par Raban à Mayence en 848, par Hinkmar à Chiersy, (849) et enfermé comme un «*miserabilis monachus*». Jamais on ne lui rendit la liberté, parce qu'il se refusa à toute rétractation. Cependant les théologiens les plus considérables se rangèrent dans son parti, non qu'ils s'inquiétassent sérieusement de la doctrine d'Augustin, mais parce qu'ils étaient heureux de créer des difficultés à Hinkmar, et parce que se posant en défenseurs de la tradition, ils voulaient défendre les « paroles» d'Augustin. L'opposition contre les thèses de Raban et d'Hinkmar vint notamment du royaume de Lothaire. Ces thèses affirmaient que la prédestination doit être dérivée de la prescience de Dieu et être limitée aux saints. Au synode de Chiersy (853), Hinkmar chercha à se couvrir contre les

attaques de la troupe des disciples d'Alcuin composée de
Prudence de Troyes, Ratramne, Loup de Ferrières, Servatus
Lupus, Rémy de Lyon et les évêques de province. Il fit
donc dans les « chapitres » de grandes concessions à l'augustinisme, mais en maintenant cependant sa doctrine
d'*une seule* prédestination, et d'un salut universel voulu de
Dieu, etc. Ces chapitres manquent de franchise, aussi bien
au point de vue objectif qu'au point de vue subjectif ; ils
n'exposent plus du tout clairement la question dont il· s'a-
gissait. Les gens qui confessaient de bouche l'augustinisme
entier entendaient par là le demi-augustinisme, et ceux qui
comme Hinkmar enlevaient quelque chose de la doctrine
d'Augustin, n'en voulaient absolument pas en réalité. Dans
l'archevêché de Sens et dans le sud de la France, les décisions de Chiersy ne produisirent aucune satisfaction. A
Valence en 855 on proclama la double prédestination et
aussi tout l'ensemble de l'augustinisme. Aux grands
synodes des trois royaumes, à Savonnières (859) et à
Toucy (860) la controverse fut paralysée, non pas qu'on fût
arrivé à l'unanimité, mais par suite d'une entente. En
réalité la conception dogmatique d'Hinkmar, — autrement
dit de Grégoire Ier, — obtint la victoire. Les doctrines de
l'universalité du salut dans le plan de Dieu, de l'efficacité
prompte et certaine des sacrements, et du concours prêté
par le libre arbitre furent maintenues ; la doctrine de la
prédestination reparut dans la théologie comme un élément décoratif. Sous cette forme seule elle était compa-
tibile avec le système ecclésiastique empirique.

2. *La controverse sur le « filioque » et sur les images.*

Conciliengeschichte, vol. III ; Pichler, *Geschichte der kirchlichen Tren-
nung zwischen dem Orient und Occident*, 2. vol., 1864. ss.

La formule augustinienne et espagnole du « *filioque* »
(Voir Précis, page 199) fut reçue dans le royaume des
Franks (Voir le Synode de Gentilly 767), et défendue par

les théologiens de Charlemagne, dans les « *libri carolini* »,
et par Alcuin (*de processione sancti spiriti*). A Aix-la-
Chapelle en 809 l'Eglise franke décida que le « *filioque* »
faisait partie du symbole.

Cette décision fut prise à cause d'une criante injustice
dont des pèlerins occidentaux avaient eu à souffrir à Jérusalem. Le pape approuva la doctrine espagnole et franke,
mais il se refusa à admettre le mot en question dans le
symbole. Rome semble ne l'avoir accepté qu'au dixième
siècle seulement. Avec le *filioque*, Charlemagne a agrandi
le gouffre qui se creusait entre l'Orient et l'Occident.

Dans cette affaire, le pape ne fut qu'à moitié son allié.
D'ailleurs, Charlemagne s'éloigna encore davantage de
l'orthodoxie de l'Orient par le fait qu'il rejeta le culte des
images approuvé par le pape. La position que prirent
les Occidentaux est due à la tradition barbare de l'Eglise
franke, à un élément augustinien, et peut-être aussi à une
préoccupation progressiste chez Charlemagne. A Frankfort
en 794 on rejeta les décisions du septième concile, mais
aussi celles du synode de 754. L'Eglise franke avait conscience de son individualité propre ; elle accepta l'œuvre
des six premiers conciles comme l'expression de l'antiquité ecclésiastique, mais elle ne voulut pas se rien laisser
prescrire par Byzance, c'est-à-dire par les conciles plus
récents.

Les « *libri carolini* » maintiennent l'ancien point de vue
de l'Eglise : on ne veut pas adorer les images, on ne veut
pas non plus soulever une tempête, mais on veut faire des
images un usage pieux. Telle fut la position que prirent
encore le roi Louis au synode de Paris en 825 et Hinkmar.
Les papes gardèrent un silence prudent et peu à peu les
décisions de septième synode favorables aux images furent
généralement acceptées.

3. *Suite du développement de la Messe et de la Pénitence en pratique et en théorie. Dogme de la Cène.*

Bach, *op. cit.*, I; Rückert, dans « *Hilgenfeld's Zeitschrift*, 1858 ; Reuter, *op. cit.* 1 ; Choisy, *Paschase*, 1888 ; *Histoires de la doctrine de la Cène*, par Dieckhoff, Ebrard, Kahnis ; Steitz, *Der romische Busssacrament*, 1854 ; Schmitz, *Die Bussbücher der Kirche*, 1883.

L'Occident s'éloigna toujours plus de la notion d'image. Comme on vivait dans le monde des miracles et des sacrements, la disposition à faire des peintures extravagantes du contenu du sacrement suprême, dut nécessairement grandir. On voulait rehausser la Cène au milieu de la masse des choses sacrées. La christologie qui faisait évanouir le Christ historique au profit de l'unité des « natures », aboutissait à un mystère christologique toujours présent, et qui peut être senti et goûté. La messe fut ainsi considérée comme l'élément principal et le compendium de la religion, les attributs de Dieu furent peu à peu résumés en un seul, savoir que Dieu est la volonté arbitraire toute-puissante, qui produit des miracles. — Tout cela aboutit au résultat suivant : dans la Cène le corps *historique* de Jésus-Christ est présent, car les éléments sont transformés dans ce corps. L'identification du corps sacramentel et du corps réel, historique, do Christ fut d'autant plus aisée à faire, que l'on considérait ce corps, depuis le moment de l'incarnation, comme un corps pneumatique, mystérieux assumé par la divinité. On nourrissait aussi au sujet de ce corps des vues tout à fait docétiques, comme le prouve par exemple la controverse sur la naissance de Jésus du sein de Marie, *clauso utero*.

La nouvelle doctrine de la Cène eût pu être formulée sans difficultés à l'époque carlovingienne, puisqu'en fait, elle existait déjà, sans une résistance qui fut amenée par la reprise de l'étude des opinions sacramentelles d'Augustin, et de la doctrine spiritualiste de la Cène.

Paschase Radbert, abbé de Corbie a écrit la première

monographie sur la Cène, (*de corpore et sanguine domini*, 831). D'un côté Paschase était augustinien, il reproduisait avec une réelle intelligence et en y prenant un vif intérêt la doctrine augustinienne que l'acte appartient au domaine de la foi, et offre une nourriture spirituelle. Mais d'un autre côté il aboutissait à la doctrine réaliste populaire d'après laquelle, par un miracle de toute-puissance, dans chaque messe, les éléments sont *intérieurement*, mais réellement transformés dans le corps qui est né de Marie, ce qui veut dire que Dieu est offert en sacrifice.

En règle générale, il ne se produit aucun changement extérieur afin que le corps de Christ ne soit pas déchiré avec les dents. C'est Dieu qui produit ce miracle que Paschase envisage comme un miracle de création ; le prêtre ne fait que prononcer l'invitation et l'adresser à Dieu. La nourriture sacrée c'est donc maintenant réellement le véritable corps de Christ lui-même, et le symbole c'est les éléments tels qu'ils apparaissent aux sens ; cependant il n'en est pas moins vrai que les croyants seuls reçoivent la nourriture spirituelle pour l'immortalité, et non les incrédules. Paschase n'a tiré de la théorie de la transsubstantiation aucune des conséquences hiérarchiques ou « objectives » qu'elle comporte, mais il a tenté de subordonner le miracle *à la foi*. Il n'a pas été non plus en première ligne un théologien de la messe, mais il voulait être un théologien de la tendance d'Augustin et des mystiques grecs. — Il rencontra cependant des contradicteurs, chose à laquelle il ne s'était pas attendu. Raban se prononça contre cette doctrine dans une lettre à Egile, et Ratramne, moine de Corbie, dans son écrit adressé à Charles le Chauve (*de corpore et sanguine domini*), émit l'avis que Paschase n'avait pas été fidèle à la spiritualité d'Augustin. Les explications de Ratramne ont un déficit : elles sont aussi obscures que celles de l'ancienne Eglise.

En sa qualité de vrai augustinien, il semble vouloir — comme dans la controverse sur l'*uterus clausus* — écarter le miracle de toute-puissance, qui est grossier et contre

nature, afin d'appuyer de toute sa force sur le *spiritualiter
geri* dans l'intérêt de la foi ; mais lui non plus ne doute
pas qu'après la consécration le corps du Seigneur ne soit
présent, et alors il est obligé de distinguer le corps et le
corps réel. Le corps qui est né et a été crucifié, n'est pas
dans le sacrement (c'est aussi la pensée de l'ancienne
Eglise). Dans le sacrement, il y a la vertu du corps de Christ
qui est celle d'une substance invisible, et dans la même
mesure aussi il y a la présence du corps pneumatique
accessible aux sens des croyants seuls. Du reste, dans quelques passages, Ratramne se rapproche encore davantage
de Paschase ; mais sa notion la plus claire est celle du
potentialiter creari in mysterio ; malheureusement cette
notion même n'était plus claire pour ses contemporains
superstitieux, car ils voulaient plus qu'une réalité pour la
foi et qu'une nourriture pour les âmes. — Paschase a prononcé le mot décisif. Les émotions produites par la messe
semblaient confirmer son dire, et ces émotions elles-mêmes
furent augmentées de toute la puissance que leur conféra
une définition précise. L'incarnation et le sacrifice de la
croix se renouvellent dans chaque messe. Qu'y a-t-il qui
pourrait approcher de la messe ? — Le texte ancien des
prières de la messe, lorsqu'il était question du sacrifice,
mettait l'accent sur le sacrifice d'actions de grâces, mais
malgré cela il n'y avait nul besoin de les modifier ; en effet,
qui prend garde aux paroles ? Dans la messe, acte de sacrifice dans lequel le Dieu-homme est offert à Dieu,
l'affaire principale, ce ne fut plus la communion, ce fut la
consommation de l'abolition des péchés et l'enlèvement
du mal. La messe fut reçue dans la grande institution
d'expiations ; on accumula les messes sans communion
ou messes basses afin d'apaiser Dieu. L'élément primitif
de la commémoration par les participants avait été séparé,
surtout depuis les jours de Grégoire Ier, et en même temps
la communion avait été transformée en une seconde
solennité. La première solennité, la messe, n'intéresse les
laïques que parce qu'elle constitue une forme particulière-

ment efficace de l'intercession de l'Eglise pour l'adoucissement des *peines du péché*. Voilà donc ce qu'il y avait de
plus clair dans l'effet que produisait cet acte : c'était l'effet
minime d'un mystère immense, et cet effet n'était accru
qu'à la condition de recourir à des sommations ! — La
messe fut soumise à l'institution de pénitence dans lequel se
reflétait la vie religieuse. Le monde et la conscience furent
gouvernés par le moyen de la punition. Les idées de *volonté
arbitraire toute puissante*, de *rétribution* et de *relâche* (*der
Nachlassung*) appliquées à la notion de Dieu furent les idées
dominantes; or c'est là une modification chrétienne de l'ancienne notion romaine de Dieu. Cette notion de Dieu eut
comme conséquence l'idée qu'il faut des mérites et des satisfactions pour compenser les ruptures de contrat constamment renouvelées qui sont causées par le péché. Tel avait déjà
été l'enseignement de Grégoire Ier; mais maintenant cette
manière de voir avait pour alliées chez les peuples germains
les notions et les institutions de leur droit national.

D'ailleurs l'Eglise d'Occident n'abandonnait pas comme
celle d'Orient à l'Etat seul le souci du droit et de la morale.
Mais elle se chargeait plutôt elle-même d'éduquer et de pu-
nir, en sorte qu'il advint que *l'institution de pénitence* de
l'Eglise se développa parallèlement aux institutions juridiques de l'Etat. Dans ses détails, ce développement de
l'Eglise comme institution de pénitence, a résulté du fait
que l'on a appliqué au clergé séculier et aux laïques la
discipline de pénitence des cloîtres ; ce mouvement est parti
de l'Eglise irlando-écossaise et de l'Eglise anglo-saxonne.
(Wasserschleben, *Die irische Kanonensammlung*, 2ᵉ éd. 1885.
Brunner, *Deutsche Rechtsgeschichte*, I, 1888). Du reste,
avec leur appréhension des châtiments réservés au pécheur,
avec leur crainte de l'enfer et du purgatoire, les laïques
vinrent eux-mêmes à la rencontre de ces pratiques, et
furent ainsi la cause première de l'influence que l'Eglise a
exercée sur tous les domaines, y compris celui de la vie
privée. La notion du péché en fut approfondie dans une
certaine mesure : on s'adressa à l'Eglise non seulement

lorsqu'on avait commis des péchés grossiers, mais aussi pour être délivré des racines des péchés et des manquements cachés tels que l'intempérance, les convoitises sexuelles, l'avarice, la colère, la mauvaise humeur, la frayeur, la résistance du cœur, la suffisance, l'orgueil, car on envisageait aussi ces choses comme des péchés mortels. Malheureusement cette notion plus profonde fut contrebalancée et affaiblie par ce fait qu'on fut constamment disposé à se déclarer pécheur, et par l'idée que les prières d'intercession et les satisfactions ont en soi le pouvoir de suspendre les châtiments mérités. En vérité on pensait bien plus au châtiment et aux moyens de l'écarter, qu'au péché lui-même. A l'époque carolingienne, le côté hiérarchique de l'institution de la pénitence ne reçut encore que de faibles développements, et la théorie dogmatique elle-même demeura aussi en retard ; mais les satisfactions reprirent une extension nouvelle quand on adopta la confession volontaire comme exercice de pénitence.

1. Aux anciennes ordonnances plus ou moins arbitraires touchant le choix et la durée des peines compensatrices telles que prières, aumônes, *lamentationes*, exclusion temporaire, — viennent s'ajouter en nombre croissant les ordonnances tirées de la loi de l'Ancien Testament et des institutions juridiques germaniques. Les ordonnances tirées de l'Ancien Testament firent que les peines compensatrices furent mesurées à la lumière d'une ordonnance divine.

2. Les moyens de compensation furent regardés comme choses auxquelles Dieu prend plaisir ; par conséquent s'il n'y manque rien, elles constituent en elles-mêmes des mérites. Le sacrifice de la mort de Christ dut nécessairement être envisagé comme le plus puissant moyen de compensation, et la répétition de cette mort (*pretii copiositas mysterii passionis*), dans les messes basses comme le moyen le plus efficace et le plus commode. — On dut en outre s'assurer le secours des saints, car leurs intercessions doivent être efficaces, puisque Dieu ne peut rien avoir à exiger

d'eux et qu'ils sont ainsi en état de lui offrir des dons précieux.

3. Les actes de pénitence ayant une valeur réelle devant Dieu peuvent être échangés, c'est-à-dire réduits quand on constate la présence de sentiments de repentance, et c'est ici tout particulièrement que l'Eglise intervient dans sa bonté pour régler les échanges. Telle fut l'origine de tout un système de concessions, d'échanges et de rachats, système à l'édification duquel le droit germanique a aussi contribué. Nous voyons ainsi comment surgirent les indulgences et combien le système des concessions est profondément ancien.

4. Outre l'échange, le remplacement est également possible. Sur ce point l'influence du droit germanique a été plus forte encore, mais cette idée a aussi une racine dans la notion qu'on avait que Christ et les saints sont des substituts.

5. Voici maintenant à quoi aboutit toute cette conception : on ne désire pas retrouver Dieu le Père, mais on est préoccupé au contraire de fuir Dieu le Juge. — Ces pratiques font la mort des âmes, et elles ont complètement déformé l'augustinisme. Déjà aux temps Grégoire Ier elles ont influencé la christologie et ensuite à l'époque du moyen âge elles ont exercé une action décisive sur tous les dogmes provenant de l'antiquité ; elles ont même fait plus : elles en ont produit de nouveaux.

CHAPITRE VII

HISTOIRE DU DOGME A L'ÉPOQUE DE CLUNY, D'ANSELME ET DE
BERNARD JUSQU'A LA FIN DU DOUZIÈME SIÈCLE

Reuter, *op. cit.* ; von Eicken, *Geschichte und System der mittelalte-
rischen Weltanschauung*, 1887.

Grâce à l'institution de la pénitence, l'Eglise fut la puissance décisive de la *vie* dans l'Eglise d'Occident. Aussi
pour peu qu'on vît un essor se produire dans l'Eglise, de-
vait-il profiter directement à tout l'ensemble de la chrétienté d'Occident. Cet essor a commencé depuis la fin du
dixième siècle et a continué jusqu'au treizième ; il a marqué
l'achèvement de la suprématie de l'Eglise et du système
dans lequel l'Eglise du moyen âge a déposé sa conception
du monde. Aux yeux de ceux qui considèrent le christianisme comme une *doctrine*, le moyen âge semble presque
un appendice de l'histoire de l'ancienne Eglise ; tandis que
les gens qui envisagent le christianisme comme une *vie*
pensent au contraire que le christianisme ancien n'est
arrivé à son complet développement que dans l'Eglise
d'Occident au moyen âge.

Dans l'antiquité les motifs, les mesures et les conceptions de la vie antique se trouvaient placés en face de
l'Eglise comme des barrières. L'Eglise ne fut pas capable
de les surmonter, comme nous le constatons dans l'Eglise
grecque, car là le monachisme est placé à côté de l'Eglise,
et l'Eglise séculière, c'est l'ancien monde sur lequel on a

collé une étiquette chrétienne. Mais l'Eglise du moyen âge
n'avait pas à ses côtés une culture antique, et elle a pu
s'établir bien plus sûrement avec les caractères qui lui sont
propres, savoir l'ascétisme monacal et la domination de ce
monde par l'au-delà. Petit à petit elle en vint à si bien se
consolider qu'elle a pu finalement enrôler à son service
jusqu'à son ancien ennemi, la science d'Aristote, et en faire
un des facteurs de sa puissance. Elle s'est assujetti tous
les éléments de la vie et de la science. La force *intérieure*
de son action, c'était la piété augustinienne et ascétique se
traduisant par les formations du monachisme, toujours
nouvelles et sans cesse renouvelées. Sa force *extérieure*,
c'était le pape de Rome qui, en sa qualité de successeur de
saint Pierre, exerçait à la fois les droits du Christ et ceux
des Césars romains.

I. *L'essor de la piété.*

Harnack, *Das Mönchthum*, 3ᵉ édition, 1886; Néander, *Der heilige
Bernhard* (édité par Deutsch, 1889); Hüffer, *Der heilige Bernhard*,
I, 1886; Ritschl, dans les *Studien und Kritiken.*, 1879, p. 317 ss;
Lamprecht, dans *Zeitschrift für Geschichtswissenschaft*, VII, 1,
p. 1 ss.; *Deutsche Geschichte* de Nitzsch, Giesebrecht, etc.

Le nouvel essor de la piété a eu son point de départ à
Quedlinbourg où vivait Mathilde de Saxe, et à Cluny. Les
papes grégoriens, les nouvelles congrégations, et Bernard
l'ont fait triompher, et les laïques l'ont accueilli avec plus
d'empressement que le clergé séculier dont il exigeait davantage. Cet essor de la piété se montre particulièrement
dans l'enthousiasme pour les croisades, et dans d'innombrables fondations de monastères. Ce qu'on recherchait,
c'était une discipline austère dans les couvents, l'application de la réglementation monacale au clergé séculier,
c'était que l'Eglise ainsi soumise à la règle monacale do-
minât sur le monde des laïques, sur les princes et les nations. Il semblait qu'une vie véritablement chrétienne,
c'est-à-dire détachée du monde, ne fût possible qu'avec
cette seule base. Toute la vie terrestre devant être au service

de l'au-delà, l'emploi le plus élevé que l'Eglise pût faire de sa domination universelle, c'était d'arriver à une victoire complète sur le monde, autrement dit à le fuir. On croyait que l'on ne pouvait être indépendant vis-à-vis du monde qu'à la seule condition de le dominer. Ce raisonnement éblouit aussi les moines, quand même ils sentaient bien qu'il y avait contradiction entre le but poursuivi et les moyens employés, et préféraient personnellement le chemin direct qui est de propager la fuite du monde en se séparant de lui. Mais comme l'Eglise était aussi l'état de Dieu, et ne faisait pas seulement le salut des individus, les moines enflammèrent les esprits pour la lutte contre les princes simoniaques et les ecclésiastiques mondains. Cependant les Germains et les Romains avaient encore trop de jeunesse pour suivre d'une façon absolue la voie douloureuse de la négation du monde. Le caractère de violence que revêtit la conquête du monde s'ajouta à cette voie douloureuse du détachement pour produire cette disposition singulière où l'on passait tour à tour et avec la rapidité de l'éclair du sentiment de la force à celui de l'humilité, de la soif de jouissance au renoncement, de la *cruauté* à la sentimentalité. On ne voulait pas de ce monde, on ne voulait que le ciel, et pourtant on voulait posséder cette terre si belle !

L'individualisme religieux ne fut pas tout d'abord enflammé. Pourtant des hérésies s'introduisirent déjà au onzième siècle, une partie d'entre elles, comme celles des Bogomiles, étant importée d'Orient, et l'autre surgissant spontanément. — On rapporta des *contemplations* en revenant de la Terre Sainte, tandis qu'on était parti en emportant les indulgences accordées aux croisés. Là-bas on retrouva l'*image du Christ* et la piété fut vivifiée par une conception très vivante des souffrances et de la mort du Rédempteur : « Il faut — dit-on — suivre tous ses pas sur le chemin de la souffrance ! » — L'« adoptianisme » ayant ainsi reçu son congé, sa place fut prise par l'homme Jésus qui revint au premier plan ; l'ascétisme négatif reçut une forme positive, un nouveau but certain. Augustin n'avait frappé que d'une main mal assurée les accords du mysticisme touchant la personne du Christ, mais maintenant ces accords deviennent une mélodie entraînante. A côté du Christ des sacrements, — avec l'intermédiaire de la « pénitence », — vient se placer l'image du Christ historique : grandeur dans l'humilité, innocence au sein de souffrances qui sont un châtiment, la vie dans la mort. Mesurer l'influence qu'a eue cette piété transformée à nouveau par le *Ecce homo*, et dire combien les développements en ont été multiples, c'est une chose impossible.

Bernard a été le premier à exposer cette piété avec puissance et d'une façon saisissante, il a été le génie religieux du douzième siècle et par conséquent il a été aussi le chef de son époque. Il est à la fois Augustin ressuscité et le plus puissant prince de l'Eglise. En donnant un système de la contemplation, et en peignant jusqu'à l'exagération la gradation de l'amour (*caritas et humilitas*), il a marché sur les traces d'Augustin. Son langage même a subi l'influence des Confessions. Mais il a dépassé son maître par son amour passionné pour Christ. « La vénération de ce qui est au-dessous de nous », la dévotion consistant dans la vénération de la souffrance et de l'humilité, voilà ce qui s'est révélé à lui comme cela ne s'était révélé à personne avant lui. Il vénérait la croix, l'opprobre et la mort du Christ comme la forme que revêt le divin en paraissant sur la terre. L'étude du Cantique des Cantiques et l'enthousiasme pour les Croisades, l'amenèrent à voir dans l'image du Sauveur crucifié l'époux de l'âme. Il se plongea dans la contemplation de cette image, y trouvant le rayonnement de l'amour et la vérité qui l'éclairaient corporellement. La contemplation matérielle des blessures du Christ s'amalgamait chez lui avec l'exaltation spirituelle, cette dernière devant cependant toujours reposer sur le fondement des ordonnances pénitentiaires de l'Eglise. — Bernard a allié les exercices néoplatoniciens d'ascension vers Dieu avec la contemplation du rédempteur crucifié, et il a délié les

attaches qui retenaient le mysticisme et le lyrisme subjectifs touchant la personne du Christ. Ces idées l'ont amené
dans ses sermons sur le Cantique des Cantiques à porter
sur soi un jugement qui atteint souvent à la hauteur de la
foi paulinienne et luthérienne au salut (*non modo iustus
sed et beatus, cui non imputabit deus peccatum*). Mais,
d'autre part, il a dû aussi payer son tribut au mysticisme,
non seulement par le fait que le sentiment de l'*abandon*
alternait en lui avec celui d'une exaltation particulière,
mais aussi parce qu'il n'a pas pu se garder contre une tendance panthéiste. Comme Origène, saint Bernard enseignait qu'il faut s'élever du Christ « selon la chair » au
Christ « selon l'esprit », et que ce qui est historique est un
degré à franchir pour s'élever plus haut. Dans la suite ce
courant-là est resté dans tout mysticisme. — La postérité
a honoré Bernard comme un prophète et un apôtre, et elle
a appris de lui la contemplation du Christ, mais elle a en
même temps adopté sa tendance panthéiste. Le *excedere et
cum Christo esse* signifie que dans les bras de son époux,
l'âme cesse d'avoir son existence propre; or là où l'âme
se perd dans la divinité, celle-ci se résoud dans le
Tout-Un.

La contemplation nouvelle du Christ a eu une importance incommensurable pour la christologie. On en resta
bien à l'idée des deux natures, mais en réalité, à côté du
Christ des sacrements, il y en eut un second, *l'homme Jésus
dont les actes, les pensées et les souffrances révèlent et pro-
pagent une vie divine*. Il est exemple et puissance, et le
sacrifice de sa mort, c'est le sacrifice de l'homme en qui
Dieu était. C'est ainsi que la conception d'Augustin, préparée déjà par Ambroise, atteignit le point où elle fut
achevée. Dans la seconde moitié du douzième siècle, cette
piété nouvelle de l'amour, des souffrances et de l'humilité
fut une force puissante dans l'Eglise. Mais de même qu'on
pouvait voir chez Bernard lui-même le contraste qui existe
entre le monde du sentiment chrétien, de la piété, et la
politique de la hiérarchie de l'Eglise qui veut dominer sur

le monde, — de même aussi la plupart des croyants dans
leur attachement naïf pour l'Eglise ont cru qu'on pouvait
allier l'idéal de la puissance mondaine avec celui de l'humilité. Le grand mendiant d'Assise n'a pas encore paru :
c'est lui qui amènera une crise dans l'équilibre ainsi établi
entre la fuite du monde et la domination sur le monde.
Cependant déjà, à la fin du douzième siècle, des anathèmes
d'*hérétiques* indignés planaient autour de l'Eglise. Ces gens
hérétiques envisageaient le pouvoir temporel et le caractère
tout extérieur de l'administration des grâces de l'Eglise,
comme autant de traits qui distinguaient l'ancienne Babylone, et Bernard lui-même a dit aux papes : « Prenez garde. »

2. *Aperçu de l'histoire du droit ecclésiastique.*

V. Schulte, *Geschichte der Quellen des Kirchenrechts*, I et II ; Hinschius,
Katholisches Kirchenrecht ; Denifle, *Universitäten des Mittelalters*,
1885 ; Kaufmann, *Geschichte der deutschen Universitäten*, I. 1888;
Maassen, *Gesch. d. Quellen u. Litt. des Kanonischen Rechts*, I, 1870.

Toutes les prétentions émises par les papes visant à l'indépendance de l'Eglise et de ses organes envers les
laïques, et à la suprématie papale sur les évêques et les
églises nationales, nous les voyons rassemblées dans la
grande œuvre de falsifications du pseudo-Isidore. C'est sur
ce fondement posé par le pseudo-Isidore que les papes de
l'époque suivante ont construit. Pour eux, il ne s'agissait
pas de théologie, mais, en qualité de Romains, ils voulaient achever la formation du droit qu'ils invoquaient en
leur faveur comme divin. Dans la lutte entre le pape et
l'empereur, la question débattue fut de savoir lequel serait
le maître effectif de l'état divin, et duquel des deux les évêques seraient les subordonnés. Après qu'elle fut réformée, la
papauté arriva sous l'impulsion de Cluny et de Grégoire VII
à posséder le pouvoir autocratique dans l'Eglise, elle
acheva la formation de sa législation à l'aide d'innombrables décrétales, après avoir commencé par s'émanciper à
Rome même des derniers restes de l'organisation ancienne.

Les papes du douzième siècle, alliés avec les meilleures puissances du siècle, ayant obtenu le droit d'investiture, commencèrent à élaborer un droit ecclésiastique nouveau. Les décrétales prirent place à côté des anciens canons et même à côté des décisions des anciens conciles. Cependant à tout prendre leur autorité demeura encore vacillante.

La papauté devenait l'instance suprême de juridiction, mais jamais elle n'aurait pu aboutir à être un gouvernement monarchique au sein de l'Eglise, dans les domaines de la foi et de la morale — puisque malgré tout l'Eglise est la communauté de foi et de culte, — si, dans la période qui nous occupe, l'amalgamation du *dogme* et du *droit* n'eût été parfaite. La forme dogmatique s'effaça complètement à Rome même derrière celle du droit (*lex dei*), et les peuples romains et germaniques se trouvèrent tout d'abord sans défense, car autrefois l'Eglise était venue vers eux sous la forme de l'organisation juridique romaine. Les plus grands papes furent des moines et des juristes. La tâche suprême qu'ils se donnèrent fut de traiter toutes les fonctions de l'Eglise à un point de vue juridique scientifique. L'étude du droit exerça une influence immense sur la conception réfléchie qu'on se fit de l'Eglise sous tous ses différents aspects. L'Eglise était devenue auparavant une institution juridique, parce que les circonstances l'y avaient obligée; maintenant la conception de l'Eglise comme institution juridique fut consolidée et achevée par la réflexion. L'esprit de la jurisprudence qui s'appesantit ainsi sur la foi de l'Eglise commença aussi à se soumettre les dogmes traditionnels. Il y a dans ce fait une des puissantes racines de la scolastique, mais on ne doit pas oublier qu'à partir de Tertullien les dogmes étaient déjà préparés à être traités au point de vue juridique, et ce fut même là l'origine d'une partie d'entre eux.

La dialectique des juristes est fondée sur l'autorité et sur la raison. Nous constatons ici l'un des grands contrastes du moyen âge : le contraste entre la piété de Bernard et la pensée juridique romaine. En suivant cette voie, l'Eglise arrivera un jour à être tout ensemble une salle de justice, une douane et une caverne de voleurs. Mais à l'époque où nous sommes, elle n'est encore qu'aux débuts de ce développement.

3. L'essor de la science.

Histoires de la philosophie de Ueberweg, Erdmann, Stockl; *Histoire de la logique* par Prantl, vol. II-IV ; Reuter, *op. cit.*, Nitzsch, dans RE², XIII, p. 650 ss. ; Denifle, *op. cit* ; Kaufmann, *op. cit.* ; Löwe, *Kampf zwischen dem Nominalismus und Realismus*, 1876 ; Deutsch, P. Abälard, 1883.

La scolastique est la science du moyen âge. Elle veut soumettre à la réflexion tout ce qui existe et a une valeur précieuse, et elle fait preuve à cet égard d'une force de pensée et d'un déploiement d'énergie tels que peut-être aucun autre siècle ne peut en présenter de pareils. Mais la scolastique est entièrement la pensée « qui part du centre », car si les scolastiques remontent aussi constamment jusqu'aux causes finales, ils n'y arrivent pas par la voie de l'expérience et de l'histoire réelle, alors même qu'une place toujours plus grande fut donnée à l'expérience dans le cours du développement de la science du moyen âge. L'autorité et la raison, c'est-à-dire la méthode dialectique déductive, régissent la scolastique. Celle-ci se distingue de l'ancienne théologie; en effet l'autorité du dogme et des pratiques de l'Eglise est plus solidement établie, ensuite on ne vit plus au sein de la philosophie antique qui correspondait à ce dogme et à ces pratiques, mais on leur applique cette philosophie du dehors. La présupposition fondamentale de la scolastique, — au moins jusqu'à l'époque de sa dissolution — c'est la thèse que toutes choses doivent être comprises en partant de la *théologie*, et que tout doit par conséquent être ramené à la *théologie*.

Or cette thèse suppose que le penseur lui-même se sent dans une complète dépendance à l'égard de Dieu. La piété est donc présupposée par la science du moyen âge.

Mais à la base de la piété du moyen-âge elle-même, il y a la contemplation qui conduit à la science, en effet la piété est une connaissance grandissante qui est engendrée par la réflexion constante sur le sujet de la relation de l'âme avec Dieu. *La scolastique c'est donc une piété dont on a pris conscience et qu'on expose, car elle fait dériver toutes choses de Dieu et elle les récapitule de nouveau en lui.* Voilà précisément pourquoi, dans sa racine, la scolastique n'est pas autre chose que le mysticisme. La seule différence est celle-ci : la scolastique arrive à connaître le monde dans sa relation avec Dieu d'une façon plus objective et plus indépendante, et demande que les doctrines théologiques soient autant que possible prouvées, — tandis que le mysticisme marque plus fortement le but que se propose la connaissance, savoir l'exaltation de la piété personnelle. Ensuite la scolastique fait un plus grand usage de la dialectique, et le mysticisme un plus grand usage de l'intuition et des expériences intimes. On peut dire sans danger que par exemple la théologie de Thomas est du mysticisme par son point de départ et par son but, et qu'au contraire il y a des théologiens qu'on appelle habituellement des mystiques, qui ne le cèdent en rien à ceux qu'on appelle des scolastiques, quant à l'ardeur puissante qu'ils déploient pour connaître le monde et pour comprendre la doctrine de l'Eglise, tout en l'ordonnant. Non-seulement le but est le même, le mysticisme étant la pratique de la scolastique, mais encore les moyens sont les mêmes ; ce sont : l'autorité du dogme de l'Eglise, l'expérience spirituelle, la philosophie traditionnelle. Les désaccords qui se manifestèrent au début dans la science du moyen âge furent levés quand on eut appris l'art de subordonner la méthode dialectique au dogme traditionnel et aux aspirations de la piété.

Le moyen âge a reçu de l'ancienne Eglise l'Ecriture sainte, le dogme déjà achevé sur ses points essentiels, la théologie qui a conduit à ce dogme, un trésor de littérature classique qui n'était relié à la théologie que par un lien très lâche, et enfin des doctrines appartenant au domaine

de la philosophie et de la méthode. Cependant dans le nombre
de ces dons qui accompagnaient le dogme on avait admis
aussi des éléments hostiles au dogme, ou qui le menaçaient, ainsi le néoplatonisme et l'aristotélisme. — Dans
sa théologie, Jean Damascène avait tenté de faire disparaître scientifiquement toutes les oppositions, mais cela ne
put dispenser l'Occident d'un travail d'accommodation. Or,
à l'époque carolingienne ses forces étaient encore trop faibles pour qu'on pût travailler d'une façon indépendante
avec les capitaux qu'on avait hérités. Quelques théologiens
se pénétrèrent de l'esprit d'Augustin — et cette entreprise
amena comme nous l'avons vu des crises partielles, —
d'autres prirent le vêtement étranger des auteurs classiques ; les écoles enseignèrent les commencements de la
méthode dialectique dans les écrits de Boëce et d'Isidore, et l'on apprit à faire un timide emploi de la raison.
Aucun théologien ne fut indépendant, à l'exception de Scot
Erigène. — S'ils prennent davantage conscience d'eux-
mêmes, les théologiens repoussent l'antiquité et la science
de la nature, qu'ils appellent la maîtresse du diable ; mais
en réalité ils ne peuvent pas s'en passer en tant que moyen
formel de culture, car elles leur étaient toujours plus imposées par la dialectique, par la méthode qui découvre premièrement les contradictions afin de les lever ensuite. A
l'époque carlovingienne commence une chaîne de tradition
scientifique qui s'étend jusqu'au onzième siècle. Ce ne fut
pas encore Gerbert de Rheims qui donna à cette tradition
scientifique une influence prépondérante, ce furent les
théologiens dialecticiens à partir du milieu du onzième
siècle. Alors déjà fut agitée la question philosophique
dont l'avenir se préoccupera principalement : les caractères génériques existent-ils au-dessus des choses, ou
dans les choses, ou bien ne sont-ils que des abstractions? C'est la question du réalisme et du nominalisme
(Boëce, *in Porphyrum*). — L'instinct de sa propre con-
versation tourna l'Eglise vers le réalisme, lequel était
réclamé par le mysticisme Lorsque Roscelin en fut arrivé

au trithéisme par une conséquence logique de son nominalisme, ce trithéisme et avec lui le nominalisme furent
rejetés, comme hérésies (1092). Au onzième siècle les
dialecticiens furent envisagés avec une grande défiance.

En fait ils attaquent souvent non seulement la superstition grossière et les idées barbares au sein de la religion,
mais ils portent atteinte à l'orthodoxie même, ou à ce qu'on
tenait pour être l'orthodoxie. Ils n'étaient cependant pas
des « amis des lumières ». Qu'on y regarde de près, et l'on
verra que même les plus hardis d'entre eux se tiennent sur
le terrain de l'Eglise ou s'y rattachent par cent fils divers.
— Avouons cependant que toute science, même celle dont
les bras sont les plus liés, renfermera toujours en soi un
élément qui blesse la foi, car celle-ci a soif de repos, tandis que la science montrera toujours un entrain et une
allégresse que la dévotion prend pour de l'effronterie, et
même lorsqu'elle se sait une avec l'Eglise dans son point
de départ et dans son but, la science ne pourra jamais nier
qu'elle n'ait une tendance négative, parce qu'elle trouvera
toujours avec raison que les principes de l'Eglise sont dété-
riorés lorsqu'ils passent dans les manifestations concrètes
de la vie, et sont déformés par la superstition et les vœux.
C'est ainsi qu'il en fut alors, mais comme l'essor de la
science a été une conséquence de l'essor de l'Eglise, celle-ci
a finalement reconnu qu'elle retrouvait dans la théologie
sa propre vie.

Il y avait un triple élément dans cet essor plus élevé pris
par la science : 1° toute la théologie se plonge dans les principes du néoplatonisme et de l'augustinisme ; 2° élément :
une habileté croissante dans l'art des divisions dialectiques
et de la démonstration rationnelle ; 3° élément : une place
toujours plus grande faite aux enseignements des pères de
l'Eglise et des anciens philosophes. — Le danger de ce
mouvement, c'était un panthéisme mystique acosmique, et
plus on souscrivait au réalisme, plus grand était le danger.
Le péril engendré par la dialectique venait de ce qu'elle
dissolvait le dogme au lieu de le démontrer, et le com-

merce avec les anciens était dangereux, parce qu'il volati-
lisait le christianisme historique en un christianisme cosmopolite, en une pure philosophie religieuse générale sur le
terrain de l'histoire neutralisée.

Jusqu'à la fin du xiie siècle il n'y eut pas encore de
philosophie proprement dite à côté de la théologie, et si
quelque chose y ressembla, cela excita de la crainte. Aussi
le danger provenant de la dialectique fut-il senti le premier.
(Dans la personne de Bérenger et de ses amis). Le danger
des principes néoplatoniciens et augustiniens fut d'autant
moins remarqué que le plus grand théologien avant
Thomas, Anselme, — dont l'orthodoxie était hors de doute,
— se mouvait avec la plus grande liberté dans les principes
du néoplatonisme et de l'augustinisme. Il savait se servir
de la science dialectique avec une habileté consommée ; il
aurait peut-être amené cette science à être l'objet d'honneurs complets, et il aurait peut-être aussi fait croire à la
compatibilité du mysticisme (*meditatio*) avec la raison, de
la foi d'autorité avec la foi de raison (1), s'il ne se fût pas
trouvé parmi ses disciples un homme comme Guillaume de
Champeaux pour tirer du réalisme platonicien des conséquences dangereuses, telles que celles-ci : il n'y a qu'une
seule substance au repos, le phénomène est une apparence ;
— et si on n'eût vu paraître dans la personne d'Abailard
un talent scientifique hardi qui dut effaroucher les hommes
d'Eglise. — La tendance d'un « ami des lumières » ne
manque pas entièrement chez Abailard, mais il a été plus
hardi que conséquent, et son *rationalisme* fut limité par
le fait qu'il admettait la révélation. Bien que pendant
longtemps il l'ait évité, il s'est cependant élevé contre
la simple foi d'autorité ; il voulait savoir à quoi il croyait
et montrer combien il y a d'incertitudes et de contradictions dans l'orthodoxie non contrôlée et dans la tradition

---

(1) D'une part : *credo, ut intelligam*, — d'autre part : *rationabili
necessitate intelligere esse oportere omnia illa, quae nobis fides catholica
de Christo credere praecipit.*

présentée comme infaillible (*sic et non*). Il visait non seulement les points de théologie exprimés dans le dogme,
mais aussi les bases mêmes de la foi. Ses adversaires, saint
Bernard surtout, le condamnèrent parce qu'ils jugeaient
que sa doctrine de la trinité et toute sa méthode scientifique étaient étrangères et hérétiques; or il faut dire
que cette méthode dégénérait souvent chez lui et chez ses
élèves en art de disputer sur la forme, et s'alliait à un
orgueil insupportable. — Les adversaires ne s'aperçurent
absolument pas que les thèses dangereuses du hardi nova-
teur provenaient en partie des pères de l'Eglise, et étaient
en partie aussi la conséquence de cette doctrine mystique
de Dieu qu'ils partageaient eux-mêmes. (Abailard avec
ses vues sur l'histoire semble neutraliser le christianisme historique au bénéfice de la philosophie grecque;
on pourrait faire sur ce point la comparaison avec Justin.)
Mais ce qui paraît plus paradoxal encore, c'est que tandis
qu'il tirait ces conclusions de sa thèse, Abailard a remplacé le réalisme par une sorte de conceptualisme. Il a
ainsi accordé à la saine pensée une influence positive dans
l'examen des principes fondamentaux de la foi, il a repoussé les conclusions panthéistes de l'orthodoxie d'alors,
et a *posé le fondement pour la formation de la théologie classique conservatrice du moyen âge*. Le dogme ecclésiastique
exigeait le réalisme, mais à la réflexion le réalisme ne
tenait pas debout, tant que la théologie mystique néoplatonicienne régnait en maîtresse absolue. Il fallait que
l'essor élevé pris par le platonisme fût abaissé; le dogme
réclamait donc l'aristotélisme, tel qu'on le comprenait alors,
et avec l'influence qu'il exerçait à cette époque. Or on considérait alors l'aristotélisme comme la conception d'après
laquelle le phénomène et la création ne sont pas une formation transitoire du divin : le Dieu supérieur à la nature
est le créateur au sens propre du mot, il a appelé la créature
à l'existence et lui a donné l'indépendance.

C'est cette conception qu'Abailard a reprise et bien des
choses qui de son temps rencontrèrent de l'opposition

devinrent orthodoxes dans la suite. S'il n'a pas triomphé, c'est sa propre faute, cela vient des défauts de son caractère, de l'incertitude des positions qu'il prit, et de ses nombreuses hétérodoxies. Il discrédita la « science » auprès de Bernard et des mystiques, à tel point que les théologiens de la génération suivante eurent une position difficile. Ainsi peu s'en fallut que la condamnation ne fût prononcée contre les sentences de Pierre Lombard; or ces sentences groupent simplement la tradition patristique en plaçant les opinions les unes à côté des autres, et en donnant un aperçu judicieux de la doctrine dans l'esprit de l'Eglise (1164.1179).

Gauthier de Saint-Victor déploya autant d'ardeur contre Pierre Lombard que contre Abailard. Mais une fois qu'on eût assigné à la théologie la tâche de fournir un aperçu sur tout le domaine de la dogmatique et de tout examiner, on ne put plus la lui enlever, et les disciples d'Abailard et de Bernard se rapprochèrent les uns des autres en accomplissant cette tâche. Du reste les relations avec les Juifs et les mahométans exigeaient aussi qu'on eût une apologétique intelligente. — L'homme qui fit le plus pour l'union des deux tendances fut Hugues de Saint-Victor; il avait déjà exercé une influence sur Pierre Lombard. L'union fut faite entre la science dialectique et la piété nouvelle y compris les charges toutes récentes qu'on imposait à celle-ci, les exercices et les moyens d'édification. Ce résultat fut obtenu dans la seconde moitié du xiiᵉ siècle petit à petit, et ne fut pas absolu. La piété sacrifia la foi naïve du charbonnier, et la science sacrifia sa témérité, non sans y perdre bien des idées nouvelles. Cela se fit au milieu de l'enthousiasme que valaient à l'Eglise ses brillantes victoires. *Les droits* de l'Eglise dans les deux domaines de la vie et de la doctrine devinrent alors le sujet le plus digne d'être traité dans des travaux d'investigation et d'exposition. Cette tâche absorba alors l'autre tâche qui consistait à rapporter toutes choses à Dieu et à construire dans la théologie l'édifice de la science du monde. Ce n'est cependant pas dans le cours du xiiiᵉ siècle que la patristique, la théorie de l'Eglise, la théo-

logie mystique et l'aristotélisme furent unis dans des systèmes puissants. Les œuvres dogmatiques du XIIᵉ siècle —
excepté peut-être les travaux d'Huges de Saint-Victor —
ont encore le caractère d'agrégats. Si la pensée voulait
s'attacher à autre chose qu'à la reproduction et à la médita-
tion, on continuait toujours à la tenir en suspicion.

4. *Travaux sur le dogme.*

Sur le fond des nombreuses controverses théologiques
qui se produisent, et des nombreuses condamnations qui
sont prononcées, se détachent la controverse avec Bé-
ranger sur la Cène et la nouvelle conception de la doctrine
de la Rédemption d'Anselme. Ce sont les seuls progrès
à noter dans l'histoire du dogme ; sans eux le dogme ne se
serait pas enrichi dans la période qui nous occupe.

A. *Bérenger et la doctrine de la Cène.*

Bach, *op. cit.* I ; Reuter, *op. cit.* ; Sudendorf, *Berengarius* 1850 ; Schwabe,
Studien zur Geschichte des zweiten Abendmahlsstreits, 1887 ; Schnitz-
ler, *Bérengar von Tours*, 1890.

Outre son intérêt théologique, la seconde controverse
sur la Cène a aussi un intérêt philosophique et de politique ecclésiastique, et l'on pourrait même s'en tenir à ce
dernier.

Bérenger, élève de Fulbert de Chartres était un dialecticien rempli de confiance dans son art: il l'identifiait avec la
raison elle-même. Le premier il se tourna contre une superstition qui déjà était presque un dogme. Mais se mêler de
critiquer le dogme de la Cène, c'était, — vu le rôle prépon-
dérant de celui-ci — critiquer aussi d'une manière générale la
doctrine régnante de l'Eglise. Bérenger a pris la plume non
comme un « ami des lumières » négateur, mais afin d'opposer la tradition vraie à la coutume mauvaise, et afin de
faire luire la lumière qu'il possédait (1). Il fit école. Il envi-

_____

(1) *De sacra coena adversus Lanfrancum,* 1073 environ.

sagea la doctrine régnante de la transsubstantiation
comme une déraison, et il renouvela la doctrine augustinienne de la Cène, afin de restaurer le « service raisonnable » (λογικὴ λατρεία) et de combattre la soif barbare des
mystères. Ainsi avait fait Ratramne dont le livre avait du
reste été attribué à Scot Erigène et avait été condamné
comme tel à Vercelli en 1050.

Bérenger ouvrit la controverse par une lettre adressée
à Lanfranc. Il montrait que c'était une absurdité d'admettre
une transsubstantiation corporelle, et que les paroles du
Christ devaient par conséquent être comprises au sens
figuré. Il n'a pas enseigné la conception purement symbolique, mais il a plutôt reconnu avec les pères qu'il y a dans
l'acte sacré le signe et le sacrement : par le fait de la *conversio* un élément sacré vient s'ajouter, mais c'est un élément invisible, c'est le Christ *tout entier;* le pain et le vin
ne sont changés que d'une façon *relative.* La doctrine
opposée est contraire à la raison qui renferme l'image
divine; celui donc qui approuve « *l'ineptia* » retranche ce
qu'il y a en lui de divin. — La doctrine de Bérenger fut
condamnée en son absence à Rome et à Vercelli (1050);
lui-même fut contraint de se rétracter à Rome en 1059 et il
se laissa entraîner à signer une confession rédigée par le
cardinal Humbert. Le texte de cette confession montrait
bien que ce que Bérenger avait dit de la doctrine régnante
n'était pas exagéré, car il affirmait qu'après la consécration
les éléments ne sont pas seulement sacrement, mais sont
le vrai corps de Christ, *sensualiter non solum sacramento,*
qui peut même être déchiré par les dents des croyants. —
Dans les années qui suivirent, Bérenger protégé par les
puissants amis qu'il avait à Rome et au nombre desquels
se trouvait Hildebrand, réussit à se contenir pendant assez
longtemps, mais ensuite il recommença la querelle littéraire. Alors seulement furent rédigés les principaux ouvrages de controverse; Lanfranc écrivit son *de corpore et
sanguine domini adversus Berengarium* (environ 1069).
Grégoire VII ne se pressa pas de déclarer Bérenger héré-

tique, mais ne voulant pas nuire à sa propre autorité il finit par contraindre Bérenger à se rétracter pour la deuxième fois à Rome en 1079. Ce savant fut brisé et sa cause perdue.

La doctrine de Paschase sur la transsubstantiation reçut des développements nouveaux chez les adversaires de Bérenger; ils en arrivèrent à la « *manducatio infidelium* », à un réalisme crasse, et cependant dans leurs cercles on commença aussi à appliquer la « science » au dogme, dans l'intérêt de l'Eglise. Les notions grossières furent rejetées dans l'ombre, on reconnut la présence du Christ *tout entier* dans l'acte de la scène, — chaque parcelle devenant un morceau non sanglant de son corps, — on fit valoir la distinction entre « signe » et « sacrement », afin de distinguer entre la manducation des fidèles et celle des infidèles. Ceci est surtout important chez Guitmond d'Averse, (*de corpore et sanguine Christi veritate in eucharistia*). Les notions scientifiques de « substance et d'accident » furent aussi déjà utilisées, ce qui fit que le grossier « *sensualiter* » fut corrigé de soi-même, bien que cependant quelques-uns songeassent à une incorruptibilité des accidents des substances converties. Ensuite on put constater que la spéculation commençait timidement à s'occuper de l'ubiquité de la substance du corps de Christ. Le terme de *transsubstantiatio* se rencontre pour la première fois chez Hildebert de Tours au commencement du xıı⁰ siècle, et l'argument suprême, c'est toujours celui de la volonté arbitraire toute-puissante de Dieu. La doctrine de la transsubstantiation reçut son expression dogmatique au concile de Latran (1215), dans la nouvelle confession de foi qui fut le symbole le plus influent avant la « *professio fidei Tridentinae* » et après le symbole de Nicée.

La doctrine de la Cène y est rattachée immédiatement à la trinité et à la christologie. *On est ainsi arrivé à exprimer dans le symbole lui-même la conviction que la doctrine de la Cène forme une unité avec ces autres dogmes*, et cela au moyen de la doctrine de la transsubstantiation(« *transsubs-*

tantiatis pane et vino »), et avec des visées rigoureusement hiérarchiques. On y ajoute la mention de baptême et de la pénitence (« *perveram poenitentiam* semper *potest reparari*»). — le développement de la doctrine est ainsi achevé avec ce corollaire que *tout chrétien est tenu de confesser ses péchés à son parochus* (c. 21). — La combinaison de la doctrine de la Cène avec la trinité et la christologie est l'innovation contenue dans le symbole ; c'est l'acte du moyen âge qui lui est le plus particulier, c'est le plus hardi qu'il ait accompli : il a en effet bien plus d'importance que le « *filioque* ». Cependant d'autre part le nouveau symbole montre encore très clairement que seul l'ancien dogme est vraiment dogme, et non pas les thèses d'Augustin sur les articles du péché, du péché originel, de la grâce etc. Le christianisme catholique est constitué en dehors des dogmes de l'ancienne Eglise, au moyen des doctrines des trois sacrements, baptême, pénitence et Cène. Le reste est dogme de second ordre, autrement dit n'est pas dogme. Cet état de choses est de la plus haute importance pour la suite jusqu'à la Réformation.

B. *La doctrine de la satisfaction d'Anselme et les doctrines des théologiens du XIIe siècle sur la Rédemption.*

Geschichten der Versöhnunglehre von Baur und Ritschl ; Hasse, *Anselm.*, 2 vol. 1852 ss ; Cremer, dans les *Studien und Kritiken*, 1880, p. 7 ss.

Dans son écrit « *Cur deus homo* », Anselme a cherché à prouver que la mort d'un Dieu-homme est absolument nécessaire (rationnelle) pour la rédemption de l'humanité pécheresse. (Chez Augustin lui-même on trouve des doutes à l'endroit de ce caractère de nécessité). Anselme a ainsi fait des principes fondamentaux de la pénitence le fond même de la religion. En cela réside l'importance de sa doctrine : elle a fait époque. Elle suppose d'abord que le péché est une *offense*, et une offense contre Dieu, que l'effacement des péchés est la chose principale dans l'œuvre du Christ, que la croix de Christ est la rédemption, et par con-

séquent que la grâce de Dieu n'est pas autre chose que
l'œuvre de Christ. (Sur tous ces points encore Augustin
montre de l'incertitude). — Telle est la part de vérité évangélique des théories d'Anselme. Mais ces théories souffrent
de déficits considérables. Elles ne considèrent que le côté
« objectif » de la rédemption, elles ne renferment pas la
preuve de sa réalité, au fond elles indiquent seulement *les
conditions* de la rédemption et ne présentent pas de *doctrine
de la réconciliation*. — Ensuite Anselme se fonde sur une
notion de l'honneur de Dieu pleine de contradictions, il
place les qualités divines dans un état de tension insupportable, il ne montre pas Dieu comme le Seigneur et l'amour
tout puissants, mais comme un homme privé puissant qui
est le partenaire de l'homme. Il méconnaît le fait que la loi
morale sainte est infrangible, il méconnaît par conséquent
le châtiment de la souffrance ; en définitive d'après lui
Christ sauve l'homme d'un Dieu courroucé, et apaise Dieu
par un sacrifice humain (!), mais il ne montre pas clairement comment s'effectue chez l'homme le changement
complet de ses sentiments. En effet, le grand augustinien
et le grand dialecticien Anselme ne savait pas ce qu'est la
foi, aussi croyait-il pouvoir formuler une doctrine de la rédemption dans des catégories strictement nécessaires, en
vue de la conversion des Juifs et des païens — sans s'inquiéter de savoir comment la religion est fondée dans les
cœurs, autrement dit sans se préoccuper de quelle façon la
foi est éveillée. Cela s'appelle vouloir traiter la religion
sans la religion, car la religion, c'est la création de la foi.
— L'ancienne distinction du problème en rédemption
« objective » et appropriation « subjective » fit sentir ici
aussi son influence et même avec plus de force qu'auparavant, car Anselme s'est attaqué avec énergie au problème
principal. Les conséquences fâcheuses qu'on en tire et qui
règnent encore aujourd'hui, en furent d'autant plus mauvaises, car s'il faut scinder le problème en deux côtés
« objectif » et subjectif », le côté objectif étant le drame
pisposé par Dieu, — il arrive ceci : Dieu ne pose dans le

christianisme même que le fondement de la possibilité de
la vraie religion et l'individu doit lui-même se procurer
cette religion vraie, soit seul, soit avec cent petits secours
et moyens auxiliaires (l'Eglise). — Quiconque partage
cette opinion pense comme un catholique, alors même qu'il
se dirait un chrétien luthérien !

*Le mérite d'Anselme est d'avoir mis au sommet le problème
le plus important ; mais il y a introduit la fausse notion catholique de Dieu et la fausse conception vieille catholique de la
religion, telle qu'elle était depuis longtemps exprimée dans la
pratique de la pénitence. Enfin il a été le premier à donner à
ces notions une clarté complète.* Dans ce sens il est un des
fondateurs de l'Eglise catholique, bien que l'Eglise ait bien
souvent abandonné les divers points de sa théorie au profit
d'une pratique plus commode encore.

Anselme était convaincu qu'il faut d'abord croire à l'autorité pour être ensuite en état de donner à la foi le fondement d'une nécessité intellectuelle. Anselme a exposé cette
idée dans divers écrits tels que le *Monologium* et le *Proslo-
gium* où il traite de l'idée de Dieu et de la preuve ontologique. Mais c'est seulement dans son ouvrage *Cur deus
homo*, écrit sous la forme d'un dialogue, qu'il a traité avec
unité et logique l'ensemble de la religion chrétienne en la
concentrant sur un seul point.

Dans une introduction fort remarquable il repousse l'ancienne idée de la Rédemption considérée comme une satisfaction donnée aux droits du diable. Ensuite il pose comme
premier principe (majeure) que par le péché la créature
raisonnable a privé Dieu de *l'honneur* qui lui revient,
puisqu'elle n'a pas fait preuve de la soumission et de l'o-
béissance que cet honneur exige. Or comme Dieu ne peut
être privé de son honneur, et comme en outre l'absence
du châtiment amènerait un désordre général dans le
royaume de Dieu, il ne reste plus que deux alternatives
possibles : ou la restitution (*satisfactio*), ou la punition.
Cette dernière serait convenable, mais puisqu'elle ne pourrait consister que dans l'anéantissement et la perte de la

créature raisonnable (*rationabilis creatura*) laquelle est l'œuvre de Dieu la plus précieuse, l'honneur de Dieu n'y consent pas. Reste donc la satisfaction ; elle doit être aussi bien une restitution qu'un dédit (*Schmerzensgeld*). Or, l'homme ne peut pas accomplir cette restitution, car tout ce qu'il pourrait donner à Dieu, c'est son devoir naturel de le lui offrir, en outre la dette du péché est infiniment grande puisque la plus petite désobéissance entraîne une offense infinie (*nondum considerasti quanti ponderis sit peccatum*). Alors comment l'homme remplacera-t-il « tout ce qu'il a enlevé à Dieu » (*totum quod deo abstulit*), afin que de même que Dieu a perdu par lui, de même aussi par lui il soit dédommagé (*ut sicut deus per illum perdidit, ita per illum recuperet ?*) Seul le *Dieu-Homme* peut faire cela, car seul *Dieu* peut offrir quelque chose qui lui appartienne (*de suo*) et qui soit « plus grand que tout ce qui est, à l'exception de Dieu (*quod majus est quam omne quod praeter deum est*). En outre il faut que ce soit l'*homme* qui offre cela. Il faut donc une personnalité qui ait deux natures et qui puisse *volontairement* offrir à Dieu sa vie divine et humaine — une vie sans péché, — et qui l'offre en réalité. Il faut que ce soit *sa vie* qu'il offre, car c'est la seule chose que le devoir ne l'oblige pas à sacrifier à Dieu, puisque même lui qui est sans péché *a le devoir* de donner tout le reste. Ce sacrifice renferme une satisfaction complète, et même sa valeur est infinie : « l'homme ne peut aller plus loin dans le don qu'il fait de soi-même à Dieu, que lorsqu'il se livre à la mort pour l'honneur de Dieu » (*nullatenus seipsum potest homo magis dare deo, quam cum se morti tradit ad honorem illius.*) Puisque la plus petite atteinte portée à cette vie du Dieu-Homme a une valeur négative infinie, le don volontaire de cette même vie a une valeur positive infinie. L'acceptation de la mort de ce Dieu-Homme est un bien infini pour Dieu (!) et ce bien dépasse de beaucoup l'expiation du péché. Christ a accompli tout cela, il n'a subi une mort volontaire que « pour l'honneur de Dieu », car on ne pourrait assigner un autre but à cette mort.

Maintenant cette mort a pour nous une conséquence triple : 1° la dette de péché qui pesait sur nous jusqu'ici est enlevée, 2° nous pouvons trouver dans cette mort volontaire un exemple puissant, 3° Dieu reconnaissant aussi un *mérite* du Dieu-Homme dans l'accomplissement de la satisfaction, nous attribue ce mérite, car il ne peut pourtant rien donner à Christ. — Cette dernière affirmation est une tentative heureuse que fait Anselme de transporter dans les cœurs la vertu du drame qui a opéré la rédemption, malheureusement cette tentative souffre du manque de clarté qui régnait déjà dans la pratique de la pénitence. En effet en soi satisfaction et mérite sont incompatibles, car un seul et même acte ne peut être que de deux choses l'une : ou bien satisfaction, ou bien mérite, et il y a mérite s'il n'y a aucun motif pour un acte supplémentaire au devoir. Cependant la pénitence avait habitué à considérer les œuvres surérogatoires comme des « mérites », même lorsqu'elles servent à la compensation. Ainsi Anselme a aussi considéré la *satisfactio Christi* au point de vue du mérite, il l'a envisagée comme un mérite qui, même après l'achèvement de l'acte proprement dit, continue toujours à apaiser Dieu et à le disposer à la bienveillance. Anselme put faire cela d'autant plus facilement qu'il tenait l'œuvre de Christ pour plus grande que le poids du péché. Il a rattaché l'effet subjectif de cet acte à l'idée du mérite, mais à vrai dire plutôt sous la forme d'une déclaration. En effet, dans le cadre de la conception de la satisfaction, il n'avait rien trouvé qui pût lui servir de transition pour passer au côté subjectif de la rédemption.

La théorie de la satisfaction d'Anselme n'a été admise par la postérité qu'en subissant des modifications. Abailard n'en fait aucun usage, mais lorsqu'il traite de la rédemption par Christ (Commentaire sur l'Épître aux Romains), il remonte au Nouveau-Testament et à la tradition des pères, mettant au premier plan l'idée importante qu'il faut que nous soyons ramenés à Dieu. (Il ne croit pas à la nécessité d'un changement des dispositions de Dieu). Il rapporte

d'emblée la rédemption aux élus, et il enseigne en conséquence, que l'on ne peut concevoir la mort du Dieu-Homme
que comme un *acte d'amour* qui enflamme notre cœur
froid. Seulement Abailard donne aussi à sa doctrine cette
forme : le *mérite* de Christ étant celui du *chef de la communauté*, il profite aux membres de celle-ci ; en outre, ce mérite n'est pas du tout une somme d'œuvres définies, mais
la plénitude de l'amour pour Dieu qui habite en Christ. Le
mérite de Christ, c'est le service d'amour qu'il poursuit
par une intercession constante, tandis que la réconciliation
c'est la communion personnelle avec Christ. Abailard, lui
non plus, ne veut pas entendre parler de droits qu'aurait sur nous le diable, il repousse l'idée de la nécessité
pour Dieu d'un sacrifice sanglant, repoussant ainsi aussi
l'idée de la nécessité *logique* de la mort sur la croix. — Les
droits de la conception d'une souffrance expiatoire sont
restés cachés à ses yeux comme à ceux d'Anselme. Les
idées de saint Bernard sur la réconciliation demeurent inférieures à celles d'Abailard, mais il a su parler d'une façon
plus édifiante de son amour pour Christ. Dans la suite, la
conception du *mérite* de Christ (d'après Anselme) devint
la conception prépondérante. Quand le travail de la réflexion s'occupa de la « satisfaction », les catégories rigoureuses d'Anselme furent assouplies sur divers points,
car même dans la discipline de la pénitence, on resta dans
l'incertitude sur tout ce qui était nécessité et « quantité » !
— Pierre Lombard s'est contenté d'exposer, d'après la tradition, tous les points de vue sous lesquels on peut envisager la mort de Christ, même celui de la rançon payée au
diable en le trompant, et celui de la valeur de la punition,
mais il n'a pas exposé la doctrine de la satisfaction parce
qu'elle n'avait en sa faveur aucune tradition. Dans le fond,
il partageait les vues d'Abailard sur le mérite et l'éveil de
l'amour en retour. Après lui, commencèrent les supputa-
tions et les marchandages sur la valeur du péché et la valeur du mérite de Christ.

CHAPITRE VIII

Les conditions dans lesquelles le dogme s'est trouvé dans cette période le rendirent toujours plus stable en qualité d'ordonnance juridique. C'est pour cela que la Réformation a fait halte devant l'ancien dogme. Néanmoins, ce dogme s'est dissous intérieurement toujours davantage, parce qu'il ne contentait plus la piété individuelle et qu'il ne tenait plus debout en face des connaissances nouvelles.

1. — *Coup d'œil sur l'histoire de la piété.*

Hase, *Franziskus*, 1856; Müller, *Anfänge des Minoritenordens*, 1885, Thode, *Franciskus*. 1885; Müller, *Die Waldenser*, 1886; ensuite les travaux sur les Joachimites, spirituels, sur les mystiques allemands (Preger), les frères de la vie commune, les Hussites et les « hérétiques » du Moyen-Age; Döllinger, *Beiträge zur Sectengeschichte des Mittelalters*, 1890; *Archiv für Litteratur und Kirchengeschichte des Mittelalters*, I-IV. (surtout les travaux de Denifle).

La piété de saint Bernard se plongeant dans la contemplation des souffrances de Christ fut transformée par saint François en une piété qui consistait à *imiter Christ* dans « l'humilité, la charité et l'obéissance ». L'humilité, c'est la *pauvreté* complète, telle que François la pratiqua et la montra dans sa vie en l'alliant avec un amour exubérant pour Christ. François a ainsi placé devant les yeux de la chrétienté un idéal élevé d'une richesse inépuisable, susceptible de s'accommoder aux formes individuelles les plus diverses. Le triomphe de cet idéal fut puissant. En effet, *c'est François qui, pour la première fois, donna à la piété catholique son expression classique.* En même temps, il était animé d'une ardeur missionnaire véritablement apostolique et d'un zèle extrêmement brûlant pour enflammer les cœurs et pour servir la chrétienté par l'amour. Sa prédication s'adressait *à l'âme individuelle* et voulait le rétablissement de la *vie apostolique.* Dans les cercles plus étendus, elle devait agir comme *prédication émouvante de la pénitence;* de cette façon, saint François, en fils très dévoué de l'Eglise, adressa les croyants à l'Eglise, bien que les évêques et les prêtres ne fussent pas animés de l'esprit de serviteurs, mais d'un esprit de domination. Cette contradiction a échappé à son attention, mais non à l'attention d'autres gens qui l'avaient précédé, tels que les Vaudois et les Humiliates. Ceux-ci s'efforçant de restaurer la vie apostolique mirent en suspicion l'Eglise dominante et se séparèrent d'elle.

Les ordres mendiants ont le mérite d'avoir réussi à maintenir dans le fleuve dont l'Eglise est le lit, un puissant courant de vie chrétienne réveillée et vivante ; seulement il arriva que des eaux abondantes sortant de ce fleuve, bouillonnèrent à côté de son lit : il y eut des tendances qui prirent une direction hostile à l'Eglise, ranimèrent les anciennes idées apocalyptiques et envisagèrent l'Eglise comme la grande Babylone, pensant que le jugement était proche et l'attribuant tantôt à Dieu, tantôt à l'empereur. Une petite fraction des Franciscains fit cause commune avec elles. Ils se répandirent en Italie, en France, en Allemagne jusqu'en Bohême et en Brandebourg, éveillèrent çà et là des idées hérétiques confuses, mais dans la règle aiguisèrent seulement les consciences, éveillèrent chez les gens le trouble religieux ou les amenèrent à l'indépendance en leur apportant une religion individuelle ascétique; enfin ils adoucirent l'autorité de l'Eglise ou même la combattirent. *Au sein et à côté de l'Eglise se développa un christianisme des laïques* et le courant qui poussait vers l'indépendance religieuse devint puissant ; mais néanmoins comme en définitive l'ascétisme n'a point de but et ne peut procurer aucun bonheur, l'Eglise, son autorité et ses sacrements lui étaient nécessaires. Tous les « hérétiques » qui inscrivirent sur leur drapeau l'idéal de la vie ascétique évangélique demeurèrent attachés à l'Eglise par un lien secret, mais puissant, alors même qu'ils voulaient fuir son oppression, sa domination et sa mondanité. Les sectes biblicistes, apocalyptiques, vaudoises, hussites n'ont rien produit de durable. Elles étaient réellement « hérétiques », car elles appartenaient malgré tout à l'Eglise qu'elles voulaient fuir. Les nombreuses confréries pieuses qui se développèrent dans les cadres de l'Eglise et y demeurèrent — bien qu'en soupirant profondément, — montrent que la grande Eglise avait encore une élasticité suffisante pour faire une place à la pauvreté et à la vie évangéliques, et pour s'incorporer les ordres mendiants. Bientôt on mutila ces ordres, ils devinrent les meilleurs appuis de l'Eglise sacerdotale, et on accorda une existence subalterne à la piété individuelle des laïques en l'enchaînant très étroitement au confessionnal, aux sacrements, au prêtre et au pape. L'Eglise du moyen âge traversa ainsi péniblement le quatorzième et le quinzième siècles. Les frères mineurs furent obligés de faire des sacrifices à la hiérarchie et ils s'en dédommagèrent pleinement par l'énergie inouïe avec laquelle ils servirent auprès des laïques les fins de l'Eglise maîtresse du monde. — L'importance qu'ont dans l'histoire universelle les mouvements dont les Vaudois et les ordres mendiants furent les promoteurs, ne doit pas être cherchée dans des doctrines et des institutions nouvelles, bien que celles-ci n'aient pas entièrement manqué, mais l'importance de ces mouvements est dans le *réveil* religieux et l'inquiétude qu'ils ont produite, et qui conduisaient à l'individualisme religieux. En amenant l'individu à réfléchir sur les vérités concernant le salut, les moines men-

diants et les mouvements antérieurs à la réforme ont
constitué un degré préliminaire de la réformation. Mais à
mesure que l'on introduisait la religion dans les cercles
du Tiers Etat et des laïques en général, à mesure aussi l'on
veillait à ce que l'ancien dogme demeurât intact, et d'ailleurs, la grande majorité des laïques eux-mêmes vénéraient
dans le dogme l'élément fixe en face de l'incertitude qui
régnait à l'endroit du critère des devoirs pratiques et à
l'endroit de l'état véritable de l'Eglise empirique.

Dans cette transformation de la religion dans un sens
plus intime, l'alliance des ordres mendiants avec le *mysticisme* est tout particulièrement intéressante pour l'histoire
des dogmes. Le mysticisme, c'est la piété catholique
consciente, réfléchie, qui veut s'élever par la réflexion et
la contemplation ; or le catholicisme ne connaît que cette
piété-là ou la foi implicite. Le modèle du mysticisme est
une combinaison d'Augustin avec le faux Aréopagite, vivifiée par l'abandon de soi-même à Christ, de saint Bernard.
Le mysticisme revêt des formes nombreuses, mais qu'il
soit national ou confessionnel, il ne diffère que faiblement.
De même qu'au point de vue historique son point de départ est panthéiste, de même aussi son but est panthéiste
(acosmitique). Ce but apparaît plus ou moins au grand
jour selon la plus ou moins grande proximité où il se tient
du Christ historique et des instructions de l'Eglise, mais
même lorsque le mysticisme est le plus fidèle à l'Eglise,
jamais sa tendance à s'élever au-dessus du Christ historique ne disparaît complètement, et on retrouve toujours
les données suivantes : Dieu et l'âme, l'âme et son Dieu ;
Christ notre frère, la naissance de Christ en chaque croyant,
cette pensée étant conçue tantôt d'une façon imaginaire,
tantôt d'une manière spirituelle. Le mysticisme a enseigné
que la religion est *vie* et *amour*, puis partant de cette idée
élevée, il a entrepris d'éclairer et même de remanier le
dogme tout entier jusque dans les profondeurs de la trinité,
il a engendré la vie religieuse individuelle, et les mystiques
des ordres mendiants ont été ses plus grands représentants.

Mais n'ayant pas su reconnaître le rocher de la foi, le mysticisme n'a pu donner que des instructions pour s'élever à Dieu par un progrès infini, il n'a pas pu donner le sentiment constant d'une possession assurée.

Les enseignements du mysticisme se meuvent dans le cadre que voici : l'âme éloignée de Dieu doit revenir à lui au moyen de la *purification* et de *l'illumination*, et par une *identification* essentielle avec Dieu ; il faut qu'elle soit « déformée », « formée » et « raffinée ». Avec leur féconde et sûre notion de l'expérience, les mystiques ont su parler du recueillement intérieur, ils ont considéré le monde extérieur comme une œuvre de Dieu, ils ont parlé de la pauvreté et de l'humilité sur lesquelles l'âme doit régler ses dispositions. Un grand nombre de mystiques de tous les degrés se sont entendus pour tirer à eux tout l'appareil des moyens de grâce, les sacrements et ce qui les touche. En effet, de même que chez les néoplatoniciens la piété spirituelle la plus intime et le culte des idoles n'étaient aucunement opposés, de même ici aussi l'élément sensible entouré de l'auréole d'une sainte tradition est le signe et le gage de l'éternité. Le sacrement de la pénitence en particulier joue en règle générale un grand rôle dans la « purification ». Pour ce qui est de « l'illumination », les contemplations de Bernard sont tout à fait au premier rang. A côté de données extrêmement discutables sur l'imitation de Christ, on trouve aussi des pensées évangéliques comme une foi confiante en Christ. En outre on appuye sur l'idée de l'absorption dans l'amour, ce qui amène une grande élévation de la vie intérieure et semble préparer la renaissance et la réformation. Enfin dans « l'union essentielle » on voit paraître les idées métaphysiques de Dieu qui est le Tout-Un, de l'individu qui n'est rien ; de Dieu la « substance insondable », la « paisible quiétude », etc. Le dogmaticien dont le nom fait autorité, Thomas, a lui-même partagé à cet égard des idées panthéistes qui ont donné lieu à une piété « explosive ». Denifle a récemment montré que maître Eckhart, le grand mystique censuré par l'Eglise, a été entièrement tributaire de Thomas. Quelque dangereuses qu'aient été ces spéculations, elles avaient cependant pour objet la *liberté* spirituelle suprême que l'on doit acquérir par le complet détachement du monde et le sentiment de ce qui est supérieur au monde (voyez par exemple la « Deutsche theologie ».) C'est dans ce sens particulièrement qu'ont agi les *mystiques allemands* depuis Eckhart.

Tandis que les Romands se proposaient avant tout d'émouvoir en prêchant la pénitence, eux ont entrepris la tâche positive de transporter les plus hautes pensées de la piété dans la langue populaire, et de les faire pénétrer jusque dans les cercles laïques (Tauler, Seuse, etc.), puis ils ont voulu également acclimater les esprits dans le monde de l'amour par le moyen de la discipline personnelle. Ils ont enseigné après Thomas que déjà ici sur la terre, l'âme peut recevoir Dieu en elle de façon à goûter pleinement l'essence de Dieu et à habiter déjà dans le ciel. Mais la pensée du complet abandon de soi à la divinité cache sans aucun doute cette autre pensée que l'âme porte le divin en soi, et a la possibilité de le développer jusqu'à la liberté spirituelle et à l'exaltation au-dessus de tout ce qui est, et de tout ce qu'on peut penser. Sur ce point les données ont un caractère tantôt plus intellectualiste, tantôt plus quiétiste. Le mysticisme thomiste partageait avec Augustin la confiance de pouvoir s'affranchir par la connaissance et s'élever à Dieu. Le mysticisme scotiste n'avait plus cette confiance, il cherchait à discipliner la volonté afin d'atteindre aux dispositions les plus élevées, à *l'unité de volonté avec Dieu*, à la *soumission* et au *calme*. Ce fut un progrès dans la connaissance de la piété évangélique, et ce progrès fut très important pour la réformation, mais néanmoins ce sont précisément les nominalistes, les Scotistes, qui ont perdu la connaissance claire et assurée de la volonté divine. La question de la certitude du salut paraît donc préparée, mais elle demeurera nécessairement sans réponse aussi longtemps que la notion de Dieu ne sera pas poussée au-delà de la ligne de l'arbitraire.

Il ne faudrait pas estimer trop bas l'importance du mysticisme, en particulier du mysticisme allemand, même en tant que développement positif de l'ascétisme dans le sens de *l'amour fraternel actif*. Les anciennes instructions monacales furent vivifiées par une énergique exhortation à servir le prochain. Au milieu de toutes les corporations et castes traditionnelles du moyen âge, on vit se détacher la simple relation d'homme à homme, sanctifiée par le commandement chrétien de l'amour et par la paix de Dieu ; on se préparait ainsi à briser ces corporations et ces castes. En cela aussi on peut reconnaître les signes précurseurs de temps nouveaux ; les moines devinrent plus actifs, ils appartinrent davantage au monde, mais aussi ils dégénérèrent souvent ; les laïques de leur côté montrèrent plus de vie et d'activité.

On sentait battre le cœur de la piété dans les associations demi séculières et demi cléricales. Une partie des anciens ordres ne fut maintenue que grâce à des moyens artificiels et perdit la considération dont elle était entourée.

Chez les Anglo-Saxons et les Tchèques jusqu'alors opprimés par des nations étrangères, et maintenus dans un état de pauvreté, la piété nouvelle s'est alliée à un programme de politique nationale dans les mouvements wiclélite et hussite. Ce programme de politique nationale a exercé en Allemagne une influence très énergique, mais dans ce pays patient et morcelé, il n'a pas abouti à des mouvements de réforme nationale. Tous les éléments de révolution sociale et tous les éléments anti-hiérarchiques restèrent séparés, et quand l'Eglise dominatrice du monde se fut prostituée à Avignon, quand le cri des nations romanes se fut fait entendre aux conciles réformateurs réclamant une réforme et demandant à être gardées contre les scandaleux pouvoirs financiers de la curie, — même alors le peuple allemand a continué à garder patience, sauf quelques rares exceptions. Une révolution colossale sans cesse comprimée se prépara au quinzième siècle, mais elle ne semblait menacer

que les institutions politiques et ecclésiastiques. La piété
s'attaquait rarement à l'ancien dogme, car celui-ci avait
été entièrement réduit par le nominalisme à l'état de
relique sainte. La piété se tourna bien contre les doctrines
nouvelles qu'on avait déduites des fâcheuses pratiques de
l'Eglise ; mais elle-même ne voulait pas être autre chose
que l'ancienne piété de l'Eglise, et au fond elle était bien
cela et rien d'autre.

Au quinzième siècle en Allemagne la piété s'est éclaircie.
« *L'Imitation de Jésus-Christ* » de Thomas a Kempis est sa
plus pure expression, mais rien dans ce petit livre n'annonce un élément réformateur au sens propre. L'élément
réformateur n'est que dans son individualisme et dans la
puissance avec laquelle il s'adresse à chaque âme.

2. Coup d'œil sur l'histoire du droit ecclésiastique. La doctrine de l'Eglise.

Dans l'époque qui va de Gratien à Innocent III, le
système de la papauté arriva à triompher. Toute la
législation des décrétales de 1159 à 1320 repose sur le
recueil de lois de Gratien, et la théologie scolastique
s'y soumit. Une grande partie des citations des pères
de l'Eglise nous est parvenue dans les livres de droit.
Aux yeux de la dogmatique, l'Eglise doit être formée
par la communauté des croyants (des prédestinés), mais
en réalité l'Eglise est formée par la hiérarchie, le pape
étant l'évêque universel. Les souverains allemands ont
laissé ce développement s'effectuer dans le domaine *ecclésiastique*, ils en sont donc aussi partiellement responsables.

Les principes directeurs sur le sujet de l'Eglise furent
alors fixés pour la première fois d'une manière définitive ;
les voici :

1° L'organisation hiérarchique est essentielle à l'Eglise,
et dans la religion les laïques sont enchaînés sous *tous* les
rapports à la médiation des prêtres ordonnés selon les rites,

car seuls ces prêtres peuvent accomplir les actes ecclésiastiques.

2° Les pouvoirs des prêtres en matière de sacrements et
de juridiction sont indépendants de leur dignité personnelle.

3° L'Eglise est une communauté visible, et comme telle
elle est aussi le corps de Christ. Elle est dotée d'une constitution qui remonte à Christ, elle a un double pouvoir, le
pouvoir spirituel et le pouvoir temporel. L'Eglise demeurera jusqu'à la fin du monde, grâce à ces pouvoirs elle a sa
place et son rang au-dessus des états périssables. C'est
pourquoi tous les états et tous les individus doivent lui
obéir, cela est nécessaire pour être sauvé. Le pouvoir de
l'Eglise s'étend même sur les hérétiques et les païens, en
vertu d'une décision prise par Boniface VIII.

4° L'Eglise a reçu une constitution strictement monarchique dans la personne du pape, représentant de Christ et
successeur de saint Pierre. L'autorité qui appartient à la
hiérarchie appartient au pape en premier lieu, car les
autres membres de la hiérarchie ne sont appelés que *in
partem sollicitudinis*. Il est l'évêque universel, par conséquent c'est lui qui possède les deux glaives.

Le chrétien ne peut arriver à la sanctification que dans
l'Eglise ; or l'Eglise c'est la hiérarchie, et la hiérarchie c'est
le pape ; donc, de par la nécessité du salut (*de necessitate
salutis*) tout le monde doit être soumis au pape. (Bulle
Unam sanctam.)

On s'est servi d'une série de falsifications pour faire reculer jusqu'aux temps de l'ancienne Eglise la date de ces
principes, et cela surtout au treizième siècle, au moment où
la polémique contre les Grecs s'était réveillée. Cependant
ces principes ne furent rigoureusement formulés par Thomas que lorsqu'ils eurent acquis depuis longtemps droit de
cité par la pratique. Le droit nouveau suivit les habitudes
nouvelles et les ordres mendiants contribuèrent à affermir
celles-ci. Ces ordres, en effet, grâce aux droits spéciaux
qu'ils reçurent, bouleversèrent complètement les pouvoirs

aristocratiques provinçiaux et locaux, et achevèrent la victoire de l'autocratie papale. La doctrine de l'infaillibilité du pape était le produit nécessaire de tout ce développement. Elle fut aussi formulée par Thomas, mais ne fut pas encore acceptée, car il se manifesta sur ce point une opposition provenant du sentiment de l'histoire et du sentiment propre des églises provinciales. Cette opposition vint entre autres de l'université de Paris, et le reproche fut même fait à Jean XXII d'être un hérétique. Vers l'an 1300, les excès de la littérature exaltant la papauté jusqu'aux nues, atteignirent leur point culminant avec Augustin Triumphus et Alvarius Pelagius, mais depuis 1330 l'enthousiasme s'affaiblit pour éclater de nouveau avec Torquemada après un intervalle d'environ cent vingt ans. Dans cette période intermédiaire l'extension nouvelle de la papauté fut violemment combattue, mais sans succès, d'abord dans la littérature gibeline et la littérature minoritique (Occam) temporairement alliées, puis aussi au nom du point de vue de la suprématie des conciles. Munich fut temporairement le siège de l'opposition, à laquelle prirent part des écrivains allemands. Le véritable lieu de l'opposition fut la France, son roi, ses évêques et la nation elle-même. C'est là seulement que l'opposition affirma la liberté acquise aux conciles. (Pragmatique sanction de Bourges, 1430.)

Malheureusement dans le concordat de 1517 le roi abandonna cette liberté afin de partager avec le pape le gouvernement de l'Eglise du pays, selon l'exemple donné par d'autres princes. Vers l'an 1500 l'ancienne tyrannie fut presque partout rétablie. Au commencement du seizième siècle le concile de Latran se moqua des vœux des peuples, comme si l'on n'avait jamais siégé à Constance ni à Bâle.

Le développement nouveau de la notion de l'Eglise jusqu'au milieu du treizième siècle ne fut pas achevé à l'aide de la théologie, mais à l'aide de la jurisprudence. Ceci s'explique 1° par le fait qu'à Rome on manquait d'intérêt pour la théologie, 2° par le fait que les théologiens, lorsqu'ils méditaient sur l'Eglise répétaient encore toujours les dé-

clarations d'Augustin sur l'Eglise, société des fidèles, (des
élus) en sorte que les opinions postérieures «hérétiques» sur
l'essence de l'Eglise se rencontrèrent aussi chez de grands
scolastiques. A partir du milieu du treizième siècle seulement, la théologie s'inquiéta de la notion d'Eglise hiérarchique et papale des juristes. Hugues de Saint-Victor en
fut le précurseur. L'occasion en fut fournie par la controverse avec les Grecs, surtout depuis le concile de Lyon
en 1274. *Le rôle de Thomas consiste à avoir été le premier à
développer rigoureusement la notion papale de l'Eglise au
sein de la dogmatique, en l'alliant savamment avec la notion
augustinienne qui est le point dont il part.* Thomas tient
ferme au principe que l'Eglise est l'assemblée des élus,
mais il montre que l'Eglise, en tant qu'autorité légale d'enseignement et en tant qu'institution sacerdotale des sacrements, est l'organe *exclusif* par le moyen duquel le chef de
l'Eglise se procure ses membres. Il peut ainsi rattacher
l'élément nouveau à l'ancien. Cependant jusqu'à la réformation, et même ensuite, la théorie hiérarchique et papale
ne reçut pas de place assurée dans la dogmatique, elle resta
le droit romain des décrétales; on s'en servit dans la pratique et elle régna effectivement dans les esprits au moyen
de la doctrine des sacrements. On avait donc déjà réellement en possession assurée tout ce qu'on aurait pu attendre
d'une notion de l'Eglise formulée dans l'intérêt de la hiérarchie.

Voilà précisément pourquoi toutes les attaques contre la
notion romaine de l'Eglise, attaques qui furent si retentis-
santes dans la seconde moitié du moyen âge, demeurèrent
stériles : elles venaient de ceux qui étaient en dehors de
l'Eglise. — Personne n'a clairement reconnu l'importance
de la *foi* dans la notion de l'Eglise, et personne n'a corrigé
le but final qu'on attribuait à tout le système religieux, et
qui était de contempler Dieu et d'être en communion avec
lui. — Il y avait un terrain commun aux adeptes et aux
adversaires de la notion hiérarchique de l'Eglise, ils partageaient ensemble les principes suivants :

1° L'Eglise est la communauté des prédestinés, de ceux qui doivent parvenir à voir Dieu.

2° Comme personne ne sait s'il appartient à cette communauté, on doit avoir soin d'user de tous les moyens de salut.

3° Ces moyens de salut, c'est-à-dire les sacrements, sont donnés à l'Eglise empirique et attribués aux prêtres.

4° Ils ont un double but : d'abord de préparer à la vie future en incorporant au corps de Christ ; ensuite, comme ils sont des puissances de la foi et de l'amour, ils produisent ici, sur la terre, le *bene vivere*, c'est-à-dire mènent à l'observation de la *loi* de Christ.

5° L'accomplissement de cette loi de Christ dans la pauvreté, l'humilité et l'obéissance est la tâche la plus haute sur la terre ; donc la vie du monde, et aussi l'état sont soumis à cette fin, en même temps qu'aux sacrements et à l'Eglise.

Sur ce terrain *commun* s'agitèrent toutes les disputes sur le sujet de l'Eglise et de sa réforme. Les partisans de Rome tirèrent de leurs principes des conséquences plus avancées, et dirent que la hiérarchie existe *de necessitate salutatis*, et qu'elle a été instituée avec l'administration des sacrements et avec la compétence de soumettre à l'Eglise la vie mondaine. Ils relèguèrent entièrement derrière l'administration mécanique des sacrements par la hiérarchie, le devoir moral qui est d'observer réellement la loi de Christ.

Ils ravalèrent donc la notion de l'Eglise considérée comme nombre des prédestinés et communauté de ceux qui vivent selon la loi de Christ, ils firent de cette notion religieuse et de cette notion morale de pures phrases creuses, et cherchèrent la garantie de la légitimité de l'Eglise dans la conception la plus strictement *objective du système dont le pape est le sommet*. Toutefois, sur *un* point, sur la question de la réordination, ils menacèrent eux-mêmes la solidité de l'édifice ainsi achevé.

Leurs adversaires, par contre, tombèrent dans des opinions « hérétiques », car :

1° Ou bien ils attaquaient la hiérarchie, parce qu'elle n'a aucun appui dans l'Ecriture ni dans la tradition ancienne, en exceptant les fonctions d'évêque.

2° Ou bien, ils pensaient que l'idée religieuse et morale, renfermée dans la prédestination et dans la conception de l'Eglise comme communauté des imitateurs de Christ — est supérieure à la notion de l'Eglise empirique, institution des sacrements et institution juridique.

3° Ils jugeaient par conséquent les prêtres et en même temps les autorités ecclésiastiques d'après la loi de Dieu, comme le faisaient les donatistes, avant de consentir à leur accorder le droit d'administrer le pouvoir des clefs, le droit de lier et de délier. Les attaques des sectes réformatrices et des réformateurs avant la réforme sont faites au nom de ces principes. On pouvait ainsi en arriver à l'opposition en apparence la plus radicale contre le système d'Eglise régnant ; et en effet on appela l'Eglise, Eglise du diable, Babylone, Antéchrist, etc.

Cependant, nous ne devons pas nous y tromper et nous ne devons pas perdre de vue que les adversaires se plaçaient sur le même terrain. Le parti de la réforme rangeait les caractères *moraux* de l'Eglise au-dessus de ses caractères juridiques et « objectifs », et c'était là certainement un progrès incontestable, mais néanmoins les notions fondamentales de l'Eglise demeuraient les mêmes : pour eux elle est l'institution des sacrements, le sacerdoce est nécessaire, le but de l'Eglise c'est la communion avec Dieu, et la vie bourgeoise est à mépriser.

Cependant en donnant à l'Eglise le nom de société des fidèles, on établit en réalité une nouvelle notion *légaliste et moralistique :* l'Église est la somme de ceux qui réalisent la vie apostolique selon la loi de Christ. La foi fut seulement un signe compris dans la notion de la loi de Christ, et les ordres donnés par des prêtres furent remplacés par la règle des Franciscains, ou par un biblicisme dont les excroissances apocalyptiques et sauvages forcèrent à chercher un refuge auprès de l'ancien dogme et auprès de la tradition de l'Eglise. L'idéal flottant devant les yeux des réformateurs, ce n'était ni la communauté des croyants, ni une Eglise « invisible », comme on l'a cru à tort ; cet idéal c'était l'ancienne Eglise des prêtres et des sacrements qui devait être relevée quand on aurait aboli sa constitution hiérarchique et monarchique, quand on aurait supprimé les attributions politiques qu'elle avait usurpées, en procédant à un « criblage » sévère de ses prêtres, d'après la mesure de la loi de Christ ou de la Bible. Sous ces conditions-là, l'Eglise fut, même pour les réformateurs, l'Eglise visible sainte par le moyen de laquelle Dieu réalise sa prédestination. On ne reconnut pas qu'il était impossible de mettre à exécution le principe des donatistes, et que cette Eglise ainsi réformée devait nécessairement redevenir toujours une Eglise hiérarchique.

Les *Vaudois* n'attaquèrent ni le culte catholique, ni les sacrements, ni la constitution hiérarchique en elle-même, mais ils virent un péché mortel dans le fait que les ecclésiastiques catholiques exerçaient les droits des successeurs des apôtres sans imiter personnellement la vie apostolique, et ils protestèrent contre le pouvoir étendu de gouvernement qu'avaient les papes et les évêques.

Les *Joachimites* et une partie des Minorites ont allié à l'élément légal l'élément apocalyptique. Ici encore le sujet du débat ce n'était pas du tout l'institution des sacrements, ni le sacerdoce, mais seulement la question des droits de l'organisation hiérarchique, de l'institution divine du pape et du pouvoir de gouvernement de l'Eglise ; au nom des idées franciscaines on refusait ce droit à l'Eglise. Si beaucoup de gens faisaient rentrer toute la sphère du droit dans les attributions de l'état, cela indique simplement le mépris qu'ils nourrissaient pour ce domaine-là. Les *professeurs de la Sorbonne* et leur parti national-libéral ont attaqué à leur racine l'extension de la papauté et de la constitution de l'Eglise, conforme aux principes pseudo-isidoriens et grégoriens ; cependant ce qu'ils voulaient avant tout, c'était seulement paralyser les pouvoirs

financiers du pape et guérir les maux de l'Eglise par l'é-
piscopalisme. Or, cette idée était une utopie, étant donné
que l'Eglise était une puissance romaine.

Nous trouvons la forme la plus mûre des mouvements
réformateurs du moyen âge chez Wiclif et Huss. Huss fut
un agitateur énergique dans le sens de Wiclif, mais il
manqua d'indépendance théologique. Voici ce qu'ils ont
fait : 1º Ils ont prouvé que le culte et les sacrements sont
entièrement surchargés de prescriptions humaines qui les
ont faussés, et ces prescriptions ce sont les indulgences, la
confession auriculaire, le pouvoir absolu des clefs possédé
par les prêtres, la manducation des infidèles, le culte des
saints, des images, des reliques, les messes privées, les
sacrements. Wiclif s'éleva même contre la transsubstantiation. Ils ont réclamé la spiritualité, la simplicité, l'intel-
ligibilité du culte, demandant qu'il fût célébré dans la
langue maternelle.

2º Ils ont réclamé une réforme de la hiérarchie et des
ordres mendiants, car ceux-ci sont mondanisés. Tous,
et le pape en première ligne, doivent revenir au *service*
apostolique ; le pape n'est que le plus élevé des serviteurs
de Christ, il n'est pas son vicaire, toute domination doit
cesser de sa part.

3º Comme Thomas, ils ont mis au premier plan la notion
augustinienne et prédestinatienne de l'Eglise, mais tandis
que Thomas unissait cette notion avec la notion empirique,
et ne faisait entrer en ligne de compte tout l'élément moral
que par l'intermédiaire des sacrements, eux, sans ôter aux
sacrements de leur importance, ont cependant mis au
centre l'idée que l'Eglise empirique doit être le royaume
dans lequel domine la *loi* de Christ. La loi de Christ, disaient-ils, est le « vrai caractère » de l'Eglise, aussi le
droit du sacerdoce et la manière d'administrer les sacrements doivent-ils être déterminés d'après ce principe fondamental. Wiclif combattit donc le droit du clergé d'être
à lui seul la représentation de l'Eglise et d'avoir l'administration des moyens de grâce. Il mit pour condition à

ce droit et à cette administration l'observation de la loi de
Christ. Wiclif et Huss passèrent, eux aussi, par dessus la
« foi » sans s'y arrêter. En attaquant de toutes leurs forces
la hiérarchie et la notion objective et juridique du système
ecclésiastique, ils opposèrent à la notion juridique de
l'Eglise la *notion légale*. La « foi formée par la charité »,
en d'autres termes l'observation de la loi, confère seule à
l'Eglise sa légitimité. Bien qu'ils aient ainsi grandement
contribué à rendre plus profonde la conception de l'Eglise,
— la notion hiérarchique de leurs adversaires renfermait
cependant en face de la leur un élément de vérité, quoiqu'il
fût détérioré : c'est que Dieu édifie son Eglise sur la terre
par sa grâce au sein du péché, et que la sainteté au sens
religieux n'est pas un caractère qui soit reconnaissable
d'après un critère légal.

(Sur la notion de l'Eglise de Thomas et des réformateurs
avant la réforme, voir Gottschick dans la *Zeitschrift für
Kirchengeschichte*, vol. VIII.)

3. Coup d'œil sur l'histoire de la science ecclésiastique.

Histoires de la philosophie, par Erdmann, Ueberweg-Heinze, Windelband, Stöckl; Baur, *Vorlesungen über Dogmengeschichte* 2 vol ; Werner, *Scolastik des späteren Mittelalters*, 3 vol. 1881 ss ; Ritschl,
   Fides implicita, 1890.

Le puissant essor que prit la science depuis le commencement du xiiiᵉ siècle fut amené 1° par le triomphe
grandiose de l'Eglise et de la papauté depuis Innocent III ;
2° par l'élévation du niveau de la piété depuis saint François ; 3° par l'élargissement et l'enrichissement de la culture générale et par la découverte du vrai Aristote ; puis
aussi par le fait que l'on entra en contact avec l'Orient et
apprit à connaître la philosophie grecque par l'intermédiaire d'Arabes et de Juifs tels que le supranaturaliste
Avicenna † 1037, le panthéiste Averrhoës † 1198, et Maimo-
nides; ce dernier exerça une influence sur Thomas, etc. Les
deux grandes puissances, les ordres mendiants et Aristote

ont dû d'abord lutter pour se faire une place dans la science. Aristote remporta la victoire lorsqu'on eut reconnu qu'il était très utile contre un réalisme excentrique conduisant au panthéisme. Alors se développa un réalisme adouci qui reconnaissait les universaux « *in re* », mais s'entendait aussi à les placer suivant les besoins « *ante* » et « *post rem*».

La science nouvelle chercha comme l'ancienne à expliquer toutes choses en les rapportant à Dieu, ce qui revenait à soumettre toutes les connaissances à l'autorité de l'Eglise. Dans un certain sens on fut au xiiie siècle encore plus lié qu'auparavant, car ce n'était pas seulement l'ancien dogme qui jouissait d'une autorité absolue, mais aussi tout le domaine des actes de l'Eglise. Alors fut parfaitement formulée pour la première fois l'hypothèse que chaque autorité a dans les questions particulières un aussi grand poids que la raison. — Les théologiens des ordres mendiants ont justifié « scientifiquement » les institutions et les doctrines nouvelles de l'Eglise en les mettant sur un seul et même plan avec le « *credo* » et le « *intelligo* ». Les efforts d'Anselme avaient tendu à élever un édifice rationnel sur le sol de l'autorité de la révélation, mais chez les nouveaux théologiens le mélange des styles fut tout bonnement et ouvertement un principe. On maintint cependant que la théologie est une science spéculative qui aboutit à la vision de Dieu, mais la confiance, que l'on nourrissait à l'égard de l'Eglise était si grande que l'on poursuivit la construction de la spéculation avec les thèses de l'autorité. Ainsi se forma l'opinion qu'il y a une théologie naturelle et une théologie révélée ; on les concevait comme étant toutes les deux en harmonie très intime, la première complétant et achevant l'autre, et l'on vécut dans l'assurance que le tout pouvait aussi tenir debout devant le forum de la raison. — Il était impossible de mesurer l'étendue des matières dont il fallait se rendre maître, car du côté de la révélation il y avait la Bible tout entière, la doctrine et les pratiques de l'Eglise, et du côté de la raison il y avait Aristote. Néanmoins on réalisa un progrès en allant des « sentences » au système (Sommes). L'Eglise ayant acquis la domination sur le monde, cette domination dut se refléter aussi dans la théologie. La nouvelle dogmatique fut la tractation dialectique et systématique du dogme ecclésiastique et de la pratique de l'Eglise, dans le but d'en faire un système doué d'unité, embrassant tout ce qui est souverainement digne d'être connu, d'en faire la démonstration et de mettre ainsi au service de l'Eglise toutes les puissances de la raison et l'ensemble de la science universelle. A ce but, s'alliait encore toujours l'autre but subjectif qui est de s'élever à Dieu et d'être en communion avec lui. Mais maintenant ces deux buts coïncidaient : la connaissance de la doctrine de l'Eglise, c'est la connaissance de Dieu, car l'Eglise, c'est le Christ présent. — Avec cela ces scolastiques n'étaient pas des esclaves travaillant pour l'Eglise, bien au contraire : ils ne cherchaient sciemment que la science pour leur âme, seulement ils ne respiraient que dans l'atmosphère de l'Eglise. La construction qu'ils exécutèrent s'est écroulée, mais leur travail a marqué tout de même un progrès dans l'histoire de la science.

Tout ce que nous venons de dire se rapporte à la scolastique antérieure à Scot et surtout à Thomas. La « Somme » de celui-ci a pour caractères :

1° La conviction que l'essence de la religion et de la théologie est d'une nature *spéculative*, que par conséquent il faut s'approprier celles-ci par le moyen de la pensée, et que finalement il ne peut pas surgir de contradiction entre la raison et la révélation.

2° Thomas maintient ferme la doctrine augustinienne sur Dieu, la prédestination, le péché et la grâce. Chez lui l'aristotélisme n'a influencé que la notion de Dieu. Thomas a aussi appris d'Augustin à donner une prééminence rigoureuse à l'Ecriture sainte comme à l'unique révélation certaine.

3° Une profonde connaissance d'Aristote et un usage considérable de sa philosophie dans la mesure permise par l'augustinisme.

4° Une justification hardie des plus hautes prétentions de l'Eglise, au moyen d'une théorie géniale de l'Etat et d'une observation admirablement perspicace des tendances empiriques du système ecclésiastique et de l'état papal. — L'influence universelle de Thomas vient de ce qu'il allie ensemble Augustin et Aristote. Comme disciple de ce dernier, il est un penseur spéculateur plein d'assurance, et pourtant on trouve déjà chez lui des germes tendant à la dissolution de la théologie absolue. Il a encore cherché à ce que l'ensemble de son système fît l'impression d'une chose dont l'autorité et dont la démonstration ont un caractère absolu ; mais dans les points particuliers, l'arbitraire et le relatif ont déjà remplacé ici et là l'élément de nécessité ; il ne déduit plus comme Anselme les articles de foi d'une manière purement rationnelle.

[Le plan de la Somme répond à ce principe : partir de Dieu pour arriver à Dieu. La première partie (119 questions) traite de Dieu et de la provenance des choses de Dieu. Dans la deuxième partie, la première division (114 questions) parle de la morale générale, et la seconde division de la morale spéciale au point de vue du retour à Dieu de la créature raisonnable. La troisième partie, que Thomas n'a pas pu finir, traite de Christ, des sacrements et de l'eschatologie. Dans chaque question particulière la procédure suivie par Thomas est celle de la contradiction : il expose toutes les raisons qui sont *contraires* à la juste idée de la doctrine (*difficultates*).

En somme le principe qui règne c'est que le système tout entier n'est fondé que sur l'autorité de la révélation : « *utitur tamen sacra doctrina etiam ratione humana, non quidem ad probandam fidem* (QUIA PER HOC TOLLERETUR MERITUM FIDEI) *sed ad manifestandum aliqua alia, quæ traduntur in hac doctrina. Cum enim gratia non tollat naturam, sed perficiat, oportet quod naturalis ratio subserviat fidei.* »]

Mais même avec l'élément de la stricte nécessité, on ne servait pas de toutes façons les intérêts de l'Eglise. Ici aussi elle exigeait qu'on jouât « à deux mains » : elle voulait que la théologie exposàt la nécessité spéculative du système ecclésiastique, et elle voulait aussi que la théologie enseignàt la soumission aveugle. La théologie de Thomas seule ne pouvait suffire, car malgré toute sa fidélité à l'Eglise elle n'avait pas nié que le tout c'est Dieu et l'àme, l'àme et Dieu. Or cette position déjà prise par Augustin et le pseudo-aréopagite développera toujours ce mysticisme (*Aftermystik*) dans lequel le sujet aspire à suivre son propre chemin. Là où il y a conviction intime, il y a aussi indépendance. — La théologie prit bientôt une autre direction et ce fut un avantage pour l'Eglise. Elle devint sceptique à l'égard du « général » et de « l'idée » qui doit être une « substance ». Sous l'influence de la continuation de l'étude d'Aristote, la causalité devint la notion principale à la place de l'immanence.

Le sens scientifique se fortifia, l'élément individuel dans son caractère concret devint l'objet des préoccupations : le monde est gouverné par la volonté, par la volonté de Dieu et la volonté de l'individu, non par une substance incompréhensible ou une intelligence universelle. La raison reconnaît la série des causalités, son rôle finit à la connaissance de l'arbitraire et de ce qui est purement contingent. — Duns Scot, le penseur le plus pénétrant du moyen âge, marque l'accomplissement de cette révolution immense, mais elle n'est achevée que depuis Occam.

Le résultat de cette révolution ne fut ni une protestation contre la doctrine de l'Eglise avec ses thèses absolues, ni une tentative d'examiner les bases de cette doctrine, — mais *un accroissement de l'autorité de l'Eglise*. On déféra à l'Eglise ce que jadis la raison et l'autorité avaient porté en commun, et cela non par un acte de désespoir, mais par un acte très naturel d'obéissance. — La première protestation est venue du socinianisme, et la première épreuve des bases de la doctrine a été faite par le protestantisme, tandis que le catholicisme après le concile de Trente a poursuivi dans la direction où il s'était déjà engagé : nous pouvons donc dire que *lorsque le nominalisme devint le maître, le sol fut préparé pour le futur triple développement de la doctrine.*

Le nominalisme a de grands mérites : il a compris que la religion est autre chose qu'une connaissance ou qu'une philosophie, et tandis que Thomas demeurait dans des incertitudes, il a senti l'importance de l'élément concret en face des abstractions creuses, ce qui fonda une psychologie nouvelle. Il a reconnu le rôle de la volonté et l'a relevé même en Dieu ; il a fortement insisté sur la personnalité de Dieu et a ainsi préparé la fin de la théosophie néoplatonicienne qui mêlait Dieu et le monde ; enfin il a saisi avec plus d'assurance le côté positif de la religion historique. — Mais d'autre part en perdant la confiance en un savoir absolu, le nominalisme a perdu la confiance dans la majesté de la loi morale ; il a ainsi vidé la notion de Dieu et l'a livrée à l'arbitraire. Dans l'élément « positif » sous lequel il s'inclinait, il a rangé l'Eglise avec toutes ses institutions : — les commandements de la religion et de la morale sont arbitraires, mais les commandements de l'Eglise sont absolus. Il a établi dans la dogmatique le droit souverain de la casuistique, qui avait été préparé par la discipline de la pénitence, ainsi que par la dialectique des Thomistes : tout dans la révélation repose sur le bon plaisir de Dieu, par conséquent c'est tout au plus si la raison peut prouver la « convenance » (*conveniens*) des ordonnances. Mais en tant que la raison se connaît elle-même, il y a *une double vérité*, la vérité religieuse et la vérité naturelle ; on se soumet à la première et c'est là précisément *le mérite* de la foi. Le nominalisme a admis la « foi implicite » dans une mesure croissante et sans même reculer devant la frivolité. Il est vrai que, sur ce point aussi, il avait des modèles antérieurs dans les décrétales des papes. Innocent IV en effet avait expressément déclaré qu'il suffit aux laïques de croire en un Dieu rémunérateur, et pour le reste de se soumettre à l'enseignement de l'Eglise.

Le non-sens et l'autorité devinrent le sceau de la vérité religieuse. — Tandis que l'on s'affranchissait du fardeau d'énormités spéculatives et de « pensées nécessaires » trompeuses, on se chargea du fardeau effrayant d'une foi dont on déclarait soi-même le contenu arbitraire et obscur et que l'on ne pouvait par conséquent plus porter que comme un uniforme.

Il y eut un autre développement étroitement uni à celui-ci : l'augustinisme fut peu à peu éliminé pour réintroduire le moralisme romain appuyé par Aristote. Le poids de la coulpe et la puissance de la grâce devinrent des puissances relatives. On apprit d'Aristote que par sa liberté, l'homme est indépendant devant Dieu, et de même qu'on avait supprimé la doctrine d'Augustin sur les choses initiales et finales, de même on effaça aussi sa doctrine de la grâce, tout en se couvrant de ses paroles.

Tout dans la religion et l'éthique fut réduit à des probabilités, et la rédemption par Christ elle-même fut placée au nombre des catégories tout à fait incertaines. On appliqua à la religion objective et à la religiosité subjective les principes d'une diplomatie religieuse et morale cosmopolite. La lumière de la sainteté de Dieu s'éteignit : Dieu n'est pas complètement immuable ni complètement saint. Il n'y a pas besoin que la foi soit un abandon complet, que la pénitence soit une repentance parfaite, ni que l'amour soit un amour parfait. Partout, « une certaine mesure » (Aristote) suffit ; il est suppléé à ce qui manque à l'aide des sacrements et des institutions de l'Église, car le don de la révélation a été fait pour rendre facile le chemin du ciel, et seule l'Eglise a le pouvoir d'indiquer quelle « mesure » satisfait Dieu, et quels mérites accidentels le contentent. Voilà l' « aristotélisme » ou la « raison » des scolastiques nominalistes ; Luther l'a haïe, et après le concile de Trente, les Jésuites lui ont accordé un droit de cité entier dans l'Eglise.

Au soir du moyen âge et déjà au quatrième siècle, ce nominalisme, qui épuisait la religion, suscita des réactions puissantes, mais il demeura le maître dans les universités. Non seulement les théologiens de l'ordre des Dominicains ne cessaient de le réfuter, mais encore une réaction au-

gustinienne éclata en dehors de cet ordre avec Bradwardina, Wiclif, Huss, Wesel, Wessel, etc. Ils firent front
contre le pélagianisme, bien qu'ils attribuassent un rôle
considérable aux sacrements, à la foi implicite et à l'autorité de l'Eglise. Au quinzième siècle, le nominalisme s'étant
fait positivement mépriser par le vide de son formalisme et
de sa dialectique, la réaction augustinienne trouva un puissant allié chez Platon, qu'on venait de remettre en lumière.
Lui et l'antiquité retrouvée donnèrent naissance à un esprit nouveau qui cherchait la connaissance *de la vie*, en
poursuivant des idéals qui affranchissent l'individu et
l'élèvent au-dessus du monde ordinaire. Cet esprit nouveau
s'annonça par des orages violents, et au commencement
il sembla menacer la chrétienté d'un retour au paganisme.
Nicolas de Kus, Erasme et les autres représentants les plus
éclairés de la renaissance, voulaient seulement se défaire
d'un système ecclésiastique sans vie et de sa science futile ;
en dernière analyse, ils ne voulaient pas porter atteinte à
l'Eglise ni au dogme. On retrouva la confiance dans la possibilité de connaître l'unité de toutes choses, et l'imagination
inspirée par l'antiquité et par les mondes nouveaux que
l'on découvrit, prit un essor hardi ; tel fut le fondement de
la science nouvelle. Ce ne fut pas la science nominaliste
purifiée qui devint exacte, mais un esprit nouveau fit qu'on
passa par-dessus les feuilles sèches de la scolastique, et
donna la confiance et l'énergie nécessaires pour qu'on
arrachât à la nature ses secrets. Cela se fit grâce aux
spéculations vivantes de Platon, lesquelles embrassent
l'homme tout entier, et grâce aussi au contact avec la vie.

Au premier abord, la *théologie* n'en retira aucun avantage. Elle fut tout simplement mise de côté. Les humanistes
chrétiens n'étaient pas des théologiens, mais des savants
versés dans la connaissance des pères ; leur idéal était
celui de Platon et des Franciscains, et dans les cas les plus
favorables celui d'Augustin. A proprement parler, personne
n'avait plus confiance dans l'enseignement de l'Eglise,
mais la renaissance avait éveillé le désir de connaître les

originaux, et cela prépara l'avènement d'une théologie nouvelle.

4. *La scolastique expression de la dogmatique.*

L'Eglise d'Occident eut, dans la scolastique du treizième siècle, une exposition une et systématique de sa foi. On prit pour point de départ : 1° l'Ecriture sainte et les décisions dogmatiques des conciles ; 2° l'augustinisme ; 3° le développement du système ecclésiastique depuis le neuvième siècle ; 4° la philosophie aristotélicienne. — Le but de la théologie, ce fut toujours la félicité de l'individu dans l'au-delà : mais comme les sacrements qui servent à atteindre ce but sont des puissances d'amour, et établissent le règne du Christ déjà sur la terre, la théologie eut encore, depuis Augustin, une seconde préoccupation finale ; elle ne fut pas seulement un *aliment des âmes*, elle fut aussi *science de l'Eglise* (*Ekklesiastik*). Le catholicisme n'a jamais accordé ces deux préoccupations finales. La *grâce* et le *mérite* sont les deux centres de la courbe dessinée par la conception que le moyen-âge s'est faite du christianisme.

Seuls les anciens articles de foi furent des dogmes au sens strict, mais à partir du moment où l'on considéra la transsubstantiation comme comprise dans l'incarnation, le système sacramentel tout entier fut en fait élevé à la hauteur d'un dogme absolu. La limite entre le dogme et l'affirmation théologique devint entièrement incertaine. Personne ne pouvait plus dire quel était l'enseignement propre de l'Eglise, et celle-ci de son côté s'est constamment gardée de délimiter le champ de la foi obligatoire.

La tâche de la scolastique fut triple. Elle eut : 1° à travailler scientifiquement les articles de foi et à les établir à l'intérieur de la ligne tracée autour du sacrement et du mérite ; 2° à achever la formation de la doctrine du sacrement ; 3° à accommoder les principes des actes de l'Eglise avec l'augustinisme. Elle se montra grandement à la hauteur de ces diverses tâches, mais en même temps elle se mit en désaccord avec la piété. Celle-ci trouva toujours moins son expression propre dans la théologie officielle, c'est-à-dire nominaliste ; les réactions augustiniennes le montrent bien. La piété a par conséquent rejeté de côté la théologie officielle.

A. *Travail opéré sur les article de foi traditionnels.*

1. La notion de Dieu d'Augustin et du faux aéropagite a d'abord dominé la théologie du moyen âge, avec les idées de l'existence nécessaire par même, de la substance qui détermine tout, de l'existence virtuelle de Dieu dans le monde, avec la preuve ontologique d'Anselme. Mais plus tard on s'aperçut qu'on était en danger de verser dans le panthéisme, comme Amaury de Bène et David de Dinant. — Thomas s'est efforcé d'allier la notion augustinienne de Dieu avec la notion aristotélicienne. Dieu est substance absolue, pensée consciente d'elle-même, acte pur ; il est distinct du monde. (Preuve cosmologique). Mais ce dont Thomas est le plus vivement préoccupé, c'est d'appuyer sur la suffisance et la nécessité absolues en Dieu. Le monde est contenu dans le but absolu de Dieu ; — en effet ce qui est nécessaire peut seul être reconnu, et de la connaissance assurée dépend la félicité. — Duns Scot combattit cette notion d'une existence nécessaire par elle-même, il démolit toutes les preuves de l'existence de Dieu, il nia aussi que la volonté divine puisse être mesurée avec nos « habitudes de pensées » éthiques, et il conçut Dieu simplement comme une volonté libre dont les motifs sont insondables, ce qui revient à dire qu'elle n'en a pas et qu'elle est le bon plaisir. Occam mit en question même l'idée du *primum movens immobile* et déclara que le monothéisme est seulement plus probable que le polythéisme. — Le contraste entre les Thomistes et les Scotistes vient de la conception différente qu'ils se font de la position de l'homme vis-à-vis de Dieu. Les premiers la conçoivent comme une *dépendance* et reconnaissent que l'essence de Dieu c'est

le bien : Dieu veut quelque chose parce que cela est bon. Les Scotistes au contraire séparent Dieu et la créature, regardent celle-ci comme indépendante, mais comme tenue à l'observation des *commandements* issus du bon plaisir de Dieu : quelque chose est bon parce que Dieu le veut. On trouve chez les premiers la prédestination, chez les seconds le bon plaisir. La théologie avait bien à la bouche la phrase *pater in filio revelatus*, mais elle n'y prit pas garde.

2. Le développement de la doctrine trinitaire fut complètement livré aux travaux des savants après que l'on eut repoussé les tentatives de Roscelin, dont la tendance était trithéiste, et d'Abailard dont la tendance était modaliste. Le thomisme devait nécessairement maintenir la tendance au modalisme, en rendant l'essence divine indépendante, aussi reprocha-t-on même à Pierre Lombard d'en arriver à la quaternité. L'école scotiste, par contre, maintenait les personnes nettement distinctes. La trinité devint un problème de l'école et l'objet de recherches subtiles. La façon dont elle fut traitée montra bien que la foi de l'Occident ne puisait pas sa vie dans cette doctrine traditionnelle.

3. On trouve encore chez Thomas des restes de panthéisme : la création est le passage des idées divines à l'acte ; tout ce qui est, n'existe que *participatione dei ;* la bonté divine est la fin de toutes choses, le monde n'a donc pas de but propre. Cependant en introduisant les idées aristotéliciennes, Thomas a déjà réalisé dans son essence la séparation de Dieu et de la créature, et a tenté de rétablir la pure idée de la création. Les divergences entre Thomistes et Scotistes se reflétèrent dans la controverse au sujet du commencement du monde. L'école scotiste établit une distinction tranchée entre la fin absolue de Dieu et la fin des créatures. L'armée innombrable des questions relatives au gouvernement du monde, à la théodicée, soulevées à nouveau par la scolastique, appartient à l'histoire de la théologie. Thomas admit l'idée que Dieu dirige toutes choses d'une façon immédiate et produit les corruptions « comme par acci-

dent » (c'est l'idée d'Origène et d'Augustin). Les Scotistes ne voulurent admettre qu'un gouvernement mé-
diat et combattirent la doctrine néoplatonicienne sur le
mal, dans l'intérêt de Dieu et de l'indépendance de
l'homme.

4. La doctrine des deux natures est parvenue aux grands
scolastiques avec une *nota* contre le « nihilianisme » de
Pierre Lombard ; celui-ci contestait que Dieu fût devenu
quelque chose par l'incarnation. La conception de Jean
Damascène était la conception prescrite, mais on traita
l'union hypostatique comme un problème de l'école. Les
Thomistes envisagèrent l'élément humain comme passif et
accidentel, et au fond continuèrent les vues monophysites.
Duns chercha à sauver l'humanité de Christ, à mettre certaines limites à son savoir humain, et à attribuer l'existence
aussi à sa nature humaine individuelle. Mais sur ce domaine le thomisme resta victorieux. A vrai dire ce fut seulement dans le dogme de la Cène qu'on fit un usage pratique du dogme christologique, et la scolastique postérieure
(Occam) en présentant ce dogme comme nécessaire et rationnel, le dissolut complètement : « Dieu aurait pu prendre
la nature de l'âne et nous sauver ainsi. » La doctrine de
l'œuvre de Christ ne plongeait donc pas par ses racines
dans la doctrine des deux natures, mais dans la pensée du
mérite de l'homme-Jésus sans péché, dont la vie a une valeur divine (*Christus passus est secundum carnem*). En outre
l'idée de la satisfaction d'Alexandre de Hales et d'Albert
d'Halberstadt fut de nouveau remise en évidence. Thomas
l'a travaillée, mais il a déclaré que la rédemption par la
mort de Christ n'est que le chemin *le plus ordinaire*.
Cette mort nous montrant la somme de toutes les souffrances imaginables, apporte à nos âmes l'amour de Dieu,
nous devient un exemple, nous détourne loin du péché, et
est un motif pour éveiller en nous l'amour en retour.
Outre le côté subjectif, Thomas accentue aussi le côté
objectif : Si Dieu nous avait rachetés par « sa seule
volonté », il n'aurait pas pu nous procurer tant de grâces,

car la mort de Christ nous a acquis non seulement l'affranchissement de la coulpe, mais aussi la grâce justifiante et la gloire de la félicité. Thomas présente aussi tous les points de vue sous lesquels il est possible de considérer la mort de Christ. Comme satisfaction, cette mort est *surabondante*, car dans toutes les satisfactions c'est la règle que l'offensé aime le don qui lui est fait, *plus* qu'il ne hait l'offense (*sacrificium acceptissimum*). Cette pensée apparemment juste et digne devient néfaste, car Thomas lui aussi méconnaît ouvertement la *souffrance envisagée comme un châtiment*, et par là il méconnaît toute la gravité du péché. La doctrine du mérite prétend exprimer non pas seulement la possibilité de notre réconciliation par la mort de Christ, mais aussi sa réalité. La doctrine des deux natures étant repoussée à l'arrière-plan, l'idée d'Anselme en est poussée plus loin de telle façon que le mérite acquis par une souffrance volontaire est transmis de la tête aux membres : *caput et membra sunt quasi una persona mystica, et ideo satisfactio Christi ad omnes* FIDELES *pertinet, sicut ad sua membra.* Toutefois la notion de la foi fait aussitôt place à celle de l'amour : *fides per quam a peccato mundamur, non est fides informis, quae potest esse etiam cum peccato, sed est fides formata per caritatem.*

Thomas a vacillé entre la rédemption hypothétique ou nécessaire, entre la rédemption objective, c'est-à-dire possible, ou subjective, c'est-à-dire réelle, entre la rédemption rationnelle ou irrationnelle. Duns Scot a tiré la conséquence de la théorie de la satisfaction en ramenant tout à « l'acceptation » du bon plaisir de Dieu ; car la satisfaction reçoit sa valeur de l'estime arbitraire qu'en fait celui qui la reçoit, de même que celle-ci détermine aussi seule la grandeur de l'offense. La mort de Christ a la valeur que Dieu lui donne, et il faut en tout cas écarter l'idée de « l'infini », car ni le péché d'hommes finis, ni la mort d'un homme fini ne peuvent avoir un poids infini. Ensuite un mérite infini n'est pas du tout nécessaire, puisque la volonté souveraine de Dieu déclare ce qui est bon et ce qui a du mérite à ses yeux. Par conséquent un homme (*purus homo*) aurait pu nous racheter aussi, car il n'y avait besoin de donner qu'une première impulsion, le reste devant être accompli par l'homme d'une manière indépendante. Duns s'efforce encore de montrer que la mort de Christ a été « convenable » (*schicklich*), mais cette démonstration n'a plus aucune portée : Christ est mort par ce que Dieu l'a voulu ainsi ; Duns enlève les éléments du « nécessaire » et de « l'infini » qui sont cependant ici l'expression du divin. Dans la dogmatique règnent la prédestination par le bon plaisir de Dieu et la justice des œuvres. En vérité Duns a déjà désagrégé la doctrine de la rédemption, et a supprimé la divinité de Christ. L'autorité de l'Eglise maintient seule cette doctrine, mais que cette autorité vienne à tomber, on aura le *socinianisme*. Tout en reconnaissant l'autorité de l'Eglise, des théologiens nominalistes en sont allés dans leur dialectique jusqu'à la frivolité et au blasphème. Cependant au quinzième siècle Gerson, Wessel et même Biel et d'autres établirent une nouvelle conception plus sérieuse rattachée à la doctrine d'Augustin ; enfin les vues de saint Bernard sur le Christ souffrant n'ont jamais sombré durant le cours du moyen âge.

B. *La doctrine scolastique des sacrements.*

Hahn, *Lehre von den Sacramenten*, 1864.

Les incertitudes qui régnaient dans la scolastique et les libertés qu'elle s'accordait à l'endroit de la doctrine de l'œuvre de Christ s'expliquent par l'assurance avec laquelle elle envisageait la possession du salut dans les sacrements comme une chose actuelle. *Les sacrements faisaient la vie de la foi et de la théologie.* Sur ce point la doctrine d'Augustin fut développée dans un sens matérialiste et formaliste, tandis que l'on reléguait le *verbum* encore plus loin derrière le *sacramentum*. En effet, à côté de la grâce considérée comme le réveil de la foi et de l'amour, on gardait

toujours l'ancienne définition : « La grâce n'est pas autre
chose que la participation à la similitude de la *nature
divine* » et au fond on ne put pas se représenter une
forme de la grâce autre que la forme magique des sacrements.

Le développement de la doctrine du sacrement a été
longtemps entravé par une difficulté : le nombre des sacrements n'était pas fixé. Il y avait à côté du baptême et de
la Cène une masse indéterminée de pratiques sacrées
(comp. encore Bernard). Abailard et Hugues de Saint-
Victor firent ressortir la confirmation, l'onction et le mariage, arrivant ainsi au nombre de cinq. Robert Pullus
accentua la confirmation, la confession et l'ordination. Le
nombre sept provient d'une combinaison qui se produisit
peut-être pendant la lutte contre les Cathares (Livres des
sentences de Roland) ; il a été proposé par Pierre Lombard
comme une « idée » qui lui était particulière. Ce chiffre ne
fut pas encore adopté aux conciles de 1179 et de 1215. Ce
furent seulement les grands scolastiques qui le mirent en
honneur et l'Eglise ne se déclara d'une façon précise qu'à
Florence en 1439 avec la bulle d'Eugène IV (*Exultate deo*).
On n'avait pas l'intention de mettre les sept sacrements
absolument sur le même pied, aussi le baptême et surtout
la Cène conservèrent-ils une place privilégiée. On montra
avec détail la « convenance » du nombre sept et comment
l'organisme des sacrements embrasse la vie tout entière,
celle des individus comme celle de l'Eglise. En fait, la
création de sept sacrements est le chef-d'œuvre d'une politique peut-être inconsciente.

Hugues de Saint-Victor a commencé le travail technique
de la doctrine en conservant la distinction établie par Augustin entre *sacramentum* et *res sacramenti* et en accentuant
avec plus de force le don physique et spirituel qui y est
réellement *renfermé*. Pierre Lombard a suivi ses traces et
a donné la définition suivante (IV, 1 B) : *Sacramentum
proprie dicitur, quod ita signum est gratiae dei et invisibilis
gratiæ forma, ut imaginem ipsius gerat et causa existat. Non*

*ergo significandi tantum gratia sacramenta instituta sunt,
sed etiam sanctificandi* (Les institutions de l'Ancien Testament sont établies *significandi gratiâ*). Il ne dit pourtant
pas comme Hugues que les sacrements renferment la grâce,
mais qu'ils la produisent comme en étant la cause première.
Il n'exige aussi qu'un signe comme fondement, il n'exige
pas comme Hugues un élément corporel.

Thomas adoucit le *continent* de Hugues, et même il va
encore plus loin. En vérité, Dieu n'agit pas *adhibitis sacramentis* (Bernard), mais cependant les sacrements ne produisent la grâce que *per aliquem modum*. Dieu lui-même
produit la grâce ; les sacrements sont causes instrumen-
tales, ils transmettent l'effet à partir de celui qui l'a produit le premier (*a primo movente*). Ils sont donc *cause* et
signes; c'est ainsi qu'on doit entendre cette parole : *efficiunt
quod figurant*. Cependant dans les sacrements une vertu
est présente *ad inducendum sacramentalem effectum*.

Dans la suite, la relation qui existe entre les sacrements
et la grâce fut entièrement perdue de vue. La grâce ne fit
qu'accompagner le sacrement, car le bon plaisir de Dieu
les a simplement unis ensemble (Duns) en vertu d'un
« pacte conclu avec l'Eglise ». La conception nominaliste
paraît ainsi moins magique, elle a préparé la doctrine sa-
cramentaire des réformateurs avant la réforme et de
Zwingle en protestant contre le « *continent* ». Cette forme
de leur doctrine ne provient pas de ce qu'ils sont préoccupés de la « parole » et de la foi, mais ainsi qu'on l'a
remarqué, elle vient de leur notion particulière de Dieu. La
doctrine officielle en reste à Thomas, c'est-à-dire rétrograde
jusqu'à la formule « *figurant, continent et conferunt* » (Concile de Florence). Donc, contrairement à ceux de l'Ancien
Testament dans lesquels la foi était nécessaire, les sacrements agissent « *ex opere operato* », autrement dit l'effet
découle de l'acte en soi. Pierre Lombard avait déjà dit
cela. On repoussa la tentative des Scotistes de placer les
sacrements de l'Ancien Testament sur un pied d'égalité
avec ceux du Nouveau.

Les points suivants de la doctrine thomiste sont particulièrement importants :

1° Dans le genre les sacrements sont nécessaires d'une façon générale pour le salut ; dans l'espèce cela n'est rigoureusement vrai que pour le baptême. On admet la règle que ce n'est pas l'absence, mais le mépris du sacrement qui amène la condamnation. 2° Dans le genre les sacrements doivent nécessairement avoir un effet significatif (*sacramentum*), un effet préparatoire (*sacramentum et res*), un effet salutaire (*res sacramenti*) ; mais *dans l'espèce* l'effet préparatoire du sacrement, soit *le caractère* qu'il imprime, ne peut être montré que pour le baptême, la confirmation et l'ordination. La puissance de l'âme reçoit ainsi « l'empreinte indélébile de Christ », cette empreinte n'est par conséquent pas renouvelable et elle rend capable de recevoir et de transmettre le *cultus dei* d'une manière semblable à un estampillage. 3° La définition précise donnée à la question « Qu'est-ce que le sacrement » indique que ce n'est pas seulement un signe sacré, mais un signe qui sanctifie ; or comme la cause de la sanctification ce sont les souffrances de Christ, la forme du sacrement consiste dans la communication de la grâce et des vertus, et son but c'est la vie éternelle. Le sacrement doit donc toujours être une « *res sensibilis a deo determinata* » (matière du sacrement) et il est très « approprié » qu'il y ait en outre des paroles *quibus verbo incarnato quoddammodo conformantur*. Il est nécessaire que la forme du sacrement — autrement dit ces paroles déterminées par Dieu — soit scrupuleusement observée, même un *lapsus linguae* non intentionnel empêche le sacrement d'être parfait; en outre le sacrement est évidemment détruit, si quelqu'un a l'intention de ne pas faire ce que fait l'Eglise.

4° La preuve de la nécessité des sacrements est tirée du fait que dans une certaine mesure ils font aux hommes l'application de la passion de Christ (*quodammo lo applicant passionem Christi hominibus*) car en effet *congrua gratiae praesentialiter demonstrandae sunt*, ils sont dignes d'une grâce qui doit être présentement démontrée.

5° Quant à l'effet (*character et gratia*), la doctrine thomiste affirme que dans le sacrement, à la grâce générale des vertus et des dons vient s'ajouter encore un certain secours divin pour atteindre le but du sacrement (*quoddam divinum auxilium ad consequendum sacramenti finem*) et les paroles aussi bien que les choses elles-mêmes renferment une vertu instrumentale pour attirer la grâce (*instrumentalis virtus ad inducendam gratiam*). — Dans cette détermination du rapport qui existe entre la grâce sacramentelle et la passion de Christ, un fait se montre avec évidence, c'est que la doctrine sacramentelle catholique n'est autre chose qu'une doublure de la rédemption par Christ. Comme on avait une conception physique de la grâce et qu'on ne pouvait rattacher cette grâce physique directement à la mort de Christ, c'est-à-dire l'en faire dériver, on fut bien obligé d'attribuer au Dieu rédempteur non seulement un *instrumentum conjunctum* dans la personne de Jésus, mais encore de lui subordonner un autre *instrumentum separatum*, les sacrements. D'autre part, si l'on peut au contraire arriver à comprendre la vie et la mort de Christ de telle sorte qu'on y trouve la grâce et le sacrement, alors cette doublure est inutile et fâcheuse.

6° La définition de la cause des sacrements établit que Dieu en est le promoteur, tandis que le prêtre en tant que ministre est « cause instrumentale ». Tout ce qui touche à la nécessité du sacrement (donc pas les prières des prêtres) doit avoir été institué par Christ lui-même. Tandis que Hugues de Saint-Victor et Pierre Lombard faisaient encore provenir quelques sacrements des apôtres, comme le firent aussi quelques autres personnes, jusqu'au seizième siècle, Thomas fit appel à la tradition, car les apôtres, pensait-il, ne peuvent pas avoir institué le sacrement au sens strict et même Christ comme *homme* n'avait que la *potestas ministerii principalis seu excellentiae*, et il agit *meritarie* et *efficienter* ; sans doute Christ aurait pu transmettre aussi cette extraordinaire *potestas ministerii*, mais il ne l'a pas fait.

L'administration des sacrements est valable, même lorsqu'elle est faite par de mauvais prêtres, car l'intention
seule est nécessaire, mais non la foi ; seulement ces prêtres
se chargent d'un péché mortel. Même les hérétiques peuvent transmettre le sacrement, mais pas la « *res sacramenti* ».

Dans tout ceci Thomas ne tient aucun compte de la foi
et il passe rapidement sur la question des conditions nécessaires à une réception salutaire des sacrements. Or, chez
les nominalistes, cette question fut la plus importante avec
celle de la relation entre la grâce et le sacrement, et avec
la question de la personnalité de celui qui administre
chaque sacrement en particulier. Ils tranchèrent le problème dans ce sens que *le facteur du mérite l'emporta sur
celui du sacrement et de la grâce ;* en même temps ils se
firent une idée plus relâchée des conditions du mérite et
appuyèrent avec plus de force sur l'*opus operatum.* Au fond
ils dissolvaient complètement le thomisme. Sur ce point
encore ils voulaient concevoir la doctrine dans un sens
plus spirituel et plus éthique, mais en vérité ils tombèrent
dans une casuistique honteuse et favorisèrent la justice des
œuvres et la magie sacramentelle.

Tout le monde admettait qu'il faut une disposition quelconque pour recevoir le sacrement *d'une façon qui vous
procure le salut,* mais on se demandait : « En quoi consiste
cette disposition et quelle est sa valeur ? »

Les uns n'envisageaient pas du tout cette disposition
comme une condition positive de la grâce sacramentelle,
mais seulement comme la condition *sine quâ non ;* ils n'y
voyaient donc pas un mérite et déclaraient ouvertement
que les sacrements agissent seulement *ex opere operato.*
La disposition est nécessaire, mais elle n'a aucune importance causative.

D'autres — ils n'étaient pas nombreux — affirmaient
que les sacrements peuvent seulement conférer la grâce
lorsqu'il y a la repentance intérieure et la foi. Or celles-ci
étant des mouvements intérieurs, sont produites par Dieu

en sorte qu'on ne doit absolument pas admettre une justification *ex opere operante*; les sacrements sont simplement la déclaration d'un acte de Dieu intérieur. C'était là
un acheminement vers le point de vue des réformateurs.

Ce fut le troisième groupe qui gagna la haute main. Il
enseignait que la grâce salutaire est un produit du sacrement et de la foi repentante, en sorte que le sacrement
lui-même ne fait qu'enlever au-dessus du point mort pour
agir ensuite en coopération avec les dispositions intérieures.
Les adhérents de ce groupe ont pour la première fois
accordé de l'importance à la question : Comment créer les
dispositions (repentance et foi) qui amènent le sacrement
à produire son effet? Tout d'abord on répondit avec Augustin que celui qui reçoit le sacrement ne peut pas *obicem
contrariae cogitationis opponere*. Les anciens théologiens
en avaient conclu à la nécessité de la présence d'un bon
sentiment intérieur ; ils avaient même déjà conçu ce sentiment comme un mérite, car il est toujours nécessaire qu'il
y ait un minimum de mérite (ceci contre Augustin) quand
la grâce doit être dispensée.

Quant à Duns et à ses disciples, leur enseignement fut
une corruption funeste de cette pensée juste que les sacrements du Nouveau-Testament sont souverains parce qu'ils
n'exigent pas comme ceux qui les précèdent un bon mouvement pour condition préalable, mais exigent seulement
l'absence de motifs mauvais et hostiles, tels que par exemple
le mépris du sacrement ou une incrédulité positive. Sans
sacrement la grâce ne peut agir que là où il y a quelque
dignité, tandis que la grâce sacramentelle agit là où il y a
table rase (comme si cela était !). Dans le premier cas on
peut exiger un mérite de convenance (*de congruo*); ici « on
n'exige qu'un acte extérieur, si on ôte les obstacles intérieurs ». Le simple fait que celui qui reçoit le sacrement
s'y soumet avec obéissance devient pour lui un mérite de
convenance, et ainsi commence le procès du salut.

Si le nombre de fois que le sacrement est conféré se multi-
plie, ce procès peut finalement être mené jusqu'au bout

sans que le sujet dépasse jamais le mérite de convenance, c'est-à-dire un mérite qui peut exister sans foi et sans amour intérieurs (*réels*). La grâce sacramentelle transforme *ex opere operato* l'attrition en contrition, et complète ainsi les mérites défectueux en les rendant parfaits. L'âme s'élève à Dieu sur l'échelle de sentiments intimes entièrement vains ou même irréligieux, tels que la crainte de la punition, la terreur de l'enfer, un stérile mécontentement de soi-même, mais toujours et sans cesse cela est complété à l'aide des sacrements : *attritio superveniente sacramento virtute clavium efficitur sufficiens*. La doctrine des sacrements est ainsi subordonnée à une doctrine pélagienne de la justification de la pire espèce.

Les divers sacrements.

1. *Le Baptême*. La matière en est l'eau, et la forme les paroles de l'institution. — Il se rattache au péché originel. Le baptème efface la coulpe de ce péché et celle de tous les actes de péché précédemment commis, il en remet la peine, mais non pas les maux qui sur la terre sont un châtiment, et il fait rentrer la concupiscence dans l'ordre. En d'autres termes on admet la notion d'une concupiscence innocente, ce qui n'est pas du tout une idée religieuse, et l'on prétend que le baptème met l'homme en état de limiter la concupiscence. L'action positive du baptème est mise sous le titre de « régénération » mais on ne s'affranchit pas des défauts dont cette notion souffrait chez les pères de l'Eglise : elle manque de clarté et ne signifie rien. En théorie on affirme que la grâce positive du baptème est très parfaite et que les enfants eux-mêmes la reçoivent, ce qui fait du baptème le sacrement de la justification au sens absolu, — mais en fait, on ne peut concevoir le baptème que comme un sacrement d'initiation et on maintient le caractère de perfection du baptème des enfants dans ce sens seulement que la foi des enfants est remplacée par la foi de l'Eglise ou celle des parrains : le

baptême est le fondement du procès de la justification *in habitu*, et non *in actu*. — Dans un cas de nécessité un diacre ou même un laïque peut baptiser.

2. *La Confirmation*. La matière en est le chrême consacré par l'évêque et la forme « *consigno te...* etc. » Comme le baptême, ce sacrement ne peut être répété, et son effet c'est de conférer la vertu (*robur*) pour croître, la force pour combattre, et dans le procès de justification la grâce « *gratum faciens* » Seul l'évêque peut confirmer. Ce sacrement a son importance à côté de l'ordination, comme sacrement de la *hiérarchie* épiscopale, toutefois cette importance ne réside que dans le « *character* » qu'il confère. Les doutes à l'endroit de ce sacrement ne disparurent jamais dans le cours du moyen âge. (Voyez entre autres Wiclif.) Depuis Thomas on fut bien près d'en faire une des attributions du pouvoir papal, puisqu'il se rapporte particulièrement au corps de Christ, à l'Eglise, et non à son corps sacramentel, et qu'ainsi le pouvoir de juridiction entre en considération.

3. *L'Eucharistie*. La matière en est les éléments, et la forme les paroles de l'institution. Dans ce domaine la doctrine thomiste est parvenue à l'emporter complètement sur les tentatives des nominalistes qui tendaient à affaiblir la doctrine de la transsubstantiation Cependant les attaques « hérétiques » dirigées contre cette doctrine après le concile de Latran (voir plus haut p. 333) ne cessèrent jamais au moyen âge. La théorie orthodoxe présuppose le réalisme ; sans lui elle s'écroule. Tout ce qu'on pouvait dire de plus relevé, on l'a dit de la Cène, mais néanmoins la foi qui cherche la certitude s'en retourna à vide. En définitive le sacrement de la pénitence est rangé bien au-dessus de la Cène comme sacrement et comme sacrifice : les messes sont un moyen de salut peu important, et la nourriture spirituelle qu'elles donnent n'efface aucunement les péchés mortels. Le grand problème théologique fut la transsubstantiation elle-même, et devant la grandeur de la chose on ne prit pas garde combien son action avait peu

d'importance. — Thomas a développé la doctrine de la nature de la présence du corps de Christ dans le sacrement : il n'y a pas création à nouveau, ni assomption des éléments de telle sorte qu'ils deviennent corps ; il n'y a aucune consubstantialité, la substance des éléments, disparaît complètement, non par annihilation, mais par conversion. Une action directe de Dieu permet l'existence des accidents des espèces. Celles-ci subsistent privées de substance ; le corps de Christ entre dans les éléments et cela *totus in toto*, dans chaque espèce est le corps de Christ tout entier « *per concomitantiam* », corps et âme, avec sa divinité, dès le moment où les paroles de l'institution sont récitées (ainsi donc même « *extra usum* »). La présence de Christ dans les éléments échappe à toute dimension, mais la question de savoir comment on doit se la figurer devint une question principale à l'occasion de laquelle Thomas et ses successeurs nominalistes donnèrent de longues théories absurdes et subtiles. Les successeurs de Thomas s'approchèrent ainsi de très près, soit de l'opinion d'après laquelle la substance des éléments est anéantie (Duns), soit des idées de la consubstantialité et de l'impanation (Occam). Ils en vinrent à cette dernière opinion parce qu'en somme leur métaphysique ne laissait de place qu'à la conception suivante : l'élément divin et l'élément créé *s'accompagnent* mutuellement en vertu d'un ordre divin. Wesel a des idées analogues, et Luther aussi, mais avec d'autres considérants.

L'achèvement de la doctrine de la transsubstantiation eut pour conséquences :

1° La cessation de la communion des enfants (ce ne fut du reste pas la seule cause).

2° Un accroissement de la considération du prêtre.

3° Le retrait de la coupe aux laïques. (Il fut fixé par le concile de Constance).

4° L'adoration de l'élévation de l'hostie, la fête du saint-Sacrement. 1264-1311. — Contre ces deux derniers points une opposition considérable s'éleva au xiv° et au xv° siècles.

Quant à la conception de la Cène comme un sacrifice,

Pierre Lombard est resté encore sous l'influence du motif de l'ancienne Eglise, celui de la *recordatio* (commémoration), seulement la notion de la répétition de la mort expiatoire du Christ, appuyée par Grégoire Ier l'emporta toujours plus avec Hugues de Saint-Victor et Albert d'Halberstadt. Quant à Thomas, il ne justifie la théorie qu'au nom de la pratique de l'Eglise. Cette idée de la répétition du sacrifice de Christ amena même une modification du canon de la messe au concile de Latran, 1215. Le prêtre fut considéré comme le prêtre du corps de Christ. Les attaques dirigées par Wiclif et d'autres contre cette opinion entièrement contraire à la Bible furent peine perdue ; au xive et aux xve siècles on ne lutta plus en réalité que contre les abus.

4. *La Pénitence*. Il y eut une grande controverse au sujet de la matière de la pénitence, car l'on n'avait ici aucune « *res corporalis* ». — Au fond la pénitence est le sacrement principal parce que seule elle remplace la grâce perdue du baptême. La théorie demeura encore longtemps à l'état rudimentaire en face de la pratique de la pénitence par la hiérarchie. Cette pratique avait été exposée dans l'écrit pseudo-augustinien « *de vera et falsa paenitentia.* » Pierre Lombard a encore envisagé la repentance vraie du chrétien comme sacramentelle en soi, et l'absolution sacerdotale en tant qu'acte *ecclésiastique* comme une pure déclaration, car Dieu seul pardonne les péchés. Hugues de Saint-Victor et le concile de Latran de 1215 ont préparé l'œuvre de Thomas. Celui-ci a reconnu la matière du sacrement dans les actes visibles du pénitent, la forme dans les paroles d'absolution du prêtre. Il a déclaré que les prêtres en sont les administrateurs absolus en tant que ministres *autorisés*, et il a posé le fondement de la nécessité du sacrement de la pénitence en présence du prêtre au moyen de cette affirmation perverse : *ex quo aliquis peccatum* (péché mortel) *incurrit, caritas, fides et misericordia non liberant hominem a peccato sine paenitentia.* Mais il a ajouté que l'absolution sacramentelle n'enlève pas de suite la culpabilité de la peine tout entière en même temps que la

coulpe des péchés mortels : cette culpabilité ne disparaît que lorsque tous les actes de la pénitence ont été accomplis. Les trois parties de la pénitence déjà formulées par Pierre Lombard comme étant contrition de cœur, confession de bouche et satisfaction des œuvres, ne reçurent pas primitivement une valeur identique. — La *repentance* intérieure, parfaite, fut considérée comme *res et sacramentum*, elle domine encore toute la conception de Pierre Lombard et de Thomas.

Seulement déjà Alexandre de Hales et Bonaventure pensèrent que Dieu a facilité le chemin du salut au moyen du sacrement; ils distinguèrent donc entre la contrition et l'attrition ou crainte servile, déclarant cette dernière suffisante pour s'approcher du sacrement. Bien que Thomas ait écarté cette opinion en la passant sous silence, elle obtint gain de cause dans une mesure toujours croissante : le sacrement lui-même rend parfaite la demi repentance en lui infusant la grâce. L'attrition, la repentance par crainte de la potence a été un venin qui a empoisonné l'enseignement de l'Eglise au xivᵉ et au xvᵉ siècles (1) (comp. Jean de Paltz, Pierre de Palude, etc.); le concile de Trente l'a sanctionnée conditionnellement. On savait bien que l'attrition est engendrée souvent par des motifs *immoraux*, mais néanmoins on s'en servit, ainsi que du sacrement, pour édifier l'échelle qui conduit au ciel.

Le théologien de la *confession auriculaire* c'est Thomas. Il a déclaré que l'obligation de cette confession est de droit divin ; il a été le premier à indiquer exactement l'étendue de cette nouvelle ordonnance. L'ecclésiastique étant ministre du vrai corps de Christ (*ministerium super corpus Christi verum*), il a seul le droit d'entendre la confession. Dans un cas de nécessité on doit se confesser auprès d'un laïque, mais aux yeux de Thomas une telle confession n'est pas sacramentelle. Les Scotistes acceptèrent ces idées dans tout ce qu'elles ont d'essentiel.

(1) Voir Dieckhoff, *Der Ablassstreit* 1886.

Le droit de donner *l'absolution*, réservé au prêtre seul, a aussi été établi rigoureusement pour la première fois par Thomas. Le pouvoir de juridiction a cependant son rôle dans ce sacrement, car certains cas sont réservés au pape.

D'après les Scotistes, dans l'absolution le prêtre amène simplement Dieu a exécuter son contrat, tandis que d'après Thomas le prêtre agit d'une façon indépendante avec le pouvoir du ministère qui lui a été transmis.

En imposant la *satisfaction*, le prêtre agit comme un médecin expert et comme un juge équitable. La pratique de la satisfaction est ancienne; ce qui est relativement récent, c'est l'usage mécanique qu'on en fait, et la place *théorique* qu'on lui donne a côté de la contrition dans la pénitence. L'idée est maintenant celle-ci : la satisfaction, partie intégrante du sacrement, est la manifestion obligatoire de la repentance, au moyen de certaines œuvres propres à offrir une certaine satisfaction au Dieu offensé et à abréger ainsi les peines temporelles. Dans le baptême, Dieu pardonne sans satisfaction aucune, mais il exige ensuite de l'homme baptisé une certaine satisfaction, laquelle profite à l'homme en qualité de mérite. Si le baptisé est en mesure d'offrir réellement cette satisfaction, elle sert ensuite à le rendre meilleur et à le garder contre les péchés. Ce qu'on fait en état de grâce, dans la charité, par conséquent après l'absolution, a seul une valeur, toutefois si ceux qui ne sont pas dans la charité font des œuvres telles que prières, jeûnes, aumônes, ces œuvres ont une certaine valeur.

— Ainsi en définitive l'attrition ainsi que des œuvres imparfaites et méritoires régissent tout le domaine de la pénitence, autrement dit toute la vie de l'Eglise.

Les scolastiques empruntèrent aussi à la pratique la conception de l'échange des satisfactions et de la substitution des personnes. Cela conduisit à la doctrine des *indulgences* (1). L'indulgence se rattache à la satisfaction et

(1) Bratke, Luthers 95 Thesen, 1884. Schneider, Die Ablässe, 7ᵉ éd. 1881.

aussi à l'attrition. En théorie elle n'a rien à faire avec la culpabilité du péché (*reatus culpae*) et les peines éternelles, mais en pratique elle y fut souvent rattachée, et le concile de Trente lui-même s'est plaint qu'il y ait eu abus. — L'indulgence repose sur la pensée de la commutation, elle a pour but d'adoucir les punitions temporelles du péché, avant tout les peines de l'enfer, et même de les supprimer. Grâce à l'absolution l'enfer fut fermé. Il est vrai que les hommes *attriti* ne croient au fond ni à l'enfer, ni à la puissance de la grâce — car seul un homme contrit est au courant de ces choses ; — mais ils redoutent néanmoins des punitions matérielles, ils croient à la possibilité de les écarter à l'aide d' « actes » de toutes sortes, et ils sont même prêts à faire quelques sacrifices dans ce but. Ainsi pour eux le purgatoire ce fut l'enfer, et l'indulgence devint un sacrement. — L'Eglise entra en fait dans cette manière de voir, et les vrais éléments du sacrement de la pénitence furent l'attrition, les œuvres et l'indulgence. Ici encore comme toujours, Thomas chercha à concilier une théorie sérieuse avec une pratique mauvaise qu'il n'était pas en état d'ébranler : « *ab omnibus conceditur indulgentias aliquid valere, quia impium esset dicere, quod ecclesia aliquid vane faceret.* Chez lui l'indulgence n'est pas encore devenue la religion de la rédemption, un persiflage du christianisme, parce qu'il la conçoit en réalité seulement comme une annexe du sacrement. Cependant il a renoncé à l'ancienne idée que l'indulgence ne se rapporte qu'aux peines ecclésiastiques imposées par le prêtre, et il a fait la théorie de l'indulgence. L'indulgence renferme deux pensées :

1° Même pardonné, le péché continue à faire sentir ses peines terrestres, il ne peut pas rester *inordonné* (*inordinata*) et son châtiment temporel doit par conséquent être expié.

2° Par ses souffrances, Christ a accompli une œuvre plus grande encore que l'anéantissement de la coulpe et de la peine éternelles. Il effectue cet anéantissement dans le sacrement, c'est-à-dire dans l'absolution, mais en outre il y a un excédent de mérites. Cet excédent (*thesaurus operum surerogatoriarum*) ne pouvant profiter à Christ ni aux saints, doit nécessairement être bonifié au corps de Christ, à l'Eglise. On ne peut trouver à cet excédent d'autre emploi que d'abréger ou de détruire les peines temporelles du péché. Il ne peut être attribué qu'à ceux qui sont absous, et ceux-ci doivent dans la règle rendre en retour un minimum, une petite prestation. Le pape administre ce trésor, mais il peut en céder l'administration partielle. — Cette théorie a déjà eu antérieurement une longue histoire chez les Perses et les Juifs, mais elle devint alors particulièrement propre à engendrer la corruption. En effet on n'attribuait aucune prépondérance décisive à l'exigence d'une foi unie à la repentance ; on laissait intentionnellement planer l'obscurité sur ce qui est proprement effacé par l'indulgence, et on répondait par l'affirmative à cette question : « l'indulgence n'a-t-elle pas aussi quelque utilité pour ceux qui ont commis des péchés mortels, afin de les aider à recourir à la grâce, et ne peut-on donc pas accorder d'avance l'indulgence, afin de pouvoir s'en servir quand une fois on aura revêtu les dispositions nécessaires ? » (pratique scotiste).

La théorie des indulgences est rédigée dans la bulle *Unigenitus* de Clément IV de l'an 1349 ; il y est dit que l'indulgence ne se rapporte qu'à ceux qui sont véritablement pénitents et se sont confessés. Wiclif surtout a attaqué la théorie et la pratique des indulgences. Il reprochait aux indulgences d'être arbitraires et blasphématoires, il les accusait de paralyser l'accomplissement de la loi de Christ, et d'être une innovation funeste. Seulement quand on a prouvé que l'indulgence est contraire à la Bible, qu'elle favorise les prétentions de la hiérarchie et engendre la corruption morale, on n'a pas tout fait ; c'est comme une porte qu'on aurait soulevée, mais qu'on n'aurait pas encore sortie de ses gonds, car ce qu'il faut montrer, c'est comment on doit réveiller les consciences endormies et consoler les consciences tourmentées. Or, ni Wiclif, ni les autres adversaires des indulgences comme Hus, Wesel, etc., n'en furent capables. Seul Wessel a attaqué l'indulgence à la racine, il a enseigné que les clefs ont été données aux gens pieux seuls, et non au pape et aux prêtres, il a même fait plus : il a déclaré que le pardon ne dépend pas du bon plaisir, mais de la repentance vraie, tandis que les peines terrestres du péché servent à notre éducation et ne sont par conséquent pas échangeables. Il s'est aussi élevé contre la satisfaction des œuvres, car la satisfaction ne peut avoir lieu là où Dieu a versé son amour : elle amoindrirait l'œuvre de Christ, la grâce gratuitement donnée. Néanmoins les indulgences régnèrent vers l'an 1500 plus que jamais ; on les avait approuvées aussi à Constance, on les savait bien être des « abus de questeurs » mais cependant on en usait malgré tout.

5. *L'extrême onction*. Matière : l'huile consacrée, forme : une prière d'invocation. Thomas affirmait qu'elle avait été instituée par Christ et promulguée par saint Jacques (Epitre V, 14). Le but de ce sacrement, qui est renouvelable, c'est la rémission des péchés, mais seulement des péchés véniels. L'extrême onction s'est établie pour donner satisfaction aux besoins des mourants ; on l'abandonna à la pratique, et la théorie ne s'en occupa que dans une faible mesure.

6. *Ordination des prêtres*. On ne put pas indiquer une matière sensible pour ce sacrement à côté de la forme « *accipe protestatem* etc. » On pensa pourtant aux vases du culte ou à l'imposition des mains et à des symboles. Mais Thomas est admirablement tombé en disant « *hoc quod confertur in aliis sacramentis derivatur tantum a deo, non a ministro qui sacramentum dispensat, sed illud quod in hoc sacramento traditur, scilicet spiritualis potestas, derivatur etiam ab eo, qui sacramentum dat, sicut potestas imperfecta a perfecta, et ideo efficacia aliorum sacramentorum principaliter consistit in materia, quae virtutem divinam et significat et continet......, sed efficacia huius sacramenti principaliter residet penes eum, qui sacramentum dispensat.* »

L'évêque seul confère l'ordination. Il y eut des contro-

verses : 1° au sujet des sept consécrations et de leurs
relations réciproques, 2° sur la relation entre la consécration par le prêtre et celle par l'évêque, 3° sur la validité
d'ordinations faites par des évêques schismatiques ou hérétiques, et l'on se demanda s'il fallait procéder à une nouvelle ordination. Pierre Lombard fut pour la pratique rigoureuse, or il faut noter qu'elle met en danger l'existence
du sacerdoce tout *entier*. Le *caractère* que confère ce sacre
ment est en réalité son principal effet. On ne pouvait plus,
au nom de la tradition ancienne, compter l'épiscopat comme
un ordre particulier, mais on cherchait à réclamer pour
lui une place particulière et supérieure donnée par Christ,
et on se fondait pour cela sur son pouvoir de juridiction.
Duns, en considération des faits existants, voulait envisager
la consécration épiscopale comme un sacrement à part.

7. *Le mariage*. Matière et forme : le consentement des
conjoints. Comme pour le sacrement précédent il manque
à celui-ci la preuve qu'il a un effet favorable au salut, mais
il est encore plus difficile de soutenir ici la doctrine sacramentelle dans ses traits généraux. Afin de traiter le mariage
comme un sacrement, Thomas déjà eut recours à une série
de déclarations embarrassées, ce qui n'est pas étonnant car
c'est uniquement une matière de droit ecclésiastique. On
fit des déclarations pénibles sur la signification de la
« *copula carnalis* » pour le sacrement, tandis que la béné-
diction sacerdotale eut seulement la valeur de « quelque
chose de sacramentel ».

Dans la doctrine des sacrements Thomas est resté le docteur qui a fait autorité. Ses enseignements furent approuvés
par Eugène IV, mais comme dans leur ensemble ils furent
subordonnés aux doctrines des mérites, un autre esprit,
l'esprit scotiste, s'infiltra peu à peu dans toute la dogmatique. Thomas lui-même a déjà été obligé de renforcer les
éléments catholiques vulgaires de l'augustinisme, parce que
dans sa Somme il suit les pratiques de l'Eglise. Après lui
on est allé bien plus loin encore dans cette voie. La dissolution de l'augustinisme dans la dogmatique ne s'est pas

faite entièrement du dehors, elle est pour la plus grande partie le résultat d'un travail intérieur.

Les trois éléments qu'Augustin avait laissé subsister dans sa doctrine de la grâce, ou à côté d'elle : le mérite, la grâce infuse et l'élément hiérarchique sacerdotal — continuèrent à exercer leur influence, jusqu'au moment où ils eurent complètement transformé les idées augustiniennes.

C. L'Augustinisme est transformé dans le sens de la doctrine du mérite.

Aucun théologien ecclésiastique n'avait directement nié que la grâce fût le fondement de la religion chrétienne, mais la notion de grâce pouvait être assimilée à des opinions diverses, car elle avait elle-même un grand nombre de sens différents : elle était Dieu lui-même en Christ, une qualité mystérieuse, ou l'amour.

Pierre Lombard a répété exactement les affirmations d'Augustin sur la grâce, la prédestination, la justification, tandis que sur le sujet de la volonté libre il ne s'est plus exprimé dans le même sens, mais plutôt dans un sens semi-pélagien, car il pensait au *mérite*.

De même on peut constater aussi chez Anselme, Bernard et surtout chez Abailard une contradiction entre la doctrine de la grâce et la doctrine de la liberté, parce qu'ils sont tous dominés par une pensée que Pierre Lombard a formulée ainsi : « Il n'y a aucun mérite en l'homme sinon par le fait du libre arbitre. » Il faut par conséquent que la raison et le pouvoir de vouloir le bien soient demeurés chez les hommes après la chute. La notion religieuse d'Augustin est ainsi dissoute par une notion empirique, et la distinction augustinienne de la liberté formelle et de la liberté matérielle échappe à Bernard lui-même. Il vaut la peine de noter que Pierre Lombard tend à identifier la grâce sanctifiante avec le Saint-Esprit. Cependant ce fait demeura sans conséquence, car on ne voulait pas avoir Dieu lui-même, mais des puissances divines qui pussent devenir des vertus humaines.

Aller de Dieu à Dieu par la grâce, telle est la pensée fondamentale de Thomas, et cependant en définitive il aboutit lui aussi *à la vertu habituelle (habituelle Tugend)*. La grande erreur gît déjà dans la distinction augustinienne de la grâce opérante et de la grâce coopérante. Cette dernière seule procure la félicité, mais elle coopère avec la volonté et les deux ensemble produisent *le mérite*. On en arrive aux mérites parce que le théologien ne peut pas ne pas se représenter que seule l'amélioration qui se manifeste par une manière d'être a une valeur devant Dieu. Seulement ce n'est pas là le point de vue de la religion, car alors la foi devient un simple acte d'initiation, et Dieu n'apparaît pas comme *l'amour tout-puissant*, donc comme le rocher du salut, mais simplement comme un partenaire et un juge ; Dieu n'est plus montré comme *le bien en personne*, le Père qui seul peut amener l'âme à la confiance, mais comme le dispensateur de *biens sensibles*, alors même que ces biens sont d'un ordre très relevé et sont la communication de sa *nature*. Quand ils pensaient à Dieu, ces théologiens ne regardaient pas au cœur du Père tout-puissant, mais à un être insondable qui, de même qu'il a créé le monde de rien, procure aussi des *puissances infinies de connaissance, d'amélioration et de transformation essentielle*. Ensuite quand ils pensent à eux-mêmes, ils ne pensent pas au centre du moi humain, à l'esprit qui est si libre et si élevé qu'il ne peut s'arrêter qu'auprès d'une personne divine et non auprès des dons les plus magnifiques : ils enseignent Dieu *et la grâce* au lieu d'enseigner la communion personnelle avec Dieu, *laquelle est la grâce*. Ils sont disposés il est vrai à rapprocher de très près Dieu et la grâce quand ils parlent de la puissance de l'amour, mais dans la suite de leurs considérations, la grâce est toujours plus éloignée de Dieu et on finit par la trouver dans des idoles dont l'action est magique. Les deux idées de « nature divine » et de « *bonum esse* » étaient dominantes, or c'était là de la physique et de la morale, mais pas de la religion.

Thomas part de la loi et de la grâce comme des principes

externes de la conduite morale. La loi, même en tant que loi nouvelle, ne suffit pas. Thomas montre donc la nécessité de la grâce, et il le fait en partie avec des arguments empruntés à la philosophie d'Aristote. Son intellectualisme ressort ainsi avec force : la grâce est la communication d'une connaissance surnaturelle. Mais la « lumière de la grâce » est simultanément une lumière ajoutée (*lumen superadditum*) ; autrement dit elle n'est pas nécessaire pour que l'homme atteigne sa destinée, mais étant supérieure à l'homme, elle est en lui le fondement d'une valeur surnaturelle, c'est-à-dire d'un mérite. En effet l'homme à l'état d'intégrité possède une faculté de faire le bien proportionnée à sa nature, mais il a besoin d'un secours divin pour arriver à l'accomplissement d'un bien surérogatoire méritoire. D'ailleurs dans certains cas il a besoin de la grâce pour les deux choses ; alors une double grâce est nécessaire. Ainsi la distinction de la grâce opérante et coopérante est déjà établie, et en même temps le but de l'homme est un état surnaturel que l'on ne peut atteindre qu'avec le secours de la seconde grâce, celle qui crée des mérites: « *Vita æterna est finis excedens proportionem naturae humanae* ». Mais avec la grâce on peut et l'on doit *mériter* la vie éternelle. Seulement, en sa qualité de strict augustinien, Thomas n'accepte pas l'opinion qu'on puisse se préparer à la première grâce. Il admet que le commencement, c'est la grâce seule et non pas des *mérites de convenance*. Il décrit l'essence de la grâce comme un don et comme produisant une qualité particulière de l'âme ; autrement dit la grâce verse dans l'âme une *qualité* surnaturelle, et en outre Dieu vient au secours de l'âme pour l'amener à une activité bonne. Il faut distinguer dans la grâce, d'abord la grâce salutaire — *gratum faciens* — et la grâce sacerdotale du ministère, puis en second lieu la grâce opérante — *praeveniens* — et coopérante — *subsequens ;* — dans le premier cas, l'âme est *mota non movens*, dans le second elle est *mota movens*. Dieu lui-même est la cause de la grâce, laquelle est ainsi *deifica ;* Dieu crée aussi une préparation à la grâce

dans l'homme afin de rendre la *materia*, l'âme, bien disposée. Il n'est donné à personne de savoir si Dieu opère cette
œuvre surnaturelle chez un homme. Or le principe que personne ne peut savoir avec certitude s'il possède la grâce, et
cette idée superflue de la *materia disposita* qui est suggérée
à Thomas par Aristote, — furent des idées funestes.

L'effet de la grâce est double : c'est premièrement la
justification, secondement les mérites ; autrement dit la
justification réelle ne s'effectue pas encore par la rémission des péchés ; c'est seulement si on considère le but à
atteindre qu'on peut dire que le pardon des péchés est déjà
la justification.

Mais la grâce infuse (*gratia infusa*) est déjà nécessaire pour le pardon des péchés, c'est pourquoi déjà
pour elle on exige un *motus liberi arbitrii*. Donc la grâce
prévenante est en vérité un acte indéfinissable, puisqu'on
suppose qu'il y a eu un concours préalable de la part de
celui chez qui elle agit.

Si l'on y regarde de plus près, on voit qu'il règne chez
Thomas une grande confusion à l'endroit du procès de la
justification ; en effet il est difficile de savoir le moment du
pardon des péchés : il doit être au commencement, et
pourtant il doit être à la fin, puisque l'infusion de la grâce,
le mouvement vers Dieu dans l'amour et le renoncement
au péché doivent le précéder. On estime les effets grandis-
sants que produit la grâce sur celui qui est déjà justifié,
d'après « l'œuvre grande et miraculeuse » (*opus magnum
et miraculosum*) de la justification de l'impie. Ces effets sont
rangés tous ensemble sous le titre du mérite. Chaque progrès — pour autant qu'il est un produit de la grâce — doit
être considéré comme acquis *ex condigno*, mais pour autant
que la volonté libre de l'homme justifié y a part, il est produit *ex congruo*. L'opinon de Thomas est donc celle-ci :
l'homme naturel après la chute ne peut pas en somme
s'acquérir des mérites, mais l'homme justifié peut en
acquérir *ex congruo. Congruum est, ut homini operanti secundum suam virtutem deus recompenset secundum excellen-*

tiam suae virtutis. Par contre il n'y a pour l'homme aucun mérite *de condigno* — *propter maximam inaequalitatem proportionis,* — parce que la proportion est absolument inégale par rapport au salut. Le salut demeure réservé à l'action de la grâce. Le principe du mérite est toujours l'amour ; l'amour mérite l'augmentation de la grâce *ex condigno.* Par contre la persévérance dans la grâce ne peut pas en somme être méritée : *perseverantia viae non cadit sub merito, quia dependet solum ex motione divina, quae est principium omnis meriti, sed deus gratis perseverantiae bonum largitur, cuicumque illud largitur.*

De cette façon Thomas restaure l'augustinisme pur qu'il avait du reste déjà admis tout entier dans sa doctrine de la prédestination, tandis que d'autre part sa définition de Dieu comme *primum movens,* incessamment répétée, et aussi sa doctrine morale tout entière — trahissent l'influence d'Aristote.

Dans sa morale il établit que la vertu consiste dans le fait que la raison règle avec justesse les ambitions et les penchants, et dans le fait qu'elle est ensuite achevée d'une façon surnaturelle à l'aide des dons de la grâce. La vertu a son point culminant dans la pratique des conseils évangéliques : pauvreté, chasteté, obéissance ; ils forment la conclusion de la doctrine de la loi nouvelle. D'autre part la doctrine de la grâce y trouve aussi son point culminant, de telle sorte qu'ils forment bien proprement le sommet de tout le système. *Praecepta important necessitatem, consilium in optione ponitur eius, cui datur.* Au moyen des « conseils » l'homme atteint le but *melius et expeditius,* car les commandements permettent encore une certaine inclination pour les biens de ce monde, tandis que les conseils y renoncent absolument ; suivez les conseils évangéliques, vous prendrez le chemin le plus direct qui mène à la vie éternelle. Cette distinction des préceptes et des conseils jette encore de la lumière sur l'état primitif de l'homme. Les dons accordés originellement à l'homme n'étaient pas suffisants en soi pour qu'il obtînt la vie éternelle — car

celle-ci est un bien qui surpasse la nature, — mais par
l'*addition* de la justice originelle l'homme possédait un don
surnaturel qui lui permettait d'acquérir réellement la vie
éternelle. On peut donc dire que le péché étant survenu
avec la concupiscence (qui en est la matière) et avec la
perte de la justice originelle (qui en est la forme), les préceptes correspondent à la restauration de l'être naturel, et
les conseils répondent au don supplémentaire de la justice
originelle.

La doctrine de la grâce de Thomas a deux faces, l'une
regardant en arrière vers Augustin, l'autre tournée en avant
vers la dissolution de sa doctrine au quatorzième siècle.
Thomas voulait être augustinien et son exposé du dogme
fut déjà une réaction augustinienne contre les doctrines de
Hales, Bonaventure, etc. Mais Thomas a fait à l'idée du
mérite une place bien plus considérable qu'Augustin, il a
placé sa doctrine de la grâce à une distance encore plus
grande de la personne de Christ — elle est en effet traitée
avant la christologie ! — il a aussi rejeté encore davantage
dans l'ombre la foi et le pardon des péchés. Pour lui la foi
est ou bien *fides informis,* par conséquent n'est pas encore la
foi, — ou bien est *fides formata*, par conséquent n'est plus
la foi. En fait on ne peut plus faire une place à la foi envisagée comme confiance, quand les produits de la grâce
sont une *nature* nouvelle et une *amélioration* morale. L'affirmation amphibologique : « la charité mérite la vie éternelle » renfermait déjà les malheurs de l'époque postérieure.

On peut indiquer sur tous les points la dissolution de la
doctrine augustinienne de la grâce et du péché.

1° Hales enseignait déjà qu'Adam dans le paradis s'était
mérité la grâce *gratum faciens* à l'aide de bonnes œuvres de
convenance. Les Scotistes le suivirent, ils distinguèrent en
même temps la justice originelle de cette autre grâce et
l'envisagèrent comme la perfection de la nature humaine.
Cet avantage — si c'en est un — fut compensé par le fait
que le mérite de convenance fut rangé *dès le début* à côté
de la « grâce seule efficace ».

2° Au sujet du péché originel, Thomas n'avait plus répété simplement la phrase « *naturalia bona corrupta sunt* », car il définit la concupiscence — qui en soi n'est pas mauvaise — seulement comme *languor* et *fomes*, accentuant plus facilement qu'Augustin le côté négatif du péché et admettant que puisque la raison est demeurée, il y a une inclination permanente vers le bien. — Duns a séparé au fond la question de la concupiscence de la question du péché originel. La concupiscence n'est plus pour lui l'élément formel du péché originel, elle en est seulement l'élément matériel. Ainsi le péché originel n'est que la privation du bien surnaturel ; sans doute cette privation a amené une altération de la nature de l'homme, mais il n'a toutefois rien perdu des biens naturels. Contrairement à Augustin, Duns a une notion très relâchée du premier péché : Adam n'aurait péché qu'indirectement contre le commandement d'aimer Dieu, et il n'aurait transgressé le commandement d'aimer son prochain qu'en dépassant la juste mesure lorsqu'il céda avec tant de facilité. Puis en somme sa faute ne fut pas une transgression de la loi morale, mais une désobéissance à un ordre donné pour le mettre à l'épreuve. — Chez Occam tout est absolument dissout. De même que la rédemption, l'imputation de la chute lui paraît un acte du bon plaisir de Dieu qui nous a été connu par la « révélation ». De petits péchés étaient déjà possibles dans l'état primitif. (Duns avait déjà dit cela.) En renonçant à toute notion idéale, c'est-à-dire néoplatonicienne du monde, les nominalistes furent conduits à dissoudre la notion de coulpe et de péché. Sur ce point également ils firent table rase et se replièrent sur la pratique de l'Eglise qui leur apparaissait comme une révélation ; ils étaient encore des aveugles pour tout ce qui touche à l'histoire et aux relations concrètes.

3° Duns et ses successeurs envisagèrent la coulpe du péché originel comme limitée.

4° Duns voyait la contagion du péché originel seulement dans la chair et s'élevait contre l'idée d'une *vulneratio naturae* admise par les Thomistes. La notion religieuse du péché considéré comme une offense, déjà menacée par Augustin et Thomas, disparaît complètement chez lui.

5° Le libre arbitre reçut une place considérable, car on avait abandonné le principe que tout le bien n'existe que dans la soumission à Dieu. Chez Duns et chez les théologiens dirigeants après lui la volonté libre est la seconde grande puissance à côté de Dieu ; ils attribuaient aussi une importance matérielle et positivement religieuse à tout ce qu'ils établissaient correctement dans la sphère de la psychologie empirique. Le fait malheureux légué par la dogmatique du moyen âge, c'est que grâce à l'amalgame de la connaissance du monde et de la religion, une connaissance du monde relativement plus juste est finalement devenue plus dangereuse pour la foi qu'une connaissance fausse. Le pélagianisme continua à user toujours plus effrontément de l'augustinisme, mais il s'en servit seulement comme d'un *langage technique ;* Bradwardina fut le premier à faire de nouveau front contre lui et depuis lors la réaction ne s'est jamais éteinte, mais s'est accrue lentement au quinzième siècle jusqu'à Wesel, Wessel, Staupitz, Cajetan et Contarini.

6° La dissolution se manifesta avec la plus grande force dans la doctrine de la justification et de l'acquisition de la vie éternelle par le moyen de mérites.

a) La grâce prévenante fut une simple appellation, et la grâce coopérante fut la seule grâce intelligible.

b) Ce qui chez Thomas était mérite de convenance, devint mérite de condignité, et l'on reconnut des mérites de convenance dans des sentiments qu'en général Thomas n'avait pas considérés au point de vue du mérite.

c) L'attrition étant devenue un mérite, la *fides informis*, la simple obéissance de la foi fut estimée plus haut. C'est là le point où la corruption fut la plus grande. La simple soumission à la foi de l'Eglise et l'attrition devinrent dans une certaine mesure les principes dogmatiques fondamentaux. D'après Duns, l'homme naturel pécheur peut toujours se préparer à la grâce, il peut commencer à aimer

Dieu. Et même il faut qu'il le fasse. Ainsi le mérite précède au fond toujours la grâce ; d'abord vient le mérite de
convenance, puis l'obtention de la première grâce, le mérite
de condignité. La première et la seconde grâces sont ainsi
rabaissées au niveau de purs moyens auxiliaires. Et même
au fond le facteur divin n'apparaît que dans l'acceptation.
Or celle-ci — et ici tout le système chavire — ne procure
en somme et au sens strict aucun mérite. — *La doctrine
nominaliste n'est pas un simple moralisme*, tout simplement
parce qu'elle est encore moins que cela, c'est-à-dire qu'en
définitive la doctrine de Dieu ne laisse pas de place à un
moralisme rigoureux. Ceci est surtout évident chez Occam ;
il nous présente le spectacle paradoxal d'un sens religieux
fortement marqué qui ne cherche son refuge qu'auprès du
bon plaisir de Dieu. Seule la confiance en la volonté arbitraire de Dieu telle que la définit l'Eglise, l'affranchit du nihi-
lisme. Au sein des flots envahissants de la connaissance du
monde, la foi ne trouva une planche de salut qu'en se réfu-
giant auprès du bon plaisir de Dieu. La foi ne le comprend
plus, mais elle s'y soumet. Ainsi le dogme et les pratiques de
l'Eglise demeurèrent debout par le fait même que la philosophie de la religion et la morale absolue s'en allaient à la
dérive. D'après Occam la nécessité d'une vie supranaturelle
— par conséquent en somme toute la nécessité de la grâce
— pour obtenir la vie éternelle ne peut pas se montrer par
des motifs tirés de la raison : un païen pourrait-il arriver à
l'amour de Dieu par la raison ? Cette nécessité n'est établie
que par l'autorité de la doctrine de l'Eglise. — Occam et
ses amis n'étaient encore aucunement des moralistes ni des
rationalistes, ils nous paraissent seulement l'avoir été. Les
sociniens les premiers furent des moralistes et des rationalistes, car ils ont les premiers élevé les thèses hypothétiques
des nominalistes au-dessus de la théologie naturelle pour en
faire des thèses catégoriques. Ils ont ainsi retrouvé une
confiance puissante dans la clarté et le pouvoir de la morale, confiance que les nominalistes avaient perdue en
même temps que la confiance intime dans la religion. Si

au quinzième siècle on a accusé la théologie d'avoir fait
des ravages terribles dans le sein de la religion, c'est
parce qu'on pensait aux principes suivants qu'on avait convertis en pratiques : les bonnes œuvres sont les causes qui
font avoir la vie éternelle, les œuvres même les plus insigni-
fiantes sont aussi regardées comme des mérites, et la soumission aux ordonnances de l'Eglise est considérée comme
un bon mouvement, qui complété à l'aide des sacrements
confère la dignité nécessaire pour la vie éternelle.

La conception relâchée du péché originel se montre
dans le développement du dogme de Marie. Anselme, Bernard, Bonaventure et Thomas admirent encore le péché
originel chez Marie, bien qu'ensuite ils aient cru qu'elle fut
préservée d'une façon particulière. Mais déjà en 1140, à
Lyon, on célébra une fête en l'honneur de l'Immaculée
Conception, et Duns enseigna que cette doctrine était probable, car la mort de Christ aurait eu une vertu rétroactive.
Une controverse surgit alors entre Franciscains et Dominicains ; elle ne fut pas terminée au moyen âge. Sixte IV
en interdit la continuation.

D'ailleurs les Dominicains ne restèrent pas en arrière, ils
tombèrent eux aussi dans une glorification excessive de la
Vierge : Thomas n'avait-il pas enseigné qu'on lui doit non
seulement un culte comme aux saints, mais un « culte
supérieur » ? On lui attribua aussi une certaine participation à l'œuvre de la rédemption : on l'appela reine du ciel,
inventrix de la grâce, *via, janua, scala, domina, me-
diatrix.*

L'idée des Scotistes qu'elle a coopéré à l'incarnation non
seulement d'une manière passive, mais aussi active, fut la
conséquence naturelle des honneurs qu'on lui rendit et que
Bernard entre autres avait prêchés.

LIVRE TROISIÈME

LA TRIPLE ISSUE DE L'HISTOIRE DES DOGMES

CHAPITRE PREMIER

APERÇU HISTORIQUE

Les éléments de la théologie augustinienne se sont fortifiés au moyen âge, mais ils se sont toujours plus séparés les uns des autres. Thomas a bien entrepris encore une fois de donner satisfaction dans son système à toutes les exigences qu'ont incorporées dans le dogme l'antiquité ecclésiastique, la Sainte Ecriture, l'idée de l'Eglise conçue comme le Christ vivant et présent, l'organisation juridique de l'Eglise de Rome, la doctrine de la grâce d'Augustin, la science d'Aristote, et la piété de Bernard et de François ; mais ce nouvel Augustin n'a pas su établir une unité satisfaisante. Son entreprise eut même en partie l'effet contraire. La critique des nominalistes faite au nom de l'intelligence et le mysticisme d'Eckhart entrèrent dans l'école à côté de Thomas, et celui-ci fut le maître des partisans de la curie et des *réformateurs*. Au quinzième siècle la doctrine théologique parut dissoute. Alors deux tendances se dessinèrent nettement : *celle du parti de la curie et celle de l'opposition*.

Le parti de la curie enseignait que *les coutumes de l'Eglise de Rome sont la vérité divine*. Il faisait de l'Eglise et de la

religion une affaire de domination extérieure et cherchait
à soutenir cette domination à l'aide de la violence, de la
bureaucratie et d'un système écrasant d'impôts. Après
l'issue malheureuse des grands conciles, la lassitude avait
gagné des cercles étendus. Les princes visant à l'absolutisme trouvèrent leur compte à traiter avec la curie, à
s'arranger avec elle pour tondre les brebis en commun. Ils
rendirent à la curie le pouvoir absolu dans les affaires purement ecclésiastiques, afin de partager avec elle ce pouvoir dans les affaires mixtes. Les bulles *Execrabilis* de
Pie II en 1459 et *Pastor aeternus* de Léon X en 1516 proclament la suprématie du pape sur les conciles. L'opinion
que les décisions du pape sont aussi sacrées que les décisions des conciles s'accrédita toujours davantage, ainsi que
l'idée que le droit d'interprétation appartient à l'Eglise
seule, autrement dit à Rome. Cependant la curie se garda
bien de réunir ces décisions en un recueil juridique, en un
canon dogmatique fermé. En effet son infaillibilité et sa
souveraineté n'étaient assurées que si elle avait les mains
libres et si l'on devait recourir à sa sentence arbitrale à mesure que les cas se présentaient.

L'ancien dogme fit autorité comme auparavant, mais depuis longtemps il n'embrassait plus dans son cadre les
questions qui importent dans la vie ; elles furent traitées
par la théologie. Or celle-ci, dans le cours des 150 années
qui suivirent Thomas, en était venue à reconnaître l'irrationalité de la doctrine révélée et avait donné comme solution
la soumission obligatoire et aveugle à l'autorité de l'Eglise.
Ce résultat fut à l'avantage de la curie, car depuis longtemps
on avait enseigné à Rome que la foi implicite, la soumission
à l'autorité de l'Eglise suffisent au salut, pourvu que
l'on croie en outre à la rémunération divine. Dans les
cercles humanistes de la curie on ne prenait plus même
cette rémunération au pied de la lettre, tandis que d'autre
part cependant un esprit pieux révérait le divin dans l'irra-
tionnel et l'arbitraire. Il est clair que cette attitude elle-
même était une façon d'enterrer l'ancien dogme. Le fonde-

ment sur lequel reposait ce dogme dès le commencement en Occident se manifestait maintenant avec une effrayante clarté : le dogme est une institution, une *ordonnance juridique*. La curie elle-même ne le respectait que pour la forme, en réalité elle le plaçait dans les mains du maître absolu — sa politique. Le *tolerari potest* et le *probabile* témoignent d'une mondanisation du dogme et de l'Eglise, pire encore que celle indiquée par le *anathema sit*. — Néanmoins il y avait un élément de vérité dans le système d'Eglise du parti de la curie en face des tendances qui se proposaient d'édifier l'Eglise sur la sainteté des chrétiens : contrairement aux Hussites et aux mystiques, Rome a conservé à juste titre la conviction que l'Eglise de Christ est le règne de l'Evangile parmi des hommes pécheurs.

L'opposition contre le parti de la curie se rangeait seulement autour d'une pensée négative : *les coutumes de l'Eglise romaine sont devenues une tyrannie et sont contraires au témoignage de l'âge ancien de l'Eglise*. Des mouvements politiques, sociaux, religieux et scientifiques s'accordèrent sur ce point. On conclut donc que les décisions des papes n'ont pas l'autorité de principes de foi, que Rome n'est pas seule en état d'interpréter l'Ecriture et les pères, que le concile doit réformer l'Eglise dans sa tête et dans ses membres, et que l'Eglise doit abandonner les innovations de Rome dans les domaines du dogme, du culte, et du droit ecclésiastique, pour retourner à ses principes originels et à son état primitif.

On croyait pouvoir rejeter l'œuvre des derniers siècles et on affirmait en théorie qu'on se plaçait sur le terrain de l'Ecriture sainte et de l'antiquité de l'Eglise, mais en pratique le but poursuivi par la réforme était entièrement nuageux, ou bien renfermait encore tant d'éléments appartenant au développement de l'Eglise postérieur à Augustin, que l'opposition fut paralysée dès le début. On ne savait pas s'il fallait réformer les *usages* ou les *abus*, et on ne savait pas comment s'y prendre à l'égard du pape, car on le reconnaissait et on le rejetait, on le bénis-

sait et on l'injuriait tout d'une haleine. (Voyez l'attitude
de Luther lui-même à l'égard du pape entre 1517 et 1520.)
— Néanmoins cette opposition fut une puissance malgré
ses contradictions ; mais elle ne se plaça pas sur le terrain
de la doctrine, car celle-ci était discréditée dans les cercles des adversaires de la curie. La *piété pratique*, telle fut
la solution des humanistes comme Erasme et des augustiniens comme Staupitz. On était las de la théologie car
elle s'adonnait à des questions subtiles dans le port abrité
de l'autorité, et n'aboutissait qu'à peser lourdement sur la
vie véritablement pieuse. Si la doctrine ecclésiastique
n'eût été qu'une *science*, ç'eût été fait d'elle, il lui aurait
fallu se retirer pour faire place à une nouvelle manière de
penser telle que le socinianisme. Mais l'ancien dogme était
plus que cela : il resta, mais ici aussi comme ordonnance
juridique. A l'exception de quelques radicaux fougueux,
les partis de l'opposition respectèrent le dogme avec l'instinct que donne le souci de la propre conservation. Ils sentaient toujours — quoique confusément — que c'était le
fondement de leur existence. Ils ne voulaient pas de controverses dogmatiques : les disputes scolastiques leur
étaient antipathiques ; c'étaient, disaient-ils, des criaille-
ries de moines, et néanmoins ils voulaient s'affranchir de
la scolastique. Quelle contradiction ! La raison profonde
en est dans l'immense tension qui existait entre l'ancien
dogme et les pensées chrétiennes dont on vivait dans ces
temps-là. Le dogme était le terrain et le titre juridique de
l'existence de l'Eglise — mais où était le dogme de l'ancienne Eglise qui eût un sens immédiat et intelligible pour
la piété d'alors ? Ce n'était ni la doctrine de la trinité, ni
celle des deux natures. On ne pensait plus à la manière
des Grecs. La piété du quinzième siècle puisait sa vie
dans Augustin, Bernard et François.

Sous le couvert d'une foi ancienne, une piété nouvelle,
et par conséquent aussi une foi nouvelle, s'étaient formées
pendant l'espace de mille années. — Ici et là on pensait
bien trouver le remède dans le retour à l'augustinisme

pur. Seulement l'état de choses d'alors — la tension entre l'ordonnance dogmatique juridique dans l'Eglise et les fins obscures poursuivies par la piété — était né sur le sol de l'augustinisme. Les erreurs se trouvaient déjà à l'état de germes dans les tendances du maître. A dire vrai, aucun des réformateurs avant la réforme ne s'en aperçut, mais le fait qu'une réforme fut impossible avec les moyens offerts par Augustin, en est un témoignage suffisamment probant. *L'augustinisme dissout reste encore toujours l'augustinisme ; comment alors aurait-on pu le relever d'une façon durable au moyen de l'augustinisme authentique ?*

Néanmoins la critique que l'augustinisme ressuscité a faite de l'augustinisme dissout, a été au quinzième siècle une puissance victorieuse ; sans son action préparatoire on ne pourrait s'expliquer la réformation ni le concile de Trente. Il a discrédité le mécanisme immoral, irréligieux et même païen du système ecclésiastique régnant ; il a même fait plus, il a *donné libre cours au sentiment de la liberté au sein de la religion et à l'aspiration vers une religion indépendante.* Il a travaillé en s'alliant avec toutes les puissances qui au quinzième siècle firent valoir les droits de l'individu et de la subjectivité et cherchèrent à faire sauter le moyen âge. Enfin l'augustinisme ressuscité a produit l'inquiétude, une inquiétude qui conduisait à quelque chose de supérieur à elle-même, et l'on se demanda : « Comment un homme peut-il être en même temps libre et sauvé ? » Cependant personne ne fut en état de formuler cette question avec assurance, car on n'en sentait pas encore toute la gravité.

Au soir du quinzième siècle plusieurs issues de la crise paraissaient possibles : soit une victoire complète du parti de la curie, soit une victoire de l'augustinisme ramené à son état primitif, soit le morcellement de l'Eglise en différents groupes, depuis celui des plus stricts partisans de la curie et de la religion cérémonielle jusqu'à un groupe rationaliste et fanatique, et jusqu'à un christianisme de la

Bible qui supprimerait l'ancien dogme, — soit enfin une formation à nouveau de tout l'ensemble de la religion, c'est-à-dire une réformation évangélique qui déracinerait et supprimerait l'ancien dogme, car le point de vue nouveau — du Dieu qui fait miséricorde pour l'amour de Christ, avec le droit à la liberté qui en découle, — ne laisse subsister dans la théologie que ce qui s'harmonise avec lui.

Dans la réalité les issues furent autres. Elles demeurèrent entachées de contradictions et furent : le *catholicisme trentin*, le *socinianisme* et la *réformation évangélique*. Le catholicisme trentin consacra les idées de la curie, l'institution monarchique du salut avec ses sacrements et ses « mérites », mais se vit obligé de conclure un pacte avec l'augustinisme et de compter avec lui dans la codification des dogmes nouveaux qui lui fut imposée.

Le socinianisme fut l'ouvrage de la critique rationaliste nominaliste et de l'esprit humaniste de l'époque nouvelle, mais il resta embarrassé dans l'ancien biblicisme ; et tout en mettant de côté et en combattant l'ancien dogme, il s'en forgea un nouveau.

Enfin la réformation évangélique supprima en principe l'organisation infaillible de l'Eglise, la tradition ecclésiastique infaillible et le code infaillible des Ecritures, et gagna un terrain entièrement nouveau.

Malheureusement elle n'eut pas assez de discernement ni de courage pour donner suite partout *in specie* à ce qu'elle avait acquis *in genere*. On prétendit que la *chose* (l'Evangile), — et non l'autorité, exigeait le maintien de l'ancien dogme comme contenu essentiel de l'Evangile, et sous le couvert de la *Parole de Dieu* on revint au biblicisme.

Tandis qu'on s'opposait aux nouvelles doctrines sur la hiérarchie, le culte, le monachisme et le pélagianisme, on ne vit dans l'ancien dogme que l'expression de la foi au Dieu qui fait grâce en Jésus-Christ et *on ne prit pas garde* que le dogme était en même temps quelque chose d'entièrement différent, savoir la connaissance philosophique de

Dieu et du monde et la règle de foi. Or ce qu'on accorda ainsi et ce qu'on laissa subsister sous un nouveau titre s'affirma de nouveau avec sa logique propre. On mit la vraie théologie, celle de la croix, comme un flambeau sur le chandelier ; mais comme on le fit dans les formes de l'ancienne Eglise, on reçut même en sus la *connaissance* et la *règle de foi* correspondantes ; aussi les controverses dogmatiques des évangéliques apparurent-elles comme une continuation des querelles d'école des scolastiques, avec cette différence toutefois que leur importance était infiniment plus haute. En effet, dans ces controverses, il s'agissait maintenant de *l'existence de la nouvelle Eglise*.

Dès le commencement, c'est-à-dire au moins depuis la controverse sur la Cène et depuis la confession d'Augsbourg, laquelle commence à verser le vin nouveau dans de vieux vaisseaux, — se forme un produit entièrement compliqué et rempli de contradictions : le système des réformateurs. L'esprit nouveau se montre seulement dans les principes de Luther et même pas dans tous ; du reste il ne renferme rien de neuf et si quelqu'un aujourd'hui, au dix-neuvième siècle, ne prend pas cet esprit nouveau comme une *tâche* (*Aufgabe*), mais prend son parti de la défaite qu'il a subie à la fin du seizième siècle, lorsqu'il capitula — cet homme se fait des illusions sur sa position : il n'est pas évangélique, mais il appartient à une variété du catholicisme, et d'après les principes qui règnent dans le protestantisme actuel, il a la liberté de choisir entre les variétés bibliciste, dogmatique, mystique ou hiérarchique.

Toutefois ces trois formations nous offrent bien *des issues de l'histoire des dogmes* : le catholicisme après le concile de Trente achève de neutraliser l'ancien dogme pour en faire une ordonnance juridique de la volonté papale ; — le socinianisme dissout le dogme rationnellement et le supprime, — la réformation l'ayant à la fois aboli et maintenu nous renvoie à quelque chose de supérieur, elle nous ramène en arrière à l'Evangile et nous conduit en avant à une formule nouvelle de la foi évangélique, affranchie du dogme et réconciliée avec la véracité et la vérité. — Voilà le sens dans lequel l'histoire des dogmes peut nous présenter des issues du dogme.

Pour ce qui touche à la réformation, l'histoire des dogmes peut se contenter de faire un tableau du christianisme de Luther, afin de rendre intelligible le développement subséquent. En effet, de deux choses l'une : ou bien ce développement lui-même appartient tout entier, — c'est-à-dire jusqu'à aujourd'hui — à l'histoire des dogmes, ou bien il n'en fait pas partie du tout. Il est plus correct de le laisser de côté, car le dogme ancien se donnait pour infaillible, et la réformation a repoussé pour ses propres assertions cette prétention, en faisant exception pour l'ancien dogme. On perpétuerait donc les confusions des épigones qui cherchent toujours une notion intermédiaire entre ce qui est « réformable » et ce qui est « infaillible », si l'on voulait reconnaître des dogmes dans les formules du protestantisme au seizième siècle, et prolonger l'histoire des dogmes jusqu'à la formule de Concorde et aux canons de Dordrecht.

CHAPITRE II

1. *Les doctrines du moyen âge sont codifiées pour être opposées au protestantisme. — Concile de Trente.*

Edition des décrets 1564; Pour les anciens ouvrages, voir Köllner, *Symbolik*, 1844; pour les plus récents, la R. E². article *Tridentinum*. Maurenbrecher, dans le *Histor. Taschenbuch*, 1886-1888.

Rome voulait se contenter de condamner les doctrines étrangères et ne voulait pas codifier ses propres doctrines; elle ne voulait pas non plus d'un concile. Mais celui-ci fut imposé à la curie par les princes. Lorsqu'il se réunit, il se trouva que l'esprit du moyen âge avait attiré à lui des forces empruntées à la réformation, à l'humanisme et à l'augustinisme, et que cet esprit était même demeuré la puissance la plus forte. La curie réussit dans l'œuvre magistrale de s'assimiler ces éléments nouveaux, de condamner la réformation, de se maintenir elle-même et en outre de supprimer les abus les plus grossiers. Dans son opposition au luthéranisme elle fut obligée de transformer en dogmes de nombreuses doctrines du moyen âge.

Les décrets de Trente sont l'ombre projetée par la réformation elle-même. A l'origine, la curie envisagea comme un malheur d'être obligée de donner des formules et de tenir compte de l'augustinisme, mais ensuite elle y trouva son avantage : on eut une nouvelle règle de foi que l'on put appliquer avec une rigueur littérale là où cela semblait opportun, et en même temps cette règle

était si *élastique* et *avait si bien un double sens*, qu'elle laissait la place aux décisions arbitraires de la curie. Celle-ci
se réserva le droit d'interprétation, ce à quoi le concile
consentit.

C'était au fond accorder déjà l'infaillibilité au pape.
Ainsi la curie elle-même est sortie du purgatoire du concile,
sans éprouver de changement, c'est-à-dire en conservant
toutes ses coutumes, ses pratiques, ses mesures et ses
péchés, mais l'état intérieur de l'Eglise prise dans son
ensemble fut relevé.

Les décrets du concile de Trente ne sont plus des sources
précises pour la connaissance du catholicisme à cause de
leur manque de véracité, et parce qu'aujourd'hui la doctrine de l'Eglise s'est développée d'une manière conséquente sur de nombreux points. On s'est débarrassé à
nouveau de l'augustinisme et on a tranché la question
laissée indécise par le concile de Trente : le pape est-il
évêque universel, et est-il infaillible? — Au concile de
Trente déjà le dogme a été transformé en une politique
dogmatique et les laïques ont été isolés loin de la foi et du
dogme : toute la tradition est sacro-sainte dans son sens
littéral ; quant à la théologie, elle se résoud en une série
d'opinions plus ou moins probables qui en cas de controverse sont tranchées par le pape.

On fut unanime à exclure les *anabaptistes* et les protestants. Après avoir proclamé à nouveau le symbole de Constantinople dans la IVe session, on déclara — afin de garder la
pureté de l'Evangile — que les apocryphes ont une valeur
égale à celle de l'Ancien Testament, que la Vulgate doit
être tenue pour authentique, et que seule l'Eglise peut
interpréter l'Ecriture. A côté de l'Ecriture on plaça les
« *traditiones sine scripto quae ab psius Christi ore ab apostolis acceptae aut ab ipsis apostolis spiritu sancto dictante quasi
per manus traditae ad nos usque pervenerunt.* Dans un autre
endroit la définition est quelque peu différente.

Dans la Ve et la VIe sessions on acheva les décrets sur
le péché originel et la justification. Ici, sous l'impression

produite par l'augustinisme ressuscité et la réformation, on ne s'assimila pas la doctrine nominaliste, on s'approcha de très près du thomisme ; on peut même dire que le décret sur la justification est une œuvre très respectable et ne manque pas d'un certain fond évangélique, bien que ce soit la politique qui lui ait donné naissance. Seulement :

1º Ici et là on établit des tendances qui conduisaient aux idées scotistes (semi-pélagiennes).

2º Il était assez indifférent de savoir ce que l'on enseignait dans la majeure sur le péché et sur la grâce, lorsque dans la mineure on affirmait que les coutumes de l'Eglise de Rome sont la loi suprême. — Sur le sujet du péché originel on reconnut qu'Adam a perdu la sainteté et la justice « avec lesquelles il avait été créé », qu'il a changé « en pire » quant à son corps et quant à son âme, et que son péché se transmet « par la propagation ». Mais on enseigna aussi que la volonté libre n'est pas anéantie : « ses forces sont seulement affaiblies » ; on déclara que le baptême détruit la culpabilité du péché originel, mais que la concupiscence — fomes — demeure et ne doit pas être envisagée comme un péché. — On abandonnait ainsi la notion religieuse du péché originel.

Quant à la justification on dit qu'elle est l'acte grâce auquel l'homme injuste devient un juste, par le moyen du baptême, puis de la pénitence. La justification ne consiste pas simplement dans le pardon des péchés, mais aussi dans la sanctification et le renouvellement de l'homme intérieur par une acceptation volontaire de la grâce, bien que l'homme soit incapable de s'affranchir de la domination du péché avec ses forces naturelles ou avec la lettre de la loi de Moïse. — La justification apparaît en premier lieu comme la translation d'un état dans un autre, dans l'état d'adoption, et la foi comme la puissance décisive à côté de la grâce. « Christum proposuit deus propitiatorem PER FIDEM in sanguine ipsius pro peccatis nostris. » — En second lieu elle apparaît comme un procès de sanctification opéré avec le secours de la grâce infuse : « Christi sanctissimae passionis *merito per spiritum sanctum caritas dei diffunditur in cordibus* », — de telle sorte que l'homme reçoit dans la justification, outre le pardon des péchés, la foi, l'amour et l'espérance qui lui sont infusés en même temps. Sans l'amour et l'espérance, on n'est pas parfaitement uni avec Christ et la foi n'est pas non plus vivante.

La seconde de ces deux manières de voir est celle qui l'emporte, aussi les différents stades du procès de la justification (tels que « l'introduction », etc.) sont-ils exposés au long. La grâce prévenante s'épuise dans la vocation — *nullis existentibus meritis ;* — mais cela ne constitue pas toute l'introduction, bien au contraire : l'*illuminatio spiritus sancti* en fait partie également et rend l'homme capable de se tourner vers la justice ; enfin une disposition et un mouvement spontané vers Dieu sont encore compris dans cette introduction. Comme la justification se produit seulement alors, on porte ainsi atteinte à la pensée de la grâce gratuitement donnée. Le pardon des péchés ne subsiste par lui-même, et n'est la justification elle-même, que *in abstracto ; en fait* la justification est une marche progressive vers la sainteté, s'accomplissant dans la mortification des membres de la chair et se manifestant par l'accomplissement des commandements de Dieu et de l'Eglise en vertu de la grâce multipliée. On ne peut pas dans cette vie parvenir à la certitude qu'on a obtenu la grâce, mais on peut toujours remplacer la perte de la grâce au moyen de la pénitence. En outre il n'est pas nécessaire de recommencer à nouveau le procès, car malgré la perte de la grâce justifiante, la foi peut être demeurée. Le but du procès dans cette vie, c'est les bonnes œuvres que Dieu en vertu de sa *grâce* accepte comme *méritoires* et comme lui étant agréables. On doit donc envisager ces œuvres d'une part comme des dons de Dieu, d'autre part comme des moyens réels pour arriver au salut.

Le point le plus important, c'est que contrairement à la tradition thomiste et augustinienne, la grâce primaire ne justifie pas, mais dispose seulement. La justification ressort

donc d'une *coopération*. Toutes les expressions augustiniennes dont on use ne peuvent voiler ce fait. — Des
trente-trois anathèmes du concile, vingt-neuf sont dirigés
contre le protestantisme. — En condamnant cette proposition : *fidem justificantem nihil aliud esse quam fiduciam di-
vinae misericordiae peccata remittentis propter Christum, vel
eam fiduciam solam esse, qua justificamur*, — on condamnait
implicitement quelque chose de plus encore : on condamnait l'augustinisme strict. Voilà où était l'habileté du décret.

Dans la VII° session et les suivantes on formula la doctrine des sacrements et on définit l'Eglise comme Eglise
des sacrements (*per sacramenta omnis vera justitia vel in-
cipit vel coepta augetur vel amissa reparatur*); on garda le
silence sur la question de la parole et de la foi. Au lieu de
formuler une doctrine des sacrements proprement dite, on
formula treize anathèmes qui renferment la vraie protestation contre le protestantisme. On affirme que tous les sacrements ont été institués par Christ et qu'il est impossible
d'être justifié par la foi seule, sans les sacrements. Ceux-ci
contiennent la grâce — *continent gratiam* — et par conséquent une puissance mystérieuse qu'ils communiquent *ex
opere operato* à ceux qui ne s'y opposent pas. A d'autres
égards aussi la doctrine thomiste sur le « caractère »,
« l'intention », est entièrement conservée ; toutefois les
subtilités théologiques sont laissées de côté et la possibilité
de se tourner vers la conception scotiste demeure ouverte.
A la fin des anathèmes on condamna tout abandon des
coutumes de l'Eglise une fois qu'elles sont établies.

La bulle *Exultate Domino* d'Eugène IV (1430) servit de
modèle pour les explications sur les divers sacrements. Les
ordonnances relatives au baptême ne nous apprennent rien,
sauf que l'on condamne ceux qui enseignent que les péchés commis postérieurement au baptême peuvent être
pardonnés par le seul souvenir et la seule foi du baptême
déjà reçu : — *sola fide et recordatione suscepti baptismi*.
Quant aux ordonnances sur la confirmation, elles nous en-

seignent que l'évêque seul administre ce sacrement. Pour
l'eucharistie, les thèses théologiques des thomistes furent
élevées à la hauteur de dogmes. En vertu de la transsubstantiation, Christ tout entier est présent dans chaque parcelle des éléments, déjà avant qu'on les reçoive ; — il faut
donc adorer l'hostie — *in eucharistia ipse sanctitatis auctor
ante usum est*. Tous les usages sont désignés comme apostoliques.

L'effet du sacrement demeure tout à fait moindre : on
condamne expressément ceux qui tiennent le pardon des
péchés pour en être le fruit principal. — Au sujet de la
messe — le point le plus attaqué — on sanctionna aussi
l'ensemble de la coutume reçue tout en blâmant par manière d'acquit quelques abus superstitieux. Les messes
basses et les messes pour les morts furent aussi justifiées :
*sacrificium propitiatorium pro vivis et defunctis nondum ad
plenum purgatis.* — De même aussi — et contrairement à
l'avis de tous les princes — on approuva le retrait de la
coupe aux laïques et l'usage de la langue latine. — Les
canons prononcèrent l'anathème sur toute réforme et établirent ainsi une séparation absolue entre l'Eglise du
sacrifice païen de la messe — et l'Eglise de la Parole.

La doctrine de la pénitence est traitée avec beaucoup
plus de développements que celle de l'eucharistie au sujet
de laquelle les théologiens étaient seuls à se disputer.
Tout le contenu — *materia* — de l'œuvre de la scolastique
a été reçu comme dogme dans la pénitence et — *quasi
materia*. Aussi (voir plus haut, p. 378 s.) n'est-il pas nécessaire de nous étendre plus longtemps sur le sujet. Il
vaut pourtant la peine de remarquer que l'attrition est
traitée avec une grande circonspection et toujours on la
donne pour une contrition imparfaite. On n'en exige alors
que plus catégoriquement la confession de tous les péchés
mortels devant le prêtre et l'on affirme ainsi le caractère
du prêtre *comme juge*. — On conserva aussi la nécessité
des satisfactions, comme chez Thomas, à cause de la peine
temporelle du péché, de même que les indulgences. On

s'exprima cependant sur celles-ci avec une grande réserve. On ne toucha pas à la théorie scolastique, on avoua l'abus, mais on ne fit décidément aucune concession sur le fond des choses : toute personne qui déclare que les indulgences ne sont pas salutaires doit être condamnée.

On passa rapidement sur l'extrême-onction, l'ordination et le mariage, en disant que les *septem ordines* ont existé *ab ipso initio ecclesiae*. L'ancienne controverse sur la relation entre les évêques et les prêtres ne fut pas tranchée; on attribua cependant une supériorité aux évêques. — Sur le mariage on s'exprima dans des termes d'homilétique et de droit ecclésiastique, mais on condamna pourtant ceux qui niaient que le mariage conférât une grâce. — Dans les questions du purgatoire, des saints, des reliques et des images on parla avec beaucoup de regrets des abus, mais on maintint ferme la tradition, tout en ménageant l'esprit du temps à l'aide de paroles prudentes.

C'est ainsi qu'avec le concile de Trente, l'Eglise s'est enfermée dans sa mondanisation propre, s'affirmant comme Eglise des sacrifices, des prêtres et des sacrements, et pas une seule fois elle n'a renoncé à son idole. Les décrets ont cloué l'Eglise sur le sol du moyen âge et de la scolastique, au moyen des *sacrements*, de *l'obéissance* et du *mérite*.

(Sur la pratique des bénédictions, les pratiques sacramentelles et les indulgences, voir Gihr, *das heilige Messopfer*, 1887; Schneider, *die Ablässe*, 1881.)

2. *Le développement du catholicisme après le concile de Trente. — Préparation du concile du Vatican.*

Denziger, *Enchiridion*, 5. Aufl. 1874, 6te 1888.

Au concile de Trente on n'avait pas définitivement choisi entre le curialisme et l'épiscopalisme, entre l'augustinisme et le pélagianisme jésuitique, entre la loi morale et le probabilisme. Ces questions furent agitées pendant trois

siècles. La première se divise en deux : l'autorité appar-
tient-elle au pape ou au concile, aux décisions papales ou
à la tradition? — Le concile du Vatican s'est prononcé en
faveur de la curie romaine et ainsi en même temps en
faveur du Jésuitisme.

1 *a*). A Trente l'opposition entre le parti de la curie et
le parti de l'épiscopat sur l'article du pouvoir papal avait
fini par empêcher qu'on aboutît à aucun décret, mais
déjà la *professio fidei Tridentinae* a fait entrer par contre-
bande l'Eglise de Rome et le pape dans le Credo, et le *Catéchisme Romain* thomiste a enseigné l'autocratie papale
comme un article de foi. *Necessarium fuit hoc visibile caput
ad unitatem ecclesiae constituendam et conservandam.*

Cependant une violente opposition se manifesta, surtout
en France, sous Henri IV et Louis XIV. Là on revint au
gallicanisme (Bossuet); d'ailleurs ce pays n'avait pas
accepté les décrets de Trente sans réserves. La cause de
cette opposition fut soit l'intérêt du roi, soit l'intérêt de la
nation et de ses évêques (ils sont établis de droit divin). On
fit valoir l'autorité du primat, mais on n'arriva pas en vérité
à plus de clarté et d'unité qu'au quinzième siècle. Il fut
fermement déclaré que ce sont le roi et les évêques de
l'Eglise française qui gouvernent, que le pape n'a rien à
dire dans les affaires temporelles et que même dans les
choses spirituelles il est lié par les décisions des conciles
(comme celui de Constance), que ses décisions ne sont irré-
formables qu'une fois adoptées par l'Eglise. Voilà le sens
des articles gallicans de 1682. Les papes rejetèrent ces
articles; mais ils ne rompirent pas avec la France. A la fin
de sa vie le grand roi lui-même les abandonna sans les
retirer formellement. Ils demeurèrent encore une force au
dix-huitième siècle, jusqu'au moment où le monarque
même qui en avait fait des lois de l'Etat, en 1820, les abandonna à la curie. Napoléon acheva *avec le consentement du
pape* la démolition complète de l'Eglise et de ses institutions
déjà renversées par la révolution, pour les reconstruire ensuite à nouveau *avec le souverain pontife.* Or, il ne fit pas

autre chose que livrer l'Eglise de France au pape. Ce ne
fut pas sans doute l'intention de l'empereur, mais ce fut le
résultat de sa politique. Les romantiques comme de Maistre,
Bonald, Chateaubriand, etc., achevèrent cette œuvre en
s'alliant à la restauration. Le gallicanisme fut extirpé et
aujourd'hui, dans la mesure où elle est encore réellement
catholique, la France est papiste : la politique officielle
elle-même veille à l'étranger sur les intérêts de l'ultra-
montanisme.

En Allemagne, Febronius (1763) a fortement ébranlé le
parti de la curie ; mais tandis que les uns voulaient une
Eglise nationale archiépiscopale (Punktation d'Ems, 1786),
les autres, comme Joseph II, etc., voulaient des Eglises
d'Etat ; — finalement rien ne fut fait. L'ancienne constitution ecclésiastique et les nouveaux plans pour édifier les
Eglises périrent ensemble dans le tourbillon de l'époque
napoléonienne.

A la paix de Vienne on vit surgir une Eglise nouvelle
gouvernée par la curie. Celle-ci, avec l'aide des princes, des
romantiques ultramontains, à l'aide de libéraux trop con-
fiants, et de la diplomatie de Metternich — étouffa les restes
de l'épiscopalisme et du système des Eglises nationales.

1 b). Déjà la *Professio fidei Tridentinae* avait accordé à la
tradition une place beaucoup plus considérable que les
canons de Trente eux-mêmes : *Apostolicas et ecclesiasticas
traditiones reliquasque ejusdem ecclesiae observationes et
constitutiones firmissime admitto et amplector.* Elle avait
placé la tradition avant l'Ecriture. Les jésuites aussi su-
bordonnèrent toujours plus l'Ecriture à la tradition, et
s'efforcèrent en conséquence de concevoir l'inspiration de
l'Ecriture d'une façon aussi relâchée que possible, en sorte
que le concile du Vatican a consacré une contradiction.
Le catholicisme moderne exige deux choses à la fois : il
veut qu'on maintienne la tradition écrite comme une chose
sacrée à laquelle il n'est pas permis de toucher, et en même
temps il veut qu'on montre du doigt avec précaution l'insuffisance et les déficits de cette tradition.

Le développement de la notion de la tradition eut une importance plus grande. En thèse générale on maintint ferme le principe qu'il n'y a point de révélations nouvelles dans l'Eglise, mais en réalité on soutint avec toujours plus de hardiesse le principe d'une tradition secrète, lequel est celui des enthousiastes et des gnostiques, bien qu'autrefois le principe catholique ait été établi précisément pour le combattre. Bellarmin eut encore des hésitations, mais déjà Cornelius Mussus, membre du concile de Trente, avait affirmé que dans une question de foi il croyait plus volontiers un pape que des milliers d'Augustins et de Jérômes. L'affirmation que toutes les coutumes de l'Eglise de Rome font partie de la tradition était elle-même déjà nouvelle, mais les Jésuites la complétèrent par cette affirmation absolument nouvelle : toute décision doctrinale est l'affaire du pape. Ils se sont même parfois exprimés avec un ton de mépris sur le compte des conciles et des *preuves* tirées de la tradition, ou bien ils ont déclaré que les actes les mieux attestés sont des falsifications, dans le but de faire passer le dogme du pape par-dessus l'histoire. L'Eglise est elle-même la tradition vivante ; or, l'Eglise c'est le pape, *donc le pape c'est la tradition*. (Pie IX.)

C'est en cette qualité que Pie IX a agi déjà en 1854 lorsqu'il proclama l'immaculée conception de Marie et trancha ainsi une vieille controverse (voir p. 394). Maintenant règne le principe qui par suite des difficultés des temps n'avait pas encore pu être mis en vigueur à Trente. Seulement, pour peu qu'on juge ce principe d'après l'antiquité catholique, on voit qu'il est hérétique.

2. L'augustinisme a eu son dernier monument officiel dans le *Catechismus Romanus* (1566). Les Jésuites ont donc attaqué ce catéchisme et dès ce moment on travailla à ce que la doctrine de la grâce fût réglée par la pratique mondaine du confessionnal. Déjà en 1567 on arriva à faire condamner par Pie V soixante-dix-neuf thèses de Bajus, professeur à Louvain. Ces thèses renfermaient la doctrine augustinienne la plus rigoureuse mêlée cependant à un

élément étranger ; elles n'étaient d'ailleurs pas favorables à
la réformation. Il s'éleva alors une longue et violente controverse entre Dominicains et Jésuites. Les premiers (Les-
sius et Hamel) attaquaient le système d'études des Jésuites,
condamnaient leurs principes les plus risqués et cherchaient
à maintenir la doctrine thomiste sur la gravité du premier
péché, la concupiscence et la grâce prévenante. — Les
Jésuites mettaient l'accent particulièrement sur la volonté
libre et la « disposition ». Parmi eux c'est Molina qui fit
le plus de bruit avec son ouvrage *Liberi arbitrii cum gratiae
donis, divina praescientia... praedestinatione... concordia*
(1588). Il tentait de faire entrer le semi-pélagianisme dans
l'augustinisme, mais en fait il abandonnait complètement
ce dernier. — On se tourna vers Rome en lui demandant de
terminer ce différend qui soulevait des orages. Rome n'avait
aucun intérêt pour la question en elle-même, elle n'était
préoccupée que de l'opportunité qui lui était offerte ; en effet,
pour elle il ne s'agissait pas d'Augustin ni de Pélage, mais
de Dominicains et de Jésuites. La politique commandait
de ne se brouiller complètement avec aucun des deux partis.

La *Congregatio de auxiliis* siégea de 1598 à 1607. Pendant
ce temps les Jésuites intimidèrent le pape. La congrégation fut finalement dissoute sans avoir abouti à une décision : *fore ut Sanctitas declarationem et determinationem,
quae expectabatur opportune promulgaret.* C'était là, au
fond, une victoire des Jésuites.

La controverse janséniste eut un cours plus déplorable
encore. La France catholique avait rejeté la Réforme après
des luttes terribles. Or, à côté du catholicisme frivole de
cour et de l'Etat et à côté du jésuitisme relâché, se
produisit un mouvement nouveau de piété sérieuse qui
s'efforçait de gagner le dessus. L'ouvrage posthume de
l'évêque Jansen d'Ypres, *Augustinus* (1640) en fut le fondement historique et théologique. Ce mouvement rassembla
toutes ses forces dans le but d'affranchir l'Eglise de l'Eglise,
la moralité de la morale raffinée et relâchée. Le confessionnal des Jésuites parut être le véritable ennemi et

Pascal dans ses Lettres s'écrie : *Ecce patres, qui tollunt peccata mundi !* En présence de ces attaques terribles, l'ordre de Jésus ne put se maintenir qu'on prenant l'offensive et en accusant d'hérésie le jansénisme, l'augustinisme authentique de Jansen et de ses amis. Les papes se laissèrent gagner. Urbain VIII (*In eminenti*), mais surtout Innocent X (*Cum occasione*) et Alexandre VII (*Ad sanctam beati Petri sedem*) proscrivirent, c'est-à-dire condamnèrent l'ouvrage de Jansen. En outre Innocent désigna cinq thèses de Jansen comme devant être rejetées. Alors une résistance violente s'éleva : les jansénistes se refusèrent à reconnaître que les phrases incriminées fussent de Jansen et à les condamner. Mais Alexandre VII l'exigea et la couronne le soutint. Après un compromis passager sous le pontificat de Clément IX (1668) qui permit de signer la bulle en faisant la réserve du *silentium obsequiosum*, Clément XI renouvela les bulles cassantes de ses prédécesseurs (1705). Port-Royal fut détruit. La constitution *Unigenitus* de Clément XI (1713) frappa l'augustinisme plus durement encore. Cent onze thèses extraites par les Jésuites de « l'édifiante explication de Paschase Quesnel sur le Nouveau Testament » furent incriminées. Or, parmi ces thèses il n'y avait pas seulement des thèses augustiniennes, mais il y en avait aussi de saint Paul : *Nullae dantur gratiae nisi per fidem — fides est prima gratia et fons omnium aliarum — prima gratia, quam deus concedit peccatori, est peccatorum remissio — peccator non est liber, nisi ad malum, sine gratia liberatoris*, etc. Une tempête s'éleva de nouveau en France. On se divisa en *acceptants* de la bulle et en *appellants*. Mais ainsi qu'il arrive toujours dans le catholicisme, — les uns finirent par se soumettre en fléchissant leur conscience, tandis que les autres tombèrent dans l'extase et le fanatisme. Dans les Pays-Bas seuls s'était déjà constitue, une Eglise vieille-catholique schismatique à la suite de la controverse janséniste.

La bulle *Unigenitus* confirmée par plusieurs papes marque la victoire de la dogmatique des Jésuites sur la dogmatique augustinienne ; elle est donc le dernier mot de l'histoire catholique des dogmes au sens de la dogmatique. Ensuite, au dix-neuvième siècle, les derniers restes du gallicanisme ont été anéantis, ainsi que les restes du jansénisme ou de *l'aftermysticisme* (*Aftermystik*) qui se développe nécessairement de l'augustinisme et du quiétisme, et qui constitue certainement un danger pour l'Eglise catholique. La proclamation de l'immaculée conception par Pie IX marque ici la fin. De même qu'au point de vue formel (voir p. 412) elle marque l'élévation définitive de la papauté, de même, au point de vue matériel, elle marque la destruction de l'augustinisme.

Pour satisfaire les besoins indestructibles d'intimité, de contemplation et d'indépendance chez les chrétiens, le catholicisme des Jésuites leur a offert des moyens sensibles de toutes sortes : des jouets et des miracles, ainsi que des confréries, des exercices et des prières — et il les a ainsi maintenus attachés à la corde de l'Eglise.

3. Déjà au moyen âge l'esprit juridique et casuistique de l'Eglise romaine avait exercé une influence des plus fàcheuses sur la confession, l'éthique et la dogmatique. La théologie nominaliste avait une de ses puissantes racines dans la casuistique juridique, c'est-à-dire dans le *probabilisme*. Les Jésuites ont adopté cette théologie et l'ont cultivée d'une façon qui a effrayé quelquefois jusqu'aux papes et même aussi des membres de l'ordre. (Döllinger et Reusch, *Geschichte der Moralstreitigkeiten seit dem XVI ten Jahrhundert*. 1889.)

Le dominicain Barthélemy de Médine fut le premier à exposer « scientifiquement » le « probabilisme ». Voici sa formule : *Si est opinio probabilis, licitum est eam sequi, licet opposita sit probabilior*. Rarement une parole a allumé tant d'incendies. C'était affranchir la morale de la morale et la religion de la religion. Déjà vers 1600 le probabilisme fut signalé comme l'opinion dominante, mais ce furent surtout les Jésuites qui le cultivèrent. Dans le domaine de la foi il se montra : 1° comme la doctrine du *relâchement* dans l'administration de l'absolution ; 2° comme la doctrine de l'*attrition*. Il se forma toute une série de variétés : proba- bilisme très relâché, probabilisme authentique, probabi- lisme rigoriste, aëqui-probabilisme, probabiliorisme, tutio- risme relâché ou sévère. Ce dernier — c'est le seul moral — fut expressément rejeté par Alexandre VIII en 1690. — La méthode tout entière est celle du Talmud auquel du reste un lien la rattache, probablement depuis le moyen âge.

Le Jansénisme, surtout Pascal — s'éleva contre cette destruction de la moralité. Il obtint que depuis le milieu du dix-septième siècle le probabilisme fût réprimé. Plusieurs papes interdirent les livres de théologie morale les plus relâchés ; en 1679, Innocent XI condamna soixante-cinq thèses des probabilistes au nombre desquelles se trou- vaient de véritables infamies (voir Denzinger, *Enchiridion*, p. 213 ss., 217, 218 ss.). Il sembla qu'on avait écarté ce qu'il y avait de pire, surtout lorsque dans l'ordre même des Jésuites, Thyrsus Gonzalez s'éleva contre la doctrine et devint même général en 1687. Mais le Jansénisme et l'Antiprobabilisme étaient solidaires. Le premier tomba et le second dut tomber aussi. — Quant à la doc- trine de l'attrition, les papes n'avaient abouti qu'à un état de neutralité. C'est la source d'où le probabilisme a jailli de nouveau au dix-huitième siècle. Le fondateur de l'ordre des Rédemptoristes, Alphonse de Liguori (mort en 1816, béatifié en 1829, déclaré docteur de l'Eglise en 1871), devint, grâce à ses livres, le docteur le plus influent de l'Eglise. *Il a pris la place d'Augustin dans le catholicisme mo- derne.* Mais il a été aëqui-probabiliste, et aucun Pascal ne s'est plus élevé pour le combattre.

3. *Le concile du Vatican.*

L'Eglise avait ruiné dans son sein l'épiscopalisme et l'augustinisme, elle avait établi le probabilisme, et à l'aide de la réaction politique et du romantisme, elle avait élevé le pape à la dignité de maître de l'Eglise, le proclamant la tradition vivante — elle était mûre enfin pour le dogme de l'infaillibilité du pape. Au concile du Vatican (1869-1870) les évêques reconnurent que le primat est bien réellement et directement le primat, et que le pape possède sur l'Eglise toute entière le pouvoir ordinaire et immédiat, ce pouvoir étant entièrement épiscopal dans le sens absolu du mot. Le 18 juillet 1870 ils firent la déclaration suivante touchant cet évêque universel : *docemus et divinitus revelatum dogma esse definimus :* « *Romanum Pontificem quum ex cathedra loquitur id est quum omnium Christianorum pastoris et doctoris munere fungens pro suprema sua apostolica auctoritate doctrinam de fide vel moribus ab universa ecclesia tenendam definit, per assistentiam divinam, ipsi in beato Petro promissam, ea infaillibilitate pollere, qua divinus redemptor ecclesiam suam in definienda doctrina de fide vel moribus instructam esse voluit, ideoque ejusmodi Romani pontificis definitiones ex sese, non autem ex consensu ecclesiae, irreformabiles esse. Si quis autem huic nostrae definitioni contradicere, quod deus avertat, praesumpserit, anathema sit.* » (Friederich, *Geschichte des Vatic. Concils.*, *3 vol.* 1877, *ss.*)

Les évêques qui s'opposèrent à cette résolution se soumirent bientôt. Le nombre de ceux qui se refusèrent à accepter le nouveau dogme a été et est encore minime. (V. Schulte, *der Altkatholicismus*, 1887.)

La doctrine nouvelle est bien la pierre de faîte de l'édifice. D'autres innovations pourront survenir, comme par exemple la déclaration que la suprématie temporelle du pape est un article de foi ; mais cela ne pourra rien changer. L'Eglise romaine s'est révélée comme le gouvernement autocratique du souverain pontife, — c'est l'ancien empire romain rattaché à la mémoire de Jésus-Christ, muni de sa parole et des sacrements, disposant d'une ordonnance juridique dogmatique — laquelle est suivant les besoins ou élastique, ou rigide comme le fer — et enfin embrassant aussi au-delà de la terre le purgatoire et le ciel.

CHAPITRE III

1. Introduction historique.

Erbkam, *Geschichte der protestantischen Secten*, 1848 ; Carrière, *die philosophische Weltauschauung der Reformationszeit*, 2e édition, 1887 ; Trechsel, *die protestantischen Antitrinitarier*, 2 vol., 1839 ss. Hegler, *Seb. Franck*, 1892.

Sozzini fut un épigone comme Calvin. Au point de vue de l'histoire des dogmes et de l'Eglise, le socinianisme présuppose les grands mouvements d'opposition à l'Eglise du moyen âge, cependant il a aussi subi l'influence de la réformation. Il a éclairci ces éléments qui ont présidé à son développement, et il les a amenés à l'unité. Dans le socinianisme sont alliés : un élément scotiste et pélagien, un élément critique et humaniste, puis encore un élément anabaptiste. Les éléments panthéistes, fanatiques, mystiques, socialistes sont absents. Les pensées critiques et rationalistes de la théologie ecclésiastique des quatorzième et quinzième siècles sont arrivées dans le socinianisme à un libre déploiement, mais cette doctrine aussi a été en même temps une conséquence des impulsions données par l'époque nouvelle, par la renaissance. — L'élément caractéristique des mouvements antitrinitaires et sociniens du seizième siècle réside en ceci qu'ils nous font voir la destruction du catholicisme telle qu'on pouvait la réaliser au moyen des produits de la scolastique et de la renaissance, sans approfondir la *religion*. Dans ce sens, le socinianisme est aussi une issue de l'histoire des dogmes. Le moyen âge et l'époque nouvelle s'y tendent la main par-dessus la réformation. En lui, l'alliance entre la scolastique et la renaissance — qui paraissait incompatible — est devenue une réalité. C'est pourquoi il ne manque pas non plus d'un élément prophétique. — Ces mouvements ont anticipé avec une sûreté merveilleuse bien des choses qui furent tout d'abord réprimées dans l'Eglise évangélique — après de fugitifs essais — parce que toute l'attention de celle-ci fut absorbée pendant cent cinquante ans par l'intérêt qu'on portait à la *religion* sous une forme liée. L'antitrinitarisme et le socinianisme sont plus « amis des lumières » que le protestantisme ecclésiastique, mais ils sont moins susceptibles de se développer et sont plus pauvres.

Nous nous contenterons d'un rapide aperçu. Tous les groupes antitrinitaires et anabaptistes ont en commun ceci : ils rompent avec l'histoire, ils renoncent à l'Eglise telle qu'elle existe, et sont convaincus des droits de l'individu. Avec des points de départ très différents, ils ont fréquemment abouti aux mêmes résultats, parce que la *disposition* dont ils étaient animés a été la même.

Le *premier groupe* se rattache au mysticisme et à la culture nouvelle de la renaissance : il ne veut pas des Idées, mais des faits, non pas Aristote, mais Platon, — non pas la lettre, mais l'esprit. La lumière intérieure fut placée à côté de la Bible, et la conviction libre au-dessus du précepte. Quant aux dogmes de l'Eglise, tantôt ils en changèrent la signification, tantôt ils les abandonnèrent. Affranchis du fardeau du passé et déterminés par l'Evangile, beaucoup s'élevèrent jusqu'au domaine de la libre-pensée, tandis que d'autres se tinrent dans le domaine de l'imagination. A ce groupe appartiennent Schwenkfeld, von Weigel, Giordano Bruno, et surtout Sébastien Frank et Théobald Thamer.

Un *second* groupe — que nous ne saurions passer sous

silence — a puisé sa force dans le fait qu'au catholicisme
politique et sacramentel il opposait un nouvel ordre social
et politique dans le monde et dans l'Eglise, et les idées
apocalyptiques et chiliastes, etc. Ce groupe est la continuation de l'enthousiasme des Minorites, des Vaudois, etc. Le
signe auquel on les reconnut fut l'anabaptisme. Mélangé
sur bien des points d'éléments réformateurs, cet anabaptisme a joué un rôle très important jusqu'à la catastrophe
de Münster, et même encore après.

Un *troisième* groupe essentiellement roman (italien) présente le développement conséquent de la scolastique nominaliste sous l'influence de l'humanisme; chez lui la soumission à l'Eglise a cessé, mais il glorifie un moralisme huma-
nitaire et même partiellement évangélique; aussi est-il
demeuré. Il rejette l'ancien dogme et le sacramentarisme,
mais introduit un élément historique : le retour aux
sources, le sens philologique, le respect du classique dans
tout ce qui s'appelle antiquité. Le motif religieux au sens
profond de ce terme fait défaut à ces Italiens. Aussi n'ont-
ils pas abouti à créer un mouvement populaire. — Ce
groupe est à bien des égards absolument opposé au premier,
car il est partisan du mysticisme spéculatif, tandis que l'autre professe la pensée rationnelle. Cependant ils sont reliés :
d'abord par les préoccupations humanistes communes; puis
ensuite par le mysticisme spéculatif — qui faisant place à
l'expérience dont on appréciait la valeur — donne lui aussi
naissance au développement d'une pensée pure ; enfin à
leur tour les penseurs italiens raisonnables — subissant l'influence de la culture nouvelle, — biffèrent les grossièretés
de la mythologie d'abstractions à laquelle le nominalisme
s'était laissé entraîner auparavant. Le représentant le plus
considérable de l'union de ces deux groupes est l'Espagnol
Michel Servet. Sa théologie réunit les meilleurs éléments
de ce qui au seizième siècle était arrivé à maturité, abstraction faite de la réforme évangélique.

En considérant tous ces groupes, l'histoire des dogmes
ne doit pas perdre de vue deux points principaux, qui sont

les relations de ces groupes : 1° avec les autorités formelles du catholicisme; 2° avec la doctrine de la trinité et la christologie.

Ils ont détruit l'autorité de l'Eglise présente et passée en tant qu'elle enseigne et qu'elle juge. Vis-à-vis de l'Ecriture, leur attitude demeura incertaine. On s'en servait pour combattre la tradition et l'on se fondait sur la lettre avec un légalisme inouï, tandis que d'autre part on rabaissait l'autorité de l'Ecriture au-dessous de l'autorité de la révélation intérieure, ou bien on la mettait même entièrement de côté.

Cependant, en règle générale l'autorité unique de l'Ecriture fut maintenue et le socinianisme s'est placé décidément sur le terrain scripturaire. En effet, excepté quelques hommes remarquables qui comprirent réellement ce qu'est la liberté du chrétien, — les réformateurs du seizième siècle n'osèrent pas sérieusement ébranler ce rocher. On trouve au fond déjà chez la plupart des réformateurs la contradiction dans laquelle le protestantisme s'est embarrassé : ils font valoir comme la norme absolue une collection considérable de livres, — mais ils en abandonnent la compréhension aux efforts individuels.

L'antitrinitarisme s'est développé dans quatre groupes, mais avec des différences. — Le premier groupe n'a pas été agressif, mais latitudinariste, comme les anciens mystiques qui ne voyaient dans la trinité que des *modi*, considéraient l'incarnation en Christ comme un cas spécial et en somme n'envisageaient les dogmes que comme la vérité voilée.

Dans le second groupe qui est anabaptiste, l'antitrinitarisme est dans la règle un élément relativement subordonné, bien qu'il ne manque peut-être nulle part. C'est à peine si on peut le trouver chez Denk, un réformateur considérable; par contre il est plus évident chez Hatzer et encore davantage chez Campanus, D. Joris et Melchior Hoffmann; ces hommes du reste se sont fait une doctrine trinitaire qui leur est particulière.

La doctrine de la trinité ne fut attaquée à sa racine —

sur la question de la divinité de Christ — que par des Italiens comme Pietro Manelfi, dans le troisième groupe.
L'humanisme uni avec la tradition théologique nominaliste
pélagienne a produit en Italie l'antitrinitarisme dans le
sens de l'adoptianisme ou de l'arianisme, et cette doctrine
a été un facteur réel dans le mouvement historique. On
pensa qu'en rejetant les doctrines de la divinité de Christ
et de la trinité on faisait une œuvre très importante, parce
qu'ainsi on purifiait et on allégeait la religion. Ces doctrines
furent remplacées par celles du Christ créé et du Dieu
unique ; on chercha et on trouva dans l'Ecriture des preuves
à l'appui. (Comparer les théodotiens romains de l'antiquité.)
— Au milieu du seizième siècle, l'Italie chassa hors de ses
frontières toute une troupe d'antitrinitariens savants et
pour la plupart très respectables : Camillo Renato, Blandrate, Gentilis, Occhino, les deux Sozzini, etc. En Suisse, la
lutte au sujet du droit de l'antitrinitarisme dans l'Eglise
évangélique fut décisive. Calvin prit parti contre les antitrinitariens et fit brûler Servet. La doctrine trouva un refuge en Pologne et en Transylvanie. Il s'y forma des communautés antitrinitaires et même Blandrate réussit à faire
formellement reconnaître sa profession de foi en Transylvanie. Au sein de l'anarchie la liberté de conscience trouva
elle aussi un asile.

L'*unitarisme* enseigné par Blandrate envisageait Christ
comme un homme élu de Dieu et élevé à la divinité. —
Une scission se produisit bientôt. La gauche — dont le
principal représentant fut Franz Davidis — rejeta aussi la
naissance miraculeuse et l'adoration de Christ. Ce fut le
parti du non-adorantisme. Fauste Socin se rendit en 1578
en Transylvanie pour combattre cette tendance, et il l'é-
touffa réellement. Dans ce pays, comme aussi en Pologne,
il fit des communautés anabaptistes, socialistes, chiliastes,
libertines et non-adorantistes — une seule *Eglise* avec une
dogmatique biblique étendue comme fondement.

Après une histoire riche en épisodes dramatiques, l'unitarisme polonais allié avec l'arminianisme des Pays-Bas a

trouvé finalement un asile en Angleterre et en Amérique
et il a produit des hommes remarquables. Il est certain
qu'il s'est pénétré toujours davantage d'esprit évangélique.

2. *La doctrine socinienne.*

Fock, *der Socianismus*, 1847.

C'est dans le catéchisme de Cracovie (1609) qu'on peut
le mieux apprendre à connaître le christianisme socinien.

La religion, c'est la connaissance juste et complète de la
doctrine salutaire. On tire cette doctrine de l'Ecriture sainte
— laquelle est une révélation extérieure, salutaire — et
surtout du Nouveau Testament. La religion chrétienne est
la *théologie du Nouveau Testament,* mais elle est en même
temps *la religion rationnelle.* Le livre et la raison sont ainsi
les fils conducteurs, les trames de la doctrine socinienne.
Par conséquent une des grandes tâches de ce rationalisme
supranaturel, c'est la démonstration de la certitude des
lettres sacrées. Cette preuve remplace la preuve tirée de la
tradition. La valeur du Nouveau Testament (on se contente
de garder l'Ancien Testament) doit être prouvée à la raison
et non pas à la piété. Or, le Nouveau Testament est suffi-
sant parce qu'il renferme *quantum satis* la foi qui est agissante dans la charité. Cette foi est la foi à l'existence de
Dieu et à la rémunération (comparez le nominalisme); les
commandements moraux se résument dans l'amour. D'autre
part l'Ecriture est aussi claire aux yeux de l'intelligence :
*itaque cum sacras litteras sufficere ad salutem dicimus, rectam
rationem non tantum non excludimus, sed omnino includimus.*

L'homme ne pouvait trouver lui-même le chemin du salut, parce qu'il était mortel (élément vieux-catholique).
L'image de Dieu en lui consistait uniquement dans le fait
qu'il possédait la domination sur les animaux. Ce n'est
pas la mort temporelle, mais la mort éternelle qui a fait
son entrée dans le monde par le péché. Enfin l'homme
ne pouvait trouver le chemin du salut, lequel « dépend du

seul conseil et de la seule volonté de Dieu » ; il fallait donc
que ce chemin fût communiqué par une révélation extérieure. (Comparez le nominalisme). Pas question de crainte,
d'amour, ni de confiance, mais seulement de la *notitia dei*
et de la loi de la vie sainte qui devaient être révélées. La
notitia dei, c'est connaître Dieu comme le Maître suprême
de toutes choses, comme celui qui « peut selon son bon
plaisir établir des lois et statuer des peines et des récom-
penses ; *pro arbitrio leges ponere et praemia ac poenas sta-
tuere potest*. (Comparez encore le nominalisme.) Il est de
toute importance de reconnaître l'*unité* de Dieu, mais « rien
n'empêche que ce Dieu unique ne puisse communiquer à
d'autres l'empire et le pouvoir, et qu'il l'ait fait réellement,
*nihil prohibet quominus ille unus deus imperium potestatemque
cum aliis communicare possit et communicaverit*. (Comparez
les anciens subordinatiens et les Ariens.) Les attributs de
Dieu sont tirés de la notion du *supremus dominus* et du
summe justus, sans être aucunement mis en rapport avec la
foi du salut. (Comparez encore le nominalisme.) Il est très
utile pour le salut, sinon même tout bonnement nécessaire,
de discerner que la doctrine de la trinité doit être rejetée.
Avant la loi et par le moyen de la loi, les hommes ont déjà
reconnu la création du monde par Dieu, la Providence de
Dieu *de singulis rebus* (!), la rémunération et la volonté divine (dans le décalogue).

La connaissance de Christ se divise en connaissance de
sa personne et connaissance de son ministère. Sur le premier point il s'agit de connaître que Dieu nous a rachetés
à l'aide d'un seul homme. (Comparez les thèses hypothétiques des nominalistes.) Christ a été un homme mortel qui,
sanctifié par le Père, armé de la sagesse et de la puissance
divines, a été ressuscité et finalement a été reçu dans une
égalité de puissance avec Dieu. Voilà ce que montre l'exégèse dans le Nouveau Testament.

Dieu l'a envoyé pour élever les hommes à un nouvel état
de choses, autrement dit pour amener les hommes mortels
à la vie immortelle (idée de l'ancienne Eglise). (Comparez

en particulier les Antiochiens.) Cette mission a été l'objet
d'une libre décision de la volonté de Dieu et son accomplissement (naissance miraculeuse et résurrection) est tout
aussi arbitraire. Christ en tant que *prophète* nous a apporté
la législation divine parfaite en expliquant et approfondis-
sant le décalogue ; il a exprimé avec assurance la promesse
de la vie éternelle, par sa mort il a confirmé l'exemple
d'une vie morale parfaite, après avoir donné quelques ordonnances sacramentelles. Voilà ce que Christ a prêché ;
il a ainsi donné une impulsion puissante à l'observation de
la volonté de Dieu, puis en même temps il a certifié que
l'intention générale de Dieu c'est de pardonner leurs péchés
à ceux qui se repentent et ont à cœur de devenir meilleurs.
(Comparez le nominalisme.) Personne ne pouvant accomplir
parfaitement la loi divine, la justification ne se produit pas
par les œuvres, mais par le moyen de la foi. Cette foi est
la confiance dans le législateur qui a placé devant nous un
but glorieux, — la vie éternelle, — et qui par le Saint-
Esprit a éveillé chez nous l'assurance préalable de cette vie ;
ensuite elle est confiance en Christ, lequel, revêtu d'une
puissance divine, confère l'affranchissement à ceux qui
demeurent en lui.

Remarquons encore les points suivants : 1° Leur critique de la christologie ecclésiastique, habile et à bien des
égards justifiée, au nom de l'Ecriture et de la raison — il
faut dire que les déclarations scripturaires sur la préexistence de Christ leur offrirent des difficultés.

2° Leur tentative de montrer l'œuvre de Christ sur le
modèle des trois ministères, et l'incapacité manifeste d'aller au delà du ministère prophétique. Au fond tout est traité
dans le cadre de ce ministère : *comprehendit tum praecepta,
tum promissa dei perfecta, tum denique modum ac rationem,
qui nos et praeceptis et promissionibus dei confirmare debea-
mus.* Le socinianisme ne connaît rien de plus. Les *praecepta*
sont le décalogue expliqué avec l'addition de « Notre Père »,
ainsi que les commandements particuliers de la joie constante dans la confiance à l'égard de Dieu et dans la prière,

l'action de grâces, la foi au secours divin, — le précepte de s'abstenir de l'amour du monde, de renoncer à soi-même et d'user de patience. A ceci s'ajoutent encore les prescriptions cérémonielles particulières telles que le baptême et la Cène. Le baptême est profession de foi, engagement et symbole. A ce propos les sociniens pensent aussi timidement au pardon des péchés, à cause de l'Ecriture ; ils écartent ensuite le baptême des enfants, mais ils le tolèrent parce qu'il s'agit d'une cérémonie. La Cène est envisagée comme l'institution d'un repas de commémoration, tandis que les autres opinions sur le sujet sont repoussées. Les promesses de Dieu sont celles du Saint-Esprit et de la vie éternelle. Par la façon dont il a traité le sujet du Saint-Esprit, le socinianisme a rendu des services, mais par contre il traite du pardon des péchés d'une façon très équivoque. Son enseignement est contraire aux idées évangéliques ; le voici : *in vita aeterna simul comprehensa est peccatorum remissio* — la vie éternelle comprend en même temps la rémission des péchés. — Or, cette vie éternelle n'est décrite que très superficiellement, et on reconnaît les dispositions catholiques qui sont au fond du socinianisme dans l'affirmation que le Saint-Esprit est accordé seulement dans le mesure où l'on progresse moralement. A la question : Comment Christ a-t-il certifié avec puissance ses commandements et ses promesses ? on répond : 1° Par son anamartésie ; 2° par ses miracles ; 3° par sa mort. — Cette mort est conçue comme une preuve d'amour, et la théorie de la satisfaction est combattue avec les plus grands développements. Là réside la force du socinianisme. Si l'on ne peut pas s'approprier beaucoup de ses arguments, parce qu'ils découlent de la notion scotiste de Dieu, il faut reconnaître pourtant que le socinianisme a réellement réfuté la théorie juridique de la satisfaction. L'idée du mérite de Christ est maintenue. Mais combien le socianisme se montre insuffisant quand le catéchisme, revenant de nouveau sur le sujet de la foi, déclare : *Fides obedientiam nostram deo commendatiorem gratioremque facit et obedientiae*

*defectus, modo ea sit vera ac seria, supplet, utque a deo jus-
tificemur efficit.* Ceci est absolument l'opposé de l'idée
évangélique de la foi. Les remarques sur la justification
qui viennent ensuite sont une accommodation au paulinisme et sont dépourvues de valeur. Au reste les accommodations ne sont pas rares.

Au sujet du ministère sacerdotal de Christ, le socinianisme accentue son sacerdoce *permanent*, tandis qu'au
fond il nie son sacerdoce unique. Le pouvoir de Christ sur
toutes choses est très brièvement traité.

A la fin le catéchisme revient sur le sujet de l'Eglise et
la définit encore une fois comme une école : elle est l'assemblée des hommes qui possèdent et professent la doctrine
qui sauve : « *Cœtus eorum hominum, qui doctrinam salu-
tarem tenent et profitentur.* » Les pasteurs (docteurs) et les
diacres sont nécessaires à l'Eglise. Le socinianisme se
tait sur l'ordination, et combat la succession apostolique.
Les données sur l'Eglise invisible sont incertaines et manquent de clarté.

Le socinianisme nous montre la dissolution du dogme
sur le terrain catholique, comme le romanisme nous
montre sa neutralisation. La révélation externe, dans la
Bible, a remplacé la tradition. La religion étant conforme à
la raison est absorbée dans le moralisme. Toutefois le
socinianisme a gardé d'heureuses inconséquences et
même si nous en faisons abstraction, cette doctrine nous
présente des côtés réjouissants :

1º Le socinianisme a eu le courage de simplifier la question de l'essence et du contenu de la religion et de rejeter
les fardeaux légués par le passé de l'Eglise.

2º Il a rompu l'alliance étroite de la religion et de la
science profane, du christianisme et du platonisme.

3º Il a aidé à répandre l'idée que la religion doit être
exprimée avec clarté et être intelligible pour être puissante.

4º Il a cherché à émanciper l'étude de l'Ecriture Sainte
de la contrainte que lui imposait l'ancien dogme.

CHAPITRE IV

1. *Introduction.*

Le catholicisme postérieur au concile de Trente et le socinianisme sont à bien des égards des phénomènes modernes ; mais à les considérer dans leur noyau religieux ils ne le sont pas, mais sont plutôt des conséquences du christianisme du moyen âge. La réformation, telle que nous la voyons dans le christianisme de Luther, est par contre à bien des égards un produit du vieux catholicisme et même un produit du moyen âge ; mais si on la juge d'après son noyau religieux, elle est plutôt une restauration du christianisme paulinien dans l'esprit d'une époque nouvelle. De ce fait résulte qu'on ne peut pas juger la réformation seulement d'après les résultats qu'elle a obtenus dans l'espace des deux premières générations : elle n'a pas été un phénomène libre de toute contradiction et n'ayant qu'une portée unique. Le christianisme de Luther a été la réformation, mais l'entourage dans lequel vivait Luther était l'œuvre du vieux catholicisme et du moyen âge. L'époque des années 1519 à 1523 a été celle des plus beaux temps de la réformation, car alors elle s'est alliée avec tout ce qui avait de la vie et semblait vouloir inaugurer un nouvel ordre de choses, — malheureusement ce ne fut qu'un épisode passager. Luther est retourné bientôt à ses lisières et celles-ci ne furent pas des sortes d'enveloppes légères, —

de telle façon que Mélanchthon et les épigones eussent été les premiers auteurs du rétrécissement qui survint; — non, Luther éprouvait une sympathie pour ces lisières, il y voyait les racines de sa puissance et c'est dans ce sens-là qu'il les a fait valoir.

Luther a été grand parce qu'il a découvert à nouveau la connaissance de Dieu que l'on puise dans l'Evangile. La foi vivante au Dieu qui en Christ adresse à la pauvre âme l'appel « *salus tua ego sum* », la confiance sûre que Dieu est l'être auquel on peut s'abandonner, voilà le message que Luther a adressé à la chrétienté. Il a rétabli la compréhension religieuse de l'Evangile, le droit souverain de la religion, l'autorité souveraine de la personne historique de Jésus dans le christianisme. En faisant cela il sautait par-dessus l'Eglise du moyen âge et l'Eglise de l'époque vieille-catholique, pour remonter jusqu'au Nouveau Testament et même jusqu'à l'Evangile. Et pourtant ce même homme, qui a affranchi l'Evangile de Jésus-Christ de l'ecclésiasticisme et du moralisme, a aussi renforcé les formes de la théologie vieille-catholique sous lesquelles se présentait cet Evangile ; *il a même été le premier à rendre à ces formes un sens et une signification pour la foi alors qu'elles avaient été passives pendant des siècles*. Luther a été le restaurateur de l'ancien dogme et il l'a rendu comme cadeau à la foi. C'est à lui qu'on doit attribuer le fait que ces formules sont jusqu'à aujourd'hui dans le protestantisme une puissance pour la foi, tandis que dans l'Eglise catholique elles restent une possession morte. On ne fait justice au Luther « tout entier » que si l'on maintient cette double position qu'il a prise à l'égard de la théologie vieille-catholique, et si on cherche à l'expliquer. Luther a jeté ses contemporains hors des chemins du christianisme des humanistes, des Franciscains et des politiques, et il les a obligés à s'intéresser à ce qui leur était le plus étranger — *à l'Evangile et à l'ancienne théologie*. Il a prêché à nouveau l'Evangile et il a pu en même temps être un partisan convaincu du « *Quicumque vult salvus esse* », du symbole d'Athanase.

Les remarques suivantes nous aideront à comprendre la position prise par Luther.

1° Les maux qu'il s'agissait de combattre découlaient principalement de la théologie du moyen âge, et l'horizon historique de Luther se fermait environ aux temps de l'origine de l'Eglise papale; tout ce qui était au delà de cette ligne allait se confondre pour lui sur bien des points avec la ligne d'or du Nouveau Testament.

2° Luther ne lutta jamais contre des théories et des doctrines erronées, parce qu'elles étaient fausses, — mais il a combattu des théories et des doctrines parce qu'elles corrompaient manifestement la pureté de l'Evangile. Le besoin qui pousse irrésistiblement le penseur à la recherche de la clarté théorique n'était pas vivant en lui; il éprouvait au contraire une antipathie instinctive et une défiance naturelle pour tout esprit qui se laisse guider seulement par la science, et justifie hardiment des erreurs. Il faut dire aussi qu'il n'avait nullement acquis tous les moyens de culture et toutes les connaissances critiques de son temps. Un connaisseur d'hommes a nommé ce héros un homme « sublimement borné, gauchement savant, terriblement naïf ».

3° Le dogme ancien lui-même venait aux devants de la conception nouvelle de l'Evangile que Luther prêchait. Luther voulait la vraie *foi* et rien qu'elle; or l'ancien dogme, contrairement au dogme du moyen âge, n'avait pas présenté le christianisme comme un tissu de foi et d'œuvres (ces dernières n'appartenaient pas au dogme) de grâce et de mérite, — il l'avait présenté plutôt comme *l'acte de Dieu en Jésus-Christ en vue du pardon des péchés et de la vie éternelle. Luther n'a vu dans l'ancien dogme que ce contenu-là;* tout le reste il ne l'a pas remarqué. Voilà pourquoi il a conçu sa vocation comme celle du réformateur : pour lui il s'agissait simplement de replacer sur le chandelier le flambeau que l'Eglise possédait déjà, mais qu'elle avait égaré au milieu de ses biens; pour lui, rétablir l'ancien dogme, c'était rétablir l'Evangile de la libre grâce de Dieu en Christ.

N'avait-il pas réellement raison? Sa nouvelle connaissance de l'Evangile ne coïncide-t-elle pas en réalité avec
l'ancien dogme? — C'est ce qu'on prétend encore aujour-
d'hui, mais non sans plus ou moins d'embarras, et l'on fait
une réserve : on dit que Luther a ajouté un élément important, la doctrine de la justification. — Mais n'a-t-il pas détruit l'infaillibilité de la tradition, du ministère ecclésiastique et du canon des Ecritures? Et malgré cela l'idée que
Luther a de l'Evangile se couvrirait du manteau de l'ancien
dogme! Alors en quoi consistait donc cette idée? jusqu'où
est-il allé dans sa critique de la tradition? qu'a-t-il conservé? La position qu'il prit était-elle libre de toute contradiction, ou bien faut-il faire remonter jusqu'à lui l'origine
de l'état actuel du protestantisme plein de contradictions et
de confusions ?

2. *Le christianisme de Luther.*

La théologie de Luther par Köstlin, Th. Harnack, Lommatzsch. Her-
    mann, *der Verkehr der Christen mit Gott*, 1886. Ritschl, *Rechtferti-
    gung und Versöhnung*, vol. I et III. Kattenbusch, *Luther's Stellung zu
    den ökumenischen Symbolen*, 1883. Gottschick, *Luthers Auschauungen
    vom christlichen Gottesdienst*, 1887. Sur l'ancienne doctrine protes-
    tante de la justification, comparer Loofs et Eichorn dans les *Stu-
    dien und Kritiken*, 1884 et 1887. Dorner, *Gesch. der prot. Theologie*,
    1867. Hering, *Die Mystik Luther's*, 1879.

Dans le cloître d'Erfurt, Luther croyait lutter avec lui-
même et avec ses péchés, mais en vérité il luttait avec la
religion de son Eglise. Il ne trouvait pas la certitude de la
paix et la cherchait dans le système de sacrements et de
pratiques auquel il se soumettait. Précisément ce qui devait
lui apporter la consolation se révélait à lui comme quelque
chose d'effrayant. Dans cet état de si grande misère l'article du symbole « je crois à la rémission des péchés », et
la sainte Ecriture lui révélèrent où étaient la vérité et la puissance de l'Evangile. La conception d'Augustin sur la foi et
les choses initiales et finales lui servit aussi d'étoile conduc-

trice. Mais avec quelle plus grande assurance Luther saisit
l'essence de l'Evangile ! Ce qu'il apprit alors, ce qu'il saisit
avec toute la puissance de son âme comme *la chose unique*,
ce fut la révélation du Dieu miséricordieux dans l'Evangile,
c'est-à-dire en Christ. Luther fit la même expérience par
laquelle Paul avait passé, et bien que sa conversion n'ait pas
revêtu le même caractère de soudaineté et de violence, il a
cependant appris lui aussi, par cette expérience, que *c'est
Dieu qui donne la foi :* « Comme il plut à Dieu de révéler
son Fils en moi. »

Ce qu'il avait senti, il apprit à l'exprimer et il en
résulta tout d'abord qu'il réduisit considérablement les
choses de toute espèce que l'Eglise offrait comme « religion ». Il sortit la religion d'un vaste système de grâces,
de pratiques, d'expiations et de consolations, et il la rétablit dans sa simple grandeur. La religion chrétienne est
la foi vivante au Dieu vivant qui en Jésus-Christ s'est
révélé et a ouvert son cœur — rien d'autre. Objectivement
elle est Jésus-Christ, subjectivement elle est la foi ; mais
son contenu c'est le Dieu qui fait miséricorde, c'est par
conséquent le pardon des péchés qui comprend l'adoption
et le salut. Pour Luther, dans ce cercle-là est comprise la
religion tout entière. Le Dieu vivant n'est pas le Dieu de
la philosophie, ni une abstraction mystique — mais le
Dieu révélé, sûr, miséricordieux que tout chrétien peut
trouver. Nous pouvons avoir une confiance immuable en
Dieu qui s'est donné en Christ pour être notre Père, et
nous avons une certitude personnelle de la foi, car par
l'œuvre qu'il a accomplie, Christ se fait garant pour nous ;
— voilà ce qui constitue pour Luther la somme de toute
la religion. S'élevant au-dessus de tout souci et de tout
chagrin, au-dessus de tous les artifices de l'ascétisme, de
tous les préceptes de la théologie, il osa saisir Dieu lui-
même en Christ et dans cet acte de sa foi — qu'il savait
être l'œuvre de Dieu — son être tout entier parvint à une
indépendance, à une assurance, et même à un sentiment
de certitude personnelle et de joie, tels qu'aucun homme

du moyen âge n'en avait jamais possédé. De la connaissance de cette vérité que « rien n'est fait par notre pouvoir », il tira la liberté intérieure suprême. *Croire* — ne
signifie plus pour lui obéir en tenant pour vrais des doctrines ecclésiastiques ou des faits historiques ; cela ne
signifie aucune opinion, aucune action, aucun acte d'initiation suivi de quelque chose de plus grand, — c'est la
certitude du pardon des péchés, et par conséquent l'abandon constant de soi-même à Dieu comme au Père de Jésus-
Christ, abandon qui crée à nouveau et renouvelle l'homme
tout entier. La foi est une confiance sûre qui rend gai et
joyeux devant Dieu et devant toutes les créatures ; la foi
est semblable à un bon arbre qui porte certainement
de bons fruits, la foi vous rend toujours prêt à servir tout
le monde et à affronter des souffrances de tout genre.
La vie d'un chrétien est cachée en Dieu, malgré tout le
mal qui est en lui, malgré tous ses péchés et toutes
ses offenses. Et comme cette certitude a donné la vie à
Luther, il a aussi fait l'expérience de la *liberté* du chrétien.

Pour lui cette liberté n'est pas une pure émancipation
ou une lettre de franchise, elle est la suprématie sur le
monde dans la certitude que si Dieu est pour nous, personne ne peut être contre nous. Il a d'abord lutté afin d'obtenir pour lui-même les droits de l'individu, et il a fait
l'expérience de la liberté de la conscience. Seulement pour
lui la conscience libre, c'était la conscience intérieurement
liée, et il comprenait les droits de l'individu comme le
devoir sacré qui incombe à celui-ci de s'en remettre coura-
geusement à Dieu et de servir son prochain d'une façon
indépendante et désintéressée.

Avec ce qui précède, nous avons déjà dit ce que l'Eglise
était pour Luther : la communion des croyants que le
Saint-Esprit a appelés, éclairés, sanctifiés par la parole de
Dieu, qui sont sans cesse édifiés par l'Evangile dans la
vraie foi, qui attendent l'avenir glorieux réservé aux
enfants de Dieu, et jusqu'alors se servent mutuellement
dans l'amour, chacun à sa place. — Une telle définition

de l'Eglise suppose une énorme *réduction*. Elle repose entièrement sur les simples principes qui suivent :

1° Le Saint-Esprit fonde l'Eglise à l'aide de la *parole de Dieu*.

2° Cette parole est la prédication de la révélation de Dieu en Christ, car cette prédication crée la foi.

3° Par conséquent l'Eglise n'a d'autre champ d'action que celui de la foi, mais alors elle est la mère dans le giron de laquelle on arrive à la foi.

4° Puisque la religion n'est que la foi et non des pratiques spéciales, la sphère au sein de laquelle les individus conservent leur foi ne peut être un domaine particulier, — ni le culte public, ni une manière de vivre spéciale, — mais le chrétien doit prouver sa foi dans la vie telle qu'elle a été naturellement ordonnée, et la montrer par un amour pour son prochain qui l'amène à le servir.

Avec ces quatre principes, Luther attaqua l'ancienne Eglise. Avec le premier il a posé comme fondement de l'Eglise la pure compréhension de *la parole de Dieu*. Au moyen du second il a rétabli l'*Evangile dans l'Evangile*, contrairement à tous les théologiens ascètes et sectaires du moyen âge et de l'ancienne Eglise, et il a posé comme norme unique les « consolations offertes en Christ ». A l'aide du troisième, il a fortement réduit la notion et le domaine de l'Eglise, mais *il l'a ramenée à la foi*. Avec le quatrième enfin il a rendu aux relations naturelles du mariage, de la famille, de la vocation, et de l'état (*Staat*) les droits qui leur reviennent ; il les a émancipées de la tutelle de l'Eglise, mais il les a soumises à l'esprit de foi et d'amour. Il a ainsi rompu avec les idées du moyen âge et de l'ancienne Eglise sur le monde et sur la vie, et il a transformé l'idéal de la perfection religieuse, comme aucun chrétien ne l'a fait depuis l'époque des apôtres. Au lieu de combiner comme les moines la fuite du monde avec la domination universelle de l'Eglise, il assigna au chrétien la grande tâche de conserver sa foi au milieu des rapports de la vie naturelle, de sanctifier ces relations et de s'oublier lui-même pour servir son prochain dans l'amour. Les droits des relations natu-

relles de la vie n'étaient du reste aucunement en eux-
mêmes un idéal pour Luther, — car il avait des préoccupations eschatologiques et il attendait le jour où le monde
passerait avec sa convoitise, ses souffrances, ses diaboli-
cités et ses institutions. — Mais comme il se faisait une
idée si grande et si souveraine de la foi, il ne souffrait rien
d'étranger dans la religion, ni à côté d'elle. Grâce à sa
prédication puissante, tous les produits du moyen âge noués
les uns aux autres se détachèrent. Il ne voulait enseigner
au monde autre chose que ce que signifie : « avoir un
Dieu. » Puis, tandis qu'il reconnaissait ainsi le caractère
propre du domaine le plus important, il fit droit aussi à
tous les autres : la science, la famille, l'Etat, la charité, la
profession civile. L'humble et sûre confiance dans la Providence de Dieu, et la fidélité dans sa vocation devinrent à
ses yeux l'affaire principale ; — or c'étaient là des choses
auxquelles on avait prêté fort peu d'attention, tellement
elles étaient enfouies sous les décombres d'idéals raffinés
et compliqués. Luther a ainsi ouvert une époque nouvelle
dans l'histoire du monde.

Quiconque part de ce que nous venons de dire aura de
la peine à se laisser convaincre que Luther se soit borné à
ajouter une ou deux doctrines au dogme ancien et *sain*, afin
de le compléter.

La théologie de Luther se rattache étroitement aux
principes fondamentaux ci-dessus énoncés. Luther en a
pris tout à fait à son aise avec la terminologie théologique
et il a usé d'une grande liberté dans l'emploi qu'il a fait
des formes d'enseignement. En général il a traité les
schémas théologiques traditionnels de telle façon que dans
chacun d'eux — correctement compris — il a trouvé toute
la doctrine exprimée. Nous constatons cela dans les différentes doctrines : dans la doctrine de Dieu en Christ et en
dehors de Christ, dans la doctrine de la Providence (le
premier article, s'il est bien compris, est le christianisme
tout entier). Si nous prenons la christologie nous voyons

que « Christ n'est pas appelé Christ parce qu'il a deux
natures, mais ce nom glorieux et consolant qu'il porte
vient de son ministère et de l'œuvre dont il s'est chargé;
Christ est le miroir dans lequel se reflète le cœur paternel
de Dieu ». — Même remarque pour la doctrine du péché —
le péché c'est « n'avoir point de Dieu » — pour la doctrine de
la prédestination et du serf arbitre : l'expérience religieuse
ne se compose pas d'actes historiques et sacramentels produits par Dieu, et d'actes subjectifs qui sont d'une manière
quelconque l'œuvre de l'homme, mais Dieu produit seul
le vouloir et le faire. — Il en est de même pour la loi et
l'Evangile : Luther distingue entre la possibilité et la réalité
de la rédemption, — pour la pénitence : elle est l'humilité
de la foi, la vie tout entière est donc une pénitence continuelle, — enfin pour la justification.

Dans chacune de ces doctrines particulières, Luther a montré le tout, — savoir la libre grâce de Dieu en Christ — mais
il s'est senti chez lui, il s'est trouvé à l'aise, dans le modèle
paulinien de la justification « *propter Christum per fidem* ».
Les formules acérées sur la justice imputée (*justitia impu-
tativa*) et la séparation établie dans l'école entre la justification et la sanctification (foi et amour) — ne proviennent pas
de lui, ni du Mélanchton de la première époque, et pourtant
tous deux ont donné l'impulsion qui les a fait naître. Pour
Luther il s'agissait partout de la foi *qui a la certitude du
salut*. « Là où il y a le pardon des péchés, il y a aussi la vie
et la félicité. » Cette conviction l'amena à l'indépendance
religieuse et à la liberté vis-à-vis de tout ce qui ne vient
pas de Dieu, car seules l'indépendance et la liberté font la
vie. La certitude du pardon des péchés en Christ devint
pour lui la somme de la religion. C'est donc à ce pardon
qu'il a ramené la religion. — Quant au côté positif du pardon des péchés, c'était pour Luther la filialité divine grâce à
laquelle le chrétien devient un être indépendant vis-à-vis du
monde, n'a besoin de rien, et n'est plus ni sous la servitude
de commandements, ni dans la dépendance des hommes. —
Il est un prêtre devant Dieu et il règne sur le monde.

3. Luther critique le dogme et la tradition ecclésiastique régnante.

Dans sa critique, Luther a toujours procédé du centre à la périphérie, de la foi à l'institution ; il n'a pas rencontré des doctrines comme telles, mais des doctrines qui obscurcissaient ou corrompaient la pratique véritable.

1° Luther a démoli la doctrine régnante du salut comme pernicieuse (Apol., IV, *init.*) : « *Adversarii, quum neque quid remissio peccatorum, neque quid fides, neque quid gratia neque quid justitia sit, intelligant, misere contaminant locum de justificatione et obscurant gloriam et beneficia Christi et eripiunt piis consicentiis propositas in Christo consolationes.* » — Il a montré à ses adversaires que leurs doctrines étaient fausses et propres à corrompre les âmes : dans leur doctrine de Dieu ils n'ont qu'une philosophie sophistique et des subtilités ; dans leur christologie ils spéculent sur les deux natures du Christ et ils ignorent les *beneficia Christi* ; dans leur doctrine de la vérité, de la justice et de la grâce de Dieu, ils ne parviennent pas à « ce qui console », par conséquent ils s'égarent et leur raison est aveugle ; dans leur doctrine du péché et de la volonté libre ils sont pélagiens ; dans celle de la justification et de la foi ils ignorent ce que c'est que d'avoir un Dieu qui fait miséricorde, et ils se reposent sur des mérites ; enfin leur doctrine des bonnes œuvres est erronée et funeste. — En faisant cette démonstration, Luther ne frappait pas seulement les scolastiques, mais aussi les Pères de l'Eglise et même Augustin ; par conséquent il frappait aussi toute l'ancienne doctrine ecclésiastique vieille-catholique.

2. Luther attaqua l'idéal de *la perfection et de la félicité*, non seulement du moyen âge, mais aussi du vieux-catholicisme. En anéantissant jusqu'à ses racines la conception d'une double moralité, il mit à la place de la perfection monastique la foi consolante au pardon des péchés, et à la place de la félicité conçue comme une jouissance des sens

et comme une connaissance sanctifiées, — il mit la consolation d'une conscience apaisée et la filialité de Dieu.

3. Luther a mis en pièces *la doctrine catholique des sacrements* et non pas seulement les sept sacrements. *Il a transformé les éléments sacramentels en « sacramentalia »* en ne
reconnaissant là qu'un seul sacrement réel, savoir *la parole
de Dieu qui pardonne les péchés*. Il a fait cela au moyen des
trois thèses qui suivent :

1° Les sacrements servent au pardon des péchés, et à
rien d'autre.

2° Les sacrements n'atteignent pas leur but en étant
célébrés, mais en étant crus — *sacramenta non implentur
dum fiunt, sed dum credentur*.

3° Ils sont une forme particulière que prend la parole
salutaire de Dieu — la *promissio dei* — et ils reçoivent par
conséquent leur efficacité du Christ historique. Sur ce point
Luther s'est tourné aussi bien contre Augustin que contre
les scolastiques, et unissant la prédication de Christ, le pardon des péchés et la foi en une unité des plus strictes, il a
exclu tout le reste : les intempérances mystiques, le bien
matériel, *l'opus operatum*, les calculs des effets du sacrement et des dispositions nécessaires. Il n'a pas conçu les
sacrements comme des « instruments » de la grâce *prépa-
rant* mystérieusement la vie future dans l'homme, et *rendant
possibles* les bonnes œuvres en infusant l'amour, — mais il
les a conçus comme une parole visible (*verbum visibile*) dans
laquelle Dieu lui-même traite avec nous et se donne lui-
même à nous en Christ. Dans le sacrement Dieu *crée* par la
parole la foi et la consolation de la foi, c'est-à-dire procure
le pardon des péchés. Luther a exposé tout ceci à l'endroit
du baptème et de la Cène.

C'est par sa critique du sacrement de la pénitence qu'il a
porté le coup le plus grave à l'Eglise catholique ; car :

a) Il en a rétabli la valeur souveraine de la repentance
du cœur, sans confession ni satisfaction : si on comprend
bien celles-ci, on doit complètement les abandonner.

b) Pour Luther l'attrition était une œuvre diabolique ; il lui

a opposé la repentance qu'il a conçue dans l'acception la
plus rigoureuse comme la haine contre le péché. La repentance découle de la connaissance de la grandeur du bien
que l'on perd par sa légèreté : « J'ai péché contre toi seul. »

c) Il a réclamé la constance des sentiments de repentance et de foi et il a ainsi déclaré que la pénitence faite
devant le prêtre n'est qu'un cas particulier.

d) Il a aboli la nécessité de la coopération du prêtre.

e) Il a enseigné que la contrition et l'absolution sont
indissolublement unies et que toutes les deux se résolvent
dans la foi.

f) En ramenant tout à la coulpe éternelle, il a détruit
tous les excès qui s'étaient entés sur les sacrements : les
calculs sur les intérêts temporels et éternels, le purgatoire,
les mérites des saints, les satisfactions méritoires et les
indulgences. Il a ainsi renversé l'arbre de l'Eglise catholique et il a donné de l'air et de la lumière à un rejeton
nouveau qui est sorti des racines de cet arbre.

4° Luther a fait crouler tout le *système ecclésiastique de
la hiérarchie et du sacerdoce*, il a refusé à l'Eglise tout pouvoir de juridiction en dehors de l'administration des clefs
— autrement dit de la parole — il a déclaré que la succession apostolique est une fiction, et il a donné congé aux
droits de tout sacerdoce particulier à côté du sacerdoce
universel. En ne laissant subsister qu'un seul ministère,
celui de la prédication de l'Evangile, il a dissout l'Eglise
catholique, et non seulement celle des papes, mais aussi
celle d'Irénée.

5° Luther a détruit *l'ordonnance traditionnelle du culte*
quant à sa forme, son but, son contenu et sa signification.
Il ne voulait plus entendre parler d'un service divin *spéci-
fique*, ni de péchés ou de sacrifices particuliers. En somme
il a repoussé l'idée du sacrifice par égard pour le sacrifice
unique de Christ. Le service divin n'est pas autre chose
que l'unité de l'adoration de Dieu par les individus, cette
unité étant réalisée quant au temps et à l'espace. L'homme
qui attribue au culte une valeur particulière pour agir sur

Dieu — commet un péché. L'affaire du culte c'est uniquement l'édification de la foi par la prédication de la parole divine, et l'offrande commune de prières d'actions de grâces. Le vrai service divin c'est une vie chrétienne de confiance en Dieu, de repentance, de foi, d'humilité et de fidélité dans sa vocation. Le service divin public doit contribuer à ce service-là. — Ici encore, Luther a mis en pièces non seulement l'Eglise du moyen âge, mais encore l'ancienne Eglise.

6° Luther a anéanti les *autorités formelles extérieures du catholicisme*, il a supprimé la distinction de *chose* et *d'autorité*. Comme pour lui Christ prêché (Dieu ou Christ, la parole de Dieu) était à la fois la chose et l'autorité, il jeta par-dessus bord les autorités formelles. Il ne s'arrêta pas même devant la lettre de la Bible. Précisément à l'époque où il combattait l'autorité absolue de la tradition, des papes et des conciles, Luther opposa ce qui se rapporte à Christ (*was Christum treibet*) à la lettre claire de l'Ecriture et ne craignit pas de parler hardiment d'erreurs d'écrivains bibliques *dans des matières de foi*.

7° Luther n'a concédé à ses adversaires *la terminologie dogmatique* que pour autant qu'il ne l'a pas tout simplement supprimée. Il avait le sentiment très vivant que toute cette terminologie est pour le moins propre à induire en erreur. On voit cela dans son exposé : 1°) des diverses notions de la justification, sanctification, vivification et régénération ; 2°) de la notion de satisfaction ; 3°) de la notion d'Eglise ; 4°) des sacrements ; 5°) du consubstantialisme ; 6°) de la trinité et de l'unité divines. En thèse générale il a déclaré fausses les terminologies des scolastiques, inutiles et froides celles des théologiens vieux-catholiques. La chose la plus importante, c'est que dans la doctrine de Dieu et dans la christologie il a distingué entre le « pour soi », établissant ainsi une séparation tranchée entre ce qui est réellement *dogmatique*, ce qui est l'affaire de la raison qui spécule, et ce qui enfin dans les cas les plus favorables est un mystère insondable de la foi.

Luther a démoli l'ancien christianisme dogmatique et l'a remplacé par une conception évangélique nouvelle. La réformation est réellement une *issue* de l histoire des dogmes — cet aperçu nous le montre avec clarté et évidence. L'œuvre qu'Augustin a commencée mais n'a pu poursuivre jusqu'au bout, Luther l'a accomplie : il a dressé la foi évangélique à la place du dogme. Il a supprimé le dualisme entre le christianisme dogmatique et une vie, un jugement de soi-même pratiquement chrétiens; il a délivré la foi chrétienne de la philosophie antique, de la science du monde, des cérémonies païennes et de la morale prudente qui l'étreignaient. *Il a rendu à la dogmatique* — mais à la pure — *ses droits souverains dans l'Eglise,* au grand effroi de tous les humanistes, de tous les hommes d'Eglise, des Franciscains et des amis des lumières.

Mais quelle tâche que celle-là ! Elle semblait presque une contradiction : il fallait faire de la foi — qui est le contenu de la révélation — le centre, en s'élevant contre toutes les subtilités et toutes les pratiques, et ramener ainsi au premier plan l'élément spéculatif qui en avait été repoussé, puis cependant d'autre part ne pas simplement accepter la foi qu'avait formée le passé, mais bien plutôt la présenter sous la forme où elle est une vie et où elle procure la vie, où elle est une pratique, la pratique de la religion. La grandeur de ce problème nous explique qu'il y ait *aussi* un résidu des autres éléments dans la théologie de Luther, et que ce résidu y ait amené la confusion et ait ébranlé le jugement que nous portons en disant que la réformation est une issue de l'histoire des dogmes.

4. *Luther a conservé des éléments catholiques à côté et au sein de son christianisme.*

Dans quelle mesure plus ou moins grande Luther a-t-il conservé des éléments catholiques ? — C'est là une question qui rentre dans le « tout Luther », mais non dans le

« christianisme tout entier de Luther ». Comment Luther a-t-il pu garder des éléments catholiques, et quels sont ceux qu'il a conservés ? Telles sont les questions auxquelles nous avons à répondre. La première a été déjà en partie résolue (v. p. 429) dans ce qui a été dit plus haut, et quelques explications complémentaires suffiront ici.

1° Luther prit parti pour la *foi* contre les œuvres de toute espèce et pour la *doctrina evangelii* contre des pratiques et des processus qui vous rendent juste. Il courut ainsi le danger de s'approprier des expressions quelconques de la foi, pourvu qu'elles parussent seulement affranchies de la loi et des œuvres. En effet Luther a succombé à ce danger. C'est pour cela que sa notion de l'Eglise s'obscurcit et devint aussi équivoque que sa notion de la *doctrina evangelii*. L'Eglise fut la communauté de la foi et la communauté de la pure doctrine.

2° En thèse générale, Luther croyait ne lutter que contre les doctrines erronées et les abus de l'Eglise du moyen âge, et attribuait la responsabilité de tout le mal au pape, — il a nourri un préjugé trop favorable au sujet de l'ancienne Eglise antérieure à l'Eglise papale.

3° Luther connaissait peu l'Eglise vieille-catholique, et cependant il attribuait à ses décisions une certaine autorité qu'il laissait non définie.

4° Luther se rangeait lui-même et rangeait son entreprise dans l'Eglise catholique *une*, affirmant que cette Eglise lui conférait les qualités pour faire sa réformation ; il prenait par conséquent un vif intérêt à montrer dans cette Eglise la continuité de la foi. Il lui sembla que cette démonstration était fournie de la façon la plus sûre par les anciennes formules de foi.

5° Luther n'était pas un esprit systématique, mais il se comportait dans l'Eglise comme un enfant qui à la maison fait selon ses caprices ; il n'aspirait aucunement à parvenir à la lucidité que possède un édifice doctrinal bien ordonné : ce fut sa force, mais aussi sa faiblesse.

6° Luther a trouvé tout son christianisme exprimé dans

chaque modèle de la doctrine traditionnelle, aussi s'est-il contenté des anciennes formules.

7 Non pas intentionnellement, mais en fait Luther fut un exégète au moyen âge ; aussi a-t-il trouvé dans l'Ecriture beaucoup de doctrines traditionnelles, bien qu'elles n'y fussent pas. En histoire il a bien des connaissances intuitives justes, mais il n'a pas des connaissances acquises méthodiquement.

8° En examinant l'essence de la parole de Dieu, il n'a cependant pas complètement détruit le biblicisme ; au contraire cette tendance revint avec toujours plus de force après l'an 1523. Le « il est écrit » demeura pour lui une puissance.

9° Il lui resta aussi une superstition à l'endroit des sacrements, il les considéra comme des *moyens* de grâce au lieu d'y voir la grâce *unique ;* cela eut les plus fâcheuses conséquences pour le développement de sa doctrine.

10° Sa doctrine renferme des restes de scolastique nominaliste qu'il n'a pas pu détruire; ils ont exercé une influence sur l'exposé des doctrines de Dieu, de la prédestination et des sacrements.

11° Après être entré en lutte avec les fanatiques, Luther en est venu à se défier de la raison, et cette défiance fut beaucoup plus forte que celle qu'il avait conçue contre la raison comme soutien de la propre justice. Avec une audace hardie il s'est endurci contre la raison, et sur des points importants il a versé dans les idées catholiques dangereuses qui reconnaissent dans le paradoxe et l'absurde la sagesse divine à laquelle on doit *se soumettre.*

La réforme a reçu les plus graves atteintes de la façon hautaine dont il a repoussé les « fanatiques », car ceux-ci avaient sur bien des points des idées justes, — et du fait qu'il refusa de continuer à marcher avec la culture profane.

La conséquence de cette attitude fut que si Luther a laissé une dogmatique à ses adhérents, celle-ci se présente à nous comme une construction insuffisante et pleine de confusions, non comme une construction nouvelle, mais comme une modification de l'édifice traditionnel. Il est donc clair (d'après le § 3, p. 437) que Luther n'a rien établi de définitif dans ce domaine, mais a seulement commencé *une œuvre qui doit être réformée d'après les principes mêmes qu'il a établis.* Voici les confusions les plus graves qu'il a faites et les problèmes qu'il a laissés à résoudre :

1. *Confusion de l'Evangile et de la « doctrina evangelii ».* En réalité Luther a constamment vu dans les articles de foi des témoignages multiples de ce qui importe seul dans la foi des chrétiens, mais en outre il a aussi accordé à ces articles une valeur indépendante. L'intellectualisme de la scolastique qui pesait sur la foi ne fut donc pas extirpé ; au contraire, sous le nom de *pure doctrine* il devint bientôt une puissance formidable, et l'Eglise devint en conséquence l'Eglise des théologiens et des pasteurs. (Comp. l'histoire du confessional dans le luthéranisme.) Il en résulta que le mysticisme catholique s'infiltra de nouveau pour faire contre-poids à la doctrine externe, et notamment à la doctrine de la justification, et l'idéal évangélique de la vie s'obscurcit. (Voir Ritschl, *Geschichte des Pietismus*, 3 vol.) — Ainsi, au lieu de données claires et concordantes sur la foi, la doctrine et l'Eglise, on eut le problème suivant : respecter « la doctrine » dans le vrai sens luthérien, mais l'affranchir de tout ce qui ne pourrait être assimilé que par le moyen de la soumission de l'esprit, — puis ensuite envisager l Eglise comme la communauté de la foi, mais sans lui donner le caractère d'une école théologique.

2. *Confusion de la foi évangélique et de l'ancien dogme.* — Luther ayant exprimé sa foi nouvelle sur le salut dans les formes de l'ancien dogme, il ne put empêcher que ce dernier ne réclamât ses anciens droits, et n'affirmât ses anciennes fins, et la pensée de Luther lui-même — en particulier à partir de la doctrine de la Cène, — continua à se conformer au modèle christologique primitif. Or, tandis qu'il versait le vin nouveau dans de vieux vaisseaux, une spéculation surgit sur l'ubiquité du corps de Christ,

et se tint sur les plus hauts sommets des absurdités scolastiques. La triste conséquence de ceci fut que le luthéranisme admit également comme *nota ecclesiae* la doctrine
scolastique la plus étendue qu'aucune Eglise ait jamais possédée. Ce résultat n'a pas lieu de nous surprendre, car comment peut-on, — sans tomber dans un contre-sens —
enfermer dans le cadre de la doctrine des deux natures la
pensée de la foi que l'homme Jésus est la révélation de
Dieu lui-même, parce qu'en lui Dieu nous a fait connaître
et nous a ouvert son cœur de Père ? C'est précisément
parce que Luther a commencé par prendre au sérieux la foi
au Dieu-homme, — *l'unité* de Dieu et de l'homme en Christ
— que le passage à la spéculation sur les natures devait
avoir les conséquences les plus déplorables. — On peut
faire la même observation à propos de l'acceptation de la
doctrine augustinienne sur l'état primitif et sur le péché
originel. Sur ce point aussi Luther ne pouvait qu'aggraver
les paradoxes et les absurdités, en essayant d'exprimer
sous ces formes-là sa conviction évangélique que tout
péché est une privation de Dieu et une offense. La foi évangélique — quand elle est projetée dans les cadres dogmatiques
construits par la raison et créés par les Grecs, par Augustin et par les scolastiques — conduit à des formules
bizarres et même commence par rendre ces modèles entièrement irrationnels. La réformation de l'avenir a donc pour
tâche de détruire cette philosophie de Dieu et du monde,
afin de la remplacer par la simple expression de la foi,
par un juste jugement de soi-même à la lumière de l'Evangile, et par l'histoire avec sa signification vraie.

3. *Confusion entre la parole de Dieu et l'Ecriture sainte.*
— Comme nous l'avons déjà remarqué, Luther n'a jamais
triomphé de ses hésitations entre une estimation qualita-
tive et une estimation littéraliste de l'Ecriture sainte ; et la
dispute sur la Cène l'affermit dans le second de ces points
de vue. Il n'a donc pas brisé la servitude de la lettre. Son
Eglise en arriva à la doctrine de l'inspiration la plus stricte,
tandis que d'autre part elle n'oublia cependant jamais com-

plètement que le contenu de l'Evangile ce n'est pas tout ce
qui est renfermé sous la couverture du livre de la Bible,
mais la proclamation de la libre grâce de Dieu en Christ. —
Ici encore l'Eglise de la réforme a pour tâche d'examiner
sérieusement le christianisme de Luther en regard du
« tout Luther ».

4. *Confusion entre la grâce et les moyens de grâce ou sacrements*. — Le grand mérite de Luther, c'est sa conception
ferme et exclusive de Dieu, de Christ, du Saint-Esprit, de
la parole de Dieu, de la foi, du pardon des péchés et de la
justification (de la grâce), et surtout l'indissoluble union
qu'il a établie entre l'esprit et la parole. Mais au moyen
d'un déplacement en apparence léger, il est arrivé à des
principes très funestes, il a tout simplement transporté à la
notion « *verbum vocale et sacramenta* » ce qui appartient à
la parole, — Christ et la prédication de l Evangile. Il lutta
avec raison pour l'idée que Christ lui-même agit dans la
parole et qu'on ne doit pas admettre que parole et esprit,
signe et chose signifiée, soient placés les uns à côté des
autres. Mais Luther rentra dans les cercles étroits du moyen
âge qu'il avait d'abord quittés, car : 1° il distingua certains
actes comme des moyens de grâce, bien que le chrétien
vive avant tout — comme il le savait lui-même — non pas
de moyens de grâce, mais de l'union personnelle avec Dieu
qu'il saisit en Christ ; 2° il entreprit :

A) De justifier le baptême des enfants comme un moyen
de grâce au sens absolu de ce terme ;

B) De concevoir la pénitence *aussi* comme le moyen de
grâce de l'initiation ;

C) D'affirmer la présence réelle du corps de Christ dans
la Cène comme la partie *la plus essentielle* de ce sacrement. Reprenons successivement ces trois points.

A. Le pardon des péchés (grâce) et la foi sont unis
indissolublement, en sorte que le baptême des enfants n'est
pas un sacrement au sens strict. Luther lui-même dit dans
son grand catéchisme : « *Absente fide baptismus nudum
et inefficax signum tantummodo permanet.* » — Voulant

échapper à cette conclusion, Luther a usé d'échappatoires ;
il est retombé dans le catholicisme et il a parlé de *fides
implicita*, de foi par substitution. Le plus grand malheur
fut qu'il fournit l'occasion de séparer objectivement et
subjectivement la nouvelle naissance de la justification —
afin de pouvoir prendre le baptème des enfants comme un
sacrement parfait. Le baptème des enfants devint ainsi en
réalité le sacrement de la justification et non pas celui de
la nouvelle naissance. Les confusions les plus fâcheuses se
produisirent et la justification — le joyau le plus magnifique du christianisme évangélique — devint une chose
extérieure, menaça de devenir un « *locus* » dogmatique comme un autre, et de perdre sa valeur pratique.

B. La foi et la vraie pénitence sont d'après Luther une
seule chose, mais cependant la foi vient en premier. Le
chrétien devant constamment vivre dans la foi, doit constamment vivre dans la pénitence ; les actes de pénitence
pris à part n'ont aucune valeur, et sans une vraie foi il n'y
a pas en somme de vraie pénitence.

Voilà ce que Luther a prèché en se plaçant au point de
vue du chrétien croyant. Evidemment cette doctrine offrait
le danger de mener au relàchement moral, comme aussi
le danger de ne pas pouvoir servir à la conversion
des turcs, des juifs ou des pécheurs grossiers. Mélanchthon d'abord, puis Luther lui-même l'ont senti. Mais au lieu
de distinguer entre ce qui est principes pédagogiques
missionnaires, et ce qui est l'expression de la foi, ils ont
transporté ces principes dans l'expression même de la foi. —
Ils subissaient encore sur ce point l'influence du sacrement
catholique de la pénitence. Ils ont donc exigé une repentance qui précédàt la foi, et cette pénitence ne se distinguait plus avec certitude de l'attrition ; puis ils ont introduit le sacrement de la pénitence comme l'acte de la
justification forensique, mais sans satisfactions ni confession auriculaire obligatoires. — Sans doute Luther a en
outre toujours maintenu son ancienne manière de voir,

qui est la bonne, mais cette conception — une fois admise,
— se développa ultérieurement avec une rapidité
effrayante et produisit une pratique pire que la confession
romaine, parce qu'elle était plus relâchée. (Le piétisme fut
une réaction.) La notion de la foi devint toujours plus
extérieure jusqu'à n'être plus que le simple fait d'aller à
l'Eglise. On vit apparaître assez ouvertement l'ancienne
idée de l'efficacité des moyens de grâce *ex opere operato*,
et la justification du pécheur fut rapetissée jusqu'à devenir
un acte extérieur forensique, une sentence d'amnistie de
Dieu, laquelle engourdit et se produit infailliblement quand
le pasteur absout le pécheur *in foro*. — En voulant détourner la frivolité on avait ouvert la porte de derrière à
la conception catholique, et c'est alors seulement que la
frivolité prit de grandes proportions ! La pensée que la justification est la sphère dans laquelle vit l'homme chrétien,
et ce qui l'édifie, — fut désespérément obscurcie ; la justification ne fut plus regardée que comme la justification de
l'impie, — *justificatio impii*. — L'homme pieux fut obligé
de chercher autour de lui de nouveaux moyens d'édification,
puisque sa justification n'était qu'un acte « objectif » d'i-
nitiation qui se répétait. — C'est là que gît encore aujour-
d'hui le fond du mal !

C. Luther a mille fois reconnu que l'on ne doit chercher
dans la parole et dans le sacrement que l'assurance du
pardon des péchés, et il a repoussé « avec mépris et colère »
tout ce qu'on avait auparavant rattaché au sacrement. *Il
n'a jamais renoncé non plus à sa conviction que la question de la présence du corps de Christ dans la Cène était une
question théologique.* Mais lorsqu'il vit Carlstadt d'abord,
puis Zwingli et d'autres séparer le signe et la chose signifiée, et mettre en danger la certitude du pardon des péchés
dans le sacrement, il chercha à assurer cette certitude du
pardon en reprenant l'idée de la présence réelle dans le
sacrement ; — il subissait en cela l'influence de la tradition
du moyen âge. Il défendit cette idée avec une violence
grandissante et une absolue obstination, comme s'il s'était

agi de l'existence ou de la non existence du pardon des péchés lui-même.

— On ne comprendra l'attitude de Luther dans la querelle que si l'on reconnaît ce *qui pro quo*, et si l'on admet que Luther cherchait instinctivement un moyen qui lui permît de se débarrasser d'esprits qui le pressaient et auxquels dans son propre jugement il estimait avec raison ne pas pouvoir tendre la main dans l'intérêt de ses idées évangéliques et de sa position de réformateur. Mais les choses ont leur logique propre. Tandis que sur *le seul* point de la présence réelle il défendit au nom de la foi une idée *étrangère* à la nature et au caractère propre de la foi, — toutes les préoccupations du moyen âge qui semblaient déjà vaincues se réveillèrent.

Le biblicisme ressuscita (*est, est*) puis on eut le doctrinarisme scolastique à la place de la foi seule, on tomba dans une préoccupation funeste de spéculations sophistiques, on se fit une idée impropre de la valeur du sacrement à côté et au-dessus de la parole, il y eut en outre une tendance vers l'*opus operatum*, et enfin par-dessus tout cela on nourrit des sentiments étroits et peu charitables. Quant à la conception même de la doctrine, elle ne put subsister, car elle devint plus paradoxale encore que la doctrine catholique : il ne fallait pas admettre la transsubstantiation, mais on devait accepter l'opinion exprimée par Occam et d'autres nominalistes que dans un seul et même espace avec, à côté, dessous sont enfermés les éléments sensibles et le vrai corps de Christ. Aussi le même homme qui d'ordinaire se raille des scolastiques, fait-il maintenant cette déclaration : « Les sophistes ont raison sur ce point » Luther fit à son Eglise le cadeau d'une christologie qui laissait bien loin en arrière la christologie thomiste par ses absurdités scolastiques (ubiquité du corps de Christ) ; il élimina si bien la foi du sacrement, qu'il éleva la doctrine de la manducation des infidèles à la hauteur d'un article *stantis aut cadentis ecclesiae*, et qu'il dit que « le corps de Christ est déchiré avec les dents ». Il triomphait de l'irrationalité de la

doctrine en l'envisageant comme le sceau de sa divine
vérité.

En concevant ainsi la doctrine de la Cène, Luther a été
coupable du fait que l'Eglise luthérienne a menacé ensuite
de devenir une misérable doublure de l'Eglise catholique,
dans sa christologie, sa doctrine des sacrements, son doctrinarisme, la fausse mesure dont elle se servait pour juger
les doctrines divergentes et les déclarer hérétiques. En
effet le catholicisme, ce n'est pas le pape, ni le culte des
saints, ni la messe, — tout cela ce sont des conséquences,
— mais c'est la fausse doctrine du sacrement, de la pénitence, de la foi, et des autorités de la foi.

La forme que reçurent les Eglises de la réformation au
seizième siècle n'était aucunement définitive et manquait
d'unité : c'est ce que nous montre l'histoire du protestantisme jusqu'à nos jours. Luther a remis la lumière de
l'Évangile sur le chandelier et lui a subordonné le dogme.
Il faut maintenir et poursuivre l'œuvre qu'il a commencée.

FIN

SUPPLÉMENT

A. BIBLIOGRAPHIE

Principales additions faites par l'auteur, dans la 2ᵉ édition allemande
du *Précis.*

Bibliographie : p. 1, livre I, ch. ɪ, Overbeck, *Ueber die Anfænge
der patrist. Litteratur* (*Histor. Zeitschrift*, N. F., vɪɪ, p. 417 ss); Sohm,
Kirchenrecht, I, 1892.

P. 5, ajouter : Edition des *Pères apostoliques* de Harnack, Guebhart
et Zahn ; *Monographies* de Lipsius, Lightfoot, Wrede, Harnack (*Zeitschr. f. Kircheng.*, I, 1877), J. Müller, Zahn, Hückstædt, Link. Hilgenfeld, *Nov. Testam. extra can. recept.*, fasc. IV, éd. II, 1884.

P. 16, ch. ɪɪɪ, 8ᵉ ligne, Hatch, *The influence of greek usages...*,
p. 19 ss ; Hœfling, *Die Lehre der ælt. Kirche vom Opfer*, 1851.

P. 18, ch. ɪv, ajouter : Carl Schmidt, dans *Texte u. Untersuchungen...* vɪɪɪ, 1, 2 (écrits gnostiques originaux conservés en langue
copte); écrit gnostique *Pistis-Sophia*, (éd. par Petermann et Schwarze,
1858) ; Harnack dans *Texte u. Untersuch*, vɪɪ, 2.

P. 29, ch. v, Sources : Tertullien, *Contre Marcion* (5 livres) ; *Pana-
rion* d'Epiphane, *Dialogues d'Adamantius;* voir aussi Justin, *Apologie*,
et Irénée ; Hahn, *Marcionis Antitheses*, 1823 ; Zahn, *Marcionis N. T.*,
dans la *Gesch. d. N. Tlichen Kanon's*, II, 409 ss; Harnack, *De Apel-
lis gnosi monarchica*, 1874, et *Zeitschr. f. wiss. Theologie*, 1876,
p. 80 ss.

P. 33, ch. vɪ, Sources : OEuvres de Justin, Origène, Eusèbe, Jérôme,
passim. Les Pseudoclémentines; ouvrages principaux de l'école de
Tübingue (entre autres Hilgenfeld, *Judentum und Judenchristentum*,
1886); Ritschl, *Entst. der alt. Kirche*, 1857 ; Zahn, *Gesch. des N. Test.
Kanons*, II, p. 668 s.

P. 38, ajouter : V. Brandt, *Die mandæische Religion*, 1889.

P. 43, livre II, ch. ii. A, ajouter : A. Harnack, dans la grande édition des *Pères apostoliques*, I, 2, 1878 ; Hahn, *Bibl. der Symbole u. Glaubensregeln*, 1877. Œuvres d'Irénée, Hippol., Tertullien.

P. 46, livre II, ch. ii. B, ajouter : Zahn, *op. cit.*; Harnack, *das N. T. um das Jahr* 200.

P. 51, livre II, ch. ii. C, v. Sohm, *Kirchenrecht*, I, 1892 ; Hatch, *The Constitution of the Christian Church*; Harnack, *Die Lehre der zwœlf Apostel*, 1884, p. 88 s.

P. 56, ch. III, Sources : Ecrits de Tertullien, l'*Hist. eccl. d'Eusèbe*, V° livre, VI° livre fin (lettres de Cyprien et Eusèbe); Bonwetsch, *Gesch. d. Montanismus*, 1881 ; articles « *Lapsi* » et « *Novatian* » dans R. E. 2 ; O. Ritschl, *Cyprian*, 1885; Steilz, *das rœm. Bussacrament*, 1854.

P. 64, *Le sacrifice*. Ajouter : Hœfling, *Die L. d. æltesten K. vom Opfer*, 1851.

P. 69, ch. iv, ajouter : *Apologie d'Aristide*, dans *Texts and Studies*, éd. par J.-A. Robinson, vol. I, 1, 1891 ; A. Harnack, dans *Text. u. Unters*, I, 1-3, 1882 s.

P. 80, ch. v, Bibliographie : *Œuvres d'Irénée* (éd. de Stieren et Harvey) ; *de Tertullien* (OEhler) ; d'*Hippolyte* (Fabricius et Lagarde); les *Philosouphomena* du même (Duncker et Schneidewin) ; *de Cyprien* (Hartel) ; *de Novatien* (Jackson) ; *Biographies de Bœhringer* (*Die K. Christi. u. ihre Zeugen*, 1873 ss.); Werner, *der Paulinismus des Irenæus*, 1889 ; Nœldechen, *Tertullian*, 1890 ; Dœllinger, *Hippolytus u. Kallistus*, 1853.

P. 96, ch. vi. *Œuvres de Clément* (éd. par de Sylburg, Potter, Dindorf) ; *Œuvres d'Origène* (éd. de la Rue, Lommatzsch); Huëtius, *Origeniana*, 1668 (Lommatzsch, t. XXI-XXIV) ; Thomasius, *Origenes*, 1837.

P. 111, ch. vii. Sources : *La littérature chrétienne d'Irénée à Athanase ;* Harnack, *Monachismus*, dans R. E. 2.

P. 133, 2° partie, livre I, ch. i, ajouter : Schultze, *Gesch. des Untergangs des griesch.-röm. Heidentums*, 1887 s.; G. Boissier, *La fin du paganisme*, 2 v., 1891 ; Kattenbusch, *Lehrbuch der vergleich. Konfessionskunde*, 1890.

P. 160. A. *Les présuppositions...*, etc., ajouter : Sources : *les déclarations éthiques et cosmologiques des Pères des quatrième et cinquième siècles, surtout leurs explications de l'œuvre des six jours.*

P. 170, ch. vi, Athanase, Περὶ ἐνανθρωπήσεως τοῦ λογοῦ ; Grégoire de Nysse, Λόγος κατηχητικὸς ὁ μέγας. (Voir la littérature du chap. ii.)

P. 176, ch. vii, ajouter : Parmi les œuvres d'Athanase, voir surtout : *de decretis syn. Nicaenae; de sent. Dionysii ; Orationes IV contra Arianos ; epp. IV ad Serap ; de synodis Arimini et Seleuciae ; epp. ad Afros.* — Baur, *Die christl. Lehre v. d. Dreieinigkeit u. Menschwerdung*

Gottes, 3 v., 1841 s.; Dorner, *Entwickelungsgesch. d. Lehre v. d. Person Christi*; Schultz, *Die L. v. d. Gottheit Christi*, 1853 ; Hefele, *Conciliengeschichte*, v. II ss., 1875 ss.; Voigt, *Dic L. d. Athanasius*, 1861 ; Bœhringer, *Athanasius u. Arius*, 1874 ; Krüger (*Zeitschr. f. wiss. theol.*, 1888, p. 434 ss.); Rede, *Damasus von Rom*, 1882 ; voir aussi les *Biographies des Cappadociens* ; Caspari, *Quellen z. Gesch. des Taufsymbols*, 4 v., 1866 s.

P. 202, ch. VIII. Consulter les fragments d'Apollinaire dans *Text. u. Unters*, VII, 3, 4. (J. Dræseke.)

P. 228, ch. X, K. Schwarzlose, *Der Bilderstreit*, 1890.

P. 232, ligne 26, Sur Denys l'Aréopagite (on ne connaît pas encore l'époque de sa vie) dont l'influence fut très grande depuis le sixième siècle, et dont les ouvrages jouirent d'une autorité « apostolique », voir Moeller, dans R. E². Hipler, *Dyonis. d. Areop.*, 1861. Steitz, dans les *Jahrb. f. deut. Theol.*, XI, p. 197 ss., Frothingham, *Stephen bar Sudaili*, 1886 ; Dräseke, *Ges. patrist. Abhandl.*, 1889, p. 25 ss. Jahn, *Dionysiaca*, 1889.

P. 411, ligne 22, (Friederich, *Gesch. d. Vatik Conzils; Janus, der Papst u. das Konzil*, 1869, 2° éd. sous le titre : Döllinger, *Das Papsttum*, 1892.)

P. 412, ligne 29, Holzmann, Kanon u. Tradition, 1859. Delitzsch, *Lehrsystem der Römisch-Katol. Kirche*, I, 1875.

P. 415, ligne 18, Linsenmann, *Bajus*, 1867 ; Reuchlin, *Jansen*, dans R. E.².

B. ADDITIONS AU TEXTE

P. 3, ligne 7, voir la définition du Christianisme, par Justin (Eusèbe, H. *E.*, ıv, 17, 10), et *Actes de Thécla*, c. 5, 7.

Id., ligne 24, après *dans son entier*, ajouter : voir les prières de la Cène dans la *Didachè* (c. 9 et 10).

P. 4, ligne 4, Dans les plus anciennes communautés pagano-chrétiennes la *réflexion* effaçait l'amour fraternel derrière l'exercice ascétique de la piété, ce qui était incontestablement une infidélité aux déclarations du Christ. Celse (Origène, *C. Cels.* v, 59 ss) n'a pas entendu dans la bouche de tous les chrétiens cet appel : « Aimez les frères », mais cette déclaration : « Le monde est crucifié pour moi et je suis crucifié au monde. »

P. 4, ligne 16, v. *Didachè*, 10.

P. 6, ligne 17, voir aussi une déclaration de Valentin dans Clem. Alex., *Strom.*, v, 6, 52.

P. 7, ligne 8, ajouter : le « témoignage unanime des apôtres et l'enseignement de Jésus furent presque complètement identifiés, parce qu'on admettait que le témoignage apostolique complète la prédication de Jésus et ne doit pas être négligé. Cette identification a posé le fondement des plus regrettables développements de l'époque postérieure.

P. 10, ligne 12, le Nouveau Testament a protégé le sens littéral de l'Ancien Testament.

P. 11, ligne 8, Comme la prédication de Christ lui-même, le christianisme des plus anciens temps de l'Eglise renfermait des éléments *quiétistes* (connaissance de Dieu, résignation au cours des événements, humilité, patience) et des éléments *impulsifs* (chiliasme, inimitié contre l'Etat, ascétisme et mépris du monde agressifs). Les premiers donnèrent la direction, les seconds le mouvement; cependant la direction fut aussi fortement influencée par les éléments impulsifs

P. 12, ligne 2, après ὁ θεός : cette expression est fortement attaquée dans *Clem. Hom.* xvi, 15 ss.

P. 13, ligne 24, après *Barnabas*, ajouter : le rédacteur du Kerygma Petri.

P. 13, ligne 33, après *Logos* : (On trouve ce terme dans Ignace, *Ad Magn.* 8, 2, dans le Kerygma Petri, dans les anciens actes de Jean ; chez les Apologètes. L'auteur de l'*Alterc. Jasonis et Papisci* interprète Genèse, i, 1, « au commencement », comme « dans le Fils ». Celse, dans Orig. *v. Celse*, ii, 31, dit : « Les Chrétiens prétendent que le Fils de Dieu est aussi sa Parole incarnée ». Dans les écrits johanniques on ne trouve pas une spéculation sur le Logos, mais ce terme usuel est employé pour montrer qu'il est vrai dans la personne de Christ.)

P. 15, ligne 10, *Culte divin*, voir surtout les derniers chapitres de la 1re apol. de Justin et la *Didachè*.

P. 15, ligne 22, cette formule (du baptême) se trouve non seulement dans Mathieu, mais chez Paul, dans I, Clém., 58, etc.

P. 15, ligne 23, (Barnabas et Meliton relient la mort sur la croix et le baptême.)

P. 16, ligne 5, après *sacrifices* : l'emploi de l'eau au lieu du vin n'était pas exclu. (*Texte u. Unters* vii, 2.)

P. 21, ligne 2, quelques gnostiques se tinrent sur les hauteurs de la connaissance scientifique et de l'enthousiasme religieux. A cet égard, Valentin et ses principaux disciples (Hérakléon et Ptolémée) méritent une mention spéciale. Valentin est au premier rang par la vigueur de son imagination religieuse et de son esprit, — les Pères de l'Église l'ont reconnu ; — Hérakléon y est aussi par les richesses de sa théologie et de son exégèse (voir les restes de son commentaire sur l'Évangile de Jean, dans Origène), enfin Ptolémée par sa critique de l'Ancien Testament et la façon clairvoyante dont il reconnaît les *degrés* du développement religieux (voir ses lettres à Flora) Comme exemple du langage de Valentin, voir Clem. *Strom.* iv, 18, 89.

Basilide est effacé derrière Valentin et son école. Cependant, lorsque les Pères parlent des principaux gnostiques, ils citent Simon le Magicien, Basilide, Valentin, Marcion (et aussi Apelles). En outre ils parlent d'un groupe non défini qu'ils nomment les gnostiques « par excellence ». Ils entendent par là les hérétiques « ophites » originairement Syriens, mais émigrés aussi en Egypte et dans l'empire romain.

C'est un groupe bigarré qui nous est connu par Epiphane et surtout par les écrits gnostiques, originaux pour la plupart, de la seconde moitié du troisième siècle, qui nous ont été conservés en langue copte. C'est un gnosticisme surchargé de spéculations, de formules et de rites sauvages. Toutefois ces documents nous montrent précisément que le gnosticisme a été une anticipation du catholicisme en tant que système rituel.

P. 24, ligne 33, après « gnosticisme » : C'est le cas pour les Evangiles apocryphes, les Evang. de Pierre et des Egyptiens, les Actes des Apôtres tels que les Actes de Jean. Voir aussi les restes de l'*Hypotypose* de Clément d'Alexandrie.

P. 25, ligne 8, il a essayé de transformer la doctrine chrétienne en platonisme, l'Eglise en Etat platonicien, Christ en un génie.

P. 32, ligne 7, Pour la sotériologie son enseignement a probablement été le même que celui de Marcion (Eusèbe, H E., v, 13). Quant à l'Ancien Testament, Apelles a soutenu une thèse qui fait un contraste accusé avec les idées de Marcion, c'est que l'Ancien Testament renferme dans sa majeure partie une histoire inauthentique, mythique, et qu'il est rempli de contradictions (voir les restes de ses syllogismes). Marcion au contraire a reconnu l'historicité de l'Ancien Testament, et c'est précisément pourquoi il en a déclaré l'initiateur un être jaloux et méchamment « juste ».

P. 34, ligne 2, voir Clem. Rom., *Hom.*, xi, 16.

P. 45, ligne 8, *Tertullien* qui connaissait Rome et les écrits d'Irénée, etc.

Id., ligne 21, l'adhésion à cette *lex* décide du caractère chrétien de l'individu. Les sentiments chrétiens et la vie chrétienne ne viennent ainsi qu'en seconde ligne et sont subordonnés à certaines conditions. — L'essence de la religion est ainsi scindée, ce qui amènera les plus funestes conséquences dans le cours de l'histoire du christianisme !

P. 51, ligne 26, Si l'on pèse comparativement les avantages et les inconvénients de la création du Nouveau Testament, on reconnaît que les avantages l'emportent de beaucoup, on se demande même ce que l'Evangile serait devenu sans le Nouveau Testament. Toutefois il ne faut pas négliger l'*analogia fidei* à côté du Nouveau Testament, autrement la foi risquerait de se diviser et de perdre de sa force en perdant de son unité.

P. 68. ligne 30, L'Eglise *catholique* est réellement l'Eglise *romaine*. Les normes apostoliques qui ont fait le catholicisme, sont romaines, et se sont répandues de Rome. D'où la primauté de fait de l'Eglise de Rome au sein du catholicisme (et aussi celle de l'évêque de Rome).

La question de l'avenir devait être nécessairement : dans quelle mesure cette autorité sera-t-elle admise dans le *droit ecclésiastique* et sera-t-elle placée sous le couvert d'une *ordonnance de Christ* ?

P. 69, ligne 1, Les *Apologètes* (Aristide, Justin, Tatien, Athénagore, Clément d'Alexandrie [*Protrept.*], Théophile, Tertullien [Apologétique], Minutius Félix. Les apologies de Quadratus, Meliton, Apollinaire, Miltiade n'ont pas été conservées ou bien ne subsistent qu'en fragments. Sous le nom de Justin nous avons aussi des écrits anciens et importants.)

P. 73, ligne 30, Logos (v. Justin, *Apol.* i, 5, et *Apol.* ii, 10.)

P. 74, ligne 14, Justin (*Apol.*, ii, 13.)

P. 74, ligne 19, *en lui-même* et de ce à quoi il est destiné (Justin, *Apol.*, i, 46.)

P. 77, ligne 2, *révélation*. Il est le θεὸς ἕτερος, c'est-à-dire le Dieu dépotentialisé, par ce qu'il entre dans le fini (v. Tertullien, *Adv. Marc.*, ii, 27.)

P. 77, ligne 10, Saint-Esprit (v. particulièrement Tatien, *Orat.*, 5, ss., Justin, *Apol.*, i, 13, 21, 42 ; *Dial.*. 56, 61, 128.)

P. 78, ligne 21, la formule trinitaire du baptême se trouve chez la plupart d'entre eux, ou tout au moins ils y font allusion (v. Justin, *Apol.*, i, 13, où les anges sont aussi mentionnés. Le mot *trias* se trouve vraiment pour la première fois chez Théophile, *Ad. Autol.*, ii, 15.)

P. 79, ajouter à la fin : Il a fortement appuyé sur le mystère de l'incarnation et de la crucifixion et relevé la nouvelle naissance, le baptême, la Cène, comme des actes et des dons que Dieu nous accorde. On trouve même chez lui des passages dans lesquels il présente le cours de l'histoire du Logos incarné comme une chaîne de dispensations historiques en vue du salut, pour paralyser l'histoire du péché au sein de la race humaine et fonder une humanité nouvelle. Le plus clair de ces passages (cependant v. aussi *Dial.*, 100), n'est ni dans l'Apologie, ni dans le Dialogue, mais nous a été conservé par Irénée (iv, 6, 2) qui l'a tiré d'un écrit de Justin maintenant perdu. « *Unigenitus filius venit ad nos suum plasma in semet ipsum reca - pitulans.* »

Il résulte de là que Justin a eu une conception théologique plus riche, mais cependant moins achevée que celle qui nous apparaît dans ses écrits apologétiques.

De même pour Meliton ; les fragments de ses œuvres montrent que l'on ne peut pas enfermer sa théologie dans le cadre des idées apologétiques communes. D'autre part Athénagore et Minutius Félix se sont exprimés de telle sorte qu'on a toutes raisons de reconnaître dans leurs apologies les traits principaux de leur christianisme tout entier.

« Les Apologètes ont posé le fondement de la conversion du christianisme en une doctrine révélée. Leur christologie en particulier a exercé une influence funeste sur le développement subséquent. En admettant qu'il était tout naturel et qu'il allait de soi de transporter la notion de Fils au Christ préexistant, ils ont permis l'apparition du problème christologique du quatrième siècle ; au lieu de placer le

point de départ de la pensée théologique dans le Christ historique,
ils l'ont repoussé jusque dans la préexistence, ils ont mis la vie de
Jésus dans l'ombre derrière l'incarnation, ils ont relié la christologie
avec la cosmologie, sans être capables de la rattacher à la sotériologie. Leur doctrine du Logos n'est pas une christologie « supérieure »
à celle qui était communément répandue, au contraire elle est plutôt
inférieure aux affirmations chrétiennes communes sur le Christ: ce n'est
pas Dieu qui se révèle en Christ, mais le Logos. un Dieu dépotentialisé,
lequel *en tant que Dieu* est subordonné au Dieu suprême » (Loofs).

P. 80, ligne 6, environ à la même époque qu'Irénée, un homme
qui pensait comme lui, Méliton de Sardes, a écrit de nombreux
ouvrages respirant le même esprit, mais qui, malheureusement, ne
nous ont été conservés qu'en petits fragments.

P. 81, ligne 35, *l'incarnation* (iv, 20, 4 ; v préf.)

P. 82, ligne 13, des dieux. (Il s'est pourtant aussi exprimé avec plus
de modération : « Afin que nous recouvrions en Christ ce que nous
avons perdu en Adam. » iii, 18, 1.

P. 84, ligne 35, Trinité (il n'y a de trinité qu'au sein de la révélation ; à la fin des choses Dieu est de nouveau tout en tous.)

P. 91, ligne 19, Hippolyte (*Philosoph.*, x, 34.)

P. 98, ligne 10. grecque (*Strom.*, i, 5, 28 ss.)

P. 99, ligne 31 (Sur l'allégresse et la témérité de Clément comme
penseur, voir *Strom.*, iv, 22, 136.)

P. 99, ligne 35, Clément est resté embourbé dans cette entreprise.
Dans le détail on trouve chez lui bien des hétérodoxies, car son entreprise, comme il le savait lui-même, était dangereuse. Les pères de
l'Eglise ont plus tard remarqué des éléments docétiques et dualistes
dans ses ouvrages et il est tombé en disgrâce. Clément ne connaissait
pas encore un Nouveau Testament rigoureusement fermé. Pour lui, ce
qui est bon et provoque des sentiments religieux est inspiré.

Mais l'inspiration a ses degrés. L'Ancien Testament et les quatre
Evangiles sont au degré supérieur. Clément emploie en outre bien
des anciens écrits chrétiens comme des autorités de moins grande
valeur (Lettres de Clément, Barnabas; apoc. de Pierre, Kerygma Petri,
Didachè, etc.)

P. 110, ligne 6 (v. son écrit *de orat.*)

P. 129, ligne 27, chrétienne ! ! On voit combien le danger était
grand que le christianisme en Orient ne dégénérât en philosophie et
en mystères.

P. 131, à la fin. La véritable réponse à cette question était propre
à menacer les prémisses philosophiques de la dogmatique d'alors. La
trouvera-t-on ? Et si on la trouve, sera-t-elle établie d'une façon conséquente? — L'histoire a répondu oui sur le premier point et non sur
le second.

P. 142, ligne 33 (v. Polycarpe *Vita per Pionum* (Saec iv).

P. 158, ligne 5, vérité de la foi, laquelle comprend au fond toute philosophie. Voir Anastasius Sin., *Viae dux* (Migne, *Patrol. Gr.*, i, 89, p. 76 ss.). Telle est aussi la définition d'un grec moderne, Damalas (*Hè orthodoxos Pistis*, 1877, p. 3.)

P. 160, ligne 5, sur elle. Le contraste entre Alexandrins et Antiochiens se fit sentir ici aussi.

P. 163, à la fin. Depuis la chute des grandes écoles d'Antioche et d'Alexandrie, il y eut un biblicisme réaliste à côté de cette cosmologie théosophique.

P. 165, ligne 19, microcosme (Grégoire de Nysse).

P. 165, ligne 34. Origène, et partagée au quatrième siècle par bien des théologiens orthodoxes...

P. 171, ligne 8, incorruptibilité (ch. ix.)

P. 173, ligne 24 (Denys bar Salibi).

P. 185, ligne 22, l'Eglise. La formule de Nicée n'avait en sa faveur aucune tradition en Orient, car même Alexandre d'Alexandrie avait parlé de « trois hypostases » dans le sens « d'ousies ».

P. 227, ligne 13 (*Œuvres de J. Damascène*, édition de Lequien, voir aussi Langen, *Joh. von Damascus*, 1879).

POSTFACE

Un christianisme sans dogme

Lorsque le *Précis de l'histoire des dogmes* fut publié la première fois, à la fin du dix-neuvième siècle, Adolf von Harnack (1851-1930) se trouvait déjà sur la pente ascendante qui devait le mener au « gotha » scientifique de l'empire allemand. Depuis 1888, il enseignait comme professeur d'histoire de l'Église à l'université Friedrich-Wilhelm de Berlin. En 1890, il avait été appelé à l'Académie prussienne des sciences. Theodor Mommsen en personne avait prononcé le discours de réception. La renommée récente et pourtant déjà durable de Harnack reposait sur la publication du *Manuel de l'histoire des dogmes* (trois volumes, 1886-1890). Le *Précis de l'histoire des dogmes* représentait la version abrégée de cette œuvre monumentale. Le Manuel n'était pas encore complètement achevé, en 1889, que la première partie du Précis était déjà prête. La deuxième partie suivit en 1891. En 1893, Harnack a rassemblé ces deux parties en un seul volume et dans une version révisée. C'est sous cette forme que le Précis a entamé sa course triomphale à travers le monde des connaisseurs de l'histoire du christianisme. En 1893 parut une édition en français et en anglais, puis en 1898 une édition russe.

En Allemagne, il y avait déjà eu entre-temps huit éditions [1] et, dès la quatrième, l'ouvrage s'intitulait tout simplement *Histoire des dogmes*.

Pourquoi Harnack a-t-il fait suivre son *Manuel* du *Précis de l'histoire des dogmes* ? Si l'on feuillette les avant-propos écrits par Harnack pour les différentes éditions, on ne trouve à cette question que de maigres réponses. Chez le lecteur naît l'impression que Harnack aurait eu ainsi des visées pédagogiques. Comme il le dit dans la préface à l'édition française : « Le *Précis de l'histoire des dogmes* a l'avantage de faire ressortir les grands traits du développement historique et l'enchaînement des parties plus clairement qu'un manuel très détaillé. C'est ce qui m'a engagé à faire suivre la publication de mon Manuel de celle d'un Précis » (p. VI). Et il écrivait dans la préface à la deuxième édition allemande : « Je souhaite que les auditeurs des cours sur l'histoire des dogmes prennent ces pages en main et que les plus avancés les utilisent pour la révision [2]. » Le Précis n'est-il réellement qu'un manuel universitaire ? En étant de cet avis, on méconnaît et on sous-estime la dynamique qui habite l'œuvre scientifique de Harnack.

Harnack exerça son activité à une époque où les énoncés confessionnels et doctrinaux du christianisme, même parmi les fidèles, n'étaient plus reçus sans contestation et cela depuis longtemps. De quel droit désigner comme originairement

---

1. Les données bibliographiques à jour jusqu'en 1985 se trouvent chez Friedrich SMEND, *Adolf von Harnack. Verzeichnis seiner Schriften bis 1930. Mit einem Geleitwort und bibliographischen Nachträgen bis 1985 von Jürgen Dummer*, Munich, New York, Londres, Paris, 1990 ; voir également Adolf von HARNACK, *Dogmengeschichte* (8ᵉ éd.), Tübingen, 1991 (UTB 1641).

2. Avant-propos à la deuxième édition (révisée), Tübingen, 1893. – Dans la première édition en deux parties (Fribourg, 1889-1891), l'ouvrage était intitulé *Grundriss der Dogmengeschichte* (« Précis de l'histoire des dogmes »), de même dans la troisième édition, corrigée (Tübingen, 1898) ; toutes les autres éditions allemandes portent le titre *Dogmengeschichte*. Les éditions française et anglaise sont parues respectivement sous le titre *Précis...* et *Outlines...*

chrétien le témoignage de la Confession de foi apostolique au
sujet de la préexistence de Jésus, de sa descente aux enfers et
de la naissance virginale alors que ces énoncés n'avaient
trouvé aucune reconnaissance universelle dans le christianisme des deux premiers siècles ? Et comment faire comprendre de telles représentations mythologiques à des contemporains qui ont l'esprit critique vis-à-vis de l'Église ou même à
des athées en cette fin du dix-neuvième siècle ? Alors que le
camp des théologiens orthodoxes s'accrochait fermement à la
Confession de foi apostolique, les « modernes » estimaient qu'il
était possible, et même nécessaire, de l'écarter du culte. La
querelle de la Confession de foi apostolique des années
1892-1893 jeta une vive lumière sur les fossés qui séparaient
théologie ancienne et théologie moderne. Prié de donner son
avis dans ce nouvel épisode (allemand) de la « querelle des
anciens et des modernes », Harnack déclara alors qu'une
recherche historique impartiale concernant les témoins du
christianisme primitif était indispensable pour une science
théologique actuelle. De plus, la reconnaissance de la Confession de foi apostolique n'était pas, à son avis, « la preuve d'une
maturité chrétienne et théologique ; au contraire, un chrétien
averti, ayant une bonne connaissance de l'Évangile et de
l'histoire de l'Église, doit être choqué par bien des énoncés de
la Confession de foi apostolique [3] ».

On a dit de la querelle de 1892-1893 à propos du *Credo*
qu'elle était « le débat d'ouverture à la modernité théologique [4] ». S'il en est ainsi, le *Manuel de l'histoire des dogmes*
paru peu d'années auparavant et le *Précis* qui le suivit de près

3. Voir d'Adolf HARNACK : « In Sachen des Apostolikums« , *Christliche Welt* 6
(1892), col. 768-770 ; *Das apostolische Glaubensbekenntnis. Ein geschichtlicher
Bericht nebst einem Nachwort*, Berlin, 1892 ; *Antwort auf die Streitschrift
D. Cremers « Zum Kampf um das Apostolikum »*, Leipzig, 1892 (« Hefte der
Christlichen Welt », n° 3). Dans les écrits de Harnack publiés avant 1914 son
nom n'est pas précédé de la particule *von* ; c'est en 1914 qu'il fut anobli à titre
héréditaire.
4. Uwe RIESKE-BRAUN, « Der Apostolikumstreit 1892/1893. Die Eroffnungs-
debatte zur theologischen Moderne », *Lutherische Monatshefte*, 31 (1992),
p. 561 s.

constituent l'arsenal des modernes dans cette querelle. Ce n'était pas la première fois, mais c'était pourtant avec une logique réellement imperturbable, que se trouvaient traités ici avec les instruments de la méthode historico-critique les documents originaux du christianisme. Que resterait-il du christianisme, de son « essence », lorsqu'on l'étudiait et l'interprétait selon les critères utilisés en histoire, en gnoséologie et en logique ? Harnack entretenait l'assurance que, à la lumière de la science moderne, beaucoup d'éléments de la tradition chrétienne tomberaient en poussière (ou ne mériteraient plus qu'un intérêt historique et culturel), mais non pas le noyau de l'Évangile lui-même. Celui-ci, d'après Harnack, se trouve dans la prédication de Jésus annonçant le Royaume de Dieu à venir, la promesse d'une « meilleure justice » (commandement de l'amour) et du pardon des péchés. Tout le reste n'était qu'accessoire – secondaire d'un point de vue théologique, même s'il ne s'agissait pas pour autant de le rayer du livre de l'histoire de l'Église et du christianisme.

La confiance que mettait Harnack dans les sciences historiques et dans leur capacité à améliorer la connaissance était considérable. Cette confiance en fit le représentant d'une époque extraordinairement féconde pour la science historique. Lorsqu'il se mit à rédiger le *Manuel de l'histoire des dogmes*, il était dominé par un enthousiasme qui rappelait l'action réformatrice de Martin Luther. Si le réformateur opposait son message de la foi et de l'Écriture seules *(sola fide et sola scriptura)* à l'édifice compliqué de la théologie scolastique médiévale, Harnack, lui, cherchait à écarter toutes les « formations poreuses de l'âme et de la pensée » dont il voyait le christianisme surchargé, afin de parvenir au noyau durable. « Je crois, écrivit-il à son ami et collègue Friedrich Loofs, que nous ne progresserons pas sans une part d'iconoclasme [5]. » Le *Manuel de l'histoire des dogmes*, comme sa quintessence littéraire, le Précis, est composé dans la langue circonspecte et claire du chercheur. Comme historien

5. Agnes von ZAHN-HARNACK, *Adolf von Harnack*, Berlin-Tempelhof, 1936 (2ᵉ éd. 1951), p. 141.

Harnack a toujours refusé de jeter dans la balance son talent de conteur (qui était grand). Le chercheur devait entraîner le lecteur, sans qu'il fasse appel aux sentiments de ce dernier, dans le voyage qui mène au monde du christianisme primitif, de l'Église ancienne et du Moyen Âge. En fait, la langue cristalline de Harnack cache la passion religieuse qui l'animait dans son travail scientifique. D'un côté, le travail sur l'*histoire des dogmes* offrait l'occasion d'assembler cette incroyable quantité de matériaux collectés par Harnack au fil des années en un grand projet d'histoire des dogmes. Harnack n'a pas seulement voulu être un charretier scientifique, mais aussi un roi. D'un autre côté, l'histoire des dogmes constituait un défi pour rendre visible au moyen du matériau historique une forme de christianisme moderne et porteuse d'avenir.

L'*Histoire des dogmes* de Harnack, que ce soit dans la version longue du Manuel ou dans la version courte du Précis, contient un « sur-texte » et un « sous-texte ». Considérons d'abord le sur-texte. Celui-ci se compose des sources historiques sur la base desquelles Harnack a présenté la préparation du dogme ecclésial, sa formation et son développement progressifs ainsi que son élargissement et sa refondation au Moyen Âge, enfin la « triple issue de l'histoire des dogmes » au seizième siècle. Comme connaisseur le plus éminent à ce jour des sources du christianisme primitif et ancien, de la littérature juive alexandrine, de la philosophie de la religion gréco-romaine, des écrivains chrétiens et des conciles de l'Église ancienne, Harnack a dessiné un développement ecclésial des dogmes qui porte le sceau du classicisme. Même celui qui ne partageait pas comme historien des dogmes les présupposés méthodologiques de Harnack devait admirer son génie historique et philologique. Aujourd'hui encore, après plus d'un siècle, l'*Histoire des dogmes* de Harnack n'a pas vieilli. À l'âge mûr de l'historicisme, elle conduit à son sommet l'interprétation de la religion chrétienne dans le cadre de la science historique moderne. Le point de vue anhistorique (dogmatique) était remplacé par la méthode de la compréhension historique. Dans l'*Histoire des dogmes* s'accom-

plissait ce que la recherche historico-critique depuis l'époque de
J. S. Semler, de F. C. Baur et de A. Ritschl avait voulu
montrer : comment les dogmes se forment, se développent et
servent de nouvelles visées [6].

La formation et le développement des dogmes se produisirent
grâce au travail des théologiens. Si le « produit de la théologie »
était devenu dogme, il s'ensuivait selon Harnack un renverse-
ment des valeurs : « le dogme ne vaut pas comme l'exposant
(indice), mais comme la base de la théologie – et donc le produit
de la théologie devenu dogme limite et soumet à son instance
critique le travail de la théologie, que ce soit le travail passé ou
celui qui est à venir [7]. » Dans sa présentation de l'histoire des
dogmes, Harnack a porté toute son attention sur le rapport entre
le dogme ecclésial et la théologie. La qualité d'auteur de la
théologie par rapport au dogme se retourna pour ainsi dire,
après la solidification du dogme, en un asservissement de la
théologie au dogme. Harnack, le penseur de l'émancipation
religieuse, n'a pas délaissé cette dialectique. Car celle-ci revenait
à immobiliser dogmatiquement en un certain point le processus
en principe interminable de la réflexion théologique ou, pour le
moins, à le limiter. Harnack constatait non sans satisfaction
que, dans l'histoire du christianisme, il n'y eut guère de grands
théologiens qui n'« aient pas ébranlé un point ou un autre des
dogmes transmis par la tradition [8] ».

Les analyses de Harnack montraient que le dogme n'était
pas l'articulation ou la récapitulation d'une vérité éternelle,
mais qu'il incarnait plutôt l'ensemble des éléments résultant
de facteurs théologiques, philosophiques et même politiques.
La démythisation du dogme à partir de l'esprit de la méthode
historique contribuait pour Harnack à la reconquête de la
liberté de pensée théologique contre l'autorité du dogme. Dans
le chapitre « Les présuppositions de l'histoire des dogmes »

6. Sur la triade formation-développement-utilisation du dogme, voir A. von
HARNACK, *Lehrbuch der Dogmengeschichte*, t. I, *Die Entstehung des kirchlichen
Dogmas*, 5ᵉ éd. (reproduction photomécanique), Tübingen, 1931, p. 12.

7. *Ibid.*

8. *Ibid.*, p. 13.

(p. XIV s.), il a décrit avec une grande concision les présupposés de la formation des dogmes de l'Église. Déjà dans les « Prolégomènes » (p. VII s.) on peut trouver la formule célèbre, naturellement aussi vivement contestée, que le christianisme dogmatique est « une œuvre de l'esprit grec sur le sol de l'Évangile [9] ».

L'architecture du Précis montre comment Harnack a considéré l'histoire depuis l'Église ancienne en passant par le Moyen Âge latin jusqu'au siècle de la réformation. Le regard porté vers la source des dogmes met sous les yeux du lecteur, dans le premier livre, la multiplicité contradictoire des développements théologiques nés de l'Évangile, et, en même temps, leur solidification doctrinale dans les grands dogmes de l'Église ancienne sous l'influence de la pensée grecque. Harnack accordait là une attention particulière aux penseurs rejetés comme hérétiques et schismatiques du christianisme d'Asie Mineure, de Syrie et d'Alexandrie. Ceux-ci lui paraissaient être des tenants du savoir, du fait qu'orthodoxie et hétérodoxie ne sont toujours que des réalités religieuses régulatrices mais non pas définitives. Après le déplacement de la scène de la source héllénistique du dogme vers le monde latin de la fin de l'Antiquité et ensuite du Moyen Âge occidental (deuxième livre), Harnack laissa se former l'image d'une imprégnation ecclésiale et juridique du dogme de plus en plus grande. Le dogme connaît alors sa refondation en doctrine catholique du péché et de la grâce et des moyens de grâce donnés par l'Église. Il faut remarquer combien Harnack s'est efforcé d'attribuer un rôle particulier à Augustin comme figure qui se tient sur le seuil entre l'Antiquité et le Moyen Âge occidental. Harnack fut bien obligé de reconnaître à l'évêque numide sa fidélité envers le dogme, mais il ajouta : « la spiritua-

---

9. Voir dans l'*Histoire des dogmes* : « La discipline de l'histoire des dogmes. Prolégomènes », § 1 : Définition et objet de l'histoire des dogmes ; à ce sujet, voir aussi E. P. MEJERING, *Die Hellenisierung des Christentums im Urteil Adolf von Harnacks*, Amsterdam, Oxford, New York, 1985 (« Verhandelingen der Koninklijke Nederlandse Akademie van Wetenschappen », AFD, Letterkunde, Nieuwe Reeks, Deel 128).

lité d'Augustin ne se situait pas dans le cadre de l'ancien dogme [10] ». En d'autres termes : Augustin (qui fascina Harnack toute sa vie) déborde l'histoire des dogmes comme l'une de ces personnalités chez qui ce n'était pas l'obligation doctrinale mais le dialogue vivant avec Dieu qui avait le dernier mot. Harnack a-t-il bien compris Augustin sur tous les points ? On peut en douter. L'histoire de la théologie et des dogmes du monde catholique latin n'était pas le domaine propre de Harnack. Son centre d'intérêt se portait principalement sur la tradition grecque de l'Église ancienne et sur l'exégèse du Nouveau Testament. Dans le troisième livre, le plus court, de son Précis, Harnack a renoncé à un exposé nourri. Il se contente simplement d'esquisser la « triple issue de l'histoire des dogmes » au seizième siècle. Le catholicisme posttridentin, selon Harnack, achève ce qui était amorcé depuis longtemps : la neutralisation (théologique) de « l'ancien dogme pour en faire une ordonnance juridique de la volonté papale ; le socinianisme dissout le dogme rationnellement et le supprime, – la réformation l'ayant à la fois aboli et maintenu nous renvoie à quelque chose de supérieur, elle nous ramène en arrière à l'Évangile et nous conduit à une formule nouvelle de la foi évangélique, affranchie du dogme et réconciliée avec la liberté et la vérité de connaissances historiques indubitables [11] ».

Il est évident, au moins en ce passage si on ne l'a pas vu auparavant, combien le sur-texte (la reconstruction historique de l'histoire des dogmes) est déterminée par le sous-texte. Celui-ci est la propre théologie de Harnack. Plus le lecteur se penche sur ces pages, plus ce sous-texte apparaît clairement. L'« objectivité » historique du sur-texte est intimement mêlée

10. Voir la deuxième partie, « Aperçu historique ». Dans la façon dont Harnack décrit la théologie et la spiritualité d'Augustin deux perspectives se présentent constamment : d'une part, l'accent est mis sur la soumission d'Augustin à l'autorité de l'Église ; d'autre part, il développe beaucoup la découverte par Augustin de la religion dans la religion. Parmi les nombreuses prises de position de Harnack sur le « type augustinien » de spiritualité, signalons sa conférence : *Augustins Konfessionen*, 3ᵉ éd., Giessen, 1903.

11. Voir, p. 395 s. (deuxième partie, « Aperçu historique »), p. 401-402 (traduction révisée).

presque phrase pour phrase à un autre discours : la compréhension moderne, relative au sujet, de la religion. Parfois celle-ci ne peut s'accorder qu'avec difficulté, et même parfois pas du tout, avec les faits historiques. Harnack était très certainement un grand historien de l'Église et des dogmes – le plus grand que le monde protestant ait produit jusqu'à maintenant. Mais il est aussi sûr qu'il a été un théologien tout à fait original.

Le cœur de la théologie de Harnack était l'« Évangile de Jésus ». Depuis la publication du Manuel et du Précis, Harnack a cherché de façon toujours plus claire et décidée l'« Évangile de Jésus ». Apparemment, pourtant, dans cette prétendue religion originale de Jésus, il s'agissait d'une sorte de mythe des origines à visée théologique. L'« Évangile de Jésus » dans la version de Harnack en disait plus sur la théologie de Harnack que la prédication réelle de Jésus. Dans la prétention de se tenir de façon historiquement correcte apparemment sur le terrain de la prédication originale de Jésus, il y avait bien arrêtée une décision théologique conséquente de l'historien des dogmes. En effet, le dogme ecclésial avec tous ses éléments hautement spéculatifs apparut à la lumière de la théologie harnackienne de Jésus comme une interprétation quelque peu forcée de la grandeur et de la simplicité de la prédication de Jésus. Harnack considérait que dans le christianisme primitif déjà le Jésus historique commençait à être retouché en Christ ecclésial et dogmatique, ce qu'il estimait être « un déplacement lourd de conséquences pour le futur [12] ». Selon lui, c'est à partir du déplacement de l'« Évangile de Jésus » à l'« Évangile au sujet de Jésus » que s'est développé l'édifice imposant, mais écrasant aussi, du dogme ecclésial. Comme historien, Harnack était assez

12. Voir, p. xxi s. (« La prédication de Jésus-Christ par la première génération des croyants »). Sur l'arrière-plan de la fixation de Harnack sur l'« Évangile de Jésus », voir Kurt Nowak, « Bürgerliche Bildungsreligion ? Zur Stellung Adolf von Harnacks in der Frömmigkeitsgeschichte der Moderne », *Zeitschrift für Kirchengeschichte*, 99 (1988), p. 326-353, part. 333-344 (avec bibliographie). On peut se référer à une introduction intéressante, en langue anglaise, à la théologie de Harnack : Martin Rumscheidt (éd.), *Adolf von Harnack. Liberal Theology at its Height*, Londres, 1988 (San Francisco, 1989), p. 9-41 (« Harnack's Liberalism in theology : A struggle for the freedom of theology ».).

averti pour voir dans la formation ecclésiale des dogmes quelque chose de logique et de nécessaire. Dans son appréciation des données historiques, Harnack n'a jamais été un iconoclaste. Mais il était bien d'avis que la redécouverte de l'« essence » propre du christianisme avait commencé après la réformation du seizième siècle et, à sa suite, la nouvelle immédiateté du rapport entre Dieu et l'homme ainsi que la culture moderne de la subjectivité. D'après l'interprétation de Harnack, il était échu au nouvel âge postdogmatique du christianisme de revenir à la simplicité du Jésus des origines. Le poète Gerhart Hauptmann, et, avec lui bon nombre d'autres contemporains de Harnack, se situant à l'intérieur et en dehors de la théologie, avaient aussi l'idée d'un christianisme primitif purifié de toutes ses scories comme base pour le christianisme du futur.

Des critiques, comme Sabatier et Loisy par exemple, ont dit qu'en Harnack l'historien et le théologien se gênaient l'un l'autre. Ils ont renvoyé à des ruptures et des ambivalences méthodiques dans la conception de Harnack, au conflit non résolu entre *historia* et *theologia*. Selon eux, la figure de la religion chrétienne, telle que la voyait Harnack (l'« essence » du christianisme) et le monde des réalités historiques ne concordaient pas. De plus, ils mettaient le doigt sur certains préjugés confessionnels de Harnack. Le mystère de l'*Histoire des dogmes,* grand classique de la modernité théologique, repose malgré tout sur l'équilibre souverain entre sur-texte et sous-texte. Le monde des réalités historiques n'est pas écrasé lors de cette reconstruction de l'histoire des dogmes. À l'inverse, Harnack ne laisse pas le lecteur dans le doute sur sa propre théologie. Le fait que la disposition, la construction et le jugement sur l'issue de l'histoire des dogmes sont guidés dans une large mesure par le « sous-texte » ne réduit pas la valeur historique, philologique et théologique du « sur-texte » en ce qui concerne la connaissance.

Travaillant dans les paysages historiques du christianisme, Harnack possédait une sensibilité vive et réaliste pour la com-

plexité transsubjective de la réalité – pour les différentes époques, les développements, les ensembles d'idées, les institutions.
En cela, il était proche intellectuellement des grands historiens
et philologues de son temps. Mais, à la différence de ceux-ci,
Harnack était théologien avant tout. Il ne faisait pas preuve de
réalisme seulement par l'histoire, mais aussi par le jugement
qu'il portait sur la situation religieuse du présent. Harnack, qui
vivait à l'époque d'une historicisation poussée du monde, se
rendait compte que le christianisme, en ne traitant les documents originaires de la foi chrétienne que sous l'angle historique
et philologique, était en danger d'être recouvert par la patine des
poésies d'Homère, des tragédies d'Eschyle ou des rescrits de la
période impériale romaine. Lorsque Edouard Schwartz, le philologue, fit parvenir un exposé sur l'édition de l'histoire de l'Église
d'Eusèbe pour l'édition des Pères de l'Église grecs conçue par
Harnack, il essuya d'abord un refus de la part de l'éditeur qui ne
se contentait pas d'une collaboration purement philologique à
l'édition des documents du christianisme. Cet épisode est significatif du front sur lequel Harnack se battait comme théologien [13].
Certes, on ne pouvait pas dire que les philologues et les historiens de l'Antiquité n'étaient pas sensibles à la spécificité des
textes chrétiens (Schwartz fut d'ailleurs chargé plus tard de
l'édition d'Eusèbe). Mais, selon Harnack, le christianisme n'était
pas réellement servi par les philologues. Pour cela, il fallait une
attestation théologique et pratique : la transmission de l'Évangile comme *viva vox Dei*. Harnack ne s'est jamais compris comme
simple historien et philologue. C'est pourquoi ses textes historiques sont aussi, et constamment, des textes authentiquement
théologiques. Comme philologue, Harnack n'était pas non plus
en mesure de partager certains préjugés de ses confrères, par
exemple la thèse défendue par von Wilamowitz et Eduard
Norden selon laquelle l'hellénisme et le christianisme seraient

---

13. Sur la controverse concernant la collaboration d'Edouard Schwartz à
l'édition des *Griechischen Christlichen Schriftsteller,* voir Fausto PARENTE,
« Wilamowitz über Neues Testament und Frühchristentum », dans William
M. CALDER *et al.* (éd.), *Wilamowitz nach 50 Jahren,* Darmstadt, 1985,
p. 400-419.

deux conceptions du monde qui, par principe, s'excluaient l'une l'autre. Voir les choses ainsi lui interdisait la conception théologique de l'histoire qui était la sienne.

La guerre de position, autrefois plutôt feutrée, entre science de l'Antiquité classique et théologie travaillant de façon historique, annonçait, selon lui, un changement de la situation culturelle du présent. Le christianisme menaçait d'être rangé au musée de l'histoire de l'humanité – valorisé historiquement, et pourtant s'effaçant peu à peu. Dans le christianisme dogmatique, qui se fermait aux défis du temps, Harnack voyait l'une des causes de l'effacement de la religion chrétienne à l'horizon de la vie contemporaine, mais pas du tout comme la seule. Beaucoup plus importante encore que la lutte théologique contre des formes et des contenus figés du christianisme était pour lui l'expression de ce qui lui paraissait être l'essence du christianisme : l'amour de Dieu et des hommes, le respect de la personnalité, l'espérance du Royaume de Dieu. En ce sens, le *Précis de l'histoire des dogmes* destiné à un large public était pour lui le prospectus d'un apologète chrétien moderne. Cacher délicatement cet enjeu derrière le genre littéraire (« manuel universitaire ») correspondait au style érudit de Harnack.

Alors qu'il se battait sur le plan de la culture scientifique pour le rang et la validité du christianisme à l'époque présente, l'orthodoxie théologique et ecclésiale l'accusait de détruire le christianisme. « Judas, trahis-tu le Fils de l'homme par un baiser [14] ? » s'est-il entendu demander par des théologiens conservateurs. Par son activité très diversifiée comme l'homme d'une politique sociale, comme organisateur de la science, comme réformateur de la culture et de l'université, Harnack a abondamment prouvé combien il s'est engagé en faveur du maintien des liens entre christianisme et culture moderne. Ce qu'il a fait pour la culture de son époque dépassait largement ce que l'on pouvait attendre d'un savant de l'époque wilhelminienne. On discute aujourd'hui encore pour savoir si sa vision d'un christianisme sans dogme, d'un sentiment religieux nourri

14. Agnes von ZAHN-HARNACK, p. 241.

seulement de l'Évangile de Jésus possède une force théologique suffisante. Avec la distance historique Harnack apparaît comme un représentant d'une période irrévocablement révolue. Mais en même temps l'intérêt intellectuel et spirituel ainsi que la richesse religieuse de son œuvre restent intacts.

Lors de sa première visite à Paris en 1877, Harnack a placé de grandes espérances dans le protestantisme français pour faire progresser la théologie nouvelle. « Je crois que ces Français ont davantage le sens de ce qui est simple que la plupart de nos spécialistes allemands. Ils sont prêts à admettre les conséquences lorsqu'ils se sont convaincus des prémisses et ils sont peut-être aussi moins peureux [15]. » Avec ses travaux, Harnack a reçu un accueil favorable dans la France protestante (et catholique aussi, en partie). La traduction rapide du Précis en 1893 en témoignait. Lorsque s'est accompli un changement de paradigme théologique dans le premier tiers du vingtième siècle sous le signe de la théologie de Karl Barth, l'étoile de Harnack a d'abord diminué d'éclat, mais elle ne s'est pas complètement éteinte. La nouvelle édition du Précis un siècle après sa première publication témoigne de l'attirance que suscitent la vie et l'œuvre de Harnack. Le regain d'intérêt pour les classiques de la modernité théologique, parmi lesquels Harnack était l'un des plus impressionnants porte-parole, est d'ailleurs un phénomène qui dépasse les frontières des pays et des langues.

KURT NOWAK.
Professeurs d'histoire de l'Église
Université de Leipzig

15. *Ibid.*, p. 155. Après avoir fait la connaissance de l'abbé Louis Duchesne à Paris, Harnack en a parlé comme de sa « rencontre la plus intéressante » : « un excellent savant et libre dans le sens de l'ancien gallicanisme » (p. 154). Duchesne, qui admirait l'énorme productivité scientifique de Harnack, lui écrivit plus tard, en faisant allusion à Origène : « Il faudra modifier légèrement votre prénom : je propose Ad(amantius) Harnack » (p. 365).

INDEX

---

* Indique les passages principaux. — [ ] Indique qu'une doctrine
est repoussée ou combattue.

A

Abailard, 328 s, 338, 365, 385.

Acta Archelai, 119.

Actes des apôtres, 48.

Adam, 87 ss, 166, 172, 198, 206, 282 ss, 390.

Adiaphorites, 221.

Adoptianisme, 12 ss, 17, 113, 119, 123, 176, 306 s, 422.

Aetius, 188.

Agathon, 226.

Agnoètes, 220.

Agobard, 306.

Aix-la-Chapelle (synodes), 307, 310.

Akacius, 186.

Aktistètes, 220.

Albert d'Halberstadt, 366, 378.

Alcuin, 306 s.

Alexandre VII, 414.

— d'Alexandrie, 177 s.

— de Cappadoce, 96.

Alexandrie (patriarches d'), 156.

— école catéch., 96.

Alexandrie (chrétiens d'), 41, 68, 96 ss, 142, 151, 231 s, 243.

— (judaïsme d'), xxvii ss, 73.

Allégorique (Exégèse), xvi, xxvi, xxxi, 18, 26, [30], 47, 84, 101 ss, 122, 127, 151, 245, 252.

Aloges, 92, 96, 113* s.

Alphonse de Liguori, 416.

Alvarus Pelagius, 349.

Amaury de Bène, 364.

Ambroise, 151, 174, 195, 252 ss, 261.

Ancien Testament, sa place dans le christianisme, xiv, (xvi), xvii.

Ancien Testament à l'époque apost., xvi, xxii s, xxvi.

Ancien Testament dans le judaïsme hell., xxx.

Ancien Testament, à l'époque pré-cath., 4 ss, 8 s, 13 s, 16, 33, 43, 47.

Ancien Testament chez les gnost., 19, 26.

Ancien Testament. Marcion, 29, 31.

Ancien Testam.; apologètes, 69.

Ancien Testament ; vieux cath., 47 s, 93 ss.

Ancien Testament ; Clément, 98.
— — Egl. grec. et rom., 150 ss.

Ancien Testament; orthod. grecque, 234.

Ancien Testament; Occident, 315.
— — Scot, 370.

Ancyre (syn.), 189.

Anges, 36, 78, 110, 162, 214 ss, 292, 302.

Anges; Christ, l'ange de Dieu, 11.

Anselme, 328, 334 ss, 356, 364.

Antéchrist, 362.

Anthropomorphisme, 160.

Antioche (École et théologie d'), 116 s, 142, 150 s, 167, 171, 173, 176, [223], 243, 281, 307.

Antioche (Symbole d'), 187.
— (Schisme d'), 192.
— (Synode d'), 116.

Antitrinitaires, 418 ss.

Apelles, 32, 456.

Ἀφθαρσία, 8, 78, 99 s, 171.

Apthartodocétisme, 220.

Apocalypses, 49 s, 151 ; Saint Jean, 91, 147, 150.

Apocalyptiques — idées, préoccutions (v. chiliasme, eschatologie), xxvii, 7, 35, [110], [113], [275], 341, 351 s, 419.

Apocalyptique — litt. juive, xxvii s, [46.

Apocryphes, 150, 404.

Apokatastase, 88, 110.

Apollinaire, 91, 198, 204-207', 215, 222, [270].

Apologètes, xi, 40, 69 ss, 80', 83, 456 s.

Apôtres, apostolique, 2, 7, 16

45 ss, 51 ss, 58 s, 131, 134 140, 152 s, 235, 275. 341, 372.

Apostoliques — pères, 6-17.
— — symbole, 153.

Aquilée — symbole, 123.

Aréopagite (v. Denys).

Aristide, 71 s.

Aristote, 142, 148, 161, 177, 183, 205, 220, 222, 237, 244 ss, 249, 281 s, 318, 326, 329, 356 ss, 363, 388 s.

Arius, arianisme, 125, 127, 141, 171, 177-198, 204, 305.

Arles (syn.), 154, 188, 299.

Arnobe, 124.

Artémon, 115 s.

Ascension, xxvii, 15.

Ascétisme, xxxi, xxxiii s, 8, 36, 21-28, 58, 130, 135, 138, 146, 165 s, 190, 208, 232, 271, 289, 291, 341, 346 s.

Asie Mineure (théologie d'), 113, 120.

Askunages, 198.

Astérius, 181.

Athanase, 138 ss, 155, 170' s, 181 ss, 202, 205.

Athénagore, 72.

Attrition, 375, 379, 392, 408, cf. 416, 438, 447.

Augsbourg (Confession d'), 401.

Augustin, xi, 116, 150 s, 157, 161, 174, 200, 230, 256-295', 306 ss, 334, 350, 357 ss, 363, 384 s, 386 ss, 398 s, 403, 412 ss.

Augustinus Triumphus, 349.

Aumônes, 64, 291.

Autorité, ix, xxxiv, 2, 7, 152 s, 154 s, 250, 302, 328. 336 s, 341, 350, 356, 359 s, 384, 396, 398, 400, 410, 421, 440.

Averrhoès, 355.

Avicenna, 355.

Avitus de Vienne, 300.

B

Bajus, 412.
Baptême — formule du — voir règle de foi, symbole, confession.
Baptême ep. prim., xxii.
-- précath., 7 s, 15.
— v. cath., 66.
— August., 278, 288 s.
— Greg. I, 303.
— scolast., 371, 375 s.
-- de Christ, xxvii.
Barnabas (v. pères apost.)
Barthélemy de Médine, 415.
Basilide, 23, 27, 455.
Basile d Ancyre, 188.
— de Césarée, 192.
Beatus, 307.
Bède, 366.
Bellarmin, 412.
Bérenger, 328, 331 s.
Bernard de Clairvaux, 320 s, 339, 3.8.
Bérylle de Bostra, 116, 121.
Biblicisme (cf. Ecrit. Sainte), 147, 151 s, 160, 244, 263, 352, 400 s, 443, 449.
Biel, 368.
Blandrate, 422.
Boëce, 252. 326 s.
Bogomiles, 319.
Bonaventure, 379, 390.
Boniface II, 200.
— VIII, 348.
Bradwardina, 361, 392.

C

Cajetan, 392.
Calixte, 52 s, 55, 60, 119 ss.
Calvin, 418.
Campanus, 421.
Canon (v. Anc. et Nouv. Test.), 150 s, 431.

Cantique des Cant., 320.
Cappadociens, 141, 146, 153, 166, 191* ss, 198*, 206, 241, 244, 252.
Caractère indélébile, 55, 62, 278, 371, 384.
Carlstadt, 448.
Carpocrate, 25.
Cassien (Jean), 297.
Carthage (syn.), 150, 283.
Cat· chismus Romanus, 410, 413.
Catholique (catholicisme), ix, 24, 35 s, 40, 42 ss, 68, 259, 274, 291 ss, 300, 334, 335, 359, 363, 441, 448.
Catholiques (épîtres), 49.
Celestia, 212. 298.
Celestius, 280 ss.
Celse, 72.
Cène. — précath., 7, 15.
— v. cath., 65 ss.
— Cyrille, 211.
— orth. grecque, 232 s.
— August., 278.
— Grég. I, 301.
— M. âge, 311.
— Radb., Ratr., 312 s.
— Béreng., Lanfr., etc., 331 s.
— scolast., 376.
— Socin., 426.
— Luther, 448.
Cerdon, 30.
Cerinthe, 36, 113.
Césaire d'Arles, 299 s.
Chalcédoine — syn. et symb., 142, 153, 214, 217* ss.
Chapitres (querelle des trois), 223, cf. 244.
Charlemagne, 303, 307 ss.
Chiersy (articles de), 308 s.
Chiliasme, 7, 34, 60, 92, 116, 124, [293], 420.
Christ (âme de), 108, 215.
— historique (voir Kerygma).

Christologie cathol. xxɪ ss, 16,
  19 s.
— précath., 3 s, 11 ss.
— judéo-chrét., 35 s.
— gnost., 21 s, 26 s.
— Marcion, 29 ss.
— apolog., 73, 75 ss.
— Justin, 79.
— Irén., 81, 86 ss.
— Tert., 89 s.
— Orig., 101, 104 s.
— Monarch., 113-126.
— Origénistes, 126 ss.
— vers l'an 300, 137.
— Athan. et Arius,
  170 ss.
— Alex. d'Alex., 178.
— Arius, 179 ss.
— Athan., 181 ss.
— Marcel et Photius,
  186 s.
— Semiariens, 188.
— Apollinaire, 204-207.
— Antioch., 208.
— Cyrille, 210.
— Léon I, 215.
— Chalcéd., 218.
— August., 269, 293.
— Bern., Occid., 321.
— Scolast., 366 s.
— Socin., 422, 424.
— Luther, 444, 449.
Chrysostome, 233 s, 244.
Chute, Orig., 105, [166].
— Aug., 268, 290.
— Pelag., 285.
— Scot, 390 s.
Cicéron, 251, 256.
Clément d'Alex., 45, 52, 97 ˙ ss.
— xɪ, 414.
— (lettres de), (v. Pères
apost.)
Cléomène, 120.
Cluny, 318, 322.

Concile, 154 s, 323, 349, 363,
  396, 410 s, 440.
Conciles réformateurs, 346.
Confession (v. pénitence).
— auriculaire, 334, [354].
— de foi, anc Romaine,
  6, 43, 296.
  (v. cath), 80.
  (v. règle de foi, sym-
  bole.)
Confirmation, 67, 230, 369, 371,
  376.
Connaissance (rôle de la).
— ép. précath., 2, 3, 7,
  10 s.
— apolog., 73 ss.
— gnost., 19 s, 24, 25.
— orthod. grecque,
  145, 164, 168, cf.
  228.
— Athan., 171, cf.
  184.
— August., 263, 271.
— myst. thom., 345.
— réalisme et nomin.,
  387, 392.
— Socin., 424.
Conseils évangéliques, 289.
Constance, 185 ss.
— concile, 383.
Constant I, 187.
— II, 226
Constantin, 55, 57, 135, 138 ss,
  154, 177, 186, 251.
Constantin Pogonat, 226.
Constantinople, 155, 214.
— (syn. de.)
— an 360 p. 189.
— — 381 193.
— — 383 195.
— — 448 214.
— — 553 224.
— — 680 226.
— — 692 227.

Constantinople (symbole de), 153, 194 s, 199, 404.

Constitutions apostoliques, 389.

Contarini, 392.

Cornelius Mussus, 412.

— de Rome, 61.

Cosmologie, 9, 20 ss, 36, 75 ss, 103 ss, 126. 131, 139, 161, 172, 183, 199, 293.

Coupe (retrait de la), 377, 408.

Cracovie (catéchisme de), 423 ss.

Créatianisme, 165.

Création, 10, 75, 84, 95.

Culte, ép. précath., 4, 15.

— Luther, 439.

Curie (parti de la), 395 s.

Cyprien, 53 ss, 61 s, 68, 94, 251.

Cyrille d'Alexandrie, 196˙ ss, 233 ss.

Cyrille de Jérusalem, 194.

D

Damase, 193, 197.

David de Dinant, 364.

Demetrius, 128.

Démons, 4, 10 s, 14, 24, 71 ss, 103, 107 s, 145, 162, 166, 276, 301.

Denys d'Alex., 116, 125, 127.

— l'Aréopagite, 142, 162, 230˙ s, 244, 252, 359.

— de Rome, 123, 127.

Deutsche Theologie, 345.

Diable, 10, 175, 275, 289, 293, 301, 336, 339.

Didachè, 5, 7, 16, 34, 63.

Dieu, v. monothéisme, dualisme, trinité.

— Jésus, xviii ss.

— ép. précath., 10 s.

— gnost., 22, 26.

— Marcion, 29.

— Apolog., 75 ss.

— Irén., 84.

Dieu   Tert., 85, 95.

— Orig., 103.

— Modalisme, 120 ss.

— Egl. gr., 161 ss.

— August., 265 ss.

— Pelag., 284.

— Occid., 314 s

— Ans., 335 s.

— Réal. et Nom., 359 ss, 364. 386 s, 393.

— Luther, 429, 432.

Dieu (Fils de), 11, 115. 180.

Dieu-homme, 88, 138 s, 240, v. diophysisme.

Diodore de Tarse, 160, 208˙ ss.

Diophysisme, gnost., 27.

— Irén., 88 ss.

— Tert., 89 ss.

— cf. Orig., 107 s, 204 ss.

— Antioch., 208 ss.

— Léon I, 215.

— Scolast., 366.

Dioscure, 213 s.

Divinisation, déification, 81, 91, 109, 138, 144 ss, 171, 229 ss.

Divinité de J.-C. (v. Christologie), 113.

Docétisme, 13, 23, 31, [83], [88], 98, 107, 111, 184, 203 s.

Dogmatique, 40 s, 94. 96, 99 s, 111, 126, 128, 357, 360.

Dogme, 19, 74, 140, 243. 291 ss, 323 ss, 333, 338, 343, 356, 363. 396 s, 400, 419, 430, 440 s, 443 s.

Dogmes (Hist. des), vii s, ix, 401.

Dominicains, 361, 394.

Domnus d'Antioche, 215 s.

Donatisme, 253-273, 352 s.

Droit ecclésiastique, 323, 347 s.

Dualisme, xxxiv, 10, 36 s, 20-32, 78 s, 83, 100.

Duns Scot, 345, 359, 364, 370, 394 (390˙ s).

E

Ebionites, 34.

Eckhart, 344.

Economique (Trinité), 45, 82, 84 s.

Ecritures saintes, v. Anc. et Nouv.
Test., 84. 92 ss, 97, 103, 140,
149 ss, 263, 352, 357 s, 363,
397, 411 s, 421, 423, 440, 445.

Ecthèse, 225.

Eglise, ép. précathol., 5, 6, 51,
56.
— gnost , 27. Marc., 29, 31.
— Irén. Tert., 52. Cal. Cypr.,
52 ss.
— Montan., 56 s, v. cath.,
61 ss.
— Irén., 90 s, IIIe s, 134 s.
— Egl. gr., 158 s, Optatus,
253.
— August., 154, 259, 272 ss,
291.
— Grég. I, 302. Saint Franç.,
341.
— M. Age, 317, 322, 348 ss.
— scolast., 358 ss, 395.
— Curialistes, 395 s. C. Trente, 404 s.
— Socin., 420 s. Luth., 434,
439, 442.

Encratites, 23.

Enfants (Communion des), 68.
— (Baptême des), [15], 67,
282, 286, 290, 375, 426,
446.

Enfer, 110, 304, 314, 381.

Egyptiens (Evang. des), 125.

Elipand, 307.

Elkesaïtes, 37.

Ems (Punktation d'), 411.

Encyclique, 221.

Enhypostasie, 222, 226.

Enthousiasme, xxix, 1, [39], 50,
[54], 57 s, 250, 253.

Ephèse, concile 431, p. 212, 284,
449, p. 216.

Epigone, 121.

Epiphane, 242.

Episcopalisme (v. évêques), 354,
409 s.

Epoux de l'âme, 91, 108 s, 320.

Erasme, 362.

Eschatologie, xxii, 25. [27], 57, 69,
81 ss, 91 s, 109 s, 124, 147, 243,
[281].

Esprit (Saint), ép. prim. xxii.
— précath., 4, 12, 15.
— Montan., 60.
— Apol., 77.
— Tert., 85.
— Hippol., 86.
— Orig., 104.
— Théodote, 115.
— Sabell., 122 s.
— Pierius, 128;
— Arius, 180.
— Symb. Const., 195.
— Egl. gr et rom.,
195-200.
— P. Lombard, 385.

Etat et Eglise, 63, 276, 319, 322,
348 ss, 358.

Etat primitif (de l'homme), Irénée, 87; Egl. gr., 166; August.,
289; Scolast., 387 s.

Elerius, 307.

Euclide, 115.

Eugène IV, 384.

Eunomius, 160, 188, 195 s.

Eusèbe de Césarée, 137, 150, 154,
181.
— de Dorylée, 215 s.
— d'Emèse, 188.
— de Nicomédie, 177, 185.
— de Vercelli, 188.

Eustathius de Sébaste, 188.

Eutychès, 215 ss.

Evêques, 51 s, 54 s, 60, 63, 135,

155, 302, 322, 353, 376, 384, 409 ss.

Exégèse (cf. Allégorie), 151 ss.

Exultate Domino (Bulle), 369.

F

Facundus d'Hermiane, 223.

Fauste de Reji, 397 s.

Febronius, 411.

Félix d'Urgel, 307.

Fides, formata et informis, 355, 367, 390, 392.

Filioque, 200 s, 309 s, 334.

Flavien, 215 s.

Florence (Concile de), 370.

Foi (v. *Fides*) (Rôle de la), VII.

— ép. précath., 3.

— p. apost., 6.

— gnost., 25.

— Marcion, 29.

— apolog., 75.

— Irén., 82.

— Ambroise, etc., 254.

— August., 237 s, 287, 289.

— Ansel., 335.

— Réf. avant la Réf., 350 ss.

— Scolast., 370, 373, cf 375, 386, 390.

— Conc. Trente, 406.

— — Socin., 425.

— — Luth., 431, 440 s.

Frankfort (Synodes), 307, 310.

Franz Davidis, 422.

François d'Assise et les Minorites, 340 ss, 353, 356.

Fulgence de Ruspe, 299 s, 308.

G

Galien, 115.

Gallicans (Articles), 440.

Gauthier de Saint-Victor, 330.

George de Laodicée, 188.

Gerbert, 326.

Gerson 368.

Giordano Bruno, 419.

Gnose, 96 s, 100.

Gnosticisme, 3, 16, 35 s, 18-32', [39], 71 s, 455.

Gottschalk, 308 s.

Grâce (Doctrine de la) (v. Paul).

— Ambroise, 254.

— August., 257 ss, 287 ss.

— Pélage, 284 ss

— Ans., 334 ss.

— Scolast., 370 ss, cf 372.

— C. Trente, 406.

Gratien (Empereur), 192, 195.

— décrétiste, 347.

Grégoire I, 296, 300' ss, 309, 313, 378.

— VII, 322, 332.

— de Nazianze, 193.

— de Nysse, 172, 191, 232, 241.

— thaumaturge, 129.

Guillaume de Champeaux, 328.

Guitmond d'Aversa, 333.

H

Hadrumet (Moines d'), 297

Hales, 366, 379, 390.

Hébreux, ép. aux, XV, XXV, 150.

— évangile de-, 35.

Hellénisme et Evangile XVII, XXIV, XXVII, 2, 15 s, 18-28, 40, 68, 71 ss, 83, 109, 127, 134 ss, 140, 177, 241 ss.

Hénotikon, 221.

Héraclius, 224.

Hérétiques (v. gnosticisme), 274, 277, 373, 350 ss.

Hermas (v. Pères apostol.), 61, 64, 113, 150.

Hiérarchie (v. Eglise).

Hierakas (év.), 128.

Hilaire, 151, 188 s, 252.

— d'Arles, 298.

Hildebert de Tours, 333.

Hinkmar, 308 ss.

Hippone (Synode d'), 150.

Hippolyte, 40, 61, 81, 84, 86, 91.

Histoire, rôle, notion de, vii ss,
20, 101, 147, 168 s, 260, 269.

Homme (Fils de l'), 11.

Homoiens, 90 s.

Homoousiens, 189 ss.

Homoousios, 118, 126 s, 138, 145,
156, 176 s, 182*, 201.

Honorius de Rome, 225, [227].

Hosius de Cordoue, 178, 185, 188.

Hugues de Saint-Victor, 330, 350,
369, 372, 378.

Humanistes, xii, 396 s, 403.

Humanité de Christ (cf. Christologie), 174, 203 ss, 208 s, 220 s.

Humbert, 332.

Humiliates, 341.

Huss, Hussites, 342, 346, 354, 362,
382, 397.

Hyliques, 22, 27.

Hypostase (v. Ousie).

I

Ibas, 223.

Ignace (v. Pères apost.), 52, 231.

Images, culte de, 234 ss, 309 s. [354].

— querelle des, 143 s, 238 s.

Individualisme, 248, 252, 319,
341 ss, 399.

Indulgences, 316, [354], 380 ss,
408.

Infaillibilité (v. Eglise et Conciles),
155, 275.

— du pape, 275, 349,
404, 417.

Innocent I, 283.

— III, 355.

— X, 414.

Innocent XI, 416.

Inspiration (cf. Canon), 151, 154,
411, 458.

Intention, 373.

Irénée, 42, 44 s, 49, 52, 71, 80-95*,
129 s, 145.

Isidore, 306, 322.

Islam, 38, 141, 221.

Israël, xx, 33.

J

Jansénisme, 413 s.

Jean, xxii, 349.

— Cassien, 297.

— Damascène, 147, 149, 198,
226*, 243, 244*, 307.

— Philoponus, 198, 220.

Jérôme, 150 ss, 236, 242, 252.

Jérusalem, 282.

Jésuites, 411 ss.

Joachimites, 353.

Johanniques (Ecrits), xxv, 57, 113.

Joris, 421.

Jovinien, 255, 271.

Judéo-christianisme, 1, 4, 33* ss.

Juge (Dieu le), xviii, 161, 251,
254, 303, 316, 386.

— Christ le, xix, 4, 36.

Jugement (v. Eschatologie), 147,
289.

Juifs, 4, 9 s, 33.

Julien, empereur, 190.

— d'Eklanum, 280 ss.

— d'Halicarnasse, 220.

Jules de Rome, 187.

Julius Africanus, 96.

Junilius, 152.

Justification, Aug., 288; Sco-
last., 372, 376, 388, 392 s;
C. Trente, 405 s; Socin., 425;
Luther, 437, 447 s.

Justin I, emp., 221.

Justin, 457.

Justinien, 142, 154, 221* s, 244.

K

Kerygma (Histoire, message, pré-
    dication du Christ),
    XVII ss.
— précath., 4, 14 s, 41, 43.
— gnost , 21, 24 s.
— apol., 70 s.
-- Irén., 82 s.
— Orig., 101.
— Adopt., 112.
— orth. gr., 146, 168, 173.
— Alhan., 184.
— Antioch., 210 s.
— Monophys., 210, cf. 233.
— August., 269.
— Grég. I, 301 s.
— Occid., 311.
— Bernard, 319 s.
— Luther, 429.

L

Lactance, 124, 251.
Laïques (Christianisme des),
    342 ss, 404.
Lanfranc, 332.
Laodicée (Synode), 162.
Latran, synode 649, p. 225.
—   1215, p. 333, 378.
—   1515, p. 349.
Léon I, 214 ss, 226, 296.
Léonce de Byzance, 142, 198,
    222', 245.
Libanius, 191.
Liberius, 188, 192.
Liberté de la volonté.
— anc. Égl., 8 s.
— apol., 70, 75.
— v. cath., 83, 87 s, 193.
— Orig., 102, 105 ss, cf 137.
— Egl. grecque, 146 s, 164.
— August., 265.
— Pélage, 284 s.
— Nomin , 360 s, 392.

Liberté P. Lombard, 385.
— Thom., 388, 392.
— C. Trente, 405.
— Jésuites, 413.
Liberté chrétienne, 433.
Libri carolini, 310.
Logos. Saint Jean, xxv, 13.
— Philon, xxxi.
— précath., 13, 35.
— Apol., 75, 79.
— Tert., 84 s.
— Hipp., 86.
— Irén., 86, cf. 95.
— Clém., 98 s.
— Orig., 101 ss.
— Aloges, 113.
— P. Samos., 117.
— Modal., 119 ss.
— Denys Alex., 127.
— Lucien, 176.
— Arius, 179 ss.
-- Athan., 181 ss.
— Marcel, 187.
— Photin, 187.
— August., [293].
Loi nouvelle, 8, 14, 34, 93, cf.
    168, 251 s, cf. 286, 351, 354,
    386 s, 389, 425.
Loi de Moïse, 34, 36.
Loup de Ferrières, 309.
Lucien, 176'.
Lucifer, 188, 190.
Luther, xi, xii, 361, 377, 398,
    428-450.
Lyon, concile, 350.

M

Macédonius (macédoniens), 194,
    197.
Magnence, 188.
Maimonide, 355.
Makarius, 232.
Manichéisme (cf. dualisme), 252,
    286 s.

Marc Aurèle, xxxiv, 57.

Marcel, 124, 187*. |

Marcien, 214, 217.

Marcion, 37, 29-32*, 47.

Mariage (sacrement), 230, 369, 384, 409.

Mariage (mépris du), défense des secondes noces, 31, 59, 64, 128, cf. 289 ss.

Marie (cf. Vierge), 233 s, 294, 415.

Marie, mère de Dieu, 183, [209], 211, 218, 235.

Marie, virgo in partu, 292, 312.

Marius Mercator, 281.

Martin I, 225.

Matière, 22, 26, 76, 78, 102, 130.

Mathilde de Saxe, 318.

Maxime le Confesseur, 225, 232, 244.

Melanchthon, xiii, 429, 447.

Melchior Hoffmann, 421.

Melchisédek, 115.

Meletius, 193.

Meliton, 457 s.

Ménandre, 36.

Mérite, Tert., 91.

— occid., 174.

— August., 261, 271, 287 s.

— Pe ag., 286.

— M. Age, 314, 363.

— Scolast., 372 s, 384 s.

— c. Trente, 400.

— de convenance et de condignité, 299, 372 s, 388.

— de Christ, 315, 338 ss, 388 ss.

Messes (v. Sacrifice, Cène).

— basses, pour les morts, 313, 315, 408.

Methodius, 41, 129* s, 172, 232.

Milan (synode), 187 s.

Minutius Félix, 72, 251, 457.

Miracles, 103, 184, 300.

Modalisme, 13, 112, 119-126, 198 s, 365.

Molina, 413.

Monachisme, 138, 251, 271 s, 303, 346.

Monarchianisme, 113-126.

Monergisme, 224 s.

Monophysisme, 142, 146, 206, 212, 215 s, 217 ss, 307, 366.

Monothéisme, xvii, xxxii, 3, 10, 265, 364.

Monothélisme, 142, 224 ss.

Montanisme, 56* ss, 119.

Moralisme, xxxiii, s, 17, 66, [260], 284, 352, 361, 393, 420.

Moralité double (v. conseils), 56, [437].

Mort de Christ, xxiii, 14.

Mystères, mystériosophie, mystagogie, xxv, 15, 36, 18-28, 41, 64 ss, 98, 134, 142, 145, 153, 158, 173, 184, 215, 228* ss, 244 ss, 302.

Mystique, mysticisme.

— Irénée, 84, cf. 90 s, cf. Orig., 107.

— Méthode, 130, 137.

— orth. grecque, 168, 228 ss.

— August., 271.

— Scot Erig., 306.

— Bernard, 320 s.

— Scolast., 323 s.

   ordres mendiants 343 ss.

— Thom., 358.

— Luther, 444.

N

Naissance (nouvelle), 109, 375, 447.

Napoléon Ier, 410.

Natalis, 114.

Nazaréens, 34.

Neoplatonisme, xxxiv s, 21, 71, 83, 97, 100 s, 127, 134 ss, 162,

192, 229, 242 s, 261, 320, 326, 344, 360.
Nepos, 127.
Nestorius, 119, 212* ss, 307.
Nicée, synode 325, p. 154, 178, 185, 787, p. 162, 238, 310.
Nicée (symbole de), 46, 85, 153, 185*, 193, 197.
Nicolas de Cus, 362.
Nihilianisme, 366.
Noët, 120.
Nominalisme, 245, 326, 345, 359 ss, 370, 373-394, 490.
Nouveau Testament, 45, 51*, 58 s, 113, 423, 456.
Novatien, 62, 94, 123.

O

Occam, 349, 359, 364, 366, 391, 393.
OEcuméniques (synodes), 154 s.
OEuvres surérogatoires, 165, 381,
Onction, 369, 383.
Optatus, 252 ss.
Opus operatum, 370, 373, 407, 438, 448.
Orange (synode), 299.
Ordination, 253, 278, 371, 383, 427.
Ordres mendiants, 341 ss, 348 s, 354.
Origène xi, xxxi, 45, 53, 99-110, 116, 126 s, 136, [142], cf. [161], cf. [166], 183 s, 191, [213], [223], 241 ss.
Origénistes, 126 ss, 141.
Orose, 281 s.
Ousie (voir Physis, substance, Hypostase), 180, 183, 190 s.

P

Pacian, 252.
Pamphile, 116.
Pantenus, 97.

Panthéisme, 172 s, 221, 230, 243, 306, 321, 327, 343, 356.
Papes (cf. év. de Rome et infaillibilité), 322 s, 347-355, 358, 382, 396 ss, 410 ss, 417, 439.
Pardon des péchés, xviii, xxiii.
— ép. précath., 8 s, 14 s.
— montan., 60.
— v. cath., 60 s.
— Irén., 91.
— Pélag,, 286.
— August., 288, 292 s.
— Ans , 335.
— Scholast., 388, 390.
— Cath., 406.
— Socin., 426.
— Luther, 433, 437 s.
Parole de Dieu, 277, 301, 368, 400, 407, 434, 438, 445.
Pascal, 414, 416.
Paschase Quesnel, 414.
— Radbert, 311 s.
Pastorales (lettres), 49.
Patripassiens, 119.
Paul, apôtre, xi. xvi, xxiii* ss, 34.
— ép. précath., 7, 9, 14.
— gnost., 19, 46 s.
— Marcion, 29 ss.
— v. cath., 46 s, 55, 94.
— Irén., 87.
— Occid., 254 s.
— August., 261, 294.
— Socin., 427.
— Luth., 432.
Paul de Samosate, 116 s.
Péché, 86, Orig., 105.
— orth. gr., 166 s.
— Occ., 253 s.
— Aug.. 258 ss.
— Pélag., 284.
— Ans., 289.
— M. Age, 314.
— Scolast., 389.
Péché originel.

Péché [orth. gr., 167.]
— [Pélag., 282 s.]
— Aug., 287. 290.
— Occid., 297 s.
— Scolast , 375, 391 s.
— c. Trente, 405.
Péchés mortels, 15, 60 s, 66. 315,
　373, 376, 379, 382.
Pélage, 280 s, 361, 375, 392, 430.
Pénitence, expiation, xxxiii.
— (sacrement) ép. pré-
　　cath., 15.
— v. cath., 58 ss, 64 s.
— Occ., 251, 292.
— Aug., 294.
— Grég. I, 303.
— M. Age, 314 s, cf. 344.
— Ans., 334.
— Nomin., 360.
— Scolast., 378-383. cf.
　　408.
— Luther, 438, 474.
Pépin, 305.
Pères apostoliques 6-17, (autorité
　des), 155.
Persévérance, 289.
Personne, dans la trinité, 84 s,
　191, 196, 200.
Personne, dans la christologie, 89,
　204, 209, 215, cf. 219, 222, 227.
Philon, 21, 119.
Philosophie (cf. Hellénisme),
　49 ss, 69 ss, 97 s, 109, 117, 128,
　131, 137, 177, 234, 355 ss, 427,
　441, 445.
Photin, 119, 187.
Photius, 199.
Pie V, 412.
— IX, 412.
Pierius, 128.
Pierre d'Alex., 128 s.
— de Kallinico, 198.
— Lombard, 330, 339, 365 s,
　　369, 378 ss, 384 s.

Pierre (écrits de), 50.
Piété païenne aux deuxième et
　　troisième siècles, xxxii s.
— avant Aug., 257.
— August., 257 ss.
— Bernard, 320 s.
— Saint Franç., 340 ss.
— du quinzième siècle, 398.
Platonisme, xxxiv, 20 s, [37], 71,
　[114], 115, 419.
Pneumatique (christologie), 125.
Pneumatiques, 27, 71.
Polycarpe, cf. Pères apostol.
Pontien, 125.
Porphyre, 100.
Posidonius, xxxiv.
Pragmatique sanctions, 349.
Praxeas, 120.
Prédestination, 261, 273, 287 s,
　293.
Predestinatus (liber), 120.
Préexistence de Christ, juifs et
　grecs, xxvii s.
Préexistence précath., 14.
— apol., 79.
— v. cath., 113.
— Arius, 180.
— Socin., 425.
Préexistence de l'âme, 105, cf.
　128, [130], [165].
Prêtres chrétiens, 61.
Prisca, 58.
Probabilisme, 415.
Professio fidei Trident., 410 s.
Prophètes et doctrines chrét., 4,
　16, 43, 47, 49, 57, [113.]
Prophétique (preuve), xxii, xxvi,
　xxix, 6 s, 9, 70, 73.
Prosper, 299.
Provinciaux (synodes', 152.
Prudence, 252.
— de Troyes, 309.
Psaumes, 261.
Pseudoclémentines, 36 s.

Pseudolsidore, 322, 353.
Psychiques, 22, 23, 27, 61.
Psychologie, xxxv, 251, 257, 264, 269.
Pthartholâtres, 220.
Pulcheria, 213, 217.
Purgatoire, Orig., 110.
— August., 292.
— Grég. I, 304.
— Occid., 314.
— Scolast., 381, 417.

Q

Quiétisme, 261, [282.]

R

Raban, 306 ss, 312.
Rationalisme, xiii, 70, 72, 80 s, 146, 168, 183, 209, 269, 281, 328.
Ratisbonne (synode de), 307.
Ratramne, 309, 312, 332.
Réalisme, 245, 327 s, 356, 375.
Récapitulation, 81, 86.
Réconciliation, 91 s, 107, 145, 174, 270, 334 ss, 339, 367.
Rédemption ép. précath., 3, 14.
— gnost., 20.
— Marcion, 29.
— Apol., 71.
— Irén., 80 ss.
— Tert., 89, 91.
— Hippol., 105.
— Orig., 107.
— Orth. gr., 144 s.
— Athan., 138, 170 s, 183 s, 187.
— Grég. Nysse, 172.
— Apoll., 205.
— Antioch., 209 s.
— Aug., 270, 287, 293.
— Ans., 334 ss.
— Abail., etc., 338.
— Thom. et Scot., 366, 391.

Réformation, 248, 400 s, 419, 428, 450.
Réformation avant la Réf., 343, 347, 351 ss, 370, 397 ss.
Règle de foi, 43 ss, 81, 84, 94, 114, 129 ss, 137.
Religion et moralité, Jésus, xviii, Christ. prim., xxiss, 1ss. Grecs et Rom., premier et deuxième siècles, xxxiii.
— Apolog., 71, 73 ss; égl. gr., 146 s.
— Aug., 257, cf. 267 s, 281, 286.
— Pélage, 281, 284, Grég. I, 304.
Religion de deuxième ordre, 234 ss, 241, 301.
Reliques, 236.
Rémy de Lyon, 309.
Renaissance, 362, 418.
Réordinations, 351, 384.
Résurrection de Christ, xix, 14, 114.
Résurrection de la chair, 7, 8, [27], 68, 79, 90, 95, 110, 165.
Retour de Christ (v. Eschatologie), [27], [31], 90.
Révélation, vii.
— Apol., 70 ss.
— Irén., 84
— Clém., 97 s.
— Orig., 101, 103 s.
— Egl. gr., 160, 164.
— Aug., 269.
— Abail., 328.
— Réal. et nomin., 356 ss, 391.
— Socin., 424.
Rimini (synode de), 189.
Ritualisme, 229 s.
Robert Pullus, 369.
Romantiques, 411.
Rome (égl., év., christianisme de), 6, 43, 54, 58, 68, 120, 153, 156,

247, 251, 275, 296, 302, 349 ss.
Rome (synode), 225, 641.
Roscelin, 326, 365.
Rufin, 151, 242, 252.
Rufus de Thessal., 283.

S

Sabéens, 38.
Sabellius, Sabellianisme. 120, 123 ss, 179, 185 s.
Sacerdoce universel, 53, 64, 439.
Sacrements au IIIe s, 135.
— Grég. de Nysse. 172.
— Optatus, 253.
— August., 260, 277 ss, 292.
— Mystiques. 344, cf 351.
— M. Age, 361, 363.
— Nomin., 361.
— Scolast., 368-385.
— Conc. Trente, 407 ss.
— Luther, 438, 443, 446, 448 s.
Sacrifice chrétien, 15, 64, 292. 376.
— de Christ, 66, 90, 171, 174, 233, 292 s, 301, 378, 439.
Saints, 237 ss, 302, 315, 354.
Sainteté de l'Eglise, 61, 273, 355.
Sardique, 187.
Satisfactions, 1 s, 3, 134, 314.
— Tert. Cypr., 64, 91.
— August., 291.
— Grég. I, 303.
— Occid., 315.
— Aus., 335 s.
— Thomas, etc. 366 s, 380 s, [383].
— Conc. Trente, 408.
— Socin. [426].
Satornil, 27.
Savonières, 209.
Scepticisme, xxxiii, 256, 260, 265.
Schiematiques, 274, 277.

Schleiermacher, 126.
Schwenkfeld, 419.
Scolastique, 142, 222, 229, 244, 324 ss, 355 394, 398.
Scot Erigène, 221, 306*, 326, 332.
Sébastien Franck, 419.
Seleucie (Synode), 189.
Sémiarianisme, 188.
Semi-pélagianisme, 297 ss, 308, 405.
Sénèque, xxxiv.
Sergius, 224.
Servatus Lupus, 309.
Servet, 420.
Seuse (Suso.), 345.
Sévère d'Antioche, 220 s.
Simon le magicien, 24, 36, 37. 455.
Sirmium, 187, 189 s.
Sixte IV, 394.
Socinianisme, 359, 368, 393, 400, 418* ss.
Socrate (historien), 241.
Sophronius de Jérusalem, 147, 225.
Sosime, 283.
Souffrances expiatoires, 330, 339, 367.
Sozzini, 418 ss.
Staupitz, 392, 398.
Stephen bar Sudaïli, 221.
Stoïcisme, xxx, xxxiv, 71, 120, 281.
Substance, dans la trinité, 84 s, 200.
— dans la christologie, 89, 216.
Succession apostolique, 52, 275, [427], [439].
Symbole chez Aug., 262, 291 s.
Symboles (règles de foi), 6, 43, 84, 123, 129 ss.
Symboles (signes), 15 ss, 67, 230.
Symmaque, 35.
Syncrétisme, 18, 24.

T

Tatien, 23, 46, 72.

Tauler, 345.

Tertullien, 6, 42, 45 s, 49, 52. 60, 63, 67 s, 81-95', 250', 261, 323.

Théodicée, 162.

Théodora, 223.

Théodore de Tarse, 306.

— de Mopsueste, 208 ss.

— Studite, 239.

Théodoret, 215 ss, 245, [cf. 223].

Théodose, 141, 194 s.

Théodote, 114.

Théodotiens, 96, 115.

Théognoste, 128.

Theoktist, 96.

Théologie naturelle (cf. rationalisme, moralisme), 145 ss, 162-170, 245, 356.

Théopaschite (controverse), 221 s.

Théophile d'Alex., 213, 242.

Théosophie, xxxv, 163.

Thessalonique (édit de), 193.

Thomas d'Aquin, 344, 348 s, 358 s, 364 ss, 370-395.

Thomas a Kempis, 347.

Thyrsus Gonsalez, 416.

Torquemada, 040.

Teucy, 309.

Tradition, 7, 19, 23, 26, 44, 48, 59, 152 ss, 281, 372, 404, 411, 431.

Tradition secrète, 26, [31], 47, 103, 153, 412.

— non écrite, 153, 197.

Traducianisme, 165.

Tranformation, 68, 233.

Transsubstantiation, 333, [354], 376 s, 408, [449].

Trente (concile), ix, 248, 300, 379 s, 400, 403-409'.

Trichotomie, 104, 165.

Trinité, Tert., 81, 85, [Hipp. Irénée, 86].

— Orig., 104.

— Denys de Rome, 127.

— Grég. Thaumat., 129.

— Arius, 179.

— Athan., 182-184.

— Cappad., 193.

— Egl. gr. et rom., 197-201.

— August., 270, 293.

— Scolast., 365.

— Socin , 421 s.

Trithéisme, 198, 220, 327, 365.

Trullanum, 227.

Typos, 226.

Tyr (synodes), 186.

U

Ubiquité, 311, 323.

Unam sanctam (bulle), 348.

Unigenitus (bulle), 382, 414.

Universalité de l'Evangile, xvi, xxii, 4 s, 25, 69.

Urbain VIII, 414.

Ursacius, 189.

V

Valence (synode), 319.

Valens (év), 189

— (emp.), 144, 193.

Valentin, 22 s, 25, 455.

Vatican (concile), 411, 416.

Vaudois, 341, 353.

Vercelli (synode), 332.

Victor de Rome, 114, 119.

Victorin, 252 s.

Vie (éternelle et résurrection), xxxiii, xxxi 3 s, 12, 15, 261, 291, 389 s, 392, 425 s.

Vierge (Naissance de la), xxviii, 88, 113, 122, [422].

Vigilance, 235.

Vigile, 224.

Vincent de Lerins, 157, 297.
Virginité, 130.
Vulgate, 404.

W

Wesel, 362, 392.

Wessel, 362, 368, 382, 392.
Wiclif, 346, 354, 362, 378, 382.

Z

Zéphyrin, 115, 120.
Zwingli, 370, 448.

TABLE DES MATIÈRES

PRÉFACE DE L'AUTEUR   V

La discipline de l'histoire des dogmes. Prolégomènes. . . . . . . VII-XIV

  § I. Définition et objet de l'histoire des dogmes   VII

  § II. Histoire de l'histoire des dogmes.   XII

Les présuppositions de l'histoire des dogmes.

  § III. Introduction   XIV

  § IV. L'Evangile de Jésus-Christ d'après son propre témoignage.   XVIII

  § V. La prédication de Jésus-Christ par la première génération des croyants.   XXI

  § VI. L'interprétation de l'Ancien Testament et les espérances d'avenir chez les Juifs, leur place dans les plus anciennes formes de la prédication chrétienne.   XXVI

  § VII. Les idées et la philosophie religieuses des Juifs hellénistes, comment elles ont contribué à donner à l'Évangile une forme nouvelle.   XXIX

  § VIII. Les dispositions religieuses des Grecs et des Romains dans les deux premiers siècles, et la philosophie religieuse gréco-romaine du temps.   XXXII

PREMIÈRE PARTIE

FORMATION DU DOGME ECCLÉSIASTIQUE

LIVRE PREMIER

LA PRÉPARATION

CHAPITRE PREMIER. Aperçu historique   1

CHAPITRE II. Les traits communs à tous les chrétiens et ceux qui les distinguent du judaïsme   3

CHAPITRE III. La foi commune et les débuts de la science dans le pagano-christianisme. Développement dans le sens du catholicisme. 5

CHAPITRE IV. Les Gnostiques essaient de créer une dogmatique apostolique et une théologie chrétienne. Mouvement accentué d'accommodation du christianisme aux idées régnantes. . 18

CHAPITRE V. Marcion essaie de mettre de côté l'Ancien Testament en tant que fondement de l'Evangile, de purifier la tradition et de réformer la chrétienté en se fondant sur l'Evangile de Paul 29

CHAPITRE VI. Appendice. Le christianisme des Judéo-chrétiens. 33

LIVRE II

LA FONDATION

CHAPITRE PREMIER. Aperçu historique. 39
 I. Le christianisme en tant qu'Eglise se fixe et se mondanise peu à peu.

CHAPITRE II. Etablissement des normes apostoliques du christianisme ecclésiastique. L'Eglise catholique. 42
 A. La règle de foi apostolique, p. 43. B. La collection des écrits apostoliques, p. 46. C. Ministère apostolique, p. 51.

CHAPITRE III. L'ancien christianisme et la nouvelle Eglise. . . 56
 Appendices : Le sacerdoce, p. 63. Le sacrifice, p. 64. Les moyens de grâce : Baptême et Eucharistie, p. 66.
 II. Le christianisme en tant que doctrine se fixe et se mondanise peu à peu.

CHAPITRE IV. Le christianisme ecclésiastique et la philosophie. Les Apologètes. 69

CHAPITRE V. Les pères vieux-catholiques, Irénée, Tertullien, Hippolyte, etc. 80

CHAPITRE VI. Les philosophes religieux de l'Eglise, Clément et Origène 96

CHAPITRE VII. La spéculation théologique remporte un succès décisif sur le terrain de la règle de foi : la norme ecclésiastique est précisée par l'adoption de la christologie du Logos. 111
 1. Adoptianisme, p. 113.
 2. Modalisme, p. 119.
 3. Histoire de la théologie orientale jusqu'au commencement du quatrième siècle, p. 126.

SECONDE PARTIE

DÉVELOPPEMENT DU DOGME ÉCCLÉSIASTIQUE

LIVRE PREMIER

LE DOGME SE DÉVELOPPE COMME DOCTRINE DU DIEU-HOMME SUR LA BASE
DE LA THÉOLOGIE NATURELLE

CHAPITRE PREMIER. Aperçu historique   134

CHAPITRE II. La conception du salut et les traits généraux de
la dogmatique   144

CHAPITRE III. Les autorités et les sources de la connaissance :
l'Ecriture, p. 140, la Tradition, p. 152, et l'Eglise, p. 158. .   149
    A. *Les présuppositions de la doctrine de la Rédemption, la
théologie naturelle.*

CHAPITRE IV. Dieu considéré comme le Créateur et l'auteur du
don du salut.   160

CHAPITRE V. L'homme considéré comme le sujet qui reçoit le
salut.   164
    B. *Développement historique de la Rédemption accomplie
dans la personne du Dieu-homme.*

CHAPITRE VI. La doctrine de la nécessité et de la réalité de la
Rédemption par l'incarnation du Fils de Dieu   170

CHAPITRE VII. La doctrine de la consubstantialité du Fils de
Dieu à Dieu lui-même.   176
    1. Jusqu'au concile de Nice, p. 176. 2. Jusqu'à la mort de
    Constance, p. 185. 3. Jusqu'aux conciles de Constanti-
    nople, p. 189.
    Appendice. La doctrine du Saint-Esprit et de la Trinité.   195

CHAPITRE VIII. La doctrine que la nature du Fils de Dieu incarné est parfaitement consubstantielle à celle de l'humanité   202

CHAPITRE IX. La doctrine de l'union de la nature humaine et
de la nature divine dans la personne du Fils de Dieu incarné.   208
    1. La controverse nestorienne, p. 208. 2. La controverse
    eutychienne, p. 213. 3. Les controverses monophysites
    et le cinquième concile, p. 219. 4. Les controverses mo-
    nothélites, p. 224.
    C. *La participation provisoire à la Rédemption.*

CHAPITRE X. Les mystères et le mysticisme.   228

CHAPITRE XI. Equisse de l'histoire de la formation du système orthodoxe   240

LIVRE II

LE DOGME EST ÉLARGI ET REFONDU, IL DEVIENT DOCTRINE DU PÉCHÉ,
DE LA GRACE ET DES MOYENS DE GRACE, AVEC L'ÉGLISE COMME BASE

CHAPITRE PREMIER. Aperçu historique   247

CHAPITRE II. Le christianisme et les théologiens en Occident avant Augustin.   250

CHAPITRE III. Le rôle universel d'Augustin comme réformateur de la piété chrétienne.   256

CHAPITRE IV. Le rôle universel d'Augustin comme docteur de l'Eglise   262
     1. Sa doctrine sur le commencement et la fin des choses.   264
     2. La controverse donatiste. L'ouvrage « La Cité de Dieu ». La doctrine de l'Eglise et des moyens de grâce.   272
     3. Controverse pélagienne. Doctrine de la grâce et du péché.   280
     4. L'explication du symbole par Augustin. La nouvelle doctrine de la religion.   291

CHAPITRE V. Histoire du dogme en Occident jusqu'au commencement du Moyen-Age.   296
     1. La lutte entre le semipélagianisme et l'augustinisme.   297
     2. Grégoire le Grand   300

CHAPITRE VI. Histoire du dogme à l'époque de la Renaissance carolingienne.   305
     1 a. La controverse adoptienne   306
     1 b. La controverse sur la prédestination.   308
     2. La controverse sur le « Filioque » et les images   309
     3. Suite du développement de la messe et de la pénitence en pratique et en théorie. Dogme de la Cène.   311

CHAPITRE VII. Histoire du dogme à l'époque de Cluny, d'Anselme et de Bernard jusqu'à la fin du douzième siècle . . .   317
     1. L'essor de la piété.   318
     2. Aperçu de l'histoire du droit ecclésiastique   322
     3. L'essor de la science.   324
     4. Travaux sur le dogme.   331
        A. Bérenger et la doctrine de la Cène   331

B. La doctrine de la satisfaction d'Anselme et les doctrines des théologiens du douzième siècle sur la rédemption. 331

CHAPITRE VIII. Histoire du dogme à l'époque des Ordres mendiants jusqu'au commencement du seizième siècle. 340
1. Coup d'œil sur l'histoire de la piété 340
2. Coup d'œil sur l'histoire du droit ecclésiastique. La
doctrine de l'Eglise 347
3. Coup d'œil sur l'histoire de la science ecclésiastique. . 355
4. La scolastique expression de la dogmatique. 363
A. Travail opéré sur les articles de foi traditionnels. . 364
B. La doctrine scolastique des sacrements 368
C. L'augustinisme est transformé dans le sens de la
doctrine du mérite 385

LIVRE III

LA TRIPLE ISSUE DE L'HISTOIRE DES DOGMES

CHAPITRE PREMIER. Aperçu historique 395
CHAPITRE II. Les issues du dogme dans le catholicisme romain.
1. Les doctrines du moyen âge sont codifiées pour être
opposées au protestantisme. Concile de Trente 403
2. Le développement du catholicisme après le concile de
Trente. Préparation du concile du Vatican. 409
3. Le concile du Vatican. 416
CHAPITRE III. Les issues du dogme dans l'antitrinitarisme et le
socinianisme.
1. Introduction historique. 418
2. La doctrine socinienne. 423
CHAPITRE IV. Les issues du dogme dans le protestantisme.
1. Introduction. 428
2. Le christianisme de Luther 431
3. Luther critique le dogme et la tradition ecclésiastique. 437
4. Les éléments catholiques que Luther a conservés. . . 441
SUPPLÉMENT A. Bibliographie 451
B. Additions au texte 454
INDEX. 461

℗PATRIMOINES

christianisme

René Roques
L'Univers dionysien. Structure hiérarchique du monde selon le Pseudo-Denys.

J.P. Laurant
Symbolisme et Écriture.

M.-P. del Rosario Adriazola
La Connaissance spirituelle chez Marie de l'Incarnation.

Adalbert de Vogüé
Histoire littéraire du mouvement monastique dans l'Antiquité, t. I.

Ambroise de Milan
Hymnes.
Éd. par Jacques Fontaine et *alii.*

Colloque du centenaire de l'École biblique et archéologique française de Jérusalem
Naissance de la méthode critique.

Adalbert de Vogüé
Histoire littéraire du mouvement monastique dans l'Antiquité, t. II.

Adolf von Harnack
Histoire des dogmes. Traduit de l'allemand par Eugène Choisy.
Postface de Kurt Nowak.

anglicanisme

Nicolas Lossky
Lancelot Andrewes. Le prédicateur (1555-1626).
Aux sources de la théologie mystique de l'Église d'Angleterre.

bouddhisme

Môhan Wijayaratna
Le Moine bouddhiste selon les textes du Theravâda.
Préface d'André Bareau.

Môhan Wijayaratna
Sermons du Bouddha. Traduction intégrale de 25 sermons du Canon bouddhique.
Préface de Michel Hulin.

Môhan Wijayaratna
Le Bouddha et ses disciples. Traduction intégrale de 27 textes du Canon bouddhique.

Jacques Martin
Introduction au bouddhisme

Môhan Wijayaratna
Les Moniales bouddhistes. Naissance et développement du monachisme féminin.

confucianisme

Tseng Tseu
La Grande Étude, avec le commentaire traditionnel de Tchou-Hi.
Traduit par Martine Hasse.

Xun Zi (Siun Tseu)
Introduit et traduit par Ivan P. Kamenarović.
Préface de Jean-François Di Meglio.

Wang Fu
Propos d'un ermite. Introduction et traduction du chinois par Ivan P. Kamenarović.
Préface de Catherine Despeux.

gnosticisme

Simone Pétrement
Le Dieu séparé. Les origines du gnosticisme.
Ouvrage couronné par l'Académie française.

hindouisme

André Couture
L'Enfance de Krishna selon le Harivamsha.

islam

Olivier Carré
Mystique et politique. Lecture révolutionnaire du Coran par Sayyid Qutb, frère musulman radical.

Majid Fakhry
Histoire de la philosophie islamique. Traduit par Marwan Nasr.

Daniel Gimaret
Les noms divins en Islam. Exégèse lexicographique et théologique.

Daniel Gimaret
La Doctrine d'al-Ash'ari.

Norman Daniel
Islam et Occident. Traduit de l'anglais par Alain Spiess.

judaïsme

Jehudah ben Chemouel le Hassid
Le Guide des Hassidim (Sefer 'Hassidim).
Traduit de l'hébreu et présenté par le Rabbin Édouard Gourévitch.
Préface de Josy Eisenberg.

Samson Raphaël Hirsch
Dix-neuf épîtres sur le judaïsme.
Préface de Josy Eisenberg.

Schalom Ben Chorin
Le Judaïsme en prière. La liturgie de la Synagogue.

Gershom Scholem
Le Nom et les Symboles de Dieu dans la mystique juive.

Gershom Scholem
La Mystique juive : les thèmes fondamentaux.

H.L. Strack et G. Stemberger
Introduction au Talmud et au Midrash.

Franz Rosenzweig
Livret sur l'entendement sain et malsain.

Josy Eisenberg et Bernard Dupuy
L'Étoile de Jacob.

Peter Schäfer
Histoire des Juifs dans l'Antiquité.

Simon Doubnov
Lettres sur le judaïsme ancien et nouveau.
Traduit du russe, annoté et présenté par Renée Poznanski.

Georges Vajda
Sages et penseurs sépharades de Bagdad à Cordoue.

Moshé Idel
L'Expérience mystique d'Abraham Aboulafia.

Charles Touati
Prophètes, talmudistes, philosophes.

Mireille Hadas-Lebel
Jérusalem contre Rome.

Moshé Idel
Maïmonide et la mystique juive.

Jean-Christophe Attias
Le Commentaire biblique.

André Neher
Le Puits de l'exil.
La pensée religieuse du Maharal de Prague.

Jacob Emden
Mémoires (Megillat Sefer).
Traduit par Maurice-Ruben Hayoun.

Martin Buber
Deux types de foi : foi juive et foi chrétienne. Introduction et traduction
de Bertrand Delattre. Présentation R.J. Tsvi Werblowsky.

Roger Berg
Histoire du rabbinat français.
Préface de Jacob Kaplan.

Jean de Menasce
Quand Israël aime Dieu.

Yechayahou Leibovitz
La Foi de Maïmonide.
Introduction, traduction de l'hébreu et annotation par David Banon.

Iosef ben Chlomo
Introduction à la pensée du Rav Kook.
Traduit de l'hébreu par Catherine Chalier.

Moshé Idel
Le golem.
Traduction par Cyrille Aslanoff. Préface par Henri Atlan.

Peter Schäfer
Le Dieu caché et révélé.
Traduit de l'allemand par Cyrille Aslanoff.

Rashi, 1040-1990
Hommage à Ephraïm E. Urbach. Congrès européen des Études juives.
Textes édités par Gabrielle Sed-Rajna.

Jean Baumgarten
Introduction à la littérature Yiddish ancienne.

orthodoxie

Michel Evdokimov
Pèlerins russes et vagabonds mystiques.

Vladimir Soloviev
Leçons sur la divino-humanité. Traduction par Bernard Marchadier.

religions du Livre

Centre d'études des religions du Livre
Celui qui est – Interprétations juives et chrétiennes d'Exode 3, 14.
Éd. par Alain de Libera et Émilie Zum Brunn.

Centre d'études des religions du Livre
Les Règles de l'interprétation.
Éd. par Michel Tardieu.

Centre d'études des religions du Livre
La formation des canons scripturaires.
Éd. par Michel Tardieu.

scandinavie

Régis Boyer
La Saga de Sigurdr.

taoïsme

Lao-tseu
Tao-tö king. La tradition du Tao et de sa sagesse.
Traduit par Bernard Botturi.

Zhuangzi (Tchouang-Tseu)
Les chapitres intérieurs.
Traduit du chinois par J.-Cl. Pastor.

Isabelle Robinet
Histoire du taoïsme des origines au XIVe siècle.

Alexandrina
Hellénisme, judaïsme et christianisme à Alexandrie.
Mélanges offerts au P. Claude Mondésert.

Avital Wohlman
Thomas d'Aquin et Maïmonide. Un dialogue exemplaire.
Préface d'Isaïe Leibowitz.

Collectif sous la direction de M. Meslin
Maître et disciples dans les traditions religieuses.

Gilbert Dahan
Les Intellectuels chrétiens et juifs au Moyen Âge.

Gedaliahu Guy Stroumsa
Savoir et salut. Traditions juives et tentations dualistes dans le christianisme ancien.

Olivier Abel et Françoise Smyth
Le Livre qui traverse.
Préface par Marcel Détienne.

Achevé d'imprimer en novembre 1993
dans les ateliers de Normandie Roto Impression s.a.
61250 Lonrai

No d'imprimeur : I3-1901
No d'éditeur : 9796
Dépôt légal : novembre 1993